ÇA MARCHE !

COURS DE FRANÇAIS COMMUNICATIF

Karl C. Sandberg
Macalester College

Georges Zask
Université de Besançon

Anthony A. Ciccone
University of Wisconsin—Milwaukee

Françoise Defrecheux
Carleton College

MACMILLAN PUBLISHING COMPANY
New York

Development Editor: **Nancy Perry**
Production Supervisor: **Lisa Chuck**
Production Manager: **Pamela Kennedy Oborski**
Text and Cover Designer: **Carmen Cavazos**
Cover Artist: **Richard Dorian**
Illustrator: **Paula Holland**
Photo Researcher: **Sybille Millard**
Freelance Production Coordination: **Spectrum Publisher Services, Inc.**
Project Editor: **Julia Mikulsky Price**

This book was set by Waldman Graphics, Inc., printed and bound by Von Hoffmann Press.
The cover was printed by Von Hoffmann Press.

Macmillan Publishing Company
866 Third Avenue, New York, New York 10022
Collier Macmillan Canada, Inc.

Library of Congress Cataloging-in-Publication Data

Ça marche! : cours de français communicatif / Karl C. Sandberg . . . [et
   al.].
      p.   cm.
      "A complete first-year French course at the university level"—
   —Pref.
   Includes index.
   ISBN 0-02-405570-0
   1. French language—Textbooks for foreign speakers—English.
I. Sandberg, Karl C.
PC2129.E5C3   1990
448.2'421—dc20   89-12380
                  CIP

ISBN 0-02-405570-0
ISBN 0-02-439982-5 (INSTRUCTOR'S ANNOTATED EDITION)

PHOTO CREDITS

Page 2: Ulrike Welsch. Page 13: Ulrike Welsch. Page 24: Hugh Rogers/Monkmeyer. Page 27: Owen Franken. Page 33: French Government Tourist Office. Page 35: French Government Tourist Office. Page 36: (left) Rapho/Photo Researchers; (right) French

The credits continue in the back of the book.

P R É F A C E

ÇA MARCHE! is a complete first-year French course at the university level. It had its origin in the authors' perception of the real problems of (1) teaching French to non-French populations in France and (2) equipping American students for academic work abroad. It was further shaped by class testing in regularly scheduled first-year French courses. Its approach to teaching French, therefore, corresponds happily with the current movement of the foreign language teaching profession toward the proficiency-oriented classroom, where active use of French for authentic communication is both the goal and the method of the course. At the same time, it lays the foundation of a firm control of the grammatical system of French to facilitate passage to higher levels of proficiency in the second and third years. It is designed for use in large state universities as well as in smaller private schools, in all first-year courses where achieving practical control of French is the goal and which normally conduct most classroom activities in French.

Components of the Course

ÇA MARCHE! has the following components:

- A *Student Text* containing materials to be used in the classroom.

- A *Practice Book/Laboratory Manual* (**Le Français chez vous**) containing supplementary material for use at home. It includes a reference grammar with explanations in English, verb tables, a preliminary lesson, and 15 regular lessons. Each regular lesson includes programmed reading and vocabulary sections, cues and answer sheets for listening and speaking activities, grammar and writing exercises that can be handed in to the instructor.

- An *Audio Tape Program* on cassette, available on loan for copying by institutions that adopt the textbook. A site license authorizes the adopting institution to produce cassette copies for student use at home. Each lesson contains exercises in pronunciation, listening comprehension and guided conversation, and material for oral tests.

- *Transparency Masters* presenting illustrations for vocabulary study and exercise situations, for teachers who prefer to use the overhead projector rather than the chalkboard.

- An *Instructor's Annotated Edition* of the Student Text with supplementary exercises and commentary printed in the margin.

- An *Instructor's Manual* (**La Règle du jeu**) containing detailed instructions for classroom activities, a suggested syllabus, model lesson plans, supplementary practice activities, a plan for the use of video materials, and a test program from which to draw for quizzes and major exams.

- A *Computer Software Program* containing vocabulary, grammar, and reading exercises. Scores are automatically recorded for the instructor. The software is available without charge to institutions that adopt the textbook, and a license permits the institutions to duplicate the disks for student use at home.

- A *Video Cassette* for teaching assistants and beginning instructors. It demonstrates all the major types of classroom activities and exercises described in the Student Text.

- A *Video Cassette* of French cultural materials that invite students to react or comment, applying what they have learned in a new context.

ÇA MARCHE! has been planned to be easy and interesting to use. Alternate listening comprehension, conversational, and grammar activities, dictations, visual aids in the transparency package, and a test program should save instructors valuable hours and free them to concentrate on the needs of individual students.

Organization of the Course

The course itself divides naturally into four stages of four lessons each (**Leçon préliminaire** plus Lessons 1 to 3, Lessons 4 to 7, 8 to 12, and 13 to 15). The test program reflects this division. A review lesson (**Récapitulons**) is provided to be used at the beginning of a new quarter or semester.

The focus of the first stage is on acquiring the building blocks of the language, e.g., the sound system, the noun system (including adjectives and agreements), basic question forms, and short subject–verb–object sentence forms. The lessons are set up so that students create new sentences in French from the beginning, but the exercises also rely heavily upon memorized materials that can be used in response to new situations, and the functions can be performed with memorized language or simple manipulations. Students start to get control of the present tense with *-er* verbs and begin to use a future with *aller* + infinitive.

During the second stage, the students work on acquiring a command of the verb system in the present including the model verbs and object pronouns (subject–object–verb sentences). In Lesson 7 they are introduced to the *passé composé*. The functions relate directly to students' experience (likes, dislikes, customary activities, and plans), and emphasize description while introducing the expression of opinion and reaction.

The emphasis in the third stage is on acquiring the means of expression in past time and the ability to manipulate longer and more complex sentences (e.g., with relative clauses). Students begin to learn narration as they perform functions which naturally require them to narrate. Lesson 12 introduces the subjunctive so that students will have time to practice it and grasp it before the end of the term.

The fourth stage leads students to a higher and more demanding level of performance by taking advantage of the ability they have developed to talk about general subjects. Grammar points that lend themselves to more nuanced forms of expression are introduced (e.g., the conditional for the expression of hypotheses and the *plus-que-parfait* for narration). The subjunctive is practiced for greater range in expressing judgment, opinion, advice, and reaction. This stage of the course also serves as a review and consolidation of previous materials.

At each stage, however, the appropriate image is not the steps on a staircase, but rather the spiral: the activities emphasized during the second, third, and fourth stages have been introduced at previous points in the course. At each stage, students can work with a Reference Grammar in English, found in **Le Français chez vous**, as particular points take on an importance that they did not have at the first encounter. The course thus ends at the point where students are able to go on to third-semester course in which they can begin to use French as the means of study while continuing to improve their command of the language.

At the end of two semesters, students using prototype versions of ÇA MARCHE! passed final examinations asking them to do the following activities:

- Start a conversation in French and keep it going, asking for clarification and making appropriate responses, and narrating within the terms of their own experience in the past, present, and future.

- Follow a conversation or simulated newscast in French on a subject within their general experience, take notes on it, and narrate it in writing.

- Read articles from the French press well enough to ask questions and make comments about them and to use them as sources of language and ideas for written and oral discussion.

- Put into written French anything they can say.

These language learners had, in short, reached the "take-off" point, at which they were able to use French in order to learn more French or to begin focusing on other subject matter through the medium of French. This is the point at which most instructors would like them to be for the beginning of the second-year course.

ÇA MARCHE! and the Teaching of Grammar

Experience shows that a formal command of grammar does not impart the ability to use language for communication. Learners can develop great skill in manipulating the structures without being able to use the language in practical situations. On the other hand, considerable evidence has now accumulated to show that learners who do not gain a formal control of the structures of the new language do not develop the complexity of expression that marks the use of the language on the advanced levels.

ÇA MARCHE! deals with this dilemma in two ways:

- It provides a *communicative grammar* within the text, presented inductively and summarized in French as the need for grammar grows out of situations where students must attempt to communicate.

- The structures are practiced frequently in and out of the classroom for understanding speaking, reading, and writing. This intensively practiced grammar is limited to what is needed for functioning in communicative situations. We have said, in effect, that it is unnecessary and unrealistic for a first-year text to try to "cover" all the grammar of French. (Even Grevisse in his 1,000-page revision leaves out many questions of concern to linguists.)

- The program also provides a *Reference Grammar* in **Le Français chez vous** to enable students to achieve a grasp of the formal system of French grammar and thus lay the foundation for further advancement on the proficiency scale. This Reference Grammar gives descriptions in English of each point raised in the text, explaining clearly what students need to know about the point in order to use it functionally. The descriptions cover the structures of both the written and the spoken language. In each lesson, students are referred to the appropriate section of the Reference Grammar when they need or desire further clarification of a given structure.

In this way we have integrated grammar with communicative function. We assume that adult learners grasp any given point of the grammar most efficiently when they encounter it several times in different situations in which they need to use it and at the same time have the means of conceptualizing it. We assume also that each point must be encountered and integrated at levels of increasing complexity, and, moreover, that the needs of each student will differ. Flexibility and recycling have been the key concepts in defining the approach to grammar.

ÇA MARCHE! and Proficiency Teaching

ÇA MARCHE! has many features beside its communicative approach to grammar that help learners achieve language proficiency.

- The progression throughout each lesson, as throughout the course, is organized primarily according to *communicative functions* and only secondarily according to grammatical categories. The functional progression throughout the text is, therefore, from simple functions to more complex functions, from easy tasks to more challenging tasks, with the presentation of structures following as necessary. For example, the conditional of model verbs is introduced in Lesson 4 as a way of expressing indirect requests or obligations, since this usage occurs early in any communicative use of the language. The conditional as a way of expressing hypothetical statements, however, is not introduced until Lesson 14, since this function is much less frequent.

- Sustained and systematic attention is given to developing *listening comprehension*. While each lesson will teach students certain basic patterns needed in expression, it will also teach them to understand a wide range of equivalent forms which they will hear in ordinary conversation but which they are not expected to produce fluently at that point. When students are put in situations in which they are expected to produce, they will already be able to understand speech which contains the grammar and vocabulary they need.

- Each segment of each lesson is intended to furnish the means and provide the opportunity for each student to attempt some *personalized communication*. Work in pairs and small groups is part of each day's activities, so that no day passes without each student attempting to formulate new sentences in French that express a personal intention. Consequently, a different kind of classroom dynamics takes place than with a traditional course. Pair work is set up in such a way, however, that each pair must also produce a few sentences of written work from their conversation, thus providing focus for otherwise spontaneous efforts at communication.

- Strategies of conversation are taught or demonstrated in addition to the structures and vocabulary of French. To be proficient in French, one must learn how to initiate a conversation, for example, as well as to learn the words necessary to carry it forward. Awareness of what is and is not appropriate in a given situation is just as important as syntax. This course, therefore, teaches such things as ways of clarifying intent, showing polite or strong agreement, avoiding disagreement, and getting other people to say something.

- The language is that of authentic French communication. We have avoided *argot* but have included examples of communication on several levels of formality and informality. In making the language samples representative of what might be spontaneously said by native speakers in similar situations, we tried to avoid using "American classroom French," where the language samples are concocted to exemplify grammar points.

- While the emphasis of each lesson is on the communication of meaning, the systematic building of vocabulary takes place through picture cues in the text, cyclical re-entry of words and expressions, exercises in the Practice Book, and computerized vocabulary and reading exercises.

- Reading and writing skills are also systematically developed through classroom, language lab, and homework activities.

For reading, these stages include sections in the Practice Book that develop a large recognition vocabulary through the use of cognates, an early introduction of grammar patterns for reading recognition before they are taught for active use, and training in exploiting written texts for more vocabulary or for ideas. In addition, the computer software program includes reading comprehension and cloze exercises. Because of the self-instructional format of the reading preparation exercises, students are reading quite sophisticated material by the end of the course.

For writing, exercises develop first the ability to write down the correct grammatical form of what the student can say. Starting in Lesson 6, semidirected composition exercises in **Le Français chez vous** allow students to express themselves creatively in a context that supplies vocabulary and structure. In the last part of the course (Lessons 11-15), unscripted conversations in the tape program ask students to take notes on spoken materials introduced in class, in order to report on them orally or in writing.

Organization of a Lesson

Each lesson is organized according to the following pattern.

A. (Theme)
Mise en scène

This section creates a cultural context for the lesson by means of photos or authentic documents.

Mise en marche
Qu'est-ce qui se passe?

Lisez et écoutez   Here students listen to a dialog or a passage containing words and structures recycled from previous lessons, as well as some new lexical items. An English version of this opening material is found in the appendices, which students consult as necessary to establish meaning. The students are expected to be able to read the printed material by the time they come to class. The dialog or passage is also part of the audio tape program, so that students may consult it before and after working with it in class. In class, the instructor either reads or plays the material two to three times, until students easily understand it without looking at the printed version.

À propos   Short cultural notes in French comment on some aspect of the dialog or passage. Vocabulary preparation for all aspects of reading within the lesson is provided in **Le Français chez vous**.

Vous dites ça comment?

Relisez   Students are asked to reread the dialog or passage looking for specific information as a means of checking comprehension and building vocabulary.

Imitez la prononciation   This section consists of six to ten key phrases and rejoinders which the students memorize both for content and for pronunciation. These phrases serve as the basis for many of the remaining exercises in the day's activities and for expansion of related structure and vocabulary in succeeding sections. Especially at the beginning stages of foreign language learning, where performance depends largely on memorized examples of language, these key phrases enable students to respond to a variety of situations with a minimum of language.

Vérifiez   Here students develop the ability to paraphrase by agreeing or disagreeing with statements by using synonyms or antonyms of words they learned in the dialog or passage. Their responses are often the phrases they have first memorized.

Parlons un peu

Répondez   Here follow multiple-choice questions consisting of key phrases and close variations of them from this and previous lessons. The questions are based on the subject of the present lesson and can be answered easily by using the phrases previously learned and memorized, providing that the students have understood the questions. Alternative scripts for these and all such exercises are found in the Instructor's Manual, so that this exercise can serve either as a warm-up or a wind-down for future lessons.

Parlez   This section contains guided conversation exercises which students do in pairs, practicing using the materials previously learned.

Complétez   Here, during the first part of the course, students are given practice in formulating questions, since much of work in pairs or small groups depends on their being able to get information from other students.

À vous, maintenant …

This section is the culmination of the day's activities. It places the students in a situation in which they have to talk about themselves or each other and express their personal reaction or opinions. At this point they become aware of what they have learned and what they need yet to learn in order to express themselves. To make sure that students working in pairs or small groups all participate, they are asked to take notes on what they learn from their partner and to write several lines, either to be read to the class or handed in.

Un Pas de plus

This section replicates the steps of the previous section (**Mise en marche**), using the same theme, but recycling and expanding vocabulary and structures.

Faisons le point

After the two days of working with communicative situations, students now see in a systematic way what they have already learned and used practically. Grammar is presented and shown schematically in French and practiced extensively. Each point in this section contains a cross-reference to the Reference Grammar in **Le Français chez vous**, where structures are described (in English) in some detail.

B. (Theme)

Part B of each lesson replicates the sequence of **Mise en scène** / **Mise en marche** / **Un Pas de plus** / **Faisons le point**. Each lesson ends with a section entitled **Les Choses de la vie** in which reading skills are developed and practiced through cultural readings drawn from interesting aspects of the francophone world. This section helps the students to extend their recently acquired knowledge to new situations and to express themselves in writing as well as by speaking. Each lesson thus requires a minimum of seven classroom hours plus homework for completion.

Acknowledgments

The encouragement, help, advice, and critiques of many people have contributed to bringing this work to fruition. We particularly want to thank those who tested the various incarnations of these materials in classroom versions at Macalester College: Professors Philip Lee, Hélène Peters, Virginia Schubert, Annick Fritz, Anne Carayon, and Charles Johnson. Valuable editorial assistance was given by Donald Steinmetz, Jean-Pierre Grégoire, Kim Brown, François Fouquerel, Christine Des Pomeys, and Suzanne Donsky. For the reading of the manuscript and comments we're grateful to

William L. Hendrickson   *Arizona State University*
Hannelore Jarausch   *University of North Carolina, Chapel Hill*
Margo R. Kaufman   *University of California, Davis*
Thomas E. Kelly   *Purdue University*
L. Gary Lambert   *Brigham Young University*
Renée Larrier   *Rutgers University*
Claire-Lise Malarte   *University of New Hampshire*
M.J. Muratore   *University of Missouri, Columbia*

TABLE DES MATIÈRES

LEÇON PRÉLIMINAIRE

OUVREZ LA PORTE, S'IL VOUS PLAÎT!

French classes are usually conducted entirely or mostly in French. This preliminary lesson will help you start understanding and using French, so that you can enjoy the experience of making your way in French from the first day. Here is what you will learn.

FUNCTIONS

greeting people and taking leave of them

introducing yourself to them

telling them that you don't understand

asking them to repeat

asking what words mean

asking the name of something

asking for the French equivalent of an English word

understanding and following instructions

counting from 1 to 30

pronouncing the alphabet in French

asking and answering questions about the time, date, and weather

This preliminary lesson concludes with a demonstration or walk-through of some basic procedures and activities you will use for the rest of the course. At the end of this lesson, you will have formed an impression of what French sounds are like and will be able to pronounce most of them fairly well. (You will continue to improve your pronunciation in subsequent lessons.) And you will have some building blocks so that you can already start putting sentences together and making your way in French.

Not bad for one lesson.

MISE EN SCÈNE

Soyez la bienvenue au monde francophone.

Où parle-t-on français? On parle français en France, au Canada, en Belgique, en Suisse. On parle français partout dans le monde francophone, par exemple, au Sénégal, à Tahiti, dans les cafés et naturellement, dans la salle de classe. La salle de classe, c'est la porte d'entrée au monde francophone.

POINT DE DÉPART

Salutations et formules de politesse

On dit:

    Madame.
Bonjour, Mademoiselle.
    Monsieur.

Comment vous appelez-vous?

Bonjour, Frédéric.
Salut, Henri.
Ça va?
Au revoir!

Bonsoir!

Bonne nuit!

Excusez-moi!
Pardon.

Merci.
Merci beaucoup.

On répond:

    Madame.
Bonjour, Mademoiselle.
    Monsieur.

Je m'appelle Julie.
    Georges.

Bonjour, Isabelle.
Salut, Sophie.
Oui, ça va.
Au revoir!
À bientôt!

Bonsoir!

Bonne nuit!

Je vous en prie.

De rien.
Il n'y a pas de quoi.

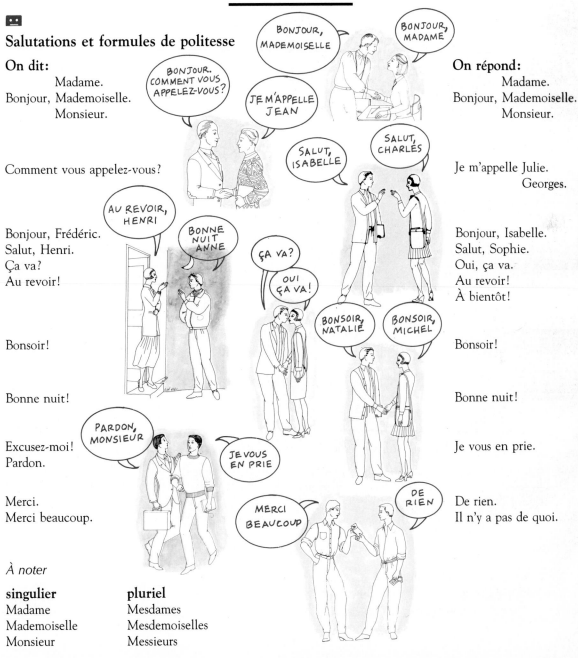

À noter

singulier	**pluriel**
Madame	Mesdames
Mademoiselle	Mesdemoiselles
Monsieur	Messieurs

Prononciation

(grammaire 1.3) **CONSONNES FINALES**

En général, les consonnes finales en français ne sont pas prononcées:

    salut   nuit   pas   beaucoup   comment

Exceptions: **l, r, c, f**

    il   bonjour   Frédéric   bof!

Activités de la salle de classe

Suivez les instructions de votre professeur.

Levez la main.   Serrez la main à votre voisin(e).

Dites « bonjour » à votre voisin(e).   Ouvrez vos livres.   Fermez vos livres.

Levez-vous.
Allez (Venez) au tableau noir.
Prenez une craie.
Écrivez votre nom.
Effacez.
Retournez à votre place.
Asseyez-vous.
Regardez les livres.
Montrez le livre de français.

Prenez un stylo et une feuille de papier.
Écrivez votre nom.
Allez à la porte.
Ouvrez la porte.
Dites « au revoir » à la classe.
Quittez la salle de classe.
Rentrez dans la salle de classe.
Dites « bonjour » à la classe.
Fermez la porte.

Les couleurs

Regardez la salle de classe.
Montrez quelque chose de bleu (noir, rouge, jaune, vert, gris, brun, blanc).

Les objets de la salle de classe

— Qu'est-ce que c'est?
— C'est un tableau noir.
        une craie.
        le bureau du professeur.
        un pupitre.
        une carte géographique.
        un livre.
        un cahier.

        une chaise.
        une table.
        un magnétophone.
        une cassette.
        une porte.
        une fenêtre.

— Où est le magnétophone?	Le magnétophone est **sur** la table.
la cassette?	La cassette est **dans** le magnétophone.
le livre?	Le livre est **sur** la table **à côté du** magnétophone.
la chaise?	La chaise est **devant** la table.
le tableau noir?	Le tableau noir est **derrière** la table.
la feuille de papier?	La feuille de papier est **sous** la table.

MISE EN PRATIQUE

1. Allez (Venez) au bureau du professeur.
2. Mettez le livre à côté du cahier.
3. Ouvrez le livre et mettez la feuille de papier dans le livre.
4. Mettez la chaise derrière le bureau.
5. Mettez le cahier sous le livre.

Langage de la salle de classe

question
Qu'est-ce que c'est?

Je ne comprends pas.
Voulez-vous bien répéter?

C'est quoi, le P.S.?

Qu'est-ce que ça veut dire, un chien?
Comment dit-on *dog*?

réponse
C'est un stylo.

Oui, c'est un stylo.

Le P.S., c'est le parti socialiste.
C'est un parti politique.
Le chien est un animal domestique.
On dit **chien**.

Prononciation

(grammaire 1.3) LIAISONS

Ordinairement, il y a une liaison entre une voyelle et une consonne précédente.

C'est un stylo.
Comment dit-on *dog*?
Je vous en prie.
Comment vous appelez-vous?

MISE EN PRATIQUE

1. Demandez à votre professeur le mot pour *car, book, to study* et *library*.
2. Dites à votre professeur que vous ne comprenez pas.
3. Demandez à votre professeur de répéter.

Nombres cardinaux de 1 à 30

1	un, une	7	sept	13	treize	19	dix-neuf	25	vingt-cinq
2	deux	8	huit	14	quatorze	20	vingt	26	vingt-six
3	trois	9	neuf	15	quinze	21	vingt et un	27	vingt-sept
4	quatre	10	dix	16	seize	22	vingt-deux	28	vingt-huit
5	cinq	11	onze	17	dix-sept	23	vingt-trois	29	vingt-neuf
6	six	12	douze	18	dix-huit	24	vingt-quatre	30	trente

Prononciation

(grammaire 1.2.3)   **VOYELLES FRANÇAISES**

Ces voyelles n'existent pas en anglais.

/ y /	/ ø /	/ œ /
une	deux	neuf

Prononcez.

salut	ceux	sœur
Camus	queue	cœur
pu	peu	peur
lu		leur

MISE EN PRATIQUE

Une petite leçon d'arithmétique.

1. Deux et deux font…   (2 + 2 = _____)
2. Quatre et quatre font…
3. Huit et huit font…
4. Trois et trois font…
5. Six et six font…
6. Dix moins cinq font…   (10 − 5 = _____)
7. Quinze moins cinq font…
8. Vingt moins dix font…

Comptez les étudiants dans la classe.

Comptez les hommes.

Comptez les femmes.

L'alphabet

Imitez la prononciation de votre professeur.

a / a /	b / be /	c / se /	d / de /	e / ə /	f / ɛf /	g / ʒe /
h / aʃ /	i / i /	j / ʒi /	k / ka /	l / ɛl /	m / ɛm /	n / ɛn /
o / o /	p / pe /	q / ky /	r / ɛʀ /	s / ɛs /	t / te /	u / y /
v / ve /	w / dubləve /	x / iks /	y / igʀɛk /	z / zɛd /		

Prononciation

(grammaire 1.2.1) **VOYELLES ET DIPHTONGUES**

En français les voyelles sont pures, c'est-à-dire, un seul son. En anglais, les voyelles sont des diphtongues, c'est-à-dire, deux sons. Comparez la prononciation:

français	**anglais**
paix	*pay*
si	*see*
mot	*mow*
sous	*Sue*

Épelez votre nom.

Épelez le nom de votre université.

En France, comme aux États-Unis, on utilise beaucoup d'initiales, des sigles. Demandez à votre professeur d'expliquer ces abréviations.

MODÈLE: — C'est quoi, le P.S.?
— Le P.S., c'est le parti socialiste. C'est un parti politique de gauche.

1. P.C.   2. F.N.   3. O.N.U.   4. Q.I.

L'heure

Quelle heure est-il?

Il est trois heures.

Il est six heures.

Il est neuf heures.

Il est midi.

Il est minuit.

Il est sept heures et quart.

Il est sept heures moins le quart.

Il est sept heures et demie.

Il est huit heures dix du matin.

Il est huit heures dix du soir.

Il est quatre heures de l'après-midi.

MISE EN PRATIQUE

Quelle heure est-il?

À propos   L'heure officielle, par exemple pour les trains, est de 24 heures. Donc, 13 h = 1 h de l'après-midi; 20 h = 8 h du soir.

Les jours de la semaine

OUVERT
lundi
mardi
mercredi
jeudi
vendredi
samedi
dimanche

1. En France, le premier jour de la semaine, c'est...
2. Le dernier jour de la semaine, c'est...
3. Après lundi, c'est mardi. Après mardi, c'est...
4. Après samedi, c'est...
5. Après vendredi, c'est...
6. Avant samedi, c'est...
7. Après mercredi, c'est...

Les mois de l'année

JANVIER

S	L	M	M	J	V	S	D
							1
1	2	3	4	5	6	7	8
2	9	10	11	12	13	14	15
3	16	17	18	19	20	21	22
4	23	24	25	26	27	28	29
5	30	31					

FÉVRIER

S	L	M	M	J	V	S	D
5			1	2	3	4	5
6	6	7	8	9	10	11	12
7	13	14	15	16	17	18	19
8	20	21	22	23	24	25	26
9	27	28	29				

MARS

S	L	M	M	J	V	S	D
9				1	2	3	4
10	5	6	7	8	9	10	11
11	12	13	14	15	16	17	18
12	19	20	21	22	23	24	25
13	26	27	28	29	30	31	

AVRIL

S	L	M	M	J	V	S	D
13							1
14	2	3	4	5	6	7	8
15	9	10	11	12	13	14	15
16	16	17	18	19	20	21	22
17	23	24	25	26	27	28	29
18	30						

MAI

S	L	M	M	J	V	S	D
18		1	2	3	4	5	6
19	7	8	9	10	11	12	13
20	14	15	16	17	18	19	20
21	21	22	23	24	25	26	27
22	28	29	30	31			

JUIN

S	L	M	M	J	V	S	D
22					1	2	3
23	4	5	6	7	8	9	10
24	11	12	13	14	15	16	17
25	18	19	20	21	22	23	24
26	25	26	27	28	29	30	

JUILLET

S	L	M	M	J	V	S	D
26							1
27	2	3	4	5	6	7	8
28	9	10	11	12	13	14	15
29	16	17	18	19	20	21	22
30	23	24	25	26	27	28	29
31	30	31					

AOÛT

S	L	M	M	J	V	S	D
31			1	2	3	4	5
32	6	7	8	9	10	11	12
33	13	14	15	16	17	18	19
34	20	21	22	23	24	25	26
35	27	28	29	30	31		

SEPTEMBRE

S	L	M	M	J	V	S	D
35						1	2
36	3	4	5	6	7	8	9
37	10	11	12	13	14	15	16
38	17	18	19	20	21	22	23
39	24	25	26	27	28	29	30

OCTOBRE

S	L	M	M	J	V	S	D
40	1	2	3	4	5	6	7
41	8	9	10	11	12	13	14
42	15	16	17	18	19	20	21
43	22	23	24	25	26	27	28
44	29	30	31				

NOVEMBRE

S	L	M	M	J	V	S	D
44				1	2	3	4
45	5	6	7	8	9	10	11
46	12	13	14	15	16	17	18
47	19	20	21	22	23	24	25
48	26	27	28	29	30		

DÉCEMBRE

S	L	M	M	J	V	S	D
48						1	2
49	3	4	5	6	7	8	9
50	10	11	12	13	14	15	16
51	17	18	19	20	21	22	23
52	24	25	26	27	28	29	30
	31						

1. Le premier mois de l'année, c'est...
2. Le dernier, c'est...
3. Avant mars, c'est...
4. Après mars, c'est...
5. Après juillet, c'est...

La date

— Quelle est la date de la fête nationale en France?

— C'est le quatorze juillet.

— Et la date de la fête nationale aux États-Unis?

— C'est le quatre juillet.

— Quelle est la date limite aux États-Unis pour payer les impôts?

— C'est le quinze avril.

— Et en France?

— C'est le quinze janvier.

— Quelle est la date de la fête du travail en France?

— C'est le premier mai.

— Et aux États-Unis?

— C'est le premier lundi de septembre.

1. Quelle est la date de naissance de George Washington?
2. Quelle est la date de votre anniversaire de naissance?
3. Quelle est la date aujourd'hui?
4. Quelle est la date de la fête de Noël?

Le temps

Quel temps fait-il?

  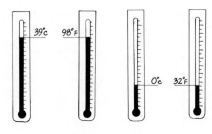

Il fait beau. ≠ Il fait mauvais.   Il fait chaud. ≠ Il fait froid.

Il fait du soleil.   Il fait du vent.   Il pleut.   Il neige.

Les saisons

21 décembre – 20 mars = l'hiver   en hiver
21 mars – 20 juin = le printemps   au printemps
21 juin – 21 septembre = l'été   en été
22 septembre – 20 décembre = l'automne   en automne

Répondez selon le modèle.

> **MODÈLE:**   Quel temps fait-il en hiver?
> — Il fait froid. Il neige.

1. Et en été?   2. Et en automne?   3. Et au printemps?

How to Do a Lesson

This part of the lesson walks you through the steps of future lessons, explaining the purpose and the procedures for each part. The general steps within each lesson are to

- **understand** the written and spoken versions of a text, whether a dialog or reading;
- **learn the pronunciation** and variations of the key words and phrases;
- **respond** to questions or statements by using the key phrases you have memorized;
- **practice** using new words, phrases, and parts of grammatical patterns in directed situations;
- **converse** in a free setting to see how far you can go;
- **capture** the grammar, i.e., see and practice the whole pattern and learn how to use it;
- **extend** the grammar and vocabulary to express yourself in a new situation.

The means of accomplishing these goals are provided by (1) the classroom text, (2) the practice book, which contains all the supporting material that you can do on your own, and (3) the tape program, which contains material recorded from the classroom text and the practice book.

The practice book, **Le Français chez vous**, contains exercises in listening comprehension, pronunciation, dictation, vocabulary building, and reading that you will ordinarily do as homework to help you to participate more easily and fluently in classroom activities, and to make an easy transition to reading current French.

The first step in preparing each lesson should be to do the vocabulary preparation in **Le Français chez vous**. This section will introduce and practice recognition of the words and structures you will need in order to understand the materials of the lesson in the classroom text.

SETTING
THE SCENE

Photos and documents in the **Mise en scène** section will give you a glimpse of situations in French-speaking countries, where the language you are learning is used naturally. A language has meaning only in relation to the culture of the people who speak it. The phrase **faire les courses**, for example, can be translated as *shopping*, but it cannot really be understood without an awareness of the kinds of places where shopping is done.

MISE EN
SCÈNE

Bonjour! Ça va?

GETTING
UNDER WAY

What's happening?

READ AND LISTEN

In this section you will observe how French-speaking people express themselves in given situations, and what words or phrases they use. To prepare for class, do the vocabulary exercises in the practice book, **Le Français chez vous**. Then study the written dialog (or reading), referring to the English version in the Appendices as necessary. Next, listen to the spoken form in class and in the language lab (or on your own cassette player) until you can understand it easily without looking at your text. You will probably have to listen to the dialog several times, but soon you will be able to understand whole words and phrases rather than just individual words.

After the dialog or reading, you will often find some simply written cultural notes (**À propos**—"By the way"). There are also preparation exercises in the practice book which use the new vocabulary from the **À propos** notes. This is another reason for you to do those exercises before starting the lesson itself.

How do you say that?

This section allows you to exploit the vocabulary of the previous section. The first exercise (**Relisez**—"Read it again") asks you to go back over the text, looking for specific information, whether synonyms, antonyms, or examples. In this way, you gradually build your ability to paraphrase. The second exercise (**Imitez la prononciation**—"Imitate the pronunciation") gives selected key phrases for you to learn thoroughly, both for meaning and pronunciation. The third exercise (**Vérifiez**—"Verify") gives practice in the use of new vocabulary as well as in some of the common dynamics of conversation, by asking you to agree or to disagree with something just said, without repeating the exact words of the speaker. Note: The **Relisez** and **Vérifiez** exercises begin once you have acquired more vocabulary.

The phrases in this section are building blocks. They will serve first as pronunciation practice, then as the means for practicing listening comprehension, next as the means for participating in directed and free conversation, and finally as the basis for vocabulary and grammar expansion in the next section. You should, therefore, memorize and practice them until you can say them easily, accurately, and without hesitation.

Throughout the text, you will find references to the grammar which is found in the practice book, **Le Français chez vous**. If you are curious or want a more detailed explanation about how a certain pattern of the language works (e.g., how you make the French "r"), turn to the **Reference Grammar**, where you will find it all explained in English. Your instructor may refer you to other parts of the **Reference Grammar** as well.

MISE EN MARCHE

Qu'est-ce qui se passe?

C'est au moment des examens. Deux cousins, Paul et Jacques, rencontrent Christine. Christine est une amie de Jacques.

Jacques	Tiens, salut, Christine. Comment ça va?
Christine	Bonjour, Jacques! Ça va. Et toi?
Jacques	Oh moi, ça va bien. Tiens, je te présente Paul. C'est mon cousin.
Christine	Ah, bonjour!
Paul	Bonjour!
Jacques	Alors, Christine, quoi de neuf?
Christine	Oh, pas grand-chose, et toi?
Jacques	Moi non plus. Ça va, les examens?
Christine	Oui, ça va. Bon, excuse-moi, je suis pressée.
Jacques	Bon, eh bien, salut, et bonne chance!
Christine	Merci, à toi aussi. Au revoir.
Jacques	À bientôt.

À propos   **Les examens.** Les grands examens de la fin d'année.

Vous dites ça comment?

1. Bonjour!
2. Comment ça va?
3. Ça va bien, merci.
4. Quoi de neuf?
5. Pas grand-chose.
6. Je te présente mon amie Marie.
7. Ça va, les examens?
8. Excuse-moi, je suis pressé(e).
9. Moi aussi.
10. Au revoir.
11. À bientôt.

À noter

L'accent tonique est sur la dernière syllabe du mot ou du groupe de mots.   (grammaire 1.2)

bonjour   salut!   pas grand-**chose**   excuse-**moi**   je suis pres**sé**

Let's talk a little

This exercise checks your listening comprehension by asking you to respond to a question or statement with the appropriate phrase. It does not ask you for information about the dialog. Notice that you can respond to all of the questions or statements by using the structures and the vocabulary you have learned in the two previous steps of the lesson. In future lessons you will also be using structures and vocabulary from preceding lessons.

SPEAKING UP

In authentic conversation, you cannot prepare your response until you have understood what the other person has said. This exercise is intended to replicate this characteristic of authentic conversation. Working with a partner, you follow these steps:

1. Person A chooses one of the two lines that can start the conversation.
2. Person B understands and chooses the appropriate response.
3. Person A responds appropriately, and so on, to the end of the exercise.
4. You and your partner start again, this time with the other beginning line.
5. After the second time through, switch roles so that both you and your partner have practice in starting the conversation and responding.

You may want to look at your book at the beginning, but as you do the exercise you should try to approximate the fluency and ease of normal conversation.

These exercises are recorded in the tape program for the language lab so that you can practice them on your own before and after you work with them in class.

Your turn now . . .

All of the previous activities in the lesson have been building up to this point at which you engage in free conversation. Progress in language learning becomes dramatic, and the whole process stimulating, as you are able to integrate the structures and vocabulary with your attempts to express your own intentions and meanings.

In pairs or small groups, you will converse in order to find out about someone else in the class. You will also write a few lines containing this information, either to report to the class or to hand in to your instructor as a check for the day's progress.

In future lessons, you will prepare for this exercise by choosing the expressions from a list of alternatives, **Vocabulaire au choix.** You will have to understand them all in order to know whether they fit your situation and your intentions, but you are not expected to use all of them.

As you try to express yourself, note what you have already learned and what you still need to learn so that you can focus your learning on what is most pertinent for you.

Parlons un peu

Choisissez la bonne réponse.

1. Tiens, salut!
   - À bientôt!
   - Ah, bonjour!
   - Pas grand-chose.

2. Comment ça va?
   - Ça va bien, merci.
   - Pas grand-chose.
   - Au revoir.

3. Quoi de neuf?
   - Au revoir. À bientôt.
   - Salut.
   - Pas grand-chose.

4. Ça va, les examens?
   - Oui, ça va bien.
   - Tiens, salut.
   - Pas grand-chose.

5. Tiens, je te présente mon amie Marie.
   - Au revoir, je suis pressé(e).
   - Bonjour, Marie.
   - Pas grand-chose.

6. En bien, au revoir, Paul.
   - Bonjour.
   - Salut. À bientôt.
   - Oui, ça va.

📟 **PARLEZ**

A choisit une des phrases pour commencer la conversation.

B choisit la réponse convenable. *A* continue.

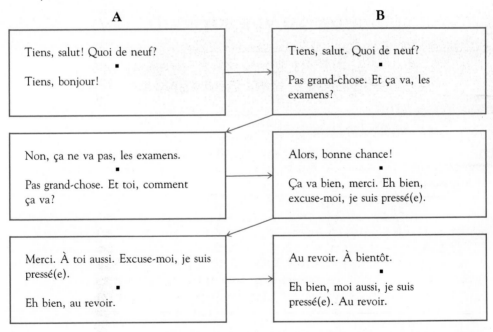

A	B
Tiens, salut! Quoi de neuf? / Tiens, bonjour!	Tiens, salut. Quoi de neuf? / Pas grand-chose. Et ça va, les examens?
Non, ça ne va pas, les examens. / Pas grand-chose. Et toi, comment ça va?	Alors, bonne chance! / Ça va bien, merci. Eh bien, excuse-moi, je suis pressé(e).
Merci. À toi aussi. Excuse-moi, je suis pressé(e). / Eh bien, au revoir.	Au revoir. À bientôt. / Eh bien, moi aussi, je suis pressé(e). Au revoir.

À vous, maintenant...

Mettez-vous en petits groupes. Saluez vos amis dans la classe. Présentez vos amis à d'autres étudiants dans la classe. « Tiens, je te présente... » Puis, terminez la conversation. « Bon, excuse-moi... »

MOVING AHEAD
("ONE MORE STEP")

What's happening?

READ AND LISTEN

In this section you will find some of the same vocabulary and structures as in previous dialogs (or readings), but they may express different meanings than you have encountered before.

Follow the same procedure as for the dialog in the previous section—study it before coming to class by going through the exercises in **Le Français chez vous.** Then look at the dialog in your classroom text. If you are still not sure of some meanings, consult the English version in the Appendices. When you can read the dialog and understand it, listen to it on the tape until you can understand it without looking at the printed version.

How do you say that?

READ IT AGAIN

Once again reread the text looking for specific information, in this case for synonyms.

IMITATE THE PRONUNCIATION

Remember that it is important to memorize the structure and pronunciation of these short phrases, both for learning the sounds of French and for responding to questions and statements in conversation.

UN PAS
DE PLUS

Qu'est-ce qui se passe?

Dans la rue, un professeur et un de ses étudiants.

Professeur	Tiens, bonjour, Alain. Comment allez-vous?
Alain	Très bien, Monsieur, merci.
Professeur	Et les examens, ça va?
Alain	Bof, ça va toujours.
Professeur	Bon, eh bien, au revoir. À bientôt et bonne chance.
Alain	Au revoir, Monsieur. Merci bien.

Deux amis se rencontrent.

Frédéric	Tiens, salut, Isabelle.
Isabelle	Bonjour, Frédéric. Ça va bien, les examens?
Frédéric	Au contraire, ça va mal, très mal.
Isabelle	Alors, bonne chance.
Frédéric	Merci. Excuse-moi, je suis pressé. À la prochaine.
Isabelle	Oui, à bientôt!

À une soirée. Un couple et un monsieur.

Monsieur 1	Ah! Bonsoir, Monsieur Dornier. Je vous présente ma femme.
Monsieur 2	Enchanté, Madame.
Madame	Enchantée.

À propos   Entre étudiants, on dit **tu**. Entre étudiant et professeur, on dit **vous**. (grammaire 3.2.1)

Vous dites ça comment?

Cherchez les expressions synonymes.

1. Bonjour!   2. Comment ça va?   3. Ça ne va pas bien.   4. Au revoir!

1. Comment ça va?
2. Très bien, merci.
3. Pas mal, et toi?
4. Ça ne va pas.
5. Comment allez-vous?
6. Bof! Ça va toujours.
7. Au contraire.
8. Ça va mal.
9. Je vous présente mon professeur de français.
10. Enchanté(e).
11. À bientôt!

Let's talk a little

ANSWER

The **Répondez** exercise is the same kind that you did in the previous section.

COMPLETE

In the **Complétez** exercise, you should prepare the full conversation in advance, filling in the missing words and practicing saying the whole sentences, so that you can say them easily and fluently. If you don't remember them right away, you should check back through dialogs to find the words and phrases you need.

Your turn now...

This situation is similar to the one in the previous section but takes in some ways to use what you've learned. Again, you will write down a few lines after you have practiced speaking. Each of these free-conversation exercises is intended to build on the previous ones.

■

In a regular lesson, the **Mise en marche** and the **Un Pas de plus** sections, where you practice using French for communication, will be followed by a third section, **Faisons le point** ("Let's see where we are"), in which you "capture" the grammar by studying and practicing systematically the language you have learned. You should prepare for this class hour (devoted to explaining and practicing grammar) by noting the questions that come to your mind as you communicate in French during the two previous class hours. You should also consult the **Reference Grammar** in the practice book, as necessary.

This sequence of **Mise en marche — Un Pas de plus — Faisons le point,** which usually requires three class hours, takes place twice in each lesson—in parts A and B. The lesson then ends with **Les Choses de la vie**, a situation built around a written document or reading passage which presents one or more aspects of contemporary French culture. Thus, one entire lesson will normally take seven class hours. Your instructor may want to schedule some extra time for review or supplementary practice.

The final section of the lesson is the **Vocabulaire de base**, the basic vocabulary. This list will not include every new word that you encounter in the lesson, but rather a selected list of those you will need in order to do the communicative tasks set down at the beginning of the lesson. It is suggested that you use this list as a review, so that you can both recognize and use the items on it.

Parlons un peu

1. Ah! Bonjour, Monsieur Delattre.
   Comment allez-vouz?
   • Pas grand-chose. Et toi?
   • Enchanté, Mademoiselle.
   • Ça va bien, merci.

2. Bonjour, Monsieur Deschamps. Je vous
   présente Madame Dargnat.
   • Enchanté, Madame.
   • Oh, pas grand-chose.
   • Oui, à bientôt.

3. Marie, je te présente Monsieur Lejeune.
   C'est mon professeur de français.
   • Oh, ça va bien.
   • Enchanté, Madame.
   • Ah, enchantée, Monsieur.

4. Salut, Henri. Comment tu vas? Tiens, je te
   présente ma cousine Julie.
   • Enchanté.
   • Bonjour, Julie.
   • Bon, eh bien, au revoir.

5. Au revoir, Julie, À la prochaine!
   • Oui, à bientôt!
   • Enchantée.
   • Oh, pas grand-chose.

6. Salut, Frédéric, ça va bien?
   • Non, au contraire, ça va mal.
   • Non, je ne suis pas pressé.
   • Bonjour.

7. Au revoir, Isabelle. À bientôt.
   • Salut. À la prochaine!
   • Au contraire, ça va très bien.
   • Bonjour. Comment ça va?

8. Bonjour, Chantal. Quoi de neuf?
   • Et à toi aussi. À la prochaine!
   • Pas grand-chose.
   • Non, je ne suis pas pressée.

A: Tiens, salut… va?
B: Bof, ça va… Et toi, quoi…?
A: Pas… Et les examens, ça… bien?
B: Non, non, ça…
A: Alors, bonne…
B: Merci, à toi… Eh bien, excuse-moi, je…
A: Moi… Salut!
B: Au revoir. À la…

À vous, maintenant...

Mettez-vous en petits groupes. Saluez vos amis dans la classe. Faites un peu de conversation. Présentez vos amis à votre professeur. Puis, dites au revoir à vos amis et à votre professeur.

VOCABULAIRE DE BASE

Couleurs

blanc	white
bleu	blue
brun	brown
gris	gray
jaune	yellow
noir	black
rouge	red
vert	green

Objets de la salle de classe / Classroom objects

un bureau de professeur	instructor's desk
un cahier	notebook
une carte géographique	map
une cassette	cassette
une chaise	chair
une craie	piece of chalk
une fenêtre	window
une feuille de papier	sheet of paper
un livre	book
un magnétophone	tape player
une porte	door
un pupitre	student's desk
une table	table
un tableau noir	chalkboard

Prépositions

à côté de	beside
dans	in, into
derrière	in back of, behind
devant	in front of
sous	under, below, beneath
sur	on

Expressions

Salutations / Greetings

À bientôt!	See you soon!
Au revoir.	Good-bye.
Bonjour.	Hello. Good morning.
Bonne nuit.	Good night.
Bonsoir.	Hello/Good-bye (in the evening). Good evening.
Ça va?	How are you? How's it going?
Comment vous appelez-vous?	What's your name?
De rien.	You're welcome.
Excusez-moi.	Excuse me.
Il n'y a pas de quoi.	You're welcome.
Je vous en prie.	That's quite all right. You're welcome.
Merci.	Thank you.
Merci beaucoup.	Thanks a lot.
Oui, ça va.	Fine.
Pardon.	Pardon me.
Salut!	Hi! So long!

Activités de la salle de classe / Classroom activities

Allez (Venez) au tableau noir.	Go (Come) to the chalkboard.
Asseyez-vous.	Sit down.
Dites « bonjour » à…	Say "hello" to . . .
Écrivez votre nom.	Write your name.
Effacez.	Erase.
Fermez vos livres.	Close your books.
Levez la main.	Raise your hand.
Levez-vous.	Stand up.
Ouvrez vos livres.	Open your books.
Prenez un stylo et une feuille de papier.	Take a pen and a sheet of paper.
Quittez la salle de classe.	Leave the classroom.
Regardez les livres.	Look at the books.
Rentrez dans la salle de classe.	Go (Come) back into the classroom.
Retournez à votre place.	Go back to your seat.
Serrez la main à…	Shake hands with . . .

L E Ç O N · 1

J'ARRIVE!

The easiest and most natural way to learn a new
language is to understand what other people say,
decide what you want to say, and then try it out
yourself. This course is set up so that you start with
understanding and go on to expression.

To help you understand the French of each lesson
quickly and easily, vocabulary preparation exercises
for each lesson appear in the practice book **Le
Français chez vous**. You should do them as a first step
in each lesson.

F U N C T I O N S

introducing yourself
making and responding to
    introductions
telling what your nationality is
telling where you come from
    and what it is like there
making a bit of small talk

S T R U C T U R E S

le verbe **être**
négation: **ne... pas**
pronoms personnels sujets et les
    formes fortes
adjectifs de nationalité
verbes du premier groupe **(-er)**
formes interrogatives: intonation,
    inversion, **est-ce que, quel,
    comment, où**

A
Bonjour!

MISE EN SCÈNE

La France est un pays international. Dans les rues, dans les cafés, dans les trains, il y a des étudiants, des touristes et des voyageurs de toutes les nationalités.

MISE EN MARCHE

Qu'est-ce qui se passe?

Dans une auberge de jeunesse près de Grenoble, on fait connaissance.

Bob	Bonjour!
Hans	Bonjour!
Bob	Tu es français?
Hans	Non, je ne suis pas français. Je suis allemand.
Bob	Moi, je m'appelle Bob. Et toi, tu t'appelles comment?
Hans	Je m'appelle Hans. Tu es de quelle nationalité?
Bob	Je suis américain.
Hans	(À *Martine et Suzanne*) Et vous, Mesdemoiselles, vous êtes américaines, vous aussi?
Martine	Non, nous ne sommes pas américaines. Nous sommes canadiennes.
Hans	De Montréal?
Suzanne	Non, on est de Québec.
Hans	Et comment vous appelez-vous?
Suzanne	Moi, je m'appelle Suzanne et elle s'appelle Martine.
Hans	Et moi, Hans.

À propos   **Grenoble** est une ville universitaire et touristique près des Alpes, très connue pour les sports d'hiver.

Vous dites ça comment?

RELISEZ

Cherchez les expressions synonymes.

1. Salut!   2. Nous sommes de Québec.   3. Quelle est ta nationalité?

IMITEZ LA PRONONCIATION
(grammaire 1.2.6, 1.2.7)

1. Tu t'appelles comment?
2. Je m'appelle Julie.   /*Prononcez*: je m'appelle... /
3. Et moi, je m'appelle Jean-Pierre.
4. Tu es de quelle nationalité?
5. Vous êtes de quelle nationalité?
6. Je suis américain.   /je suis américain /
7. Je suis américaine.   /je suis américaine /
8. Je suis de San Francisco.
9. Je ne suis pas français.   /je ne suis pas... /
10. Je ne suis pas française.

Parlons un peu

Choisissez la réponse convenable.

1. Tu es de quelle nationalité?

   - Je m'appelle Hans.
   - Je suis américain(e).
   - Bonjour!

2. Tu es français(e)?

   - Non, je ne suis pas français(e).
   - Non, je m'appelle Martine.
   - Et toi, tu t'appelles comment?

3. Comment vous appelez-vous?

   - Je ne suis pas américain(e).
   - Je suis canadien(ne).
   - Martine, et vous?

4. Et toi, tu t'appelles comment?

   - Non, non, je ne suis pas français(e).
   - Je m'appelle Bob, et toi?
   - Je suis américain(e), moi.

5. Tu es de New York?

   - Non, je suis de San Francisco.
   - Non, je m'appelle Martine.
   - Salut!

📷 **PARLEZ**

A choisit une des phrases pour commencer la conversation.

B choisit la réponse convenable. *A* continue.

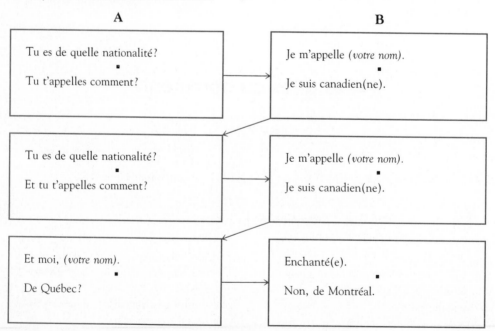

A	**B**
Tu es de quelle nationalité? ▪ Tu t'appelles comment?	Je m'appelle *(votre nom)*. ▪ Je suis canadien(ne).
Tu es de quelle nationalité? ▪ Et tu t'appelles comment?	Je m'appelle *(votre nom)*. ▪ Je suis canadien(ne).
Et moi, *(votre nom)*. ▪ De Québec?	Enchanté(e). ▪ Non, de Montréal.

A: ...?
B: Non, je ne suis pas français(e).
A: ...?
B: Je suis américain(e).

A: ...?
B: Je m'appelle...
A: ...?
B: Non, je ne suis pas de Boston. Je suis de...

À vous, maintenant...

Maintenant, mettez-vous en petits groupes. Saluez vos amis dans le groupe (« Salut! » ou « Bonjour! »). Faites leur connaissance. Est-ce qu'un étudiant dit **tu** ou **vous** à un autre étudiant? En général, c'est **tu**. Par exemple:

— Tu t'appelles comment?
— Moi, je m'appelle...

Demandez la nationalité des étudiants dans le groupe (demandez s'ils sont français, américains, canadiens, anglais, italiens, etc.).

Puis, posez ces mêmes questions à votre professeur. C'est **tu** ou c'est **vous**?

VOCABULAIRE AU CHOIX

pour donner sa nationalité

un homme	*une femme*
Je suis fran**çais.**	Je suis fran**çaise.**
japon**ais.**	japon**aise.**
chin**ois.**	chin**oise.**
ital**ien.**	ital**ienne.**
mexic**ain.**	mexic**aine.**

—Et moi, je suis basque et français.
(Berger basque dans les Pyrénées.)

UN PAS DE PLUS

Qu'est-ce qui se passe?

Toujours dans l'auberge de jeunesse. Plusieurs jeunes gens attendent à la réception.

Sven	Vous avez toujours de la place?
Réceptionniste	Oui, ce n'est pas encore complet. Quelle est votre nationalité?
Sven	Je suis suédois.
Réceptionniste	Quel est votre nom?
Sven	Sven Svensson.
Réceptionniste	Ça s'écrit comment, s'il vous plaît?
Sven	S-v-e-n-s-s-o-n.
Réceptionniste	Voulez-vous bien remplir cette fiche, s'il vous plaît?
Sven	Ça fait combien?
Réceptionniste	25 francs. On paie à l'avance.
Anne-Marie	C'est des chambres ou des dortoirs ici?
Réceptionniste	C'est des dortoirs. Ça va?
Anne-Marie	Oui, ça va.
Réceptionniste	Vous êtes françaises?
Sophie	Oui, nous sommes de Lyon.
Réceptionniste	Vos cartes d'identité, s'il vous plaît.
Sophie	Les voici.

À propos   Une pièce d'identité nationale (passeport, carte d'identité) est obligatoire pour le voyageur.

Vous dites ça comment?

RELISEZ

Cherchez les expressions synonymes.

1. Vous êtes de quelle nationalité?   2. Comment vous appelez-vous?   3. Êtes-vous françaises?

IMITEZ LA PRONONCIATION

1. Êtes-vous françaises?
2. Non, nous sommes canadiennes.
3. Tu es espagnol?
4. Non, je suis mexicain.
5. Est-ce que vous êtes japonaises, Mesdemoiselles?
6. Non, nous sommes chinoises.

Parlons un peu

Choisissez la réponse convenable.

1. Je m'appelle Bob.
   • Et moi, je m'appelle Martine.
   • Oui, et je suis votre professeur de français.
   • Elle est italienne.

2. Vous êtes de quelle nationalité, Mademoiselle?
   • Je m'appelle Sophie.
   • Je suis anglais.
   • Je suis anglaise.

3. Vous êtes de quelle nationalité, Monsieur?
   • Je m'appelle Bernard.
   • Je suis canadien, moi.
   • Nous sommes canadiennes.

4. Vous vous appelez comment, s'il vous plaît?
   • Elle est japonaise.
   • Mon nom est Bernard Lambert.
   • Ils sont américains.

5. Quel est votre nom, s'il vous plaît, Mademoiselle?
   • Je m'appelle Claudine.
   • Non, elles sont allemandes, je crois.
   • Bonjour!

6. Quelle est votre nationalité, Messieurs?
   • Je m'appelle Hans, et toi?
   • Elle est canadienne.
   • Nous sommes mexicains.

7. Vous êtes de quelle nationalité, Mesdemoiselles?
   • Je suis chinoise.
   • Nous sommes chinoises.
   • Il s'appelle Jean-Marie.

8. Votre nationalité, s'il vous plaît, Messieurs?
   • Nous sommes canadiennes.
   • Nous sommes canadiens.
   • Moi aussi, je suis mexicain.

9. Est-ce que tu es français?
   • Moi aussi, je suis espagnol.
   • Non, je ne suis pas français.
   • Non, ils ne sont pas chinois.

10. Est-ce que vous êtes anglais?
    • Non, non, nous ne sommes pas anglais. Nous sommes canadiens.
    • Non, elle n'est pas française.
    • Et moi, Claudine.

Complétez la conversation.

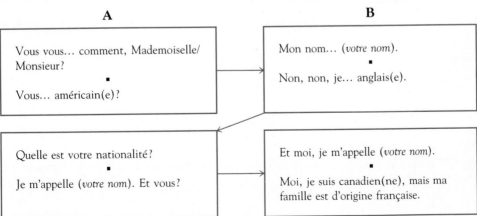

A

Vous vous... comment, Mademoiselle/ Monsieur?

•

Vous... américain(e)?

B

Mon nom... (*votre nom*).

•

Non, non, je... anglais(e).

Quelle est votre nationalité?

•

Je m'appelle (*votre nom*). Et vous?

Et moi, je m'appelle (*votre nom*).

•

Moi, je suis canadien(ne), mais ma famille est d'origine française.

A: ...?

B: Non, nous ne sommes pas français.

A: ...?

B: Nous sommes canadiens.

A: ...?

B: Non, nous ne sommes pas de Québec. Nous sommes de Montréal.

À vous, maintenant...

Choisissez deux ou trois nouveaux partenaires. Mettez-vous en petits groupes. Faites la connaissance de vos amis dans le groupe. Demandez leur nom et leur nationalité. Mentionnez l'origine nationale de votre famille (« Ma famille est d'origine... »).

VOCABULAIRE AU CHOIX

pour des réponses oui/non

On dit:

Tu es français?

Vous êtes de Paris?

On dit aussi:

Est-ce que tu es français?

Êtes-vous de Paris?

pour d'autres réponses

Comment vous appelez-vous?

Vous vous appelez comment?

Quel est votre nom?

Tu es de quelle nationalité?

Vous êtes de quelle nationalité?

Quelle est ta nationalité?

Quelle est votre nationalité?

pour donner sa nationalité

un homme	*une femme*
algérien	algérienne
colombien	colombienne
coréen	coréenne
égyptien	égyptienne
iranien	iranienne
norvégien	norvégienne
vietnamien	vietnamienne
espagnol	espagnole
cubain	cubaine
mexicain	mexicaine
portoricain	portoricaine
japonais	japonaise
polonais	polonaise
chinois	chinoise
danois	danoise

— Je suis américain(e), mais ma famille est **d'origine** polonaise.

chinoise.

vietnamienne.

colombienne.

FAISONS
LE POINT

1. Le verbe *être*   (grammaire 4.15, 4.61)

Voici les formes du verbe **être** au présent.

Singulier	Pluriel
je suis	nous sommes
tu es	vous êtes (grammaire 3.2.1)
vous êtes	
il/elle/on est	ils/elles sont (grammaire 3.2.2.)

Moi? Je **suis** français.
Toi, tu **es** français?
Êtes-vous française, Madame?
Paul? Il **est** français.
Hélène? Elle **est** française.
Oui, on **est** français.

Toi et moi, nous **sommes** français.
Toi et Paul, vous **êtes** français?

Paul et Jean? Ils **sont** français.
Hélène et Monique? Elles **sont** françaises.

2. Négation: *ne... pas*   (grammaire 5.3)

Ne (*verbe*) **pas** indique la négation du verbe.

Tu es français?
Vous êtes allemandes?

Non, je **ne** suis **pas** français. Je suis américain.
Non, nous **ne** sommes **pas** allemandes. Nous sommes canadiennes.

A. Parlons de ces gens (de ces personnes). D'où sont-ils?

1. Anne-Marie est de Lille. Et M. et Mme Contat?
2. Et M. et Mme Mathieu?
3. Jean-Michel et Jean-Pierre sont de Bordeaux.
   Et Gabrielle et Jeanne?
4. Et Anne-Marie?
5. Et Éric?
6. Et Isabelle?
7. Et Françoise?
8. Et Sophie et Brigitte?

Jeanne Chastagnier, **Paris**
M. et Mme Contat, **Strasbourg**
Anne-Marie Dequidt, **Lille**
Françoise Duchesne, **Bordeaux**
Brigitte Dupré, **Lyons**
Sophie Dupré, **Lyons**
Jeanne-Pierre Grégoire, **Bordeaux**
M. et Mme Mathieu, **Marseille**
Gabrielle Nadier, **Paris**
Jean-Michel Marchand, **Bordeaux**
Isabelle Marcadier, **Marseille**

B. Maintenant, répondez de la part de ces personnes.

> **MODÈLE:** — Bonjour, Mademoiselle Dequidt. Vous êtes de Paris?
> — Non, je suis de Lille.

1. Bonjour, Jean-Michel. Vous êtes de Marseille?
2. M. et Mme Contat, d'où êtes-vous exactement?
3. Bonjour, M. et Mme Mathieu, êtes-vous de Bordeaux?
4. Et vous, Mademoiselle Marcadier, vous êtes de Strasbourg?

C. Voici l'agenda de Martine. Parlons de ses rendez-vous.

1. — Quelle est la date de son rendez-vous avec le docteur?
   — C'...
2. — Et c'est quel jour, son rendez-vous avec le docteur?
3. — Et son rendez-vous avec Isabelle, c'est quelle date?
4. — C'est quel jour, son rendez-vous avec Jean-Pierre?
5. — C'est quel jour, son interview avec le directeur du personnel?
6. — Son rendez-vous avec monsieur le directeur, c'est aujourd'hui ou demain?
7. — Et son rendez-vous avec Marie-Claire?
8. — Nous sommes quel jour, le 11?
9. — On est mercredi aujourd'hui. On est quelle date?

Jeanne Chastagnier , **Paris**	
M. et Mme Contat , **Strasbourg**	
Anne-Marie Dequidt , **Lille**	
Françoise Duchesne , **Bordeaux**	
Brigitte Dupré , **Lyons**	
Sophie Dupré , **Lyons**	
Jeanne-Pierre Grégoire , **Bordeaux**	
M. et Mme Mathieu , **Marseille**	
Gabrielle Nadier , **Paris**	
Jean-Michel Marchand , **Bordeaux**	
Isabelle Marcadier , **Marseille**	

3. Pronoms personnels sujets et les formes fortes   (grammaire 3.2, 3.3)

Au téléphone

— Allô, Jean-Michel, c'est toi?
— Oui, qui est à l'appareil?
— C'est moi, Marie-Claire.

sujet	forme forte
Je suis américain, **moi**!	
Tu es français, **toi**?	
Il est anglais, **lui**? [*masculin*]	
Elle est française, **elle**? [*féminin*]	
On est canadien? [*indéfini*]	
Nous sommes américains, **nous**!	
Vous êtes japonais, **vous**?	
Ils sont italiens, **eux**? [*masculin*]	
Elles sont italiennes, **elles**? [*féminin*]	

La forme forte est séparée du verbe. Elle est placée au commencement ou à la fin de la phrase.

Je suis américain, **moi**!
Moi, je suis américain!
Ils ne sont pas français, **eux**!

Eh bien, **moi** aussi!
Eh bien, **nous** non plus!

Une classe cosmopolite. Complétez ces conversations.

MODÈLE: — Il est américain, Pierre? (**français**)
— Lui? Non, il n'est pas américain. Il est français.

1. Jean et Paul sont français? (américains)
2. Et Marie, elle est américaine aussi? (italienne)
3. Et toi, tu es canadien(ne)? (belge)
4. Et Marie et Chantal, elles sont allemandes? (suisses)
5. Et toi et ton ami Pierre, vous êtes français? (canadiens)

Vous faites du ski, vous?

Station de ski dans les Alpes.

4. Adjectifs de nationalité (grammaire 2.6.1, 2.6.2)

Les noms et les pronoms français ont un *genre* (masculin ou féminin) et un *nombre* (singulier ou pluriel). Les adjectifs changent de forme selon le genre et le nombre du nom ou du pronom. Voici les formes possibles des adjectifs de nationalité.

Singulier		Pluriel	
masculin	féminin	masculin	féminin
Il est fran**çais**.	Elle est fran**çaise**.	Ils sont fran**çais**.	Elles sont fran**çaises**.
chin**ois**.	chin**oise**.	chin**ois**.	chin**oises**.
améri**cain**.	améri**caine**.	améri**cains**.	améri**caines**.
ital**ien**.	ital**ienne**.	ital**iens**.	ital**iennes**.
alle**mand**.	alle**mande**.	alle**mands**.	alle**mandes**.
russe. } *[identiques]*	{ **russe**.	**russes**. } *[identiques]*	{ **russes**.
suisse. }	{ **suisse**.	**suisses**. }	{ **suisses**.
belge. }	{ **belge**.	**belges**. }	{ **belges**.

A. Un groupe de touristes cosmopolite. Complétez la liste.

1. Monsieur Nicole est français et Madame Nicole est française. Monsieur Smythe est anglais et Madame Smythe est…
2. Monsieur Yagimura est japonais, et Madame Yagimura est…
3. M. Hu est chinois, et Mme Hu est…
4. M. Targione est italien, et Mme Targione est italienne. M. Al-Shaddat est égyptien, et Mme Al-Shaddat est…
5. M. Tremblay est canadien, et Mme Tremblay est…
6. M. Lopez est mexicain, et Mme Lopez est…
7. M. Hansen est danois, et Mme Hansen est…
8. M. Schultz est allemand, et Mme Schultz est… Ils sont…
9. M. et Mme Mills sont américains. M. et Mme Lopez sont…
10. M. et Mme Tremblay sont canadiens. M. et Mme Targione sont…
11. M. et Mme Hu sont chinois. M. et Mme Yagimura sont…
12. M. et Mme Gigandet sont suisses. M. et Mme Ivanov sont…

B. Quelle est la nationalité de ces gens?

1. Le général de Gaulle
2. Sa majesté la reine Élisabeth II
3. Monsieur le président Bush
4. Camarade Gorbatchev
5. Madame Gorbatchev
6. Mao Zedong
7. Mme Mao
8. Margaret Thatcher
9. Monsieur Thatcher

Prononciation

Pour prononcer une voyelle nasale en français, l'air passe par le nez et la bouche en même temps.

EXEMPLES: paix/pain
sait/sain
beau/bon
mot/mon

Voici toutes les voyelles nasales du français:

œ̃   a   ɔ̃   ɛ̃

voyelle + **n** ou **m** final

un   an   nom   main

voyelle + **n** ou **m** + consonne

humble   tente   bombe   sainte

Avant un **e** final, la voyelle n'est pas nasale.

Voyelle nasale	Pas nasale
italien	italienne
norvégien	norvégienne
américain	américaine
Martin	Martine
breton	bretonne
bon	bonne
Jean	Jeanne
un	une
brun	brune

Prononcez.

Ça, c'est un bon vin blanc.
C'est un étudiant intelligent.
Bonjour, oncle Raymond.

Ancienne
maison
normande

B
C'est comment là-bas?

MISE EN SCÈNE

C'est pittoresque, c'est grandiose.

Château de Chambord dans la vallée de la Loire

MISE EN MARCHE

Qu'est-ce qui se passe?

Jim Martin, un jeune Américain, fait de l'auto-stop en Alsace. Une voiture française le prend en stop. On fait connaissance.

M. Meier	Vous êtes de quelle nationalité? Norvégien, peut-être?
Jim	Non, non, je suis américain, moi. Et vous?
M. Meier	Moi, je suis français.
Jim	Vous habitez en Alsace?
M. Meier	J'habite à Strasbourg. Vous connaissez l'Alsace?
Jim	Pas encore bien. Mais c'est très beau, très pittoresque.
M. Meier	Pittoresque, oui, si vous voulez. Il y a beaucoup de vignes.
Jim	C'est comment, Strasbourg?
M. Meier	C'est une ville bilingue et très cosmopolite. Et les Alsaciens sont très accueillants.
Jim	Accueillants? Je n'ai pas compris.
M. Meier	Oui, accueillants, hospitaliers, ouverts. Ils aiment bien les touristes, les Alsaciens! Et en Amérique, où habitez-vous?
Jim	Au Kansas.
M. Meier	C'est comment là-bas? On dit que c'est très grand.
Jim	C'est grand, c'est plat, ce n'est pas la France, quoi!
M. Meier	Vous parlez très bien le français!
Jim	Pas encore bien, mais ça vient!

À propos **Strasbourg** est situé au bord du Rhin à la frontière franco-allemande. La ville est connue pour sa cuisine et ses vins. **L'Alsace-Lorraine** est la scène de nombreuses batailles depuis le temps des Romains.

Vous dites ça comment?

Cherchez les expressions synonymes.

1. Vous êtes d'Alsace?
2. Les Alsaciens sont hospitaliers.

3. Comment est Strasbourg?
4. C'est comment dans cette région?

1. Où habitez-vous?
2. J'habite à Strasbourg.
3. Vous connaissez l'Alsace?
4. Oui, c'est très beau, très pittoresque.

5. C'est comment, Strasbourg?
6. C'est une ville cosmopolite.   / *Prononcez*: c'est une /
7. Vous parlez très bien le français!
8. Pas encore bien, mais ça vient.   / pas encore /

Parlons un peu

Choisissez la réponse convenable.

1. Où habitez-vous?
   • Je ne parle pas italien.
   • Non, non, je suis américaine.
   • Moi, j'habite à Strasbourg.

2. On dit que c'est très beau là-bas.
   • Oui, c'est très beau, très pittoresque.
   • Oui, je suis canadien.
   • Et moi, je m'appelle Martine.

3. Vous parlez très bien le français!
   • Pas encore bien, mais ça vient.
   • C'est une ville cosmopolite.
   • Quatre et quatre font huit.

4. Vous connaissez la France?
   • Il est cinq heures et demie.
   • Pas encore bien.
   • Je m'appelle François.

5. Vous habitez à Strasbourg?
   • Non, nous sommes vendredi aujourd'hui.
   • Il s'appelle Grégoire.
   • Oui, vous connaissez Strasbourg?

6. Moi, j'habite à San Francisco.
   • C'est comment, San Francisco?
   • Deux et deux font quatre.
   • Oh, moi, ça va bien.

A	B
Tu es français? · Tu parles français?	Pas encore bien. Et toi? · Moi, français? Mais non!
Tu es de quelle nationalité? · Oh, oui, ça vient.	Je suis suisse. · Et toi, tu es de quelle nationalité?

Moi, je suis américain(e).	C'est beau, l'Amérique!
∎	∎
C'est beau, la Suisse!	Oh, oui c'est très pittoresque.

COMPLÉTEZ

A: ...?
B: J'habite à San Francisco.
A: ...?

B: C'est une ville très cosmospolite.
A: ...?
B: Oui, je suis américain(e)

À vous, maintenant...

Choisissez un nouveau/une nouvelle partenaire. Faites sa connaissance, c'est-à-dire, présentez-vous and renseignez-vous sur sa nationalité. Demandez-lui

1. comment il/elle s'appelle.
2. quelle est sa nationalité.

3. où il/elle habite.
4. comment est la ville.

Répondez aux mêmes questions.

UN PAS DE PLUS

Qu'est-ce qui se passe?

LISEZ ET ÉCOUTEZ

Une jeune touriste américaine parle avec une femme de chambre dans un hôtel parisien.

Touriste	Vous êtes parisienne, Madame?
Femme de chambre	Moi, parisienne? Vous plaisantez! J'habite à Paris, mais je suis bretonne, moi.
Touriste	Ah, la Bretagne! Et c'est comment, la Bretagne?
Femme de chambre	Oh, c'est très beau. Et puis on est tranquille en Bretagne. Ce n'est pas comme les Parisiens...
Touriste	Pourquoi? Les Parisiens, ils sont comment?
Femme de chambre	Ils sont toujours pressés, les Parisiens. Et pour moi, ils sont froids.
Touriste	Pardon? Je n'ai pas compris.
Femme de chambre	Oui, froids; ils sont distants. Et vous, Mademoiselle, vous n'êtes pas française. Vous êtes peut-être anglaise?

Touriste	Non, je suis américaine.
Femme de chambre	Ah, c'est grand, l'Amérique. Où habitez-vous?
Touriste	À Pittsburgh.
Femme de chambre	Et c'est comment là-bas?
Touriste	Là-bas?
Femme de chambre	Oui, là-bas, à Pittsburgh.
Touriste	Eh bien, j'aime beaucoup Pittsburgh. La ville n'est pas très jolie, mais les gens sont gentils. C'est une ville industrielle.
Femme de chambre	Mais vous parlez très bien le français!
Touriste	Pas encore bien, mais ça vient!

Vous dites ça comment?

RELISEZ

Cherchez les expressions synonymes.

1. Vous êtes de Paris, Madame?
2. Je suis de Bretagne, moi.
3. Ils sont distants, les Parisiens.

4. Ce n'est pas très beau, la ville.
5. Les gens sont sympathiques.

IMITEZ LA PRONONCIATION

1. Vous êtes parisienne?
2. Moi, parisienne? Vous plaisantez!
3. Les Parisiens, ils sont comment?
4. Ils sont toujours pressés, les Parisiens!
5. C'est grand, l'Amérique! Où habitez-vous?

6. J'habite à Chicago.
7. C'est comment là-bas?
8. La ville n'est pas très jolie…
9. … mais les gens sont gentils.

VÉRIFIEZ

Répondez affirmativement avec une paraphrase.

MODÈLE: — Vous êtes de Paris?
— Oui, je suis parisien(ne).

Maintenant répondez négativement.

1. — Vous êtes de Paris?
   — Oui, je suis…
2. — C'est beau, Paris!
   — Oui, la ville est…
3. — Et les Parisiens, ils sont froids?
   — Oui, pour moi ils sont…
4. — Et les Parisiens ne sont pas tranquilles?
   — Oui, c'est ça, ils sont toujours…

5. — Vous êtes parisien(ne)?
   — Moi, parisien(ne)? Vous…
6. — Et, avec les Parisiens, on est tranquille.
   — Au contraire, ils sont…
7. — Pour moi, la ville n'est pas très jolie.
   — Au contraire, c'est…
8. — Et les Parisiens ne sont pas très sympathiques.
   — Pour moi, c'est le contraire. Les gens…

Parlons un peu

Choisissez la réponse convenable.

1. Où habitez-vous?
   - La ville est jolie.
   - Pas encore bien, mais ça vient.
   - J'habite à Chicago.

2. Vous êtes français(e)?
   - Moi, français(e)? Vous plaisantez!
   - Oui, la ville est très jolie.
   - C'est grand, l'Amérique.

3. C'est comment, Chicago?
   - Oui, ça va bien.
   - Non, je suis touriste.
   - La ville est intéressante, mais pas très jolie.

4. Comment sont les gens là-bas?
   - Oh, pas grand-chose.
   - Ils sont toujours pressés.
   - C'est une région pittoresque.

5. Et vous, Mademoiselle, vous êtes de quelle nationalité?
   - Je suis canadienne.
   - La ville est moderne et dynamique.
   - Pas encore bien, mais ça vient.

6. Où habitez-vous, s'il vous plaît?
   - Je vous présente mon professeur de français.
   - Il fait froid là-bas.
   - J'habite à Québec.

7. C'est comment là-bas?
   - C'est une ville traditionaliste.
   - Pas encore bien, mais ça vient.
   - Non, je suis touriste.

8. Mais vous parlez très bien le français!
   - Non, la ville n'est pas très moderne.
   - Ils sont toujours pressés.
   - Pas encore bien, mais ça vient.

A

Bonjour! Tu es de Californie?

Vous êtes de quelle nationalité?

B

Oui, j'habite à San Francisco.

Je suis canadien(ne), moi.

On dit que c'est très beau, San Francisco.

Vous habitez à Québec?

Oui, c'est une ville très cosmopolite. Et toi, tu habites où?

Non, à Montréal.

Moi, j'habite à Bruxelles.

C'est une ville cosmopolite?

Oui, mais aussi une ville traditionnelle.

Tu es belge?

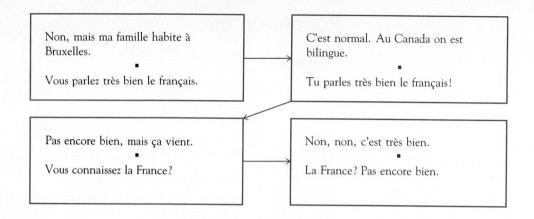

Non, mais ma famille habite à Bruxelles.

Vous parlez très bien le français.

C'est normal. Au Canada on est bilingue.

Tu parles très bien le français!

Pas encore bien, mais ça vient.

Vous connaissez la France?

Non, non, c'est très bien.

La France? Pas encore bien.

COMPLÉTEZ

A: Où... -vous?
B: À Bruxelles. Vous... Bruxelles?
A: Pas bien. C'est... , Bruxelles?
B: C'est une ville cosmopolite.
A: Je ne comprends pas.... -... bien répéter?

B: C'est une ville cosmopolite, internationale. ... ... américain(e), peut-être?
A: Oui, je suis de Boston. Et vous,... ... votre nationalité?
B: Je suis belge.

À vous, maintenant...

Mettez-vous en petits groupes. Vous parlez avec vos amis dans la classe. Informez-vous de leur ville et de leurs pays.

EXEMPLE: — Où est-ce que tu habites?
— J'habite à...
— C'est comment, (San Francisco/Los Angeles/Peoria)?

Prenez des notes et écrivez quatre ou cinq lignes à propos d'un(e) partenaire.

VOCABULAIRE AU CHOIX

pour parler des pays

La Russie?	C'est un pays extraordinaire.
La Belgique?	magnifique.
Le Japon?	bilingue.
L'Angleterre?	dynamique.
	traditionaliste.
	intéress**ant.**
	charm**ant.**
	indust**riel.**
	conservat**eur.**

pour parler des villes

Moscou?	C'est une ville extraordinaire.
Bruxelles?	bilingue.
Tōkyō?	magnifique.
Londres?	moderne.
	traditionaliste.
	intéress**ante.**
	charm**ante.**
	industri**elle.**
	conservat**rice.**

pour parler des habitants d'un pays ou d'une ville

Les Suisses	sont très accueillants.	Ils sont hospitaliers.
Les Anglais		sympathiques.
Les Belges		gentils.
Les Italiens		intéressants.
Les Allemands		réservés.
Les Parisiens		distants.
Les New-Yorkais		froids.

pour parler de vous-même

J'habite à Paris (Montréal/Chicago/Los Angeles).
J'aime beaucoup la ville et le pays.
Je parle français, bien sûr!
Je visite d'autres villes, comme Nice et Grenoble.

FAISONS LE POINT

OBSERVEZ

1. Verbes du premier groupe (*-er*)   (grammaire 4.1, 4.1.2)

parler	
Je parle anglais.	Nous parlons italien.
Tu parles espagnol?	Vous parlez japonais?
Il/Elle/On parle allemand.	Ils/Elles parlent russe.

À noter

Elle parle français. Elle parle très bien **le** français.

habiter	
J'habite à Genève.	Nous habitons à Québec.
Tu habites à Bruxelles.	Vous habitez à Paris?
Il/Elle/On habite à New York.	Ils/Elles habitent à Grenoble.

À noter

Devant une voyelle ou un **h** muet, **je → j'** : **j'habite, j'aime**; **-s →/z /: nous habitons,
vous étudiez, ils écoutent, elles aiment**

43
Leçon 1.B

La forme interrogative pour **il/elle**:

> Parle-**t**-il français?
> Parle-**t**-elle allemand?

La conjugaison de verbes comme commen**c**er, man**g**er, app**el**er et j**et**er est légèrement irrégulière.   (grammaire 4.1.2.)

MISE EN PRATIQUE

A. Quelles langues parle-t-on? Complétez les phrases.

MODÈLES: En France, on parle français.
En Allemagne, on parle allemand.
En Angleterre, on parle anglais.
En Espagne, on parle espagnol.

1. Au Mexique...
2. Au Pérou...
3. En Italie...
4. Au Canada...

5. Aux États-Unis...
6. En Suisse...
7. Au Japon...
8. En Chine...

B. Nous sommes polyglottes (nous parlons plusieurs langues). Nous aimons parler la langue du pays. Donc (par conséquent),

1. en France, nous parlons français.
2. en Espagne, nous...
3. en Allemagne, nous...

4. au Mexique, nous...
5. au Japon,...
6. en Chine,...

C. Vous voyagez seul(e). Quelle langue parlez-vous en France?

1. En France, je...
2. En Angletere, je...
3. En Espagne, je...

4. Au Canada, je...
5. En Suisse, je...
6. En Chine, je...

D. Et vos amis, ils parlent quelles langues quand ils voyagent?

1. En France, ils...
2. Aux États-Unis,...
3. En Allemagne,...

4. Au Japon,...
5. En Chine,...
6. En Italie,...

E. Parlons de nos activités dans la salle de classe. Apprenez la série.

Activités dans la classe de français:

1. entrer dans la salle de classe
2. trouver une place
3. commencer la leçon
4. écouter le professeur
5. imiter la prononciation du professeur
6. répéter les phrases

7. parler français
8. étudier la grammaire
9. poser des questions
10. quitter la salle de classe

Qu'est-ce qu'on fait dans la classe de français?

D'abord, on **entre** dans la salle de classe. Et puis, on **trouve** une place. Et ensuite, on **commence** la leçon. Et ensuite, on…. Et puis, on…, etc.

Et vous, qu'est-ce que vous faites dans la classe de français?

D'abord, j'**entre** dans la salle de classe. Et puis, je **trouve** une place. Et ensuite, je **commence** la leçon. Et ensuite, je…. Et puis, je…, etc.

Et nous, qu'est-ce que nous faisons dans la classe de français?

D'abord, nous **entrons** dans la salle de classe. Et puis, nous **trouvons** une place. Et ensuite, nous…. Et puis, nous…, etc.

Et les autres, qu'est-ce qu'ils font dans la classe de français?

D'abord, ils **entrent** dans la salle de classe. Et puis, ils **trouvent** une place. Et puis, ils…, etc.

OBSERVEZ

2. Formes interrogatives: intonation, inversion, *est-ce que?*   (grammaire 6.1)

Question	Réponse
intonation Vous êtes français(e)?	
inversion **Êtes-vous** français(e)?	Non, Madame (Mademoiselle/Monsieur), je ne suis pas français(e).
est-ce que **Est-ce que** vous êtes français(e)?	

MISE EN PRATIQUE

A. Posez une question pour marquer votre surprise.

> **MODÈLE:** — Je suis français(e).
> — Vraiment? Vous êtes français(e)?

1. Je suis anglais(e).
2. Nous sommes anglais.
3. Elle est italienne.
4. Je suis américain(e).
5. Les Dubois sont anglais.
6. Jean-Marie est canadien.

B. Demandez la nationalité de ces gens.

> **MODÈLE:** Les Jones (**américains/anglais**)
> — Les Jones, sont-ils américains ou anglais?

1. Les Martin (français/canadiens)
2. Les Hansen (norvégiens/suédois)
3. Les Hu (chinois/vietnamiens)
4. Julie (française/anglaise)
5. Jim (anglais/américain)
6. Vous (américain[e]/canadien[ne])

3. Formes interrogatives: *quel, comment, où*   (grammaire 6.2)

Quel est votre nom?   Mon nom est Isabelle.
(nom = masculin)

Quelle est votre nationalité?   Je suis canadien(ne).
(nationalité = féminin)

Comment allez-vous?   Très bien, merci.

Comment vous appelez-vous?
Vous vous appelez **comment**?   Bernard.

Où habitez-vous?
Où est-ce que vous habitez?   J'habite à Pittsburgh.

MISE EN PRATIQUE

Vous êtes journaliste (débutant, bien sûr). Vous préparez à interviewer un personnage éminent (quelqu'un dans votre classe de français, naturellement). Demandez-lui

   MODÈLE: Demandez-lui s'il parle français.
               — Parlez-vous français?

1. comment il s'appelle
2. comment il va
3. sa nationalité
4. où il habite
5. s'il aime les grandes villes
6. son opinion sur les américains
7. son opinion sur (*votre ville*)
8. quelles langues il parle
9. s'il aime le français

Prononciation

INTONATION INTERROGATIVE
(grammaire 6.1, 6.2)

Pour poser des questions oui/non, c'est l'intonation montante:

   Vous êtes français?

   Est-ce que vous êtes français?

   Êtes-vous français?

Pour d'autres questions, c'est l'intonation descendante:

   Comment vous appelez-vous?

   Vous vous appelez comment?

   Quelle est votre nationalité?

   Où habitez-vous?

 Faites les exercices de vocabulaire et de structures dans le cahier d'exercices. Ensuite, lisez ce passage sur la France touristique.

En Bretagne, on est fière de ses traditions.

Visitez la France!

La France est un pays varié. Chaque région est fascinante.

Le Nord est très industrialisé. Il y a des mines de charbon, des raffineries de pétrole et des usines textiles dans le Nord. Mais il y a aussi des forêts splendides, comme la grande forêt des Ardennes belges et françaises.

Dans l'Est, visitez l'Alsace. Mangez de la bonne choucroute comme en Allemagne et dégustez les vins blancs de la région. Ils sont excellents.

À propos, si vous aimez le vin, visitez la Bourgogne. Visitez quelques caves, mais ne roulez pas en voiture après la visite!

Plus au sud, vous arrivez dans les Alpes. Elles séparent la Suisse et la France. Le mont Blanc a approximativement 4.000 mètres. C'est le sommet de l'Europe.

La région au sud de la France s'appelle la Provence. La Provence est ensoleillée et les gens sont accueillants. Beaucoup de fruits et de légumes poussent ici, comme des melons, des pêches et des prunes. Et des fleurs… !

Et bien sûr, visitez la Côte d'Azur et ses plages magnifiques.

Les Pyrénées sont situées entre la France et l'Espagne. Ce sont des montagnes moins hautes que les Alpes, mais elles sont impressionnantes aussi.

La Bretagne est une région située à l'ouest de la France. Certaines personnes parlent encore la langue celte dans cette région riche en vestiges préhistoriques et en folklore.

Et si vous aimez le bon fromage et la crème, visitez la Normandie, fameuse pour sa cuisine et les plages du débarquement de 1944.

Mais n'oubliez pas Paris après ce tour de France…

DISCUTEZ

Donnez des conseils à un(e) ami(e):

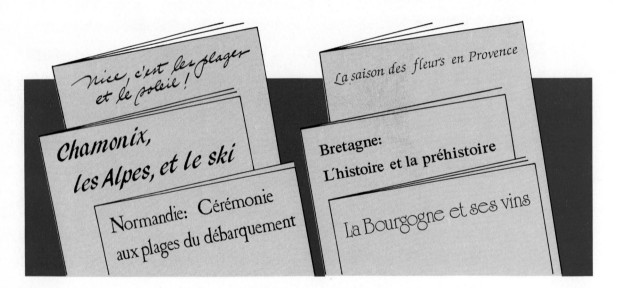

1. Si vous adorez bronzer sur la plage, visitez…
2. Si vous aimez les fleurs, visitez…
3. Si vous vous intéressez à la guerre de 1939–1945, visitez…
4. Si vous aimez le ski, visitez…
5. Si vous aimez le vin rouge, visitez…
6. Si vous vous intéressez aux sites de la préhistoire, visitez…

Faites un dépliant touristique sur votre région.

Petit sondage: Vous êtes d'accord? Voici une échelle de 1 à 5:

1. Je ne suis pas d'accord du tout.
2. Je ne suis pas tout à fait (complètement) d'accord.
3. Je suis assez d'accord.
4. Je suis tout à fait d'accord.
5. Je ne sais pas.

_____ La France est un pays moderne.

_____ La France est un pays archaïque.

_____ Les Français adorent manger.

_____ Les Français aiment les étrangers, surtout les Américains.

_____ La France est célèbre pour ses techniques et inventions.

_____ Les Français sont conservateurs.

_____ Les Français sont socialistes.

_____ Les Français aiment parler.

_____ Les Français sont travailleurs.

_____ Les Français(es) sont sexy.

_____ Les Français(es) sont élégant(e)s.

_____ Les Français sont racistes.

_____ La culture française est internationale.

_____ Les Français adorent le vin.

Comparez les scores. Quels sont les stéréotypes de la France et des Français?

Imaginez le même type de sondage sur les Américains. Quels sont les stéréotypes de l'Amérique et des Américains?

Écrivez une carte postale à un(e) ami(e). Parlez du pays, de la ville, des gens.
Possibilités:

la France	la Suisse	la Belgique	l'Espagne
l'Angleterre	l'Allemagne	la Chine	le Japon
le Mexique	l'Amérique	le Canada	la Russie

C'est **un** pays	C'est **une** ville	Les gens sont
charm**ant**	charm**ante**	charm**ants**
intéressant	…	…
impressionnant	…	…
fascinant	…	…
touris**tique**	touris**tique**	touris**tiques**
dynamique	…	…
sympathique	…	…
exotique	…	…
formid**able**	formid**able**	formid**ables**
intolérable	…	…
abominable	…	…
détestable	…	…
agréable	…	…

VOCABULAIRE DE BASE

Adjectifs

accueillant(e)	*open, hospitable*
agréable	*pleasant*
beau, belle	*beautiful, handsome, fine, good-looking*
distant(e)	*reserved*
exotique	*exotic*
froid(e)	*cold*
grand(e)	*big, large, tall, great*
industriel(le)	*industrial*
magnifique	*magnificent*
même	*same*
petit(e)	*small, little*
plusieurs	*several*
seul(e)	*alone*
traditionaliste	*traditional*

Noms / Nouns

la femme	*woman, wife*
les gens	*people*
l'homme *m*	*man*
les jeunes gens	*young people*
la nationalité	*nationality*
le pays	*country*
la ville	*city*

Verbes

aimer	*to like, love*
donner	*to give*
être	*to be*
étudier	*to study*
habiter	*to live*
poser une question	*to ask a question*
préparer	*to prepare, get ready*

Adverbes

aussi	*also, too*
beaucoup de	*many, much, a lot of*

bien	*well, very, really*
déjà	*already*
encore	*still*
ici	*here*
surtout	*especially*
toujours	*still, always*

Prépositions

à	*to, at, in*
après	*after*
avec	*with*
comme	*as, like*
de	*from, of*
en	*in*
pour	*for, in order to*
près de	*near (to)*

Questions

D'où êtes-vous?	*Where are you from?*
Ça fait combien?	*How much is that?*
Ça s'écrit comment?	*How do you spell that?*
C'est comment, Strasbourg?	*What is Strasbourg like?*
Où habitez-vous?	*Where do you live?*
quand?	*when?*
Quel est votre nom?	*What's your name?*
Quelle est votre nationalité?	*What's your nationality?*
qui?	*who?*
Tu t'appelles comment?	*What's your name?*

Expressions

à propos	*by the way*
Je m'appelle Bob.	*My name's Bob.*
on dit que…	*they say that . . .*
si vous voulez	*if you wish, if you will*
Vous plaisantez!	*You're joking!*

Pour les nationalités, voir les pages 27, 30, and 34.

LEÇON · 2

ÇA VA, LA FAMILLE?

When you get acquainted with people from another country, one of the things they want to know about is your family. Or, if you are writing to someone, you may want to tell something about yourself. In learning how to do these tasks, you will also learn how to use some more grammar patterns of French and some more vocabulary. As a first step in this lesson, do the vocabulary preparation exercises in **Le Français chez vous**.

FUNCTIONS

talking and asking about family
    and friends
telling how many there are in
    your family
saying who they are
saying what they are like
telling what they do
giving a short description of
    yourself

STRUCTURES

les accords
genre: masculin/féminin
pluriel des noms: **-s, -x**
adjectifs
déterminants: **le, la, les; ce, cet,
    cette, ces; mon, ma, mes**, etc.
le verbe **avoir**
négation: **ne... pas de**
les nombres de 30 à 60
le verbe **faire**
le comparatif: **plus (moins)... que**
formes interrogatives: **qui, que,
    quoi, qu'est-ce que,
    comment, combien,
    pourquoi**

A
C'est une belle famille!

MISE EN SCÈNE

Quelle belle famille!

MISE EN MARCHE

Qu'est-ce qui se passe?

Deux jeunes soldats parlent des choses de la vie.

André	Ta voiture! Ta voiture! Tu parles toujours de ta voiture! Tu as une photo de cette fameuse voiture?
Marcel	Bien sûr! Eh bien, la voilà, ma voiture.
André	(*ironique*) Formidable! Et c'est qui, ce garçon et cette fille à côté de ta voiture?
Marcel	C'est mon frère et ma sœur.
André	Et ces gens, là, derrière la voiture, ce sont tes parents?
Marcel	Oui, oui.
André	Elle est belle, ta sœur, dis donc! Elle est mariée?
Marcel	Non, pas encore, elle est célibataire. Elle aime la solitude.
André	Ça, c'est dommage! À propos, vous êtes combien dans la famille?
Marcel	Nous sommes huit.
André	Huit? Ce n'est pas possible!
Marcel	Mais si; il y a mon père, ma mère, mes trois frères et mes deux sœurs.
André	Ah, mais tu as donc une autre sœur?
Marcel	Oui, oui, mais malheureusement elle est déjà mariée, et elle, elle a trois enfants.
André	Ah, ça alors, c'est vraiment dommage!

À propos   **Les soldats.** Le service militaire est obligatoire pour tous les Français de sexe masculin, sauf pour des raisons médicales, comme dans tous les pays européens. En France, le service militaire est de douze mois. On part à l'armée à dix-neuf ans, sauf si on est étudiant. Il y a deux autres options pour satisfaire l'obligation militaire: (1) la coopération (comme le Corps de la Paix aux États-Unis) et (2) la Défense civile. Ces services non-militaires sont de seize mois. Pour les objecteurs de conscience il y a le service dans les postes civils, mais pendant deux ans.

La famille française. Les grandes familles sont rares. Les familles ont bien souvent un ou deux enfants.

Vous dites ça comment?

RELISEZ

Cherchez les expressions synonymes.

1. ton automobile
2. ce jeune homme
3. Elle n'est pas mariée.

4. Elle aime être seule.
5. Combien de personnes y a-t-il dans votre famille?
6. On est huit.

IMITEZ LA PRONONCIATION

1. Tu as des frères et des sœurs?
2. J'ai une sœur. Je n'ai pas de frères.
3. Vous êtes combien dans la famille?
4. On est quatre.

5. Elle est mariée, ta sœur?
6. Non, elle est célibataire. Elle aime la solitude.
7. Où est-elle, cette fameuse voiture?
8. La voilà, ma voiture!

VÉRIFIEZ

Répondez sans répéter les mots de la question.

1. — Elle n'est pas mariée, ta sœur?
   — Non, elle est toujours...
2. — Elle aime être seule?
   — Oui, c'est ça, elle...

3. — Vous êtes huit dans la famille?
   — Oui,... huit.
4. — Où est-elle, ta sœur?
   — La... sœur.

Parlons un peu

RÉPONDEZ

Choisissez la réponse convenable.

1. Est-ce que tu as une photo de ta famille?
   • La voilà, ma voiture!
   • Oui, bien sûr, voici une photo.
   • On est huit.

2. C'est qui, cette fille à côté de ta voiture?
   • C'est mon frère Albert.
   • C'est ma sœur Pauline.
   • Ce sont mes parents.

3. Elle est mariée, ta sœur?
   • Non, elle est célibataire. Elle aime la solitude.
   • Non, ma famille habite en France.
   • Ça, c'est dommage!

4. Tu as des frères et des sœurs?
   • J'ai un frère et une sœur. On est cinq dans la famille.
   • Oui, bien sûr! La voilà, ma voiture.
   • Ce sont mes parents.

5. Vous êtes combien dans la famille?
   • Non, non, il aime la solitude.
   • Nous sommes huit.
   • Formidable!

6. Non! Ce n'est pas possible!
   • Mais si! On est huit.
   • Elle est formidable, ta voiture.
   • Il est beau, ton chien!

A   B

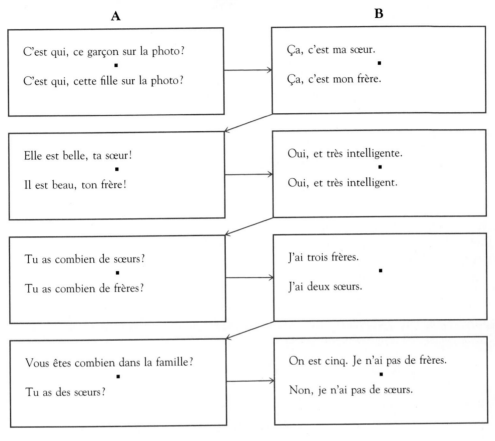

C'est qui, ce garçon sur la photo?

C'est qui, cette fille sur la photo?

Ça, c'est ma sœur.

Ça, c'est mon frère.

Elle est belle, ta sœur!

Il est beau, ton frère!

Oui, et très intelligente.

Oui, et très intelligent.

Tu as combien de sœurs?

Tu as combien de frères?

J'ai trois frères.

J'ai deux sœurs.

Vous êtes combien dans la famille?

Tu as des sœurs?

On est cinq. Je n'ai pas de frères.

Non, je n'ai pas de sœurs.

COMPLÉTEZ

A: ... ?
B: On est cinq dans la famille.
A: ... ?
B: J'ai deux frères, mais je n'ai pas de sœurs.
A: ... ?

B: Mes frères s'appellent Albert et François.
A: ... ?
B: Non, ils sont célibataires.
A: ... ?
B: Ils habitent ici avec mes parents.

À vous, maintenant...

Renseignez-vous sur la famille de votre partenaire. Demandez-lui

1. s'il/si elle a une photo de sa famille.
2. s'il/si elle a des frères et des sœurs.
3. combien de frères et de sœurs il/elle a.
4. s'ils/si elles sont marié(e)s.
5. comment ils/elles s'appellent.
6. où ils/elles habitent, etc.

Prenez des notes et écrivez quatre ou cinq lignes à propos de votre partenaire.

UN PAS DE PLUS

Qu'est-ce qui se passe?

Virginie, une étudiante américaine, arrive en France pour un programme d'études à l'étranger. Elle loge dans une famille française. On fait connaissance.

Mme Pons	Vous avez des frères et des sœurs, Mademoiselle?
Virginie	Oui, j'ai un frère et une sœur.
Mme Pons	Ils sont plus âgés ou moins âgés que vous?
Virginie	Ils sont tous les deux plus jeunes que moi.
Mme Pons	Quel âge ont-ils?
Virginie	Mon frère a seize ans et ma sœur a dix-sept ans.
Mme Pons	Est-ce que vous avez de la famille en France?
Virginie	Oui, j'ai quelques parents à Grenoble, une tante et des cousins, je crois. Ma mère est française.
Mme Pons	Vous parlez très bien le français!
Virginie	Pas encore bien, mais ça vient!

À noter

Mes parents = (1) mon père et ma mère, ou (2) des membres de ma famille, e.g., des cousins, des cousines, des oncles, des tantes.

Une étudiante américaine fait connaissance avec une étudiante canadienne pendant un cours d'été dans une université au Canada.

Gabrielle	Tu as des frères et des sœurs?
Michelle	Non, je suis enfant unique. Et toi?
Gabrielle	Nous, on est dix dans la famille.
Michelle	Dix? Ce n'est pas possible!
Gabrielle	Mais si! Il y a mon père, ma mère, mes trois frères et mes quatre sœurs.
Michelle	C'est une grande famille!
Gabrielle	Non, c'est normal.

À propos   Les programmes d'études à l'étranger sont nombreux. Les étudiants américains ont la possibilité d'aller dans une université francophone au Canada pour des cours d'été.

Vous dites ça comment?

Cherchez les expressions synonymes.

1. Ils sont moins âgés que moi.
2. Vous avez des parents en France?
3. J'ai de la famille à Grenoble.

4. Je suis le seul enfant de la famille.
5. C'est une famille nombreuse.

IMITEZ LA PRONONCIATION

1. Est-ce que vous avez des frères et des sœurs?
2. J'ai un frère et une sœur.
3. Ils sont tous les deux moins âgés que moi.

4. J'ai quelques parents à Grenoble.
5. C'est une grande famille!
6. Non, c'est normal.

VÉRIFIEZ

Répondez sans répéter les mêmes mots que la question.

1. — Vous êtes dix dans la famille?
   — Oui,… dix.
2. — Vous êtes nombreux!
   — Oui, c'est une…

3. — Vous avez de la famille en France?
   — Oui, j'ai…
4. — Ils sont moins âgés que vous?
   — Oui, ils sont…

Parlons un peu

RÉPONDEZ

Choisissez la réponse convenable.

1. Lambert? C'est un nom français?
   • Non, il est plus jeune que moi.
   • Oui, mon père est français.
   • Non, je suis enfant unique.

2. Vous avez de la famille en France?
   • Oui, il a quatre-vingts ans.
   • Non, on est trois.
   • Oui, un oncle et des cousins.

3. Est-ce que votre frère est plus âgé que votre sœur?
   • Oui, oui, Albert a trente ans, et Monique a vingt-cinq ans.
   • Non, ma famille habite au Canada.
   • Oui, c'est vrai, il y a dix enfants dans ma famille.

4. Vous avez une photo de votre famille?
   • Non, on est six dans la famille.
   • Il a vingt-huit ans.
   • Bien sûr, la voilà, ma famille.

5. C'est quoi, cet animal sur la photo?
   • Ça, c'est mon chien.
   • Non, je n'ai pas de parents en France.
   • Oui, je suis plus jeune que mon frère.

6. Combien de personnes y a-t-il dans votre famille?
   • Je n'ai ni frères ni sœurs.
   • Elle est formidable, cette voiture!
   • Nous sommes sept.

A   **B**

Tu as une photo de ta famille?
·
Et ta sœur Sophie, où habite-t-elle
maintenant?

Oui, voici une photo de ma sœur
Hélène et de mon frère Jean-Claude.
·
Elle est toujours à l'université.

Ils sont plus âgés que toi?
·
Elle aime ça, les études?

Oui, elle est intelligente, et elle aime
le travail.
·
Oui, je suis plus jeune qu'eux.

C'est formidable, ça!
·
Ils sont mariés, je crois.

Hélène oui, mais Jean-Claude est
toujours célibataire.
·
Non, c'est normal.

COMPLÉTEZ

A: … ?
B: Oui, j'ai un frère et une sœur.
A: … ?
B: Il est moins âgé que moi. Il a dix-sept ans.

A: … ?
B: Ma sœur habite à Montréal.
A: … ?
B: Oui, elle est mariée.

À vous, maintenant...

Choisissez un nouveau/une nouvelle partenaire. Faites sa connaissance. Demandez-lui

1. où il/elle habite.
2. où habitent ses parents.

3. s'il/si elle a des frères et des sœurs.
4. s'il/si elle a un animal à la maison, etc.

Prenez des notes et écrivez quatre ou cinq lignes à propos de cette personne.

VOCABULAIRE AU CHOIX

pour parler de la famille

Vous êtes combien dans la famille?
Combien de personnes y a-t-il dans votre famille?
Vous êtes nombreux?
Vous avez une grande famille?

Nous sommes huit.
Il y a huit personnes dans ma famille.
Oui, on est nombreux.
Oui, c'est une grande famille.

Combien de frères et de sœurs avez-vous?	J'ai deux frères, mais je n'ai pas de sœurs. Je n'ai ni frères ni sœurs. Je suis enfant unique.
Avez-vous de la famille en France? Avez-vous des parents en France?	Oui, j'ai des cousines en France. Oui, j'ai quelques cousines à Grenoble.
Avez-vous un animal à la maison?	Oui, j'ai un chien, un chat, un oiseau (e.g., un canari), un poisson rouge.

pour identifier les membres de la famille

Philippe est **le mari** d'Isabelle.

Isabelle est **la femme** de Philippe.

Roger est **le fils** de Philippe et d'Isabelle et **le frère** de Sophie et de Jean-Pierre.

Sophie est **la fille** de Philippe et d'Isabelle et **la sœur** de Roger et de Jean-Pierre.

Isabelle est **la belle-sœur** de Louis.

Louis est **le beau-frère** d'Isabelle.

Anne-Marie est **la cousine** de Roger, de Sophie et de Jean-Pierre.

Jean-Pierre est **un cousin** d'Anne-Marie.

Louis est **le père** d'Anne-Marie.

Martine est **la mère** d'Anne-Marie.

FAISONS LE POINT

1. Les accords (grammaire 2.2, 2.3)

Les noms français
ont un *genre*
(masculin ou féminin)
et un *nombre*
(singulier ou pluriel).

Singulier		Pluriel
une ville		trois villes
un homme	*[prononciation identique,*	deux hommes
un oiseau	*singulier et pluriel]*	cinq oiseaux
un neveu		deux neveux
un général	*[changement de prononciation]*	quatre généraux

Il y a un genre *naturel*
et un genre
grammatical
(arbitraire).
(grammaire 2.2)

Genre naturel		Genre grammatical	
masculin	**féminin**	**masculin**	**féminin**
un homme	**une** femme	**un** gouvernement	**une** nation
un père	**une** mère	**un** message	**une** lettre
un frère	**une** sœur	**un** fruit	**une** banane

Ces distinctions sont marquées par un *déterminant*. Les déterminants s'accordent avec le
nom en genre et en nombre.   (grammaire 2.5)

	Singulier		Pluriel	
	masculin	**féminin**	**masculin**	**féminin**
Article défini	le frère	la sœur	les frères	les sœurs
Article indéfini	un frère	une sœur	des frères	des sœurs
Adjectif possessif	mon cousin	ma cousine	mes cousins	mes cousines
Adjectif démonstratif	ce garçon	cette fille	ces garçons	ces filles
	cet homme	cette idée	ces hommes	ces idées

À noter

Devant une voyelle, **le** ou **la**, c'est toujours **l'**, et **ce**, c'est **cet** ou **cette**:

   l'animal *m*   **cet** animal   l'idée *f*   **cette** idée

On ne prononce pas le **h**:

   l'homme   **cet** homme

A. Est-ce **un** ou **une**? Est-ce **le, la** ou **l'**?

> **MODÈLES:** *noms féminins*   *noms masculins* (grammaire 2.2.1)
> **une** nation   **un** gouvernement
> **une** décision   **un** problème
> **une** conséquence   **un** optimisme

1. _____ expérience
2. _____ document
3. _____ solution
4. _____ existence
5. _____ communication

6. _____ établissement
7. _____ supposition
8. _____ réalisme
9. _____ document
10. _____ suggestion

B. Est-ce **ce, cet, cette** ou **ces**? Exprimez votre admiration ou votre réaction.
(grammaire 2.5.4)

1. Elle est formidable,... voiture!
2. Il est beau,... chien!
3. Elle est belle,... femme!
4. Il est formidable,... homme!
5. Elles sont gentilles,... femmes!
6. Il est intéressant,... livre!

7. Il est difficile,... problème!
8. Ils sont difficiles,... problèmes!
9. Elle n'est pas claire,... question!
10. Il est beau,... garçon!
11. Ils sont beaux,... garçons!

2. Adjectifs: accords   (grammaire 2.6, 2.6.1, 2.6.2)

Les adjectifs s'accordent avec le nom en genre et en nombre, c'est-à-dire, ils changent de forme selon le genre (masculin ou féminin) et le nombre (singulier ou pluriel) du nom.

Changement de prononciation et d'orthographe

Singulier	Il est distant.	Elle est distante.
Pluriel	Ils sont distants.	Elles sont distantes.
	Il est travailleur.	Elle est travailleuse.
	Ils sont travailleurs.	Elles sont travailleuses.
	Il est paresseux.	Elle est paresseuse.
	Ils sont paresseux.	Elles sont paresseuses.
	Il est naïf.	Elle est naïve.
	Ils sont naïfs.	Elles sont naïves.
	Il est beau.	Elle est belle.
	Ils sont beaux.	Elles sont belles.
	un problème national	une crise nationale
	des problèmes nationaux	des crises nationales

Prononciation identique, changement d'orthographe

Singulier	Il est pressé.	Elle est pressée.
Pluriel	Ils sont pressés.	Elles sont pressées.

Prononciation identique, forme identique au singulier, changement d'orthographe au pluriel

Singulier	Il est dynamique.	Elle est dynamique.
Pluriel	Ils sont dynamiques.	Elles sont dynamiques.
	Il est extraordinaire.	Elle est extraordinaire.
	Ils sont extraordinaires.	Elles sont extraordinaires.

À noter

La place de l'adjectif est ordinairement après le nom.   (grammaire 2.6.3)

> C'est une ville **industrielle**.
> C'est un problème **difficile**.

Mais certains adjectifs précèdent le nom: **grand, joli, mauvais, bon (bonne), beau (belle), nouveau (nouvelle), vieux (vieille)**

> C'est une **grande (petite, belle, jolie, vieille)** ville.
> C'est un **grand (nouveau, vieux, bon)** problème.

MISE EN PRATIQUE

A. Parlons de vos voyages (imaginaires, peut-être). Donnez vos impressions et vos réactions. Voici quelques adjectifs: **fascinant, impressionnant, grand, charmant**.

> **MODÈLES:** — Quelle est votre opinion sur Paris?
> — C'est une ville impressionnante.
>
> — Et la Suisse?
> — C'est un pays charmant.
>
> — Et la Bretagne?
> — C'est une région fascinante.

1. Quelle est votre opinion sur New York?
2. Et sur Paris?
3. Et la Normandie, c'est comment là-bas?
4. Et la Belgique?
5. Et la Suisse?
6. Est-ce que vous connaissez Genève?
7. Et l'Alsace, est-ce que vous aimez l'Alsace?
8. Et Strasbourg, c'est comment là-bas?
9. Quelle est votre opinion sur l'Angleterre?
10. Et sur l'Espagne?

B. Et maintenant donnez, s'il vous plaît, votre opinion sur quelques questions ac-
tuelles. Voici des adjectifs: **délicat, naïf, intéressant, important, urgent.**

> **MODÈLE:** — Que pensez-vous de (quelle est votre opinion sur) la crise
> monétaire?
> — Eh bien, c'est un problème urgent.

1. — Que pensez-vous du problème de la pollution atmosphérique?
   — Eh bien, c'est un problème...
2. — Le dollar, est-il en danger?
   — Eh bien, c'est une question...
3. — Quelle est la situation économique dans votre pays?
   — Eh bien, voilà une question...
4. — Et puis, il y a le problème du terrorisme.
   — Oui, d'accord, c'est un problème...
5. — Est-ce que l'influence de la télévision est bonne ou mauvaise?
   — Voilà une question...
6. — Qu'est-ce que vous pensez de la situation politique des réfugiés?
   — C'est un problème...

OBSERVEZ

3. Le verbe *avoir*   (grammaire 4.6.1)

J'ai deux frères.	Nous **avons** une grande maison.
Tu **as** combien de sœurs?	Vous **avez** une voiture superbe.
Il/Elle/On **a** une grande famille.	Ils/Elles **ont** des parents en France.

À noter

La prononciation devant une voyelle:

$$\text{nous}\overset{z}{\smile}\text{avons} \qquad \text{vous}\overset{z}{\smile}\text{avez} \qquad \text{ils}\overset{z}{\smile}\text{ont} \qquad \text{elles}\overset{z}{\smile}\text{ont}$$

Contrairement à l'usage en anglais, on emploie **avoir** pour indiquer l'âge:

Quel âge **avez**-vous?   J'**ai** vingt ans.

4. Négation: *ne... pas de*   (grammaire 5.3)

Affirmatif	Négatif
J'ai **une** sœur.	Je **n'**ai **pas de** sœur.
J'ai **un** frère.	Je **n'**y a **pas de** frère.
Il y a **des** soldats sur la photo.	Il **n'**y a **pas de** soldats sur la photo.
Il y a **des** étudiants dans le film.	Il **n'**y a **pas d'**étudiants dans le film.

A. Parlons un peu de votre famille.

1. Vous avez une grande famille?
2. Combien de frères avez-vous? Combien de sœurs? Combien de cousins? Combien d'oncles? Combien de tantes?
3. Quel âge avez-vous?
4. Avez-vous un animal à la maison? Un chien? Un chat?

B. Qu'est-ce que vous avez dans votre chambre? Répondez selon votre cas.

> **MODÈLE:** J'ai deux chaises, mais je n'ai pas de fauteuil.

UNE PLANTE

UN POISSON ROUGE

UN TÉLÉVISEUR

UN BUREAU

UN FAUTEUIL

UNE ÉTAGÈRE

UN ORDINATEUR

UNE MACHINE À ÉCRIRE

UNE CHAISE

UN MAGNÉTOPHONE

UN LIT

OBSERVEZ

5. Adjectifs possessifs (grammaire 2.5.3)

Singulier		Pluriel	
masculin	féminin	masculin	féminin
mon cousin	**ma** cousine	**mes** cousins	**mes** cousines
ton frère	**ta** sœur	**tes** frères	**tes** sœurs
son frère	**sa** sœur	**ses** frères	**ses** sœurs
notre père	**notre** mère	**nos** pères	**nos** mères
votre neveu	**votre** nièce	**vos** neveux	**vos** nièces
leur oncle	**leur** tante	**leurs** oncles	**leurs** tantes

À noter

La possession est indiquée par **de** ou **à**.   (grammaire 2.7.1, 2.7.2)

la voiture **de** Marie
Cette voiture est **à** toi?

sa voiture
Oui, c'est **ma** voiture.

En français, l'adjectif possessif s'accorde avec la chose possédée, et non pas avec le possesseur.

la mère de Jean-Pierre = **sa** mère
le père de Jean-Pierre = **son** père

la mère de Marie = **sa** mère
le père de Marie = **son** père

Devant une voyelle, c'est toujours **mon, ton** et **son** pour un nom au singulier (et non pas **ma, ta, sa**).

mon (ton, son) idée *f*

ton amie *f*

MISE EN PRATIQUE

A. Parlons de votre vie comme étudiant(e). Qu'est-ce que vous faites dans la classe de français?

Activités dans la classe de français

entrer dans la salle de classe
saluer **ses** amis
serrer la main à **ses** amis
chercher **ses** livres
commencer **sa** leçon
écouter **son** professeur
parler français avec **ses** amis, puis,
fermer **son** livre
quitter la salle de classe

Qu'est-ce qu'on fait dans la classe de français?

D'abord, on entre dans la salle de classe. Et puis, on salue **ses** amis. Et ensuite, on serre la main à **ses** amis. Et puis, on…. Et puis, on…, etc.

Et vous, qu'est-ce que vous faites dans la classe de français?

D'abord, j'entre dans la salle de classe. Et puis, je salue **mes** amis. Et ensuite, je serre la main à **mes** amis. Et ensuite, je…. Et puis, je…, etc.

Et nous, qu'est-ce que nous faisons dans la classe de français?

D'abord, nous entrons dans la salle de classe. Et puis, nous saluons **nos** amis. Et ensuite, nous…. Et puis, nous…, etc.

B. On parle avec Anne-Marie à propos d'une photo de sa famille. Répondez de sa part.

1. — C'est qui, ce monsieur-là avec la moustache?
   — Ça, c'est… oncle Philippe.
2. — Et cette dame à côté, c'est… femme?
   — Oui, c'est… tante Isabelle.
3. — Et ces jeunes gens-là?
   — Ce sont… cousins Roger et Jean-Pierre.
4. — Ils… quel âge?
   — Roger… vingt-cinq ans, et Jean-Pierre… dix-huit ans.
5. — Et la jeune fille?
   — Ça, c'est… cousine Sophie.
6. — Quel âge…-t-elle?
   — Elle… vingt-deux ans. Nous… le même âge.
7. — …-vous des frères et des sœurs?
   — Non je n'… ni frères ni sœurs.
8. — Vous… un animal à la maison?
   — Non, nous n'… animal, mais mes cousins, ils… un chien.

6. Nombres de 30 à 60

30	trente	38	trente-huit
31	trente et un	39	trente-neuf
32	trente-deux	40	quarante
33	trente-trois	41	quarante et un
34	trente-quatre	50	cinquante
35	trente-cinq	51	cinquante et un
36	trente-six	60	soixante
37	trente-sept		

MISE EN PRATIQUE

Quel âge ont ces personnes?

	date de naissance
Sylvie	1965
Marc	1975
Luc	1985
Jean	1971
Patrick	1940
Marie	1968
Bernard et Julie	1970
Françoise et Anne	1972
M. Dinand	1935
M. et Mme Duray	1939
Mlle Porte	1933

Prononciation

📼 (grammaire 1.2.3) **VOYELLES NASALES (REPRISE)**

Prononcez ces mots:

beau	bon
peau	pont
paix	pin
mais	main
deux	d'un
qu'eux	qu'un
sa	cent
ma	ment

une bande d'incompétents
une réponse incompréhensible
une intelligence incontestable
un homme éminent

B
Tu connais ce type?

MISE EN SCÈNE

—Tu connais ce type?
—Oui, cet un bon acteur.

—Tu connais cette femme?
—Oui, elle est médecin
dans un grand hôpital.

68

MISE EN MARCHE

Qu'est-ce qui se passe?

Deux jeunes filles bavardent (parlent) dans une grande administration.

Isabelle	Tu connais ce type au service commercial — grand, brun, mince et très chic?
Christine	Ah, oui, et il a de grands yeux noirs?
Isabelle	Oui, oui, et une moustache superbe.
Christine	Oui, c'est ça, et il est toujours de bonne humeur, souriant, très sympathique?
Isabelle	Oui, c'est bien lui. Qu'est-ce qu'il est chouette!
Christine	Oui, je suis bien d'accord. C'est mon fiancé.
Isabelle	Ah, bon! Tiens! Tiens!

À propos   **Administration.** « Une grande administration, » c'est par exemple le service administratif d'une entreprise nationalisée comme la S.N.C.F. (Société nationale des chemins de fer), l'É.D.F. (Électricité de France), Renault (automobiles). Le service commercial dans cette sorte d'entreprise s'occupe des rapports avec le public: publicité, vente, etc.

Vous dites ça comment?

Cherchez les expressions synonymes.

1. Tu connais cet homme?
2. très gentil
3. Qu'est-ce qu'il est beau!
4. Je suis tout à fait d'accord.

Cherchez les expressions antonymes.

5. Il est petit.
6. gros
7. une moustache lamentable

1. Tu connais ce type ?
2. Il est comment, ce type ?
3. Il est grand, brun et très chic.
4. Il est petit, gros et très sympathique.
5. Vous connaissez cette femme ?
6. Comment est-elle ?
7. Elle est petite, mince et souriante.
8. Elle a les cheveux blonds et les yeux bleus.
9. Qu'est-ce qu'il est chouette !
10. Je suis bien d'accord.

VÉRIFIEZ

Montrez que vous êtes d'accord.

> **MODÈLE:** — Ce type au service commercial, il est bien gentil.
> — Oui, il est très sympathique.

1. — Il est très beau.
   — Oui, qu'est-ce qu'il est...
2. — Il est bien grand.
   — Oui, il n'est pas...
3. — Et il a une belle moustache.
   — Oui, il a...
4. — Mais il est un peu gros.
   — Oui, il n'est pas...
5. — Et cette femme à la réception, qu'est-ce qu'elle est belle !
   — Oui, d'accord, elle est bien...
6. — Mais elle est bien petite.
   — Oui, elle n'est pas...

Parlons un peu

📼 **RÉPONDEZ**

Choisissez la réponse convenable.

1. Il est comment, ce jeune homme ?
   • Il est grand, brun et très chic.
   • Il a vingt-six ans.
   • Il est au service commercial.

2. De quelle couleur sont ses yeux ?
   • Il est petit.
   • Il a une très belle moustache.
   • Il a les yeux bleus.

3. Elle est comment, cette jeune femme ?
   • Elle est grande, brune et très chic.
   • Elle habite à Boston.
   • Elle a vingt-trois ans, je crois.

4. Qu'est-ce qu'elle est chouette !
   • Non, elle habite à Chicago.
   • Je suis bien d'accord. Elle est très chic.
   • Elle a vingt ans, je crois.

5. Comment sont vos frères ?
   • Je suis bien d'accord.
   • Ils sont à l'université.
   • Ils sont gentils, petits, gros et sympathiques.

6. Et vos sœurs, elles sont comment ?
   • Elles sont grandes, belles et intelligentes.
   • Elles habitent à Boston.
   • Non, elles sont plus âgées que moi.

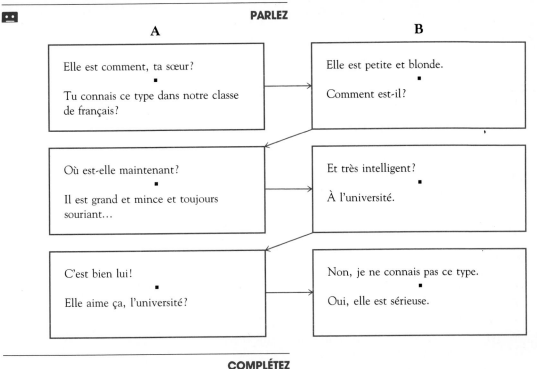

COMPLÉTEZ

A: ...?
B: Oui, j'ai un chien.
A: ...?
B: Il s'appelle Cerbère.

A: ...?
B: Il est grand et beau.
A: ...?
B: Sympathique? Non, pas vraiment.

À vous, maintenant...

Choisissez un nouveau/une nouvelle partenaire. Renseignez-vous sur sa famille.

EXEMPLE: — Il/Elle est comment, ton frère/ta sœur?
— Eh, bien, il/elle est grand(e)/mince/petit(e). Il/Elle a les cheveux... et les yeux...

Prenez des notes et écrivez quatre ou cinq lignes à propos de sa famille.

VOCABULAIRE AU CHOIX

pour décrire une personne

un homme	*une femme*	*un homme*	*une femme*
Il est grand.	Elle est grande.	Il est mince.	Elle est mince
petit.	petite.	brun.	brune.
beau.	belle.	blond.	blonde

Il n'est ni grand ni petit. = Il est moy**en**. Elle est moy**enne**.

UN PAS DE PLUS

Qu'est-ce qui se passe?

Devant un cinéma. Deux amies bavardent pendant qu'elles font la queue.

Anne   Alors, Sylvie, comment va ta famille?
Sylvie   Oh, tout le monde va bien.
Anne   Et ton frère Matthieu, qu'est-ce qu'il fait? Est-ce qu'il a un bon travail?
Sylvie   Oh lui, oui; il fait de la recherche médicale.
Anne   Ah bon! Et où ça?
Sylvie   Il travaille dans un laboratoire d'hôpital.
Anne   Mais c'est formidable, ça! Il est toujours aussi gentil?
Sylvie   Oh oui, toujours gentil, très intelligent et très travailleur.
Anne   Il a quel âge maintenant?
Sylvie   Il a trente ans déjà.
Anne   Comme le temps passe! Et ton beau-frère Sylvestre?
Sylvie   Oh lui, c'est un zéro!
Anne   Tu es bien sévère!
Sylvie   Non, je suis objective. Pour moi, c'est un zéro.
Anne   Et pourquoi donc?
Sylvie   Parce qu'il est paresseux, égoïste et enfin pas excessivement intelligent. Voilà pourquoi!
Anne   Mon Dieu! Quel portrait!

Vous dites ça comment?

Cherchez les expressions synonymes.

1. Ça va, la famille?
2. Il a un bon job?
3. Mais c'est très, très bien!
4. Il est sympathique?
5. Oh, lui, c'est une catastrophe!
6. Il n'est pas travailleur.

1. Et ton frère, qu'est-ce qu'il fait?
2. Il fait de la recherche médicale.
3. Il est très travailleur.
4. Il a quel âge, ton frère?
5. Il a quarante ans.
6. Et ton beau-frère?
7. Oh, lui, c'est un zéro!

Montrez que vous êtes d'accord.

1. — Votre frère a un très bon job, je crois.
   — Oui, il a…
2. — Ça, c'est très, très bien.
   — Oui, c'est…
3. — Il n'est pas paresseux, votre frère.
   — C'est ça, il est…

4. — Et il est très sympathique.
   — Oui, il est…
5. — Mais mon beau-frère, il n'est pas très travailleur.
   — Oui, il est un peu…
6. — En effet, c'est une catastrophe!
   — C'est vrai, c'est…

Parlons un peu

Choisissez la réponse convenable.

1. Comment va la famille?

   • Tout le monde va bien.
   • Il a un poste à l'hôpital.
   • Elle est docteur.

2. Et ta sœur fait toujours de la recherche à l'université?

   • Oui, elle est très gentille.
   • Non, elle a trente ans.
   • Oui, oui, de la recherche médicale.

3. Et ton beau-frère, qu'est-ce qu'il fait?

   • Oh, lui, c'est un zéro!
   • Il a trente-cinq ans.
   • Il est toujours célibataire.

4. Il a quel âge, ton beau-frère?

   • Il n'est pas très travailleur.
   • Oui, dans un laboratoire.
   • Il a quarante ans.

5. Il est paresseux?

   • C'est ça, il n'est pas excessivement travailleur.
   • Il a vingt ans.
   • C'est très bien, ça!

6. Tu as une autre sœur? Comment est-elle?

   • Elle va bien.
   • Elle est belle et très gentille.
   • Elle est journaliste.

7. Qu'est-ce qu'elle fait? Elle a une profession?

   • Oui, elle est professeur.
   • Oui, il est professeur.
   • Elle est grande et mince.

8. Et ton frère René, il est toujours aussi gentil?

   • Oui, et il a une très belle moustache.
   • Il est journaliste.
   • Elle a les yeux noirs.

A

B

Alors, comment va ta sœur Émilie?

■

Alors, comment va ton beau-frère Sylvestre?

Oh, lui, ça ne va pas!

■

Oh, elle va très bien.

Qu'est-ce qu'elle fait maintenant?

■

Comment cela?

Elle est docteur.

■

Il est au chômage.

Ça, c'est dommage! Il n'a pas de métier?

■

Et ton autre sœur, Julie?

Si, il est mécanicien.

■

Elle est toujours à l'université.

Elle est très gentille.

■

Et il n'a pas de travail?

Non, il est travailleur, mais il n'y a pas de travail.

■

Et très travailleuse.

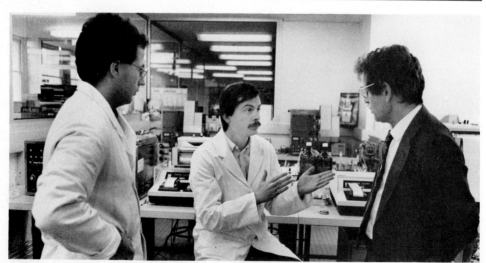

—Qu'est ce qu'il fait, ton frère?　　　—Il travaille comme informaticien.

À vous, maintenant...

Choisissez un nouveau/une nouvelle partenaire. Faites sa connaissance. Renseignez-vous sur sa famille (profession, caractère, travail). Répondez à ses questions.

EXEMPLES: Quelle est la profession de... ?
Est-ce qu'il/elle a un bon travail?
Où est-ce qu'il/elle travaille?
Est-ce qu'il/elle est gentil(le), travailleur (-euse)?

Comme d'habitude, écrivez quatre ou cinq lignes à propos de cette personne et de sa famille.

VOCABULAIRE AU CHOIX

pour parler des professions

Qu'est-ce qu'elle fait, ta mère?	Il/Elle est journaliste.
Qu'est-ce qu'il fait, ton père?	professeur.
Quelle est sa profession?	avocat(e).
	commerçant(e).
	infirmier (-ière).
Quel est son métier?	Il/Elle est mécanicien(ne).
	ouvrier (-ière).
	vendeur (-euse).
Où est-ce qu'il/elle travaille?	Dans un garage.
	une usine.
	un hôpital.
	un grand magasin.
	À l'université.
	Au journal.

pour décrire des personnes

Il est comment, ton frère?	Il est grand.	Elle est grande.
Elle est comment, ta sœur?	petit.	petite.
Comment est ton frère?	mince.	mince.
Comment est ta sœur?	beau.	belle.
Parlez-moi un peu de lui/d'elle.	intelligent.	intelligente.
	gentil.	gentille.
	travailleur.	travailleuse.
	paresseux.	paresseuse.

À noter

Il est **travailleur**. = Il aime le travail.
Il est **paresseux**. = Il déteste le travail.
Il est **chômeur**. Il est **au chômage**. = Il n'a pas de travail.

À propos   **Le chômage**. En France, comme dans tous les pays industrialisés, le chômage est un problème persistant et sérieux (approximativement 10% de la population).

FAISONS LE POINT

1. Le verbe *faire*   (grammaire 4.1.5)

> Je **fais** mes études.
> Tu **fais** ton service militaire?
> Il/Elle/On **fait** de la recherche médicale.
>
> Nous **faisons** nos devoirs.
> Vous **faites** sciences politiques?
> Ils/Elles **font** leur travail.

MISE EN PRATIQUE

Vous bavardez avec un(e) ami(e). Complétez les phrases.

1. — Où est-ce que tu... tes études?
   — À l'université.
2. — Et ton frère, qu'est-ce qu'il... comme travail?
   — Pas grand-chose.
3. — Qu'est-ce qu'ils... , tes parents?
   — Ils sont médecins.
4. — Et ta sœur Émilie, qu'est-ce qu'elle... ?
   — Elle est à l'université comme moi.
5. — Qu'est-ce que vous... comme études à l'université?
   — Nous... sciences politiques.
6. — Qu'est-ce qu'on... ce soir?
   — On va au cinéma?

OBSERVEZ

2. Le comparatif: *plus (moins)... que*   (grammaire 2.6.4)

La structure **plus... que** ou **moins... que** indique la comparaison.

Mon père a quarante-cinq ans. Ma mère a quarante ans.
Mon père est **plus** âgé **que** ma mère. Il est **plus** âgé **qu'**elle.
Elle est **plus** jeune **que** lui. = Elle est **moins** âgée **que** lui.

Vous avez des millions de francs. Moi, j'ai cent francs.
Vous êtes **plus** riche **que** moi. Je suis **moins** riche **que** vous.

MISE EN PRATIQUE

Exprimez ces comparaisons de deux façons différentes.

1. Matthieu est très intelligent. Sylvestre n'est pas très intelligent.
   Matthieu est... Sylvestre.
   Sylvestre est... Matthieu.
2. Jean-Claude est grand. Jean-Pierre est petit.
   Jean-Claude est... Jean-Pierre.
   Jean-Pierre est... Jean-Claude.
3. François est mince. Étienne est gros.
   François est... Étienne.
   Étienne est... François.

3. Formes interrogatives   (grammaire 6.2)

Qui = une ou plusieurs *personnes*

— **Qui** est cette jeune fille à côté de la voiture?   — **Qui** sont ces gens-là, derrière la voiture?
— C'est ma sœur Pauline.   — Ce sont mes parents.

Que, quoi, qu'est-ce que = des *objets* ou des *idées générales*.

Que fait votre frère?   C'est **quoi**, l'Amérique?   **Qu'est-ce que** vous faites?

Comment est-il? Il est **petit**.

Combien êtes-vous dans la famille? On est **cinq**.

Pourquoi est-ce que vous êtes si sévère? **Parce que** je suis objectif (-ive).

Vous continuez à bavarder avec votre ami(e).

1. — … sont ces gens-là, là, sur la photo?
   — Ce sont mes parents.
2. — C'est… , cette machine?
   — C'est ma voiture.
3. — Vous êtes… dans la famille?
   — Nous sommes six.
4. — … fait ton père?
   — Il est ouvrier.
5. — Tu as un frère? … est-il?
   — Il est grand et brun.

6. — … âge a-t-il?
   — Il a vingt ans déjà.
7. — … est la profession de ta mère?
   — Elle est professeur.
8. — … ta sœur est-elle en Afrique?
   — Parce qu'elle prépare une thèse sur l'Afrique.
9. — … est ton père?
   — Eh bien, il est très grand et très intelligent.
10. — … es-tu à l'université?
    — Parce que j'aime mes études.

Prononciation

Prononcez ces mots.

beau	bon	blond	
peau	pont		
paix	pin	sympathique	
mais	main	intelligent	un garçon intelligent
deux	d'un	brun	dans un an
qu'eux	qu'un	un frère	c'est un zéro
sa	cent	fiancé	gentil et sympathique
ma	ment	souriant	excessivement

 Faites les exercices de vocabulaire et de structure dans **Le Français chez vous**. Ensuite, lisez ce passage sur l'informatique.

UN MINITEL

Vive l'informatique!

1. Cherchez une définition de MINITEL.
2. Cherchez des exemples de l'emploi du MINITEL pour
   a. les voyages   b. les études   c. la religion   d. les loisirs

L'informatique, c'est la science de l'information par ordinateur, et l'ordinateur est en train de changer toute la vie moderne, en France comme aux États-Unis. Par exemple, comment peut-on se renseigner en France? On peut demander aux gens, on peut regarder le journal, ou bien, on peut consulter le MINITEL. C'est un micro-ordinateur attaché au téléphone.

Tapez 36.15 et tout est possible: réservez vos places d'avion (tapez HORA-VION), achetez vos billets de train (SNCF), consultez votre horoscope (STELLA), faites vos courses (TELEMARKET), adoptez un chien ou un chat (ANIMATEL), dialoguez avec Jacques Toubor, un homme politique (RPR), trouvez un emploi (ANPE), louez un avion ou un hélicoptère (ARCTEL), contactez un docteur (AK), aidez les enfants à faire leurs devoirs (CRACJ), étudiez la religion (GABRIEL) ou encore écrivez aux extraterrestres (AL33), et bien sûr, trouvez une petite amie ou un petit ami (SEXE).

Bref, c'est facile, c'est pratique, c'est moderne, c'est MINITEL.

Vous êtes en France devant votre MINITEL. Expliquez sur quelles touches il faut taper...

MODÈLE: Si vous désirez contacter un medecin,... — Tapez 36.15 et AK.

1. Si vous désirez avoir un travail,...
2. Si vous désirez faire un safari au Kenya,...
3. Si vous désirez aller à Strasbourg en train,...
4. Si vous désirez acheter du pain,...
5. Si vous désirez travailler avec un professeur parce que vos devoirs sont difficiles,...
6. Si vous désirez rencontrer la femme ou l'homme de vos rêves,...
7. Si vous désirez aller à Londres en hélicoptère,...
8. Si vous désirez consulter l'horoscope de demain,...
9. Si vous désirez parler avec E.T.,...
10. Si vous êtes un ami des animaux,...

Vous êtes seul(e)? Consultez les petites annonces MINITEL, ou étudiez les annonces dans un journal. Voici des exemples sous la rubrique de l'Institut psycho-matrimonial (IPM) dans un journal français.

A. Employé, 51 ans, sans charges, très travailleur, agréable, sincère, affectueux, sérieux, motivé pour mariage avec femme 45–55 ans, sérieuse, affectueuse. Répondre GASTON, N° 709, IPM.

1. Parlons de ce monsieur. Est-il jeune ou plutôt vieux?
2. Est-ce qu'il a un travail?
3. Est-ce qu'il est sérieux ou frivole?

B. ANNE, adorable, mignonne, blonde aux yeux bleus, j'aime la nature et la simplicité, mais je n'aime pas la solitude. Es-tu sincère et sympa? Aimes-tu la beauté et la simplicité? Réponds-moi ANNE, N° 721, IPM.

1. Et Anne, comment est-elle?
2. Est-ce qu'elle aime être seule?
3. Est-elle sophistiquée?

C. Très jolie ENSEIGNANTE, 28 ans, féminine, pleine de vie et de curiosité, brune, d'un naturel gai et optimiste. Cherche H dynamique et honnête pour conjuguer le verbe aimer au définitif. Répondre à MICHELLE, N° 724, IPM.

1. Parlons de Michelle. A-t-elle un travail?
2. Est-elle dynamique ou passive?
3. Comment est-elle?

D. J'ai 32 ans, l'apparence solide (1.92 m), je parle allemand avec ma petite amie, français avec M. Dupont; je cause anglais avec mon tailor, j'adresse la parole en portugais à ma bonne. J'ai l'équivalent d'une maîtrise en pédagogie. Je n'aime pas travailler, mais j'aime des aventures folles. Répondez-moi, N° 3.264.

1. Parlons enfin de numéro 3.264. Est-il jeune ou vieux?
2. Combien de langues parle-t-il?
3. Est-il travailleur ou paresseux?
4. Est-il frivole ou sérieux?

Préparez une petite annonce pour le journal. Faites votre portrait. Par exemple, vous êtes sympa, sportif (-ive), amateur de musique, pas excessivement intelligent(e) mais gentil(le), etc. Vous cherchez des aventures, un week-end de vie sociale intense, de la conversation philosophique, l'amitié, ou — mon Dieu, pourquoi pas? — l'homme ou la femme de votre vie.

Adjectifs

actuel(le)	present, contemporary
autre; un autre	other; another
bon, bonne	good
célibataire	single
chouette	good-looking, cool
difficile	difficult, hard to get along with
égoïste	self-centered
formidable	great, wonderful
gentil(le)	nice
gros(se)	fat, chubby, stout
jeune	young
marié(e)	married
mauvais(e)	bad
mignon(ne)	cute, attractive
mince	thin
nombreux (-euse)	numerous
nouveaux, nouvelle	new
paresseux (-euse)	lazy
quelques	a few, several
souriant(e)	smiling
sympathique	likable, congenial
travailleur (-euse)	hard-working
vieux, vieille	old

Animaux de la maison / Pets

le chat, la chatte	cat
le chien, la chienne	dog
l'oiseau m	bird
le poisson rouge	goldfish

Le travail / Work

l'avocat, l'avocate	lawyer
le chômage; au chômage	unemployment; out of work
le(la) commerçant(e)	merchant, shopkeeper
le grand magasin	department store
l'instituteur, l'institutrice	teacher (elementary school)
le métier	trade, work
l'ouvrier, l'ouvrière	worker
le travail	work, job
l'usine f	factory
le vendeur, la vendeuse	salesperson

Pour la famille, voir page 59.

L'apparence physique

les cheveux m	hair
la moustache	mustache

Verbes

avoir	to have
bavarder	to chat
faire	to do, make
fermer	to close
quitter	to leave
rencontrer	to meet, run into
saluer	to greet
serrer la main à	to shake hands with
travailler	to work

Adverbes

malheureusement	unfortunately
moins	less
plus	more
vraiment	really, truly

Prépositions

chez	at the home/office of
pendant	during

Conjonctions

donc	therefore
mais	but
parce que	because

Questions

combien?	how much? how many?
pourquoi?	why?

Expressions

Ça, c'est dommage!	That's too bad!
Ce n'est pas possible!	That can't be!
je crois	I believe
Mais si!	Yes! (affirmative response to a negative question or statement)
Oh, ça alors!	Well!
Tiens! Tiens!	Well! Well!

LEÇON • 3

SIMPLIFIEZ-VOUS LA VILLE!

With the material in this lesson, you can get around town and buy things when you have places to go, things to do, and people to see. As a first step in this lesson, you should do the vocabulary preparation exercises in **Le Français chez vous.**

FUNCTIONS

asking for and giving directions
identifying and naming common
   foods
asking prices
stating quantities
making requests

STRUCTURES

il faut + infinitif
aller + infinitif
l'impératif
prépositions: **à, de**
contractions: **à, de** + **le, la,
          l', les**
les nombres de 70 à 1.000
l'article défini; **le, la, les**
   (reprise)
le partitif
expressions de quantité

A

Où se trouve...?

MISE EN
SCÈNE

Alors, on va à pied ou on prend le métro?

MISE EN MARCHE

Qu'est-ce qui se passe?

Dans un petit hôtel à Paris. Une touriste demande des renseignements à l'hôtelier.

Touriste   Est-ce qu'il y a un bureau de change près d'ici?
Hôtelier   Oui, vous avez le Crédit Lyonnais dans la rue du 11 novembre.
Touriste   Le Crédit Lyonnais, qu'est-ce que c'est?
Hôtelier   Eh bien, c'est une banque. C'est à deux minutes d'ici. Vous allez tout droit, puis vous prenez à droite, et puis c'est là, à côté du cinéma.
Touriste   Et pour aller aux Champs-Élysées, c'est quel métro?
Hôtelier   Eh bien, vous prenez la ligne Clignancourt-Orléans, direction Orléans, et alors, vous changez à Châtelet, direction Neuilly. Vous descendez à l'Étoile.

Pour aller aux Champs-Élysées, c'est quel métro?

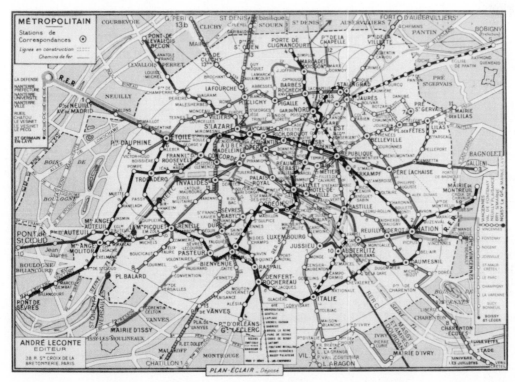

Touriste	Il y a une station de métro près d'ici?
Hôtelier	Oui, en sortant, vous descendez la rue Casimir Delavigne jusqu'au boulevard Saint Germain, et vous allez la voir, là, sur votre droite.
Touriste	Merci beaucoup, Monsieur.
Hôtelier	De rien, Mademoiselle. Bonne journée!

Un chauffeur de taxi demande des renseignements à un facteur, car il ne trouve pas la rue Desgenettes sur son plan.

Chauffeur	Pardon! Je cherche la rue Desgenettes. C'est dans le quartier?
Facteur	Oh, c'est une toute petite rue. Vous voyez le café là-bas? Bon, vous allez jusqu'au café, ensuite vous tournez à gauche. Après ça, prenez la deuxième... non, la troisième rue à droite, et c'est là. Mais elle est toute petite.
Chauffeur	Eh bien, je vous remercie beaucoup. Au revoir et bonne journée!

À propos **Le métro.** C'est le moyen de transport le plus commode à Paris, mais il y a aussi le bus et les taxis. Il y a aussi un métro à Lille, à Lyon et à Marseille.

Les Champs-Élysées. Le boulevard le plus chic de Paris. C'est le paradis des flâneurs, des touristes et aussi de beaucoup de Parisiens.

Vous dites ça comment?

RELISEZ

Cherchez les expressions synonymes.

1. Le Crédit Lyonnais, c'est quoi?
2. Quand vous sortez...
3. Vous allez voir la station...
4. Il n'y a pas de quoi, Mademoiselle.
5. ... parce qu'il ne trouve pas la rue...
6. Prenez à gauche.
7. Elle est très petite.

IMITEZ LA PRONONCIATION

1. Pardon, Monsieur, la place du Peuple, s'il vous plaît.
2. Allez tout droit, et puis prenez à gauche.
3. Pardon, Madame, je cherche la rue de la République, s'il vous plaît.
4. Vous allez tout droit jusqu'à l'église là-bas...
5. ... et puis vous prenez à droite.
6. Excusez-moi, Mademoiselle, est-ce qu'il y a un bureau de poste près d'ici?
7. Oui, oui, vous prenez la rue des Capucins, là-bas, à gauche...
8. ... et c'est là, à côté de la pharmacie.
9. C'est à deux minutes d'ici.

VÉRIFIEZ

Vous êtes dans la rue en France. Une touriste vous demande des renseignements.

1. — Pardon, je cherche la rue de la République, s'il vous plaît.
   — Eh bien, vous…
2. — Pardon, le cinéma Gaumont, s'il vous plaît.
   — Eh bien, vous…
3. — Pardon, est-ce qu'il y a un bureau de poste près d'ici?
   — Eh bien, vous…
4. — Pardon, y a-t-il une banque près d'ici?
   — Eh bien,…

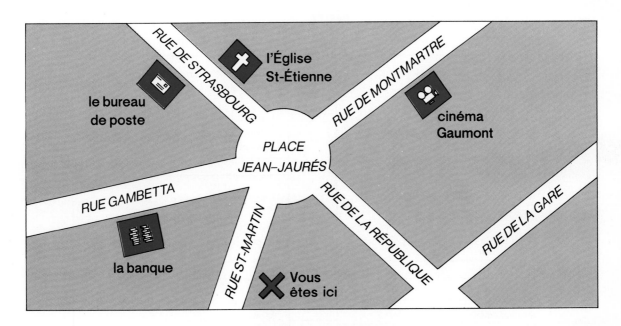

Parlons un peu

Choisissez la réponse convenable.

1. Est-ce que la place Jean Jaurès[1] est près d'ici?
   • Mon frère est au chômage.
   • Oh, les Parisiens, ils sont toujours pressés.
   • Oui, prenez la deuxième rue à gauche et c'est là, sur votre droite.

2. Pardon, je cherche une station de métro…
   • Le théâtre est à deux pas d'ici.
   • Vous allez jusqu'à la rue Victor Hugo[2] là-bas.
   • Oui, c'est vrai, il fait un temps magnifique.

---

[1]Grand leader socialiste   [2]Poète et auteur célèbre du XIXe siècle

3. Bonjour, Monsieur. Est-ce qu'il y a une librairie dans les environs?
   - Oui, vous continuez tout droit jusqu'à la rue de la Paix, et puis à droite.
   - C'est comment, l'Angleterre?
   - Oui, il y a un café près d'ici.

4. Est-ce qu'il y a un bon café dans le quartier?
   - Oui, le cinéma est dans la rue de la Reine.
   - Oui, il y a le « Régent » à deux minutes d'ici.
   - Il fait toujours beau sur la Côte d'Azur.

5. Pardon, Madame, pour aller à Notre-Dame[3], c'est quel métro?
   - Vous prenez la ligne Orléans-Clignancourt, direction Orléans.
   - Oui, j'ai une tante et des cousins à Lyon.
   - Il est grand et beau et très travailleur.

6. Pardon, Mademoiselle, je cherche un bureau de poste, s'il vous plaît.
   - Allez tout droit, et puis prenez à gauche.
   - Ma cousine travaille dans une banque.
   - C'est très beau, et il y a beaucoup de montagnes.

PARLEZ

A

B

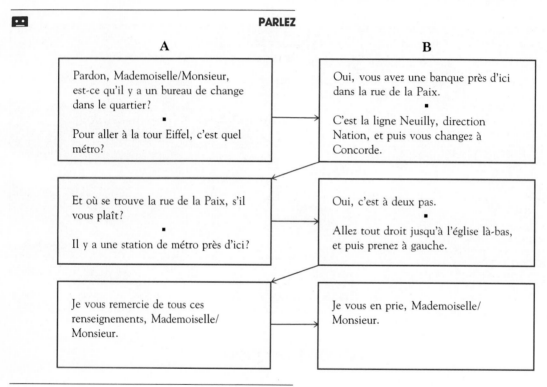

Pardon, Mademoiselle/Monsieur, est-ce qu'il y a un bureau de change dans le quartier?

Pour aller à la tour Eiffel, c'est quel métro?

Oui, vous avez une banque près d'ici dans la rue de la Paix.

C'est la ligne Neuilly, direction Nation, et puis vous changez à Concorde.

Et où se trouve la rue de la Paix, s'il vous plaît?

Il y a une station de métro près d'ici?

Oui, c'est à deux pas.

Allez tout droit jusqu'à l'église là-bas, et puis prenez à gauche.

Je vous remercie de tous ces renseignements, Mademoiselle/Monsieur.

Je vous en prie, Mademoiselle/Monsieur.

COMPLÉTEZ

1. **A:** …?
   B: La poste? C'est à côté de la banque.
   A: …?
   B: L'Hôtel des Trois Suisses est dans la rue Colbert.
   A: …
   B: Je vous en prie.

---

[3]Cathédrale médiévale au centre de Paris

2. **A:** ...?
    B: Oui, vous tournez à gauche et le métro est là, devant vous.
    A: ...?
    B: Oui, c'est à deux minutes d'ici.

À vous, maintenant...

Étudiez ce plan. Ensuite, demandez à votre partenaire les renseignements pour trouver la poste, la rue Désiré Claude, le cinéma Gaumont, l'église Saint Roche, la banque et le restaurant Chez Mathilde. Puis, écrivez ces directions.

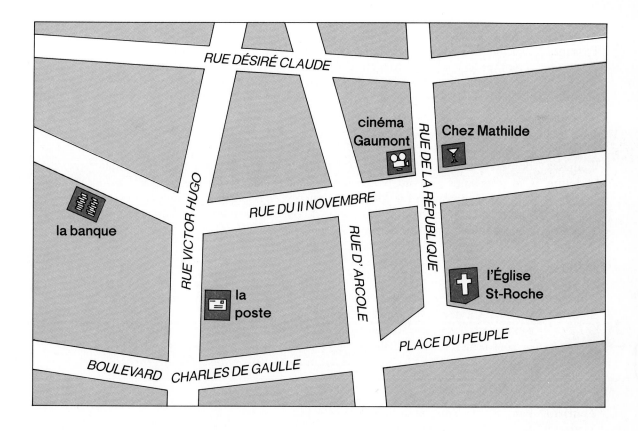

VOCABULAIRE AU CHOIX

près ≠ loin
devant ≠ derrière
en face de
à côté de

UN PAS DE PLUS

Qu'est-ce qui se passe?

Une jeune touriste fait des courses en ville. Elle demande des renseignements à une passante.

Touriste Pardon, Madame, est-ce qu'il y a une librairie dans les environs?

Passante Oui, bien sûr, il y a la librairie de la Gare à deux pas d'ici. Si vous remontez le boulevard Magenta, vous allez voir la Gare un peu sur votre droite, et la librairie se trouve en face. C'est tout près d'ici.

Touriste Vous êtes bien aimable. Je vous remercie beaucoup, Madame.

Elle demande son chemin à un jeune Français.

Touriste Bonjour! Je cherche un bureau de poste. Est-ce que vous connaissez le quartier?

Le Jeune Oui, très bien! D'abord, vous allez tout droit jusqu'à l'église, là-bas. Ensuite, vous prenez la rue Diderot à gauche, et la poste se trouve à environ deux cents mètres sur le trottoir de droite, juste en face d'un cinéma.

Touriste Oh, c'est tout près, alors. Bon, au revoir et merci!

Dans la rue.

Touriste Pardon, Monsieur, pouvez-vous me dire s'il y a un arrêt d'autobus près d'ici?

Passant Oui, c'est à deux pas. Vous voyez le boulevard là-bas? Eh bien, il faut suivre cette rue jusqu'au boulevard, et vous allez tomber dessus.

Touriste Je vous remercie, Monsieur.

À l'arrêt d'autobus.

Touriste Pardon, Madame, pour aller à la tour Eiffel, c'est quel numéro?

Madame Je crois que c'est le numéro 93, mais pour être sûr, il faut demander au chauffeur.

Touriste Merci beaucoup, Madame.

À propos **La rue Diderot.** Les rues et les boulevards portent souvent le nom de grands personnages artistiques, littéraires ou politiques. Diderot, par exemple, était un philosophe du XVIIIᵉ siècle.

Vous dites ça comment?

RELISEZ

Cherchez les expressions synonymes.

1. dans le quartier
2. à deux minutes d'ici
3. La librairie est en face.
4. Merci, Madame.

5. à approximativement deux cents mètres
6. il est nécessaire de suivre
7. pour être certain

IMITEZ LA PRONONCIATION

1. Vous connaissez le quartier?
2. Où se trouve la bibliothèque, s'il vous plaît?
3. Il faut prendre la première rue à droite.
4. Pouvez-vous me dire s'il y a une station de métro près d'ici?

5. La poste est juste à côté.
6. Pardon, Monsieur, pour aller au musée Rodin[4], c'est quelle direction, s'il vous plaît?
7. Je suis désolé(e), mais je ne suis pas d'ici.
8. Je ne connais pas la ville.

VÉRIFIEZ

Vous cherchez des renseignements. Posez la question chaque fois d'une façon différente pour aller

1. à la bibliothèque.
2. à la station de métro.
3. à la banque.

4. au bureau de poste.
5. au musée Rodin.

Parlons un peu

RÉPONDEZ

Choisissez la réponse convenable.

1. Où se trouve le café de la Gare, s'il vous plaît?
   • Oh, lui, c'est un zéro.
   • Il faut prendre la première rue à gauche, et vous allez voir le café.
   • C'est une petite ville tranquille.

2. Où se trouve la poste, s'il vous plaît?
   • Vous voyez l'église là-bas? Eh bien, la poste est juste à côté.
   • La boulangerie se trouve à deux pas d'ici.
   • Non, il fait toujours très beau ici.

3. Vous connaissez bien le quartier?
   • Ah, non, je ne connais pas la rue Diderot.
   • Non, pas du tout, je n'habite pas ici.
   • Merci beaucoup, et à la prochaine!

4. Pour aller à la gare, c'est quel numéro, s'il vous plaît?
   • Oui, elle travaille dans une banque à Bordeaux.
   • C'est le 84, je crois.
   • C'est une grande ville industrielle.

---

[4]Grand sculpteur moderne (1840–1917)

5. Pouvez-vous me dire s'il y a une station de métro près d'ici?
   - Oui, il faut aller tout droit et puis à gauche.
   - Japonais? Non, ils sont chinois, je crois.
   - Il est mécanicien, mais il est au chômage.

6. Pouvez-vous me dire où se trouve la bibliothèque municipale, s'il vous plaît?
   - Je suis désolé(e), je ne suis pas d'ici.
   - Je regrette, mais je ne parle pas allemand.
   - Il fait toujours beau temps là-bas.

7. Excusez-moi, Mademoiselle, pouvez-vous me dire s'il y a une pharmacie dans les environs?
   - Non, il est au chômage.
   - Je suis désolé(e), je ne connais pas le quartier.
   - Oui, on aime bien les touristes en Suisse.

8. Pardon, Monsieur, pour aller au musée Rodin, c'est quelle direction?
   - Oui, c'est une ville très cosmopolite.
   - Oui, oui, il a une très belle moustache.
   - Oh, c'est très loin. Il faut prendre un taxi ou le métro.

9. Il y a une station de métro près d'ici?
   - Oui, vous avez la station Cité à deux pas d'ici.
   - Oh lui, c'est une catastrophe.
   - Elle est caissière dans une banque.

10. Et la cathédrale?
   - C'est à dix minutes de marche.
   - Parce qu'elle prépare une thèse sur l'Afrique.
   - La ville n'est pas très jolie, mais les gens sont sympathiques.

PARLEZ

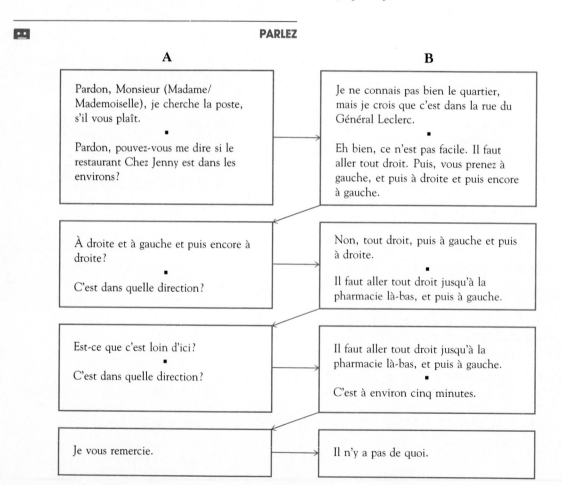

A	B
Pardon, Monsieur (Madame/Mademoiselle), je cherche la poste, s'il vous plaît. ▪ Pardon, pouvez-vous me dire si le restaurant Chez Jenny est dans les environs?	Je ne connais pas bien le quartier, mais je crois que c'est dans la rue du Général Leclerc. ▪ Eh bien, ce n'est pas facile. Il faut aller tout droit. Puis, vous prenez à gauche, et puis à droite et puis encore à gauche.
À droite et à gauche et puis encore à droite? ▪ C'est dans quelle direction?	Non, tout droit, puis à gauche et puis à droite. ▪ Il faut aller tout droit jusqu'à la pharmacie là-bas, et puis à gauche.
Est-ce que c'est loin d'ici? ▪ C'est dans quelle direction?	Il faut aller tout droit jusqu'à la pharmacie là-bas, et puis à gauche. ▪ C'est à environ cinq minutes.
Je vous remercie.	Il n'y a pas de quoi.

À vous, maintenant...

Invitez votre partenaire à dîner chez vous. Donnez-lui les directions pour aller chez vous de l'école. Votre partenaire écrit vos directions.

Demandez à votre partenaire comment il/elle va à l'université chaque matin.

VOCABULAIRE AU CHOIX

pour demander son chemin

On dit:
Est-ce qu'il y a une banque dans le quartier?

Où **est** la banque?

pour répondre
C'est **près** d'ici.
C'est **à deux minutes** d'ici.
Allez tout droit.
Prenez à gauche.
Vous prenez à droite.

On dit aussi:
Y a-t-il une banque dans les environs?
Pouvez-vous me dire s'il y a une banque (un café/un cinéma) dans le coin?
Où **se trouve** la banque?

Ce **n'**est **pas loin** d'ici.
C'est **à deux pas** d'ici.
Vous allez tout droit.
Vous **allez prendre** à gauche.
Vous **allez tourner** à droite.
Il faut prendre à gauche.
Tournez à gauche.
Vous **descendez** l'avenue Voltaire.
Vous **montez** l'avenue Voltaire.
     remontez
Il faut aller **jusqu'au carrefour** là-bas
       au feu rouge
       à la place du Peuple
  et c'est là.
Vous **allez tomber dessus.**
Vous **allez voir** le café, la poste, etc.

Alors, c'est entendu. Rendez-vous à la statue de Balzac au musée Rodin.

FAISONS LE POINT

1. Le verbe *falloir*   (grammaire 4.13)

Falloir est un verbe impersonnel. Il est conjugué seulement avec **il** impersonnel.

Falloir exprime la nécessité ou l'obligation.

> Il **faut** prendre à gauche. = Il **est nécessaire de** prendre à gauche.

Pour parler des voyages, apprenez la série des activités de touristes.

Quand vous arrivez dans une nouvelle ville,
il faut d'abord trouver un hôtel.
Ensuite, il faut changer de l'argent.
demander des renseignements.
voir la ville.
regarder les gens.
visiter les monuments.
faire des achats.
dîner dans un bon restaurant.

2. Le verbe *aller*   (grammaire 4.1.5, 4.14)

Vous savez déjà:

Comment **va** la famille?   Tout le monde **va** bien.
Comment ça **va**?   Ça **va** bien, merci.

Voici les autres formes du verbe.

Je **vais** à Paris.	Nous **allons** à la banque.
Tu **vas** en ville?	Vous **allez** au théâtre?
Il/Elle/On **va** à la tour Eiffel?	Ils/Elles **vont** avec nous.

Notez que le verbe **aller** s'emploie avec l'infinitif pour exprimer une action au futur proche.

— Où **vas**-tu maintenant?
— Je **vais** à la bibliothèque avec Paul et Jean.

— Qu'est-ce que vous **allez faire,** vous trois?
— Nous **allons étudier** un peu, et puis eux, ils **vont aller** au cinéma.

— On ne **va** pas **dîner** d'abord?
— Non, on **va prendre** quelque chose après le film.

MISE EN PRATIQUE

Vous voyagez seul(e). Demain, vous arrivez dans une nouvelle ville. Racontez votre journée.

D'abord, je vais trouver un hôtel. Ensuite,
je vais changer de l'argent. Et puis,
je..., etc.

Vous voyagez avec des amis. Qu'est-ce que vous allez faire demain?

D'abord, nous allons trouver un hôtel. Ensuite,
nous... Et puis,
nous..., etc.

Vous restez à Paris, et vos amis continuent à voyager. Demain ils sont à Nice.
Qu'est-ce qu'ils vont faire?

D'abord, ils vont trouver un hôtel. Ensuite,
ils... Et puis,
ils..., etc.

OBSERVEZ

3. L'impératif (verbes en *-er*)   (grammaire 4.10, 4.10.1)

L'impératif sert à faire une demande, à donner un ordre ou à donner des directions.

l'affirmatif	l'impératif
Vous tournez à gauche.	**Tournez** à gauche.
Vous allez au feu rouge.	**Allez** au feu rouge.
Nous tournons à gauche.	**Tournons** à gauche..
Nous allons à Notre-Dame.	**Allons** à Notre-Dame.
Tu tournes à gauche.	**Tourne** à gauche.
Tu remontes la rue de la Paix.	**Remonte** la rue de la Paix.
Tu vas jusqu'au feu rouge.	**Va** jusqu'au feu rouge.

À noter

Tu tournes	$\longrightarrow$ Tourne	
Tu prends	$\longrightarrow$ Prends	
Tu prends la rue Victor Hugo.	**Prends** la rue Victor Hugo.	

Vous prenez	$\longrightarrow$ Prenez
Vous prenez la deuxième rue.	**Prenez** la deuxième rue.

Vous **êtes** pessimiste.	Ne **soyez** pas si pessimiste.
Nous **sommes** sévères.	Ne **soyons** pas sévères.
Tu **es** impatient.	Ne **sois** pas impatient.

MISE EN PRATIQUE

Vous êtes dans la rue avec un ami. Vous demandez des renseignements à un passant. Répétez ces renseignements pour votre ami.

> **MODÈLE:** Passant   Pour aller à la gare, il faut prendre cette petite rue à gauche.
> Vous   **Prends** cette petite rue à gauche.

1. Puis, il faut **tourner** à droite...
2. ... et **remonter** le boulevard Jean Jaurès.
3. Ensuite, il faut **continuer** jusqu'à la deuxième rue...
4. ... et **prendre** à droite.
5. **Vous allez** tout droit. La gare n'est pas loin.

OBSERVEZ

4. Prépositions *à* et *de*   (grammaire 2.7.1, 2.7.2)

Notez les usages suivants:

À indique une direction ou un endroit.

> Il va **à** Paris.   Il habite **à** Paris.

De indique la possession ou l'origine.

> C'est le fils **de** M. Lemaire.   Je suis **de** Paris.
> C'est la cousine **de** Marcel.   Il vient **de** Marseille.
> C'est la voiture **de** mon frère.

Les articles définis **le** et **les** précédés par les prépositions **à** ou **de** ont une forme contractée.

> à + le = **au**   de + le = **du**
> à + les = **aux**   de + les = **des**

Les articles **la** et **l'** ne sont pas contractés avec la préposition.

> à + la = **à la**   de + la = **de la**
> à + l' = **à l'**   de + l' = **de l'**

— Qu'est-ce que c'est?	— Tu habites où?	— Tu vas où?
— C'est la banque.	— J'habite près **de la** banque.	— Je vais **à la** banque.
l'église.	près **de l'**église.	**à l'**église.
le cinéma.	près **du** cinéma.	**au** cinéma.
les Invalides.	près **des** Invalides.	**aux** Invalides.

À propos **Les Invalides.** Ancien hôpital pour les soldats de Napoléon et pour les invalides de guerre. Aujourd'hui c'est un musée de la guerre et le tombeau de Napoléon.

MISE EN PRATIQUE

A. Donnez des directions aux passants.

> **MODÈLE:** — Où se trouve la librairie? (**le restaurant**)
> — Elle est **à côté du** restaurant.

1. Et la gare? (le cinéma)
2. Et l'hôtel? (la poste)
3. Et l'arrêt d'autobus? (l'église)
4. Le cinéma? (le parc)
5. La station de métro? (la pharmacie)
6. Le restaurant? (les jardins publics)

B. Votre ami est bien curieux, mais vous répondez patiemment à toutes ses questions.

> **MODÈLE:** — Où vas-tu maintenant? (**la poste**)
> — Je vais **à la** poste.

1. Et après la poste? (la librairie)
2. Et puis? (le restaurant)
3. Et après le restaurant? (l'hôtel)
4. Et ensuite? (l'université)
5. Et après? (la pharmacie)

OBSERVEZ

5. Les nombres de 70 à 1.000

70 soixante-dix	90 quatre-vingt-dix
71 soixante-onze	91 quatre-vingt-onze
72 soixante-douze	92 quatre-vingt-douze
80 quatre-vingts	100 cent
81 quatre-vingt-un	200 deux cents
82 quatre-vingt-deux	250 deux cent cinquante
	1.000 mille

Quel bus faut-il prendre? Demandez le numéro. Votre voisin répond.

> **MODÈLE:** la place de la Chapelle
> — Pour aller à la place de la Chapelle, c'est quel numéro?
> — C'est le numéro 75.

1. la gare Saint-Lazare
2. l'Opéra
3. la gare du Nord
4. le Centre Pompidou
5. la place de la République
6. Montmartre

#75

Porte de la Chapelle
Boucry
Les Roses
Place de la Chapelle
Gare du Nord
Valenciennes
Gare de l'Est
Strasbourg -Magenta
République
Bastille
Gare de Lyon

#92

Gare St. Lazare
Rome-Haussman
Opéra
Montmartre
Porte St. Denis
Porte St. Martin
Artes et Métiers
Pasteur -Wagner
Bastille - Beaumarchais
Gare de Lyon

#86

Gare St. Lazare
Richelieu - 4 septembre
Bourse
Centre Georges Pompidou
Rue Vieille du Temple
Bastille
Gare de Lyon
Hôpital Rothschild
Porte de St. Mandé

Prononciation

RYTHME DE LA PHRASE — |ə| CADUC
(grammaire 1.2.6)

Imitez la prononciation.

1. près de la pharmacie
2. à côté de l'église
3. au bout de la rue

4. C'est à deux pas de la gare.
5. près de chez moi
6. en face de la banque

Répétez les phrases suivantes.

1. Vous allez tout droit jusqu'à l'église, puis vous prenez la première rue à droite, et puis c'est là, à votre gauche.
2. Vous êtes bien aimable.
3. Je vous remercie beaucoup, Madame.

B
J'ai des courses à faire.

MISE EN SCÈNE

Faire des courses
tous les jours,
c'est agréable.

Ils sont d'aujourd'hui, vos poissons?

Voulez-vous une
baguette ou un
gros pain?

MISE EN MARCHE

Qu'est-ce qui se passe?

Nicole, une jeune étudiante américaine, fait des études dans une université française. Elle a une chambre où elle fait elle-même la cuisine. Elle fait ses courses le matin.

À la boulangerie.

Commerçant	Bonjour, Mademoiselle, vous désirez?
Nicole	Avez-vous du pain de campagne?
Commerçant	Je suis désolée, nous n'en avons plus. Voulez-vous une baguette?
Nicole	Oui, ça va.

———————

À la crémerie.

Commerçante	Vous désirez, Mademoiselle?
Nicole	Je voudrais du lait et du beurre.
Commerçante	Combien vous en voulez, s'il vous plaît?
Nicole	Il me faut un litre de lait et deux cents grammes de beurre.
Commerçante	Ce sera tout?
Nicole	Je voudrais encore un peu de fromage. Est-ce que vous avez du fromage de chèvre?
Commerçante	Oui, et il est très bon aujourd'hui.
Nicole	Bon, donnez-moi cent grammes de chèvre, s'il vous plaît, et cent grammes de... Vous avez du roquefort?
Commerçante	Oui, bien sûr.
Nicole	Cent grammes de roquefort. Ça fait combien en tout?
Commerçante	Ça fait soixante-dix francs.
Nicole	Voici cent francs.
Commerçante	Et voilà la monnaie.
Nicole	Merci, Madame.
Commerçante	Je vous en prie, Mademoiselle.

———————

À l'épicerie.

Nicole	Elles sont belles, vos pêches!
Commerçant	Oui, ce sont les premières.
Nicole	Donnez-moi une livre de pêches, s'il vous plaît.
Commerçant	Ce sera tout?
Nicole	Et puis, il me faut un kilo de bananes.

À propos   **Quand on voyage,** il n'est pas nécessaire de dîner dans de grands restaurants pour manger bien. On achète le nécessaire (du pain, du fromage ou du jambon, un fruit, du yogourt) et on déjeune sur un banc dans le parc. Ou bien, on achète quelque chose à emporter, comme une crêpe ou un croque-monsieur (une sorte de sandwich grillé au fromage et au jambon). C'est une façon de simplifier la vie!

Une livre = approximativement un demi-kilo. **Un kilo** = 2.2 livres.

Vous dites ça comment?

RELISEZ

Cherchez les expressions synonymes.

1. Qu'est-ce que vous voulez?
2. Je regrette, nous n'en avons plus.
3. Je voudrais un litre de lait.
4. Certainement.
5. Voulez-vous bien me donner une livre de pêches?

IMITEZ LA PRONONCIATION

1. Il me faut des bananes.
2. Donnez-moi cent grammes de chèvre.
3. Je voudrais encore un peu de fromage.
4. Vous avez du roquefort?
5. Elles sont belles, vos pêches!
6. Je suis désolé(e), mais...
7. Je vous en prie.
8. Oh, ça va.

VÉRIFIEZ

Vous faites vos courses. Précisez la quantité.

1. — Vous voulez du pain?
   — Oui, je... baguette.
2. — Vous désirez des fruits?
   — Oui, il... de bananes.
3. — Vous voulez du fromage?
   — Oui, donnez-moi... brie.
4. — Vous désirez du lait ou de la crème?
   — ... un litre de lait.
5. — Vous voulez des pêches?
   — Oui, donnez...

Parlons un peu

RÉPONDEZ

Choisissez la réponse convenable.

1. Avez-vous des pommes aujourd'hui?

   • Il travaille dans un laboratoire.
   • Oui, elles sont belles!
   • Oui, ils sont beaux!

2. Elles sont belles, vos pêches!

   • Oui, ce sont les premières.
   • Oui, c'est en face du cinéma.
   • Oui, c'est à côté de l'église.

3. Vous désirez, Mademoiselle/Monsieur?

   • Ma sœur est docteur.
   • Il me faut des bananes.
   • Oui, il fait très beau.

4. Et avec ça?

   • Je voudrais encore des oranges.
   • Je vous en prie.
   • Vous êtes bien aimable.

5. Combien vous en voulez?

   • Ça se trouve à côté de l'église.
   • Allez tout droit, puis à gauche.
   • Il me faut un kilo d'oranges et une livre de bananes.

6. Avez-vous du brie?

   • C'est le numéro 57.
   • Pour le fromage, il faut aller à la crémerie.
   • Oui, tout le monde va bien.

7. Je vous remercie de ces renseignements.

   • La poste se trouve en face de la pharmacie.
   • C'est le numéro 93.
   • Je vous en prie.

PARLEZ

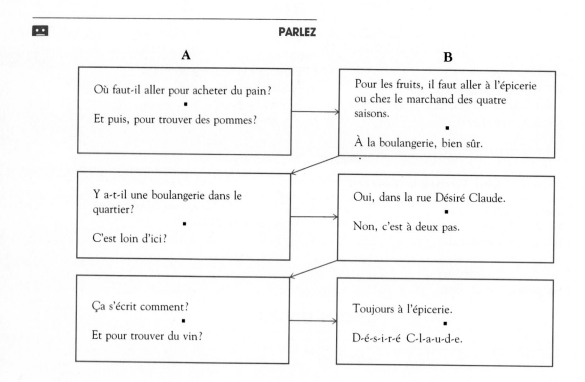

A

Où faut-il aller pour acheter du pain?

Et puis, pour trouver des pommes?

B

Pour les fruits, il faut aller à l'épicerie ou chez le marchand des quatre saisons.

À la boulangerie, bien sûr.

Y a-t-il une boulangerie dans le quartier?

C'est loin d'ici?

Oui, dans la rue Désiré Claude.

Non, c'est à deux pas.

Ça s'écrit comment?

Et pour trouver du vin?

Toujours à l'épicerie.

D-é-s-i-r-é C-l-a-u-d-e.

COMPLÉTEZ

A: Vous désirez?
B: Je... lait.
A: Et avec ça?

B: Il... deux cents grammes de beurre.
A: Ce sera tout?
B: ... cent grammes de fromage.

À vous, maintenant...

Vous êtes malade aujourd'hui et votre camarade de chambre accepte de faire vos courses.
Dites-lui ce que vous voulez (pain, fromage, fruits, viande, boissons). Faites une liste.

VOCABULAIRE AU CHOIX

du pain	**de la viande**	**des fruits**	**des boissons**
une baguette	du bœuf	des bananes	du lait
du pain de campagne	du bifteck	des pommes	du vin
	du porc	des oranges	de la bière
	de l'agneau	des poires	de l'eau minérale
	du veau	du raisin	

UN PAS DE PLUS

Qu'est-ce qui se passe?

LISEZ ET ÉCOUTEZ

À la pâtisserie. Nicole visite une pâtisserie, accompagnée par son ange gardien et par le diable de la gourmandise.

Nicole	Bonjour, Madame. Je voudrais deux croissants au beurre, s'il vous plaît.
Madame	Oui, Mademoiselle, ce sera tout?
Nicole	Miam... ils ont l'air bon, vos petits gâteaux.
Madame	Ah oui, ils sont tout frais de ce matin.
Le Diable	Nicole, tu adores le chocolat...
L'Ange gardien	Nicole, c'est ridicule. Pense à ta ligne.
Le Diable	Allons, allons, Nicole, ne soyons pas si sévères. Une fois, il n'y a pas de mal à ça.
Nicole	Ils font combien, ces éclairs?
Madame	Eh bien, justement, ils sont en promotion: 12 francs les quatre.
L'Ange gardien	Attention, Nicole! Deux minutes dans la bouche, dix ans autour des hanches.
Le Diable	Ne l'écoute pas, Nicole. C'est un imbécile qui ne sait pas ce qu'il dit. Un peu de chocolat, ça va te faire du bien. Ça remonte le moral...
Nicole	Oui, je vais prendre quatre éclairs au chocolat, s'il vous plaît, madame.
L'Ange gardien	Nicole, c'est la catastrophe!
Le Diable	Et les tartelettes à la fraise? Vas-y! Tu le mérites bien! Une fois, ce n'est pas la fin du monde...
Nicole	Et mettez-moi ces tartelettes à la fraise aussi, s'il vous plaît.

Vous dites ça comment?

Cherchez les expressions synonymes.

1. Ils sont complètement frais.
2. Une seule fois, ça n'a pas d'importance.
3. Quel est le prix de ces éclairs?

4. Je voudrais quatre éclairs.
5. Donnez-moi ces tartelettes.

IMITEZ LA PRONONCIATION

1. Ils ont l'air bon, vos petits gâteaux!
2. Une fois, il n'y a pas de mal à cela.
3. Un peu de chocolat, ça remonte le moral.

4. Ça va te faire du bien.
5. Une fois, ce n'est pas la fin du monde.
6. Je vais prendre quatre éclairs au chocolat, s'il vous plaît.

VÉRIFIEZ

Le diable de la gourmandise vous parle. Montrez que vous êtes d'accord avec ses idées.

1. — Vas-y! Une fois, il n'y a pas de mal à cela.
   — Oui, c'est vrai, une fois, ce n'est pas...
2. — Tu adores le chocolat...
   — Oui, c'est juste, un peu de chocolat, ça...

3. — Tu mérites bien un peu de chocolat.
   — D'accord, ne soyons pas...

Parlons un peu

RÉPONDEZ

Choisissez la réponse convenable.

Donnez des conseils à la personne dans cette situation. Jouez d'abord le rôle de l'ange gardien.

1. Bonjour, Mademoiselle/Monsieur, vous désirez?

   • Tu adores le chocolat...
   • Attention! Le chocolat, c'est ton point faible...

2. Qu'est-ce que vous avez de bon aujourd'hui?

   • Attention! Le chocolat est très mauvais pour ta ligne.
   • Mais regarde ces éclairs là-bas— ils ont l'air bon...

3. Justement, nous avons des éclairs au chocolat en promotion...

   • Attention! Pour toi, le chocolat, c'est la catastrophe!
   • Écoute, le chocolat, ça remonte le moral.

4. ... ou, si vous préférez, des tartelettes à la fraise.

   • Des tartelettes, ça va te faire du bien.
   • Mais pense à ta ligne!

5. Elles font combien, ces tartelettes?

   • Oui, vas-y! Une fois, c'est pas la fin du monde.
   • Non! Non! C'est la fin du monde!

Maintenant jouez le rôle du tentateur.

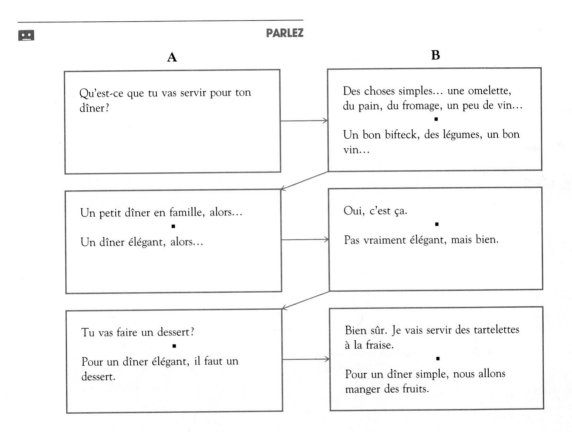

A

Qu'est-ce que tu vas servir pour ton dîner?

B

Des choses simples... une omelette, du pain, du fromage, un peu de vin...

Un bon bifteck, des légumes, un bon vin...

Un petit dîner en famille, alors...

Un dîner élégant, alors...

Oui, c'est ça.

Pas vraiment élégant, mais bien.

Tu vas faire un dessert?

Pour un dîner élégant, il faut un dessert.

Bien sûr. Je vais servir des tartelettes à la fraise.

Pour un dîner simple, nous allons manger des fruits.

À vous, maintenant...

Faites ce jeu de rôle avec votre partenaire. Vous organisez un dîner pour des amis, mais ce n'est pas facile. Jeanne est végétarienne. Annette est allergique aux produits laitiers. Georges, lui, ne prend pas de vin. Allez-vous choisir le même menu pour tout le monde, ou allez-vous choisir des plats différents pour chacun? Dans la liste suivante, quels sont les produits laitiers? Quels plats contiennent de la viande? Établissez votre menu.

Ensuite, écrivez quelques lignes pour dire votre choix.

Allez-vous servir une soupe?

Dans une soupe à l'oignon,   il y a des oignons.
du fromage.
du bouillon.

soupe de poissons,   il y a du poisson.
du bouillon de poisson.

soupe vichyssoise,   il y a des pommes de terre
de l'eau.
du beurre.
de la crème.

Quelles sont les possibilités pour l'entrée?

Pour servir des spaghettis,   il faut de la sauce tomate.
de l'huile d'olive.
des épices.

une omelette nature,   des œufs.

Pour la viande, peut-être un rôti de veau.
de bœuf.
de porc.
du bifteck.

Et pour les légumes?

Peut-être des carottes.
des pommes de terre.
des tomates.
des choux de Bruxelles.
des haricots verts.

Et comme dessert?

Peut-être des tartelettes à la fraise.
des éclairs au chocolat.
du yogourt.
de la tarte aux pommes.
de la glace.
des fruits… des bananes.
des pêches.
des poires.
des pommes.

Et comme boisson?

Allez-vous servir du vin?
de la bière?
de l'eau minérale?
du lait?
du Coca-Cola?

FAISONS LE POINT

OBSERVEZ

1. L'article défini: *le, la, les*   (grammaire 2.5.1)

Quels sont les stéréotypes nationaux?

L'Anglais typique aime **le** thé.
Les Anglais aiment **le** thé.
Le Français moyen aime **le** vin.

Les Français aiment **le** vin.
Les Allemands aiment **la** bière.
Les Russes aiment **le** vodka.

Le sens de l'article défini dans ces exemples se rapporte à la totalité. La quantité est déterminée (spécifiée): 100%, tout, sans exceptions.

Est-ce que vous aimez **le** café?
Moi, j'adore **le** café. (sans exceptions)
Mais je déteste **le** vodka. (en général)

Vous êtes invité(e) chez des amis français. On veut savoir quelles boissons vous aimez. Répondez selon vos goûts.

MODÈLE: — Aimez-vous le vin?
— Oui, j'adore le vin.
ou — Non, je n'aime pas beaucoup le vin.

1. Le jus de pomme?
2. La limonade?
3. Et les vins de Californie?
4. Le Coca-Cola, vous aimez ça?

5. Et le lait?
6. À propos, est-ce que vous aimez le cognac?
7. Et le whisky?

2. Le partitif   (grammaire 2.6.6)

J'aime le vin.

Je vais prendre **du** vin.
(Combien? un verre? un litre?)

J'adore la bière.

Je vais prendre **de la** bière.
(Combien? un verre? trois verres?)

Je préfère l'eau minérale.

Je vais prendre **de l'**eau minérale.
(Combien? une bouteille? un gallon?)

J'ai **des** parents en France.
(Combien? 4? 12? 20?)

Dans ces exemples, **du, de la, de l'** indiquent une quantité indéterminée.

Des est le pluriel de **un** et **une**, et indique un nombre indéterminé.

Vous faites vos courses.

MODÈLE: du camembert/du roquefort
— Vous avez du camembert?
— Je suis désolé(e). Nous n'avons plus de camembert, mais nous avons du roquefort.
— Non, merci, je n'aime pas le roquefort.

1. des oranges/des bananes
2. de l'eau minérale/du vin
3. du Coca-Cola/de la bière
4. des carottes/des pommes de terre
5. du Perrier/de la limonade
6. de la glace/du yogourt
7. des saucisses/du pâté
8. des pommes/des poires

3. Expressions de quantité (grammaire 2.6.7)

Quantité

tout le vin, **toute** la leçon	100%
beaucoup de vin	
assez de vin	
un peu de vin	
peu de vin	
ne... pas de vin	
ne... plus de vin	
ne... rien	0%

À noter

Ne... pas, ne... plus, ne... personne et **ne... rien** sont des expressions de négation. (grammaire 5.4)

Quantité suffisante

Nous avons **assez de** temps et **assez d'**argent pour partir en vacances.

Quantité excessive

Il y a **trop de** pollution dans l'atmosphère.

A. Consultez cette liste des aliments.

les légumes	les fruits	les viandes	les boissons	les desserts
les pommes de terre	les pommes	le veau	le vin	la glace
le maïs	les oranges	le bifteck	la bière	les éclairs
les tomates	les pêches	le porc	l'eau minérale	les tartes
les haricots verts	les poires	le bœuf	le lait	les gâteaux
les carottes	les bananes	le poulet	les jus de fruits	les biscuits
les choux de Bruxelles	les raisins	le lapin	le Coca-Cola	la mousse au chocolat

Quels sont vos aliments préférés? Rangez-les selon votre préférence, e.g.:

j'aime beaucoup	j'aime assez bien	je n'aime pas du tout
les pommes de terre	la bière	les carottes
le bifteck		les oranges
le jus de pomme		le vin

B. Maintenant, demandez à votre partenaire de faire vos courses. Votre partenaire pose des questions pour clarifier vos instructions.

> **MODÈLE:** — Achète d'abord des boissons.
> — Veux-tu de la bière?
> — Non, pas de bière. Je préfère les jus de fruits.
> ou — Oui, j'aime beaucoup la bière.

Ensuite, achète...   Veux-tu...
1. viande   porc?
2. légumes   carottes?
3. fruits   bananes?
4. fromage   roquefort?
5. quelque chose pour le dessert   glace?

C. Complétez ce dialogue.

A: Eh bien, on va inviter nos amis à dîner ce soir?
B: C'est une bonne idée. Voyons... pour six personnes, il faut... de choses,... fromage,... vin,... la viande,... fruits.
A: Beaucoup de fromage?
B: Non, seulement... Les autres ne l'aiment pas...
A: Et pour le vin?
B: ... pour cinq personnes. Je ne vais pas boire, moi. Mais achète... bananes et... oranges. Nos amis adorent... fruits.

Prononciation

VOYELLES NASALES ET SYLLABATION OUVERTE
(grammaire 1.2.4)

Imitez la prononciation.

1. en revanche   7. C'est bien.
2. s'attendre   8. un bon vin
3. sensible   9. en avril
4. tout le monde   10. un homme
5. en vacances   11. on a
6. emprunter   12. en effet

Faites les exercices de vocabulaire et de structure dans le cahier d'exercices. Ensuite, lisez ce passage.

Il y a toujours du monde au marché...

Les Courses

1. Cherchez des exemples de la France moderne.
2. Cherchez des exemples de la vieille France.

Où va-t-on faire les courses en France?

Tout comme aux États-Unis et dans les autres pays industrialisés, il y a de grandes chaînes de supermarchés en France, comme Hypermarché ou Mammouth. On peut acheter de tout dans ces grands magasins. C'est la France société de consommation, la France moderne.

Cependant, beaucoup de Français aiment faire leur marché dans les petits magasins. Ils vont presque tous les jours chez le boucher, chez le boulanger et chez l'épicier. Parfois on passe à la boulangerie deux fois par jour pour avoir des baguettes bien fraîches.

Les petits magasins sont moins impersonnels que les grandes surfaces. Ainsi, les petits commerçants prennent souvent le temps de parler avec vous, de vous demander des nouvelles de votre famille, de vos enfants, du dernier chien écrasé...

Toutes les semaines et parfois tous les jours, il y a aussi des marchés en plein air où il est agréable de se promener toute la matinée, de comparer les prix des légumes et aussi de rencontrer des amis. C'est encore la France traditionnelle, la vieille France.

DISCUTEZ

Parlons un peu des courses en France et aux États-Unis.

1. Quels choix avez-vous pour faire vos courses en France? Et en Amérique?
2. Est-ce que les petits commerçants existent aux États-Unis? Et les marchés? Sont-ils couverts ou en plein air? Qu'est-ce qu'on peut acheter au marché?
3. Et vous? Quelles sont vos petites habitudes? Où est-ce que vous préférez aller faire vos courses — dans les grands magasins ou dans les petits magasins?
4. Où achetez-vous le pain? Et la viande et les légumes?
5. Quels sont les avantages des supermarchés? Y a t-il des désavantages?
6. Combien de fois faites-vous le marché par semaine? Et vos parents?

Imaginez que vous êtes en France. Faites une liste des courses à faire pour les repas suivants et indiquez les magasins où il faut aller.

1. Vous organisez un dîner spaghetti pour des copains. Vous n'avez pas beaucoup d'argent.
2. Vous préparez quelque chose de typiquement français…
3. Vous préparez quelque chose de typiquement américain…
4. Vous allez en excursion demain. Que préparez-vous pour votre pique-nique?

VOCABULAIRE DE BASE

Adjectifs

chaque	*each*
dernier (-ière)	*last*
facile	*easy*
faible	*weak*
familier (-ière)	*familiar*
frais, fraîche	*fresh*
municipal(e)	*municipal*
peu; un peu d'argent; peu d'argent	*little, few; a little money; very little money*
premier (-ière)	*the first*
prochain(e)	*next*
proche	*near, close by*
suffisant(e)	*sufficient*
sûr(e)	*sure*

Noms

l'achat *m*	*purchase*
l'argent *m*	*money*
l'avantage *m*	*advantage*
la chose	*thing*
le moral	*morale*

Verbes

acheter	*to buy*
aller	*to go*
avoir besoin de	*to need*
boire	*to drink*
changer	*to change*
choisir	*to choose*
continuer	*to continue*
déjeuner	*to have lunch*
demander	*to request, ask, ask for*
dépenser	*to spend*
descendre	*to go down*
désirer	*to desire, want*
dire	*to say, tell*
falloir	*to be necessary*
manger	*to eat*
organiser	*to organize*
partir	*to leave*
penser	*to think*
préférer	*to prefer*
prendre	*to take*
regarder	*to look at*

remercier	*to thank*
remonter	*to go back up*
répondre	*to answer*
rester	*to remain*
suivre	*to follow*
tomber	*to fall*
Vous allez tomber dessus.	*You can't miss it.*
tourner	*to turn*
trouver	*to find*
voir	*to see*

Adverbes

à droite	*to the right*
à gauche	*to the left*
ainsi	*thus, so, in that way*
alors	*so, then*
assez	*enough, quite, very*
car	*for*
cependant	*however*
ensuite	*then, next*
environ	*about, approximately*
presque	*almost*
puis	*then, next*
seulement	*only*
souvent	*often*
tout	*all, completely*
tout droit	*straight ahead*
trop	*too much*
typiquement	*typically*

Prépositions

au bout de	*at the end of*
autour de	*around*
en face de	*opposite, facing*
entre	*between*
jusqu'à	*until, as far as, up to*
loin de	*far from*
par	*by*
sans	*without*
selon	*according to*

Expressions

Attention!	*Be careful!*
Je suis désolé(e).	*I'm sorry.*

LEÇON ▪ 4

LA VIE ESTUDIANTINE

In this lesson we start to stretch a bit and to talk about
more general topics, in particular your life as a college
student. As you learn how to talk about your own
experience in an American university, you should also
start to become aware of how it might differ from that
of your French counterparts. As a first step in this
lesson, you should do the vocabulary preparation
exercises in **Le Français chez vous**.

FUNCTIONS

describing your college or
    university
saying which courses you are
    taking
expressing satisfaction or
    dissatisfaction with courses
    and professors
talking about your plans for a
    career
describing your daily routine

STRUCTURES

verbes du deuxième groupe: **-ir,
    -ire, -endre, -ondre, -aître,
    -ettre, -attre**
conjonction **que**
verbes du troisième groupe:
    -enir, -oire, -oir, -rendre
ne... que
verbe modal: **vouloir**

A
Ça va, les études?

Après un dur après-midi de travail dans les salles de lecture de la Bibliothèque nationale...

...on boit un pot avec des amis au café.

MISE EN MARCHE

Qu'est-ce qui se passe?

François cherche une table libre au restaurant universitaire. Malheureusement, c'est complet. Il s'assied donc à côté d'un autre étudiant. Il y a un livre ouvert sur la table.

François	Salut.
Philippe	Salut.
François	Tiens! Je vois que tu lis Piaget.
Philippe	Oui, tu connais?
François	Je ne connais tout ça que très vaguement. Qu'est-ce que tu penses de lui?
Philippe	Je ne le trouve pas toujours très clair, mais ça vaut la peine de le lire.
François	Oui, c'est exact — Piaget, c'est souvent obscur. Tu connais M. Dinard? Il enseigne en deuxième année.
Philippe	Oui, justement, je suis son cours.
François	On dit qu'il est très calé.
Philippe	C'est juste. Il connaît bien sa matière. C'est mon prof préféré.

Un peu plus loin à une autre table.

Catherine	Qu'est-ce que tu étudies, toi?
Marie-Claire	Moi, je fais le droit. Et toi?
Catherine	Je fais sciences économiques. Je suis en troisième année.
Marie-Claire	Et c'est intéressant?
Catherine	Oui, mais ça dépend des cours.
Marie-Claire	Comment ça?
Catherine	Bien sûr, il y a des professeurs intéressants et d'autres... moins intéressants.
Marie-Claire	Je connais Monsieur Vigneaux. Est-ce qu'il enseigne en troisième année?
Catherine	Hélas! Oui.
Marie-Claire	Tu veux dire que son cours est ennuyeux?
Catherine	Ce n'est pas passionnant!

À propos **En deuxième, en troisième.** Les études secondaires et universitaires en France sont bien différentes des études en Amérique. Les deux dernières années du lycée (l'école secondaire) correspondent plus ou moins aux deux premières années de l'université américaine. L'étudiant français passe son baccalauréat au lycée à 18 ou à 19 ans. Le cycle de l'université jusqu'au premier diplôme (la licence) est de trois ans. Donc, un « freshman » est un étudiant ou une étudiante de première année, et ainsi de suite.

Les universités françaises sont très spécialisées, et on choisit son programme avant d'entrer à l'université. Par exemple, quand on s'inscrit à l'université à 18 ans, on choisit déjà le droit ou les langues ou la médecine comme spécialisation. (Le « major » n'existe donc pas dans le sens américain.) On dit « Je prépare un diplôme en... »

Vous dites ça comment?

RELISEZ

Cherchez les expressions antonymes.

1. Je connais tout ça très clairement.
2. Piaget, c'est toujours clair.
3. Oui, c'est vrai, comme prof, il est intéressant.

Cherchez les expressions synonymes.

4. J'étudie la psychologie.
5. Je pense que ce n'est pas très clair.
6. Oui, c'est vrai.
7. C'est un prof très calé.
8. Son cours est ennuyeux.

IMITEZ LA PRONONCIATION

1. Qu'est-ce que tu études, toi?
2. Je fais sciences économiques.
3. C'est intéressant?
4. Ça dépend des cours et des profs.

5. Il y a des professeurs intéressants, et d'autres... moins intéressants.
6. Et M. Dinard, qu'est-ce que tu penses de lui?
7. C'est mon prof préféré.
8. Je ne connais tout ça que très vaguement.

VÉRIFIEZ

Montrez que vous êtes d'accord, mais sans répéter les mêmes mots.

1. — Pour moi, Piaget, c'est souvent obscur.
   — Oui, c'est juste,...
2. — Moi, j'étudie les sciences économiques.
   — Tiens! Moi aussi, je...
3. — Je trouve que M. Dinard est bien comme prof.
   — Oui, je suis d'accord. C'est mon prof...

4. — Il est vraiment calé.
   — Oui, il connaît...
5. — Mais ses explications ne sont pas toujours très claires.
   — Oui, c'est juste, elles sont...

Maintenant, montrez que vous n'êtes pas d'accord.

6. — M. Dinard est intéressant comme prof, je trouve.
   — Vraiment? Pour moi, son cours...
7. — Tu connais bien Piaget et sa psychologie, n'est-ce pas?
   — Au contraire, je...

Parlons un peu

RÉPONDEZ

Choisissez la réponse convenable.

1. Et Piaget, tu le trouves comment?

   • Moi, je le trouve souvent obscur.
   • Vos petits gâteaux ont l'air bon.
   • Allez tout droit et puis prenez à gauche.

2. Tous tes cours sont intéressants?

   • Non, ça dépend des profs.
   • C'est là-bas sur la place, à droite.
   • Oui, c'est un très bon prof.

3. Il est bien, ton prof de psycho?

   • Non, c'est plutôt un restaurant médiocre.
   • Il enseigne en troisième année.
   • Il y a des profs intéressants, et d'autres
     moins intéressants. Lui, il est moins intéressant.

4. Tu es en quelle année?

   • Oui, il est très intéressant.
   • Moi, je suis en deuxième année.
   • Non, non, c'est très loin d'ici.

5. Qu'est-ce que tu penses de M. Marceau?

   • Remontez le boulevard jusqu'à la place, et c'est là.
   • C'est mon prof préféré.
   • C'est une ville charmante.

6. Tu connais le grand anthropologue Lévi-Strauss?

   • Je ne connais tout ça que très vaguement.
   • Je suis en troisième année.
   • Oui, j'aime beaucoup la musique.

7. Qu'est-ce que tu penses de Piaget?

   • Il faut prendre le numéro 80.
   • Piaget, c'est souvent obscur.
   • Il a un très bon job dans un laboratoire médical.

8. Tu connais M. Vigneaux? Son cours est intéressant?

   • Je ne suis pas fort en géographie.
   • Ce n'est pas passionnant.
   • Non, je ne veux pas partir.

A

B

Tu connais Piaget?

Qu'est-ce que tu fais comme études?

Moi, je fais sciences économiques.

Non, pas du tout. C'est qui, Piaget?

C'est un grand psychologue suisse.

Tu suis d'autres cours?

Oui, je fais du français et de l'espagnol.

Tu aimes ça, la psychologie?

Oui, je prépare un diplôme en psycho.

Tu trouves ça intéressant, les langues?

Pour moi, c'est plutôt ennuyeux, la psycho.

Oui, il faut savoir parler deux or trois langues.

Tu trouves? Moi, je pense que c'est passionnant.

Pourquoi, ça?

Ben, moi, je ne connais tout cela que très vaguement.

Parce que le monde moderne est petit.

Tu te souviens de ce cours de psycho sur l'interprétation des rêves de Freud?

À vous, maintenant...

Renseignez-vous sur les cours de votre partenaire. Quels cours suit-il/elle? Comment trouve-t-il/elle ses cours? Quel est son cours préféré? Quel diplôme prépare-t-il/elle? Et comment sont les profs?

Prenez des notes et écrivez trois ou quatre lignes à propos des cours et des profs de votre partenaire.

VOCABULAIRE AU CHOIX

Apprenez les mots nécessaires pour parler de vos études.

Quels cours suivez-vous?

Pour être philosophe,	il faut étudier la philosophie.
anthropologue,	l'anthropologie.
avocat(e),	le droit.
biologiste,	la biologie.
chimiste,	la chimie.
comptable,	la comptabilité.
géographe,	la géographie.
géologue,	la géologie.
linguiste,	la linguistique.
médecin (docteur),	la médecine.
musicien(ne),	la musique.
professeur de lettres,	la littérature.
psychologue,	la psychologie.
sociologue,	la sociologie.
homme ou femme d'affaires,	la gestion.
	le marketing.

— C'est intéressant, ton cours d'anthropologie?

— À mon avis c'est un cours absurde.
  Pour moi,   complexe.
  Je trouve que   simple.
                       difficile.
                       facile.
                       embêtant.
                       ennuyeux.
                       sans intérêt.
                       bête.
                       fascinant.
                       formidable.
                       intéressant.
                       passionnant.

— Il/Elle est comment, ton prof?

— Il/Elle est bien.
            pas mal.
            intelligent(e).
            fou (folle).
            intéressant(e).
            ennuyeux (-euse).
            rasoir. *fam.*
            barbant(e). *fam.*
            gentil(le).
            sympa (sympathique).
            exigeant(e).
            sévère.
            stricte.

UN PAS DE PLUS

Qu'est-ce qui se passe?

Un jeune Français passe un an dans une université américaine. Il écrit à sa mère.

Chère maman,

Je t'écris pour te donner mes premières impressions de l'université. L'endroit est splendide. Je n'habite pas la cité universitaire — j'ai une chambre chez une famille. Ce n'est pas une chambre de luxe, mais c'est correct. J'ai tout ce qu'il faut — un lit, un bureau, des chaises, des placards, quelques étagères pour mes livres et il y a une salle de bains à côté.

Quant à mes études, je suis quatre cours: un cours de littérature américaine, un cours de sciences po, un cours d'histoire sur la guerre du Viêt-nam, et puis, figure-toi, un cours de « speech and communication ». Ça n'existe pas en France. Nous sommes obligés de préparer des discours et de les présenter en public. C'est un peu difficile pour moi, et le prof est exigeant, mais ça m'aide beaucoup en anglais. Certains cours, par contre, sont assez faciles pour moi. Je suis exempt de suivre les cours d'introduction générale parce qu'ils ressemblent à mes cours au lycée.

La grosse différence avec la France, c'est qu'ici, les cours ne durent qu'un trimestre, et il y a souvent des interros ou des tests. J'aime bien ce système, cependant. En France, tout dépend de l'examen final. Ici on peut rater une interro de temps en temps, et ce n'est pas la catastrophe, à condition, bien sûr, de réussir aux autres.

Le cours sur la guerre du Viêt-nam est déconcertant. Les Américains ne me paraissent pas très conscients des autres guerres au Viêt-nam, et surtout pas des combats français au Viêt-nam. Ils ne reconnaissent même pas souvent le nom Diên-Biên-Phu. Mon cours de sciences po n'est pas mal, parfois un peu barbant, mais parfois très bien, et mon cours de littérature américaine est formidable. Mes livres de Mark Twain sont difficiles — il emploie des dialectes qu'on n'enseigne pas dans nos cours d'anglais — mais parfois il me fait penser à Molière.

Tout va bien, mais il faut dire que les études sont horriblement chères ici. Ma bourse couvre à peine les frais d'inscription et mon logement. Je maigris. Je ne mange que de la pizza. Chère maman, au secours! J'ai besoin d'argent. Tu ne pourrais pas, s'il te plaît, m'envoyer cinq cents francs?

Écris-moi vite.

Grosses bises,
Ton Fils Affamé

À propos **La cité universitaire**. Résidence à proximité de l'université. Cependant, la plupart des étudiants en France trouvent une chambre en ville, ou bien logent chez leurs parents.

La bataille de Diên-Biên-Phu en 1954 marque la défaite définitive des forces françaises dans leur guerre du Viêt-nam.

Molière. Grand dramaturge du XVIIe siècle, l'âge classique de la littérature française.

Vous dites ça comment?

RELISEZ

Cherchez les expressions synonymes.

1. Je n'ai besoin de rien.
2. Je fais de la littérature américaine.
3. Il est nécessaire de préparer des discours.
4. Le prof demande beaucoup d'efforts.
5. Ces cours sont comme mes cours de lycée.
6. Il y a toujours des examens.
7. Ils semblent inconscients de…

Cherchez les expressions antonymes.

8. réussir à un examen
9. un cours fascinant
10. Je grossis.

IMITEZ LA PRONONCIATION

1. Ça marche, ton cours de chimie?
2. Oui, ce n'est pas mal, et parfois même très bien.
3. Tu es obligé de travailler constamment?
4. Oui, il y a toujours des examens à passer.
5. C'est bien, ta chambre?
6. Ce n'est pas une chambre de luxe, mais c'est correct.
7. Tu as besoin de quelque chose?
8. Oui, j'ai besoin d'argent.
9. Vous trouvez ça difficile, le français?
10. Je trouve tous les cours difficiles.

VÉRIFIEZ

Montrez que vous êtes d'accord.

MODÈLE: — Je pense qu'il est bien comme prof.
— Oui, il n'est pas mal.

1. — À mon avis, c'est un cours ennuyeux.
— Oui, d'accord, ce n'est pas…
2. — Cette année, je fais du français.
— Moi aussi, je…
3. — Moi, je prépare un diplôme en sciences éco.
— Tiens! Quelle coïncidence! Moi aussi, je…
4. — Notre prof de français demande beaucoup d'efforts.
— Oui, c'est vrai, elle est…

Maintenant, montrez que vous n'êtes pas d'accord.

5. — On dit que tu rates souvent tes examens.
— Moi, jamais! Je…
6. — Je pense qu'il est bien comme prof.
— Tu trouves? À mon avis,…
7. — Je trouve mon cours d'anthropologie fascinant.
— Pas moi! Je…
8. — Mon cours de français est très difficile!
— Au contraire, pour moi,…

Parlons un peu

Choisissez la réponse convenable.

1. Eh bien, qu'est-ce que vous étudiez?

   - Je trouve tous les cours difficiles.
   - Moi, je suis un cours de français.
   - Il est bien sévère, mon prof.

2. Vous trouvez ça difficile, le français?

   - Je fais médecine.
   - Au contraire, le prof est excessivement exigeant.
   - Moi, je trouve tous les cours difficiles.

3. Est-ce que vous suivez d'autres cours?

   - Oui, j'étudie l'histoire et la littérature anglaise.
   - Ils sont fous, ces profs!
   - Je n'aime pas beaucoup les sciences humaines.

4. Qu'est-ce que vous pensez de votre cours d'anthropologie?

   - Je pense que c'est un cours sans intérêt.
   - Non, je rate toujours les examens de langues.
   - Les études sont très chères aux États-Unis.

5. C'est intéressant, votre cours de linguistique?

   - Oui, ce n'est pas mal, et même très bien.
   - Non, il fait trop froid en hiver.
   - Non, c'est très loin d'ici.

6. Quel est votre cours préféré?

   - Pour moi, c'est la philosophie.
   - Oui, et elle est très contente de son travail.
   - Je suis désolé(e), je ne connais pas le quartier.

7. C'est bien, ta chambre?

   - Les études sont horriblement chères.
   - Non, j'ai quatre cours.
   - Ce n'est pas une chambre de luxe, mais c'est correct.

8. Est-ce que tu as besoin de quelque chose?

   - J'ai toujours besoin d'argent.
   - C'est un cours formidable!
   - Au contraire, je le trouve très exigeant.

9. Pourquoi est-ce que tu travailles tout le temps?

   - Ce n'est pas une chambre de luxe, mais c'est correct.
   - Je suis bien obligé(e). Il y a toujours des examens à passer.
   - C'est un peu barbant comme cours.

Conversation trans-atlantique entre mère et fils. Le fils fait des études dans une université américaine.

A	B
Maman, tu peux m'envoyer un peu d'argent très vite? • Maman, c'est formidable ici!	De l'argent? Mais tu as ta bourse! • Quels cours suis-tu?

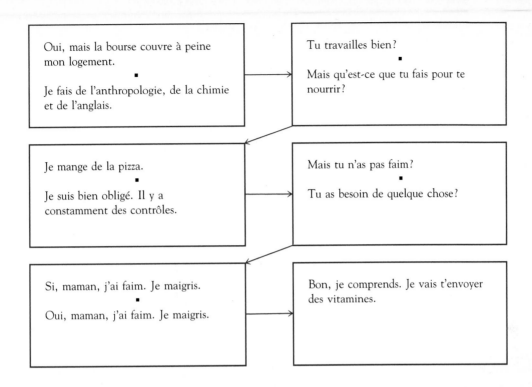

Oui, mais la bourse couvre à peine mon logement. Je fais de l'anthropologie, de la chimie et de l'anglais.	Tu travailles bien? Mais qu'est-ce que tu fais pour te nourrir?
Je mange de la pizza. Je suis bien obligé. Il y a constamment des contrôles.	Mais tu n'as pas faim? Tu as besoin de quelque chose?
Si, maman, j'ai faim. Je maigris. Oui, maman, j'ai faim. Je maigris.	Bon, je comprends. Je vais t'envoyer des vitamines.

À vous, maintenant...

Renseignez-vous sur votre partenaire. Demandez-lui

1. où il/elle habite (cité universitaire? appartement? chambre dans une famille?).
2. comment il/elle fait pour manger (resto-U? faire la cuisine lui-/elle-même?).
3. ce qu'il/elle étudie. Qu'est-ce qu'il/elle pense de ses cours? de ses profs? de son université? Est-il/elle content(e) ou mécontent(e)?

Écrivez un paragraphe avec ces renseignements.

VOCABULAIRE AU CHOIX

Choisissez les expressions qui sont vraies pour votre situation.

pour parler du logement
loger à la cité universitaire
louer un appartement
trouver une chambre dans une famille

pour parler de la nourriture
manger au restaurant universitaire (au resto-U)
manger à la cafétéria
faire la cuisine soi-même

pour parler de ses études

Le professeur **fait**   le cours.
                 donne

L'étudiant **suit** un cour de philosophie. (*suivre*)
           fait du français. (suit un cours)
           fait science économiques. (programme d'études)

L'étudiant **passe** l'examen.
           réussit à l'examen. (Bravo!)
           rate l'examen. (Hélas!)

On dit:

— Qu'est-ce que tu étudies?

— Je fais sciences économiques.

— Qu'est-ce que tu penses de **Piaget**?

— Selon moi, il est souvent obscur.
  Pour moi,
  Je pense qu'
  Je trouve qu'

On dit aussi:

Qu'est-ce que tu fais comme études?
Quel diplôme prépares-tu?
Tu suis quels cours?

J'étudie le latin.
Je fais le droit.
Je suis un cours d'histoire.

Qu'est-ce que tu penses de **lui**?

Dans le Jardin du
Luxembourg . . .

FAISONS LE POINT

1. Temps présent: Verbes du deuxième groupe: *-ir, -ire, -endre, -ondre, -aître, -ettre, -attre* (grammaire 4.1.3)

Pour employer ces verbes au présent, il faut apprendre (a) les terminaisons, et (b) deux radicaux, i.e., la forme pour **je** et **nous** (première personne, singulier et pluriel). Voici le modèle pour cette deuxième catégorie de verbes.

terminaisons: **-s, -s, -t, -ons, -ez, -ent**
-s, -s, - , -ons, -ez, -ent, (-endre, -ondre)

finir	
je fini**s**	nous fini**ssons**
tu fini**s**	vous fini**ssez**
il/elle/on fini**t**	ils/elles fini**ssent**
dormir	
je dor**s**	nous dor**mons**
tu dor**s**	vous dor**mez**
il/elle/on dor**t**	ils/elles dor**ment**
savoir	
je sai**s**	nous sa**vons**
tu sai**s**	vous sa**vez**
il/elle/on sai**t**	ils/elles sa**vent**
lire	
je li**s**	nous li**sons**
tu li**s**	vous li**sez**
il/elle/on li**t**	ils/elles li**sent**
mettre	
je met**s**	nous met**tons**
tu met**s**	vous met**tez**
il/elle/on me**t**	ils/elles met**tent**
répondre	
je répond**s**	nous répond**ons**
tu répond**s**	vous répond**ez**
il/elle/on répond	ils/elles répond**ent**

A. Quel vocabulaire est utile pour parler de l'université? Apprenez la série.

— Comment faut-il faire pour réussir à l'université?
— Il faut suivre des cours.

lire les livres.	rendre ses devoirs à temps.
réfléchir aux questions.	savoir ses leçons.
répondre aux questions.	connaître le matériel à fond.
écrire des dissertations.	réussir aux examens.
finir ses devoirs.	

Parlons de votre vie à l'université. Qu'est-ce que vous faites?

Moi, je suis des cours.
1. Je... les livres.
2. Je... questions.
3. Je... questions.
4. Je... dissertations.
5. Je... mes devoirs.
6. Je... devoirs à temps.
7. Je... mes leçons.
8. Je... le matériel à fond.
9. Je... aux examens.

Vous êtes plusieurs dans le groupe. C'est quoi, la vie estudiantine? Qu'est-ce que vous faites?

1. Nous suivons des cours.
2. Nous... les livres.
3. Nous... questions.
4. Nous... questions.
5. Nous... dissertations.
6. Nous... devoirs à temps.
7. Nous... nos leçons.
8. Nous... le matériel à fond.
9. Nous... aux examens.

Maintenant, parlez de vos amis. Qu'est-ce qu'ils font?

1. Eh bien, ils suivent des cours.
2. Ils... les livres.
3. Ils... questions.
4. Ils... questions.
5. Ils... dissertations.
6. Ils... devoirs à temps.
7. Ils... leurs leçons.
8. Ils... le matériel à fond.
9. Ils... aux examens.

B. Voilà la routine générale à l'université. Mais qu'est-ce qui se passe en réalité? Posez des questions à vos amis dans la classe.

> **MODÈLE:** Demandez à vos amis s'ils lisent toujours les livres.
> — Est-ce que vous lisez tous les livres du cours?
> — Bien sûr, nous lisons tous les livres.   ou   — À vrai dire, nous ne lisons pas tous les livres.

Demandez à vos amis s'ils

1. rendent toujours leurs devoirs à temps.
2. connaissent le matériel à fond.
3. finissent toujours leurs leçons à temps.
4. réussissent toujours aux examens.
5. choisissent toujours des cours difficiles.
6. réfléchissent souvent au matériel du cours.
7. dorment en classe de temps en temps.
8. savent la date de l'examen final dans ce cours.
9. écrivent souvent des essais.

2. Conjonction *que*   (grammaire 7.1)

On emploie **que** pour joindre (combiner) deux phrases. L'emploi de **que** est obligatoire, pas optionel comme en anglais.

Je suis sûr(e) **que** mon frère a trente ans.
Je crois **qu'**elle est chinoise.
J'espère **que** ce n'est pas grave.

Je vois **que** vous trouvez tous les cours difficiles.
Je sais **que** deux et deux font quatre.
Je trouve **que** le cours est passionnant.

Un ami vous pose des questions sur vos cours et sur vos profs. Comme vous hésitez, vous commencez avec *je crois que, je pense que* ou *j'espère que*.

MODÈLE: — Il est bien, ton prof de psycho?
— Oui, je crois qu'il est bien (ou je pense qu'il est bien).
— Il n'est pas trop exigeant?
— J'espère qu'il n'est pas trop exigeant.

1. Ça marche, les études?
2. Ce n'est pas trop difficile, ton cours de chimie?
3. Ton prof de chimie, elle est sympathique?
4. Elle n'est pas trop exigeante?
5. C'est intéressant, ton cours de philosophie?
6. On dit que ton cours d'anthropologie est formidable.
7. On dit aussi que le prof est un peu fou.
8. Et ton interro en français ne va pas être trop difficile?
9. Cette interro est pour demain, n'est-ce pas?

Maintenant vous n'hésitez pas. Vous êtes certain(e) de vos réponses. Utilisez *je suis sûr(e) que, je suis certain(e) que* ou *je sais que*.

10. Tu crois que tu vas réussir à cet examen?
11. On dit que ce cours de sciences éco n'est pas facile.
12. J'espère qu'il va faire beau demain.
13. Est-ce que je vais réussir à cet examen?
14. Tu crois toujours que ton beau-frère est un zéro?

Prononciation

(grammaire 1.2.5)   **INTONATION**

Répétez les phrases suivantes. Ce sont des exemples de réactions prudentes ou discrètes.

1. Selon moi, Piaget, c'est souvent obscur…
2. … mais je ne connais tout ça que très vaguement.
3. Il y a des professeurs intéressants et d'autres… moins intéressants!
4. Ça dépend des cours.
5. C'est ton professeur?
6. Hélas! Oui.

B
Qu'est-ce que tu vas faire?

MISE EN SCÈNE

Vous allez être
médecin...

...ou ingénieur?

MISE EN MARCHE

Qu'est-ce qui se passe?

Qu'est-ce que l'avenir nous réserve? Deux étudiantes pensent à leur avenir.

Élise Qu'est-ce que tu vas faire l'année prochaine?

Marie Je ne sais pas exactement. J'ai plusieurs projets en tête.

Élise Tu as l'intention d'enseigner?

Marie Oui, peut-être... mais je voudrais voyager aussi. Je pose ma candidature pour obtenir un poste en Afrique.

Élise Vraiment? Il y a des places là-bas?

Marie Eh, oui. Mais toi aussi, tu es en dernière année. Qu'est-ce que tu vas faire de ton diplôme de droit?

Élise Mon père voudrait que je travaille dans son entreprise. Tu comprends, c'est la tradition dans la famille... Mais moi, je préfère être indépendante. Qui vivra verra... De toute façon, il y a une condition.

Marie Ah oui? Quoi?

Élise Il faut réussir aux examens de juin, tiens!

À propos **L'Afrique.** On utilise la langue française dans beaucoup de pays africains, et il y a beaucoup d'échanges économiques et culturels entre ces pays et la France, surtout avec les anciennes colonies, comme le Sénégal et l'Algérie.

La Belgique aussi a gardé d'assez bons rapports avec ses anciennes colonies, comme le Congo, actuellement Zaïre, où des bourses sont souvent offertes aux étudiants de venir étudier en Belgique.

Vous dites ça comment?

Cherchez les expressions synonymes.

1. Tu as l'intention d'être professeur?
2. J'ai plusieurs idées en tête.
3. Je voudrais faire des voyages.

4. Je fais ma demande pour un poste...
5. En tout cas...

1. Qu'est-ce que tu comptes faire l'année prochaine?
2. J'ai plusieurs projets en tête.
3. Est-ce que tu as l'intention d'enseigner?
4. Je voudrais voyager d'abord.
5. Qu'est-ce que tu vas faire de ton diplôme de droit?
6. Je ne sais pas encore. De toute façon...
7. ... il faut d'abord réussir aux examens.

Montrez que vous êtes d'accord.

1. — Je pense à plusieurs possibilités pour l'année prochaine.
   — Moi aussi, j'ai...
2. — Avant de travailler, je voudrais faire un long voyage.
   — Tiens! moi aussi, j'ai...
3. — Je ne vais pas travailler dans l'entreprise de ma famille.
   — Tu as raison. Il faut...
4. — En tout cas, il faut réussir aux examens en juin.
   — D'accord, il ne faut pas... les examens.

Parlons un peu

Choisissez la réponse convenable.

1. Qu'est-ce que tu comptes faire l'année prochaine?

   • J'ai plusieurs projets en tête.
   • J'ai trois cours cette année.
   • Je suis en troisième année.

2. Tu as l'intention d'enseigner?

   • Non, je n'ai pas un horaire chargé.
   • Oui, je voudrais enseigner le français en Afrique.
   • Non, il y a déjà trop d'avocats dans la famille.

3. Il y a des postes en Afrique?

   • Non, je n'aime pas voyager.
   • Oui, j'ai l'intention de poser ma candidature.
   • J'ai plusieurs projets en tête.

4. Qu'est-ce que ton frère a l'intention de faire de son diplôme de droit?

   • Il ne sait pas encore.
   • Vous tournez à droite, puis à gauche.
   • Je préfère sortir avec mes amis.

5. Tu es en dernière année, n'est-ce pas?

   • J'ai dix-neuf ans.
   • Non, j'ai encore deux ans d'études.
   • Oui, j'aime les professeurs.

6. Tu voudrais voyager?

   • Non, je voudrais travailler d'abord.
   • Oui, j'espère rester chez moi.
   • Oui, il faut réussir aux examens en juin.

A	B

A

Qu'est-ce que tu as l'intention de faire l'année prochaine?

B

J'ai plusieurs projets en tête.

Je voudrais surtout voyager.

Quelle sorte de projets?

Tu veux aller où?

Peut-être faire des études avancées en informatique.

Je vais poser ma candidature pour un poste en Afrique.

Vraiment? Tu aimes ça, les ordinateurs?

Quelle sorte de poste?

Je voudrais être professeur de français.

Oui, c'est vraiment l'avenir.

À vous, maintenant...

Renseignez-vous sur les projets de votre partenaire pour l'avenir. Qu'est-ce qu'il/elle voudrait devenir? Où a-t-il/elle l'intention de travailler? Avec qui? Pour qui? Qu'est-ce qu'il/elle fait pour se préparer? Pour se former?

Prenez des notes et écrivez quatre ou cinq lignes à propos de votre partenaire.

VOCABULAIRE AU CHOIX

pour parler de ses projets

— Qu'est-ce que tu penses faire?
           comptes faire?
           as l'intention de faire?

— Je voudrais devenir   professeur.
  J'espère   ingénieur.
  Je compte

J'ai l'intention de/d' travailler avec mon père dans les affaires.
                 pour une compagnie internationale.
faire des études avancées en médecine.
               en informatique.
continuer mes études commerciales en marketing.
             en gestion.
poursuivre une carrière dans les beaux-arts.
être cinéaste.
      artiste commercial.

UN PAS DE PLUS

Qu'est-ce qui se passe?

Au café du coin, Nicolas et Florence bavardent un moment. Florence est une étudiante sérieuse. Nicolas, lui, est plus décontracté et prend la vie moins au sérieux.

Nicolas	Quels cours suis-tu cette année?
Florence	Je suis un cours de psycho, un cours de sociologie, un cours d'histoire contemporaine et un petit cours d'anglais commercial.
Nicolas	Tu as un horaire très chargé!
Florence	Et comment! Je ne fais que travailler. Je n'ai même plus le temps de sortir avec mes copines le soir.
Nicolas	À propos, quel diplôme prépares-tu?
Florence	Je fais la psychologie. Je voudrais travailler avec des enfants autistes dans l'avenir. Il y a encore beaucoup de débouchés dans ce domaine. Et toi, qu'est-ce que tu fais, de l'informatique?
Nicolas	Moi, je fais de la littérature. Mon horaire est moins chargé.
Florence	Tu peux t'amuser alors?
Nicolas	Oui, je joue aux cartes avec des amis, je promène mon chien, je fume ma pipe et de temps en temps je pense aux grandes questions de la vie.
Florence	(*ironique*) Tu as la belle vie, quoi! Mais qu'est-ce que tu comptes faire l'année prochaine avec ton diplôme en littérature?
Nicolas	Je ne sais pas encore. Je voudrais écrire un roman ou travailler pour un journal. Pour le moment, je n'ai que des idées très vagues.
Florence	Eh bien, excuse-moi, je dois filer. Je suis pressée.

Vous dites ça comment?

RELISEZ

Cherchez les expressions synonymes.

1. Qu'est-ce que tu étudies cette année?
2. Je travaille constamment.
3. Qu'est-ce que tu as l'intention de faire?
4. Je voudrais être journaliste.
5. J'ai seulement des idées vagues.
6. Je dois partir.

1. Quels cours suis-tu cette année?
2. Je suis un cours de littérature américaine, un cours de sociologie et un cours de philo.
3. Tu as un horaire très chargé!
4. Et comment! Je ne fais que travailler.
5. Je n'ai même pas le temps de sortir.
6. Qu'est-ce que tu comptes faire avec un diplôme en littérature?
7. Je voudrais peut-être écrire un roman.
8. Pour le moment, je n'ai que des idées très vagues…
9. … mais il y a toujours des débouchés.

VÉRIFIEZ

Montrez que vous n'êtes pas comme votre ami(e).

1. — J'ai un horaire moins chargé pour le moment.
   — Tu as de la chance! Moi,…
2. — Mais je travaille de temps en temps.
   — Moi, je ne…
3. — Mais je sais exactement ce que je veux faire.
   — Moi, c'est le contraire. Je…
4. — Je sors souvent le soir et je joue aux cartes avec mes amis.
   — Et moi, je n'ai même pas…

Parlons un peu

RÉPONDEZ

Choisissez la réponse convenable.

1. Quels cours est-ce que tu suis cette année?
   • Vous suivez le boulevard jusqu'à la place du Peuple.
   • Je suis un cours de maths et un cours de littérature.
   • Je vais acheter des pâtisseries.

2. Tu as vraiment un horaire chargé, non?
   • Oui, il est dix heures.
   • Je ne sais pas encore.
   • Et comment! Je n'ai même pas le temps de sortir.

3. Tu prépares quel diplôme?
   • Je vais faire médecine.
   • Je n'ai même pas le temps de sortir.
   • J'ai des profs intéressants.

4. Il y a beaucoup de travail dans ce domaine?
   • Oui, il y a toujours des débouchés.
   • Non, je n'aime pas mon travail.
   • Tout ça est très obscur.

5. Qu'est-ce que tu comptes faire avec ton diplôme en français?
   • J'ai l'intention d'enseigner.
   • Je suis deux cours de français.
   • Oui, c'est un horaire chargé.

6. Est-ce que tu as beaucoup de travail?
   • Et comment! Je ne fais que travailler.
   • Oui, et il a une très belle moustache.
   • Vous allez tout droit, jusqu'à la place, et c'est là.

7. Moi, j'aime beaucoup les langues orientales.
   • Mais qu'est-ce que tu comptes faire avec un diplôme en langues orientales?
   • Donnez-moi deux éclairs au chocolat, s'il vous plaît.
   • Non, non, c'est très loin d'ici.

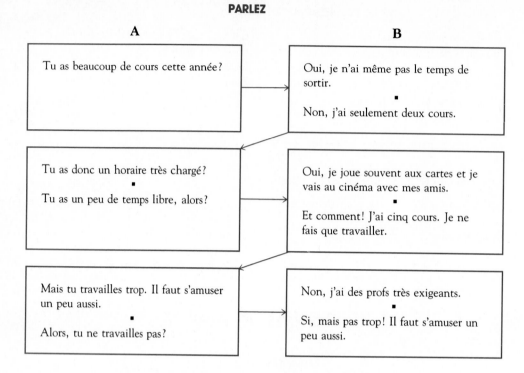

A

Tu as beaucoup de cours cette année?

Tu as donc un horaire très chargé?
•
Tu as un peu de temps libre, alors?

Mais tu travailles trop. Il faut s'amuser un peu aussi.
•
Alors, tu ne travailles pas?

B

Oui, je n'ai même pas le temps de sortir.
•
Non, j'ai seulement deux cours.

Oui, je joue souvent aux cartes et je vais au cinéma avec mes amis.
•
Et comment! J'ai cinq cours. Je ne fais que travailler.

Non, j'ai des profs très exigeants.
•
Si, mais pas trop! Il faut s'amuser un peu aussi.

À vous, maintenant...

Renseignez-vous sur votre partenaire. Est-ce qu'il/elle a un horaire chargé? Qu'est-ce qu'on fait de son temps? S'amuser? Comment?

Prenez des notes et écrivez cinq ou six lignes à propos de la vie estudiantine de votre partenaire.

VOCABULAIRE AU CHOIX

Un(e) étudiant(e) sérieux (-euse) a un horaire chargé.
Il/Elle est toujours en train de travailler.
               lire un livre.
               faire des recherches.
               prendre des notes.
               écrire un essai.
               penser aux grandes questions de la vie.

Un(e) étudiant(e) moins sérieux (-euse) a un horaire moins chargé.
Il/Elle passe son temps à jouer aux cartes.
               bavarder avec ses amis.
               promener son chien.
               aller au cinéma.
               parler de temps en temps des grandes questions de la vie.

FAISONS LE POINT

1. Temps présent: verbes du troisième groupe (*-enir, -oire, -oir, -rendre*)
(grammaire 4.1.4)

Pour utiliser les verbes de cette catégorie, il faut apprendre (a) les terminaisons (les mêmes que pour le deuxième groupe) et (b) *trois* radicaux (pour les trois formes, **je, nous** et **ils/elles**).

Terminaisons: **-s, -s, -t** (ou **-**), **-ons, -ez, -ent**

venir		
je **viens**	nous **ven**ons	ils/elles **vienn**ent
tu viens	vous venez	
il/elle/on vient		
boire		
je **bois**	nous **buv**ons	ils/elles **boiv**ent
tu bois	vous buvez	
il/elle/on boit		
recevoir		
je **reçois**	nous **recev**ons	ils/elles **reçoiv**ent
tu reçois	vous recevez	
il/elle/on reçoit		
prendre		
je **prend**s	nous **pren**ons	ils/elles **prenn**ent
tu prends	vous prenez	
il/elle/on prend		

Il y a des étudiants sérieux, et d'autres... moins sérieux. Quand on veut prendre le cours au sérieux, il faut

venir toujours en classe.
prendre des notes.
comprendre les conversations.
apprendre le vocabulaire.
recevoir de bonnes notes.

Et vous, vous êtes sérieux, ou quoi?

Oui, bien sûr, moi, je prends le cours au sérieux, et donc
je... en classe.   Je... des notes.   Je... les conversations.
J'... le vocabulaire.   Je... de bonnes notes.

Et vous, les étudiants, vous êtes sérieux, ou quoi?

Oui, bien sûr, nous prenons le cours au sérieux, et donc
nous... en classe.   Nous... des notes.   Nous... les conversations.
Nous... le vocabulaire.   Nous... de bonnes notes.

Et vos amis, ils sont sérieux, ou quoi?

Hélas! Ils ne prennent pas toujours le cours au sérieux, et par conséquent,
ils... en classe.   Ils... de notes.   Ils... les conversations.
Ils... le vocabulaire.   Ils... de bonnes notes.

OBSERVEZ

2. Ne... que   (grammaire 5.3.1)

Vous savez déjà:

> Je **n**'ai **que** des idées très vagues.
> Je **ne** fais **que** travailler.

Cette formule ne signale pas une négation, mais plutôt une *restriction*, une *limite*.

> Nous **n**'avons **que** vingt minutes = Nous avons **seulement** vingt minutes et pas plus.
> Je **ne** fais **que** du français = J'étudie le français et **rien d'autre**.
> Je **ne** fais **que** travailler = Je travaille très dur, et je ne fais **rien d'autre**.

Parlons de la vie estudiantine. Répondez selon le modèle.

MODÈLES: — Vous avez beaucoup de travail?
— Et comment! Je ne fais que travailler.
— Vous aimez les jeux de cartes, comme le poker ou le bridge?
— Et comment! Je ne fais que jouer aux cartes.

1. Vous lisez beaucoup?
2. Et en classe, est-ce que vous prenez beaucoup de notes?
3. Et pour votre cours de français, vous apprenez beaucoup de vocabulaire?
4. Il me semble que vous avez pas mal de travail.
5. Mais pourtant, je vois que vos amis jouent souvent aux cartes.
6. Tiens! Ils ont de la chance. Alors, ils peuvent s'amuser de temps en temps?
7. C'est incroyable! Mais au moment des examens, ils doivent travailler un peu, non?
8. Et ils lisent tous les livres?
9. Et ils apprennent tout le matériel?
10. Et après les examens, ils doivent être bien fatigués. Alors, ils dorment un peu?

3. **Le verbe *vouloir***   (grammaire 4.14)

— Qu'est-ce que tu **veux** faire ce soir?
— Je **veux** aller au ciné avec mes amis.
— Ils **veulent** voir quel film?
— Ce n'est pas encore décidé. Paul et moi, nous **voulons** voir un film comique… mais Marie **veut** aller à un film sérieux.
— Vous **voulez** vous amuser alors?
— Oui, le week-end, c'est pour rire!

Au temps présent, le verbe **vouloir** suit le modèle de la troisième catégorie. Notez, cependant, les terminaisons au singulier.

je veux	nous voul**ons**	ils/elles veul**ent**
tu veux	vous voul**ez**	
il/elle/on veu**t**		

Au présent, **vouloir** exprime le désir. C'est aussi une façon de faire une demande (voir l'impératif, grammaire 4.14) ou de donner une invitation.

Voulez-vous bien ouvrir la porte, s'il vous plaît? = Ouvrez la porte, s'il vous plaît.
Tu veux jouer aux cartes avec nous? = Viens jouer aux cartes avec nous.

Au conditionnel, **vouloir** exprime le désir d'une façon indirecte ou polie.   (grammaire 4.3)

Je **voudrais** travailler avec des enfants autistes.

conditionnel	
je voudrais	nous voudrions
tu voudrais	vous voudriez
il/elle/on voudrait	ils/elles voudraient

MISE EN PRATIQUE

A. Vos amis, évidemment, ne sont pas si sérieux que vous. Ils vous invitent à jouer aux cartes, etc. Mais vous avez du travail à faire. Vous inventez des excuses. Vous êtes en train de faire quelque chose.   (en train de, voir grammaire 4.1)

> **MODÈLE:**   jouer aux cartes/lire un livre   — Veux-tu jouer aux cartes avec nous?
> — Je voudrais bien, mais je lis un livre.

1. aller au cinéma/faire mes devoirs
2. jouer au bridge/lire un livre
3. promener le chien/écrire un essai
4. manger de la pizza/réfléchir aux grandes questions de la vie
5. aller danser dans une discothèque/apprendre des verbes
6. boire un pot avec nous/finir une dissertation
7. regarder la télévision/lire un article
8. bavarder un peu/préparer un examen
9. aller dans un bar/étudier le français

B. Parlons de Patrick et Lisa. Eux aussi, ils prennent leurs études au sérieux. Mêmes questions et mêmes réponses.

> **MODÈLE:**   jouer aux cartes/lire un livre   — Ils veulent jouer aux cartes avec nous?
> — Ils voudraient bien, mais ils lisent un livre.

Prononciation

VERBES DU TROISIÈME GROUPE

Imitez la prononciation.

1. je comprends
2. nous comprenons
3. ils comprennent
4. il vient
5. vous venez
6. ils viennent

7. elle reçoit
8. nous recevons
9. elles reçoivent
10. je bois
11. nous buvons
12. ils boivent

 Faites les exercices de vocabulaire et de structure dans le cahier d'exercices. Ensuite, lisez ce passage trois fois pour trouver les réponses aux questions suivantes.

Les événements de mai 68: Victor Hugo contemple une manifestation d'étudiants devant la Sorbonne.

Le Système éducatif français

1. À quoi correspond le bac dans le système américain?
2. Qui a plus de contacts personnels avec le professeur, l'étudiant français ou l'étudiant américain?
3. Est-ce que l'étudiant américain est plus surveillé ou moins surveillé au niveau universitaire que l'étudiant français?

En France, on peut commencer à aller à l'école maternelle dès l'âge de deux ans et demi approximativement. Ensuite, de six ans à douze ans, on va à l'école primaire. De douze ans à dix-huit ans, on fait ses études secondaires dans un lycée ou dans un collège. C'est au cours de l'enseignement secondaire qu'on reçoit sa base culturelle: les maths, le français, l'histoire, les langues étrangères. Vers quinze ans, on se spécialise plus: on choisit une série, par exemple, lettres ou sciences. Et à l'âge de dix-huit ou dix-neuf ans, on passe le baccalauréat, ou le « bac », dans la spécialité qu'on a étudiée.

Il faut rappeler que le système éducatif en France est centralisé: tous les étudiants en terminale, c'est-à-dire la dernière année de lycée, passent le même examen au même moment. Il va sans dire que le bac est un examen assez difficile, et il n'est pas rare de le rater et de le passer une deuxième fois. Seulement 70% des candidats sont reçus la première fois. Au lycée l'enseignement est souvent intense et l'étudiant français est plus strictement surveillé que son homologue américain. Le bac est ordinairement l'équivalent de deux ans d'université aux États-Unis.

À l'université on choisit sa spécialité en entrant, par exemple, les sciences, la médecine, la pharmacie, les sciences humaines, le droit, les lettres et les sciences économiques. Les cours d' «éducation générale », à la manière des universités américaines, n'existent pas.

Il y a 67 universités en France, dont 13 à Paris (Paris I, II, III, etc.). Chaque université est divisée en facultés (on dit aussi U.E.R. — Unités d'Enseignement et de Recherche), similaires aux « départements » américains, qui se spécialisent chacun en lettres, en psycho ou en maths, par exemple.

Les études universitaires sont assez différentes en Amérique et en France. Puisque les universités sont toutes subventionnées par l'État, les étudiants français paient beaucoup moins que les Américains pour leurs droits d'inscription. (Même les employés des restaurants universitaires sont des fonctionnaires de l'État.)

Les cours sont différents aussi. Dans les premières années d'études, il y a beaucoup d'étudiants dans les auditoires. Si vous visitez une université française, vous allez voir d'immenses amphithéâtres (un amphi) où cent à six cents étudiants sont assis. Avec un système pareil, il est évident que les étudiants ne parlent pas souvent au professeur et ne peuvent pas discuter beaucoup. Souvent, les cours sont polycopiés, et on ne prend pas les présences. Il est donc possible de ne pas aller au cours et de présenter les examens malgré cela.

Les examens? Ordinairement, on les passe à la fin de l'année et pour chaque cours tout dépend d'un seul examen. Si on le rate, on redouble le cours, c'est-à-dire, on le suit encore une fois.

En mai '68, les choses ont changé. C'était l'époque de la contestation, de la révolution estudiantine. Les étudiants ont exigé des changements dans le système archaïque qui existait. Aujourd'hui, il y a donc plus de séminaires, de petites classes et de contacts avec les professeurs et les chargés de cours. En général, cependant, on peut dire que l'étudiant français est moins surveillé dans ses études que son homologue américain.

Les diplômes sont organisés comme suit:

• Après deux ans, on reçoit le D.E.U.G. (diplôme d'études universitaires générales).
• la licence: un an après le D.E.U.G., plus ou moins l'équivalent à un B.A. américain

- la maîtrise: un an après la licence, à peu près l'équivalent à un M.A.
- le D.E.A. (diplôme d'études approfondies) ou le D.E.S.S. (diplôme d'études supérieures spécialisées): un an après la maîtrise
- le doctorat: trois ou quatre ans après la maîtrise.

Parallèlement aux universités, il existe aussi le système des grandes écoles, spécialisées dans la formation des cadres français. Ces écoles sont extrêmement compétitives et il faut réussir à un concours d'entrée très difficile après le bac pour pouvoir s'y être accepté.

Voici quelques-unes de ces grandes écoles:

- E.N.A. (École normale d'administration)
- Sciences po (Sciences politiques)
- H.E.C. (Hautes Études commerciales)
- Polytechnique (études scientifiques et techniques)
- Centrale (*idem*)

DISCUTEZ

Parlons un peu de vos études.

1. Quels cours suivez-vous? Pourquoi? Quel diplôme préparez-vous?
2. Est-ce que vous pensez à une carrière? Qu'est-ce que vous avez l'intention de faire avec votre diplôme?
3. Et vos cours, comment sont-ils? Ressemblent-ils aux cours dans une université française? Ressemblent-ils à vos cours de « *high school* »?

ÉCRIVEZ

D'une façon très simple, expliquez le système éducatif américain à un Français. Dites-lui ce que vous faites comme études, quel diplôme vous préparez, quelle carrière vous comptez suivre. Mentionnez aussi les matières que vous aimez le plus (e.g., littérature, chimie) et les matières que vous aimez le moins. Parlez-lui également de votre université.

Adjectifs

avancé(e)	advanced
calé(e)	capable, learned
contemporain(e)	contemporary, present-day
content(e)	happy, satisfied
correct(e)	appropriate, what is needed
correspondant(e)	corresponding
déconcertant(e)	disconcerting
décontracté(e)	relaxed, laid back
embêtant(e)	annoying, irritating
ennuyeux (-euse)	boring, troubling
estudiantin(e)	student
exempt(e)	exempt from
exigeant(e)	demanding
fou, folle	crazy
inconscient(e)	unaware
juste	right, true
libre	free
luxe: de luxe	luxurious
moyen(ne)	average
obligé(e)	obliged, obligated
passionnant(e)	very interesting, exciting
préféré(e)	favorite
surveillé(e)	supervised
utile	useful

Noms

l'amphithéâtre m	lecture hall
l'avenir m	future
le baccalauréat, le bac	bachelor's degree
les beaux-arts m	fine arts
la bourse	scholarship
le bureau	desk, office
la candidature	application for a position, candidacy
la carrière	career
la chance	luck, opportunity
le changement	change
le collège	junior high
la dissertation	composition (not a thesis or dissertation)
le domaine	field of study
le droit	law
les droits m	rights
la formation	training, background

les frais d'inscription m	tuition
la gestion	management
l'horaire m	schedule
l'interro f	quiz
le logement	housing
le lycée	secondary school
le marketing	marketing
la note; prendre des notes	grade; to take notes
le resto-U	student restaurant
le trimestre	quarter
l'unité de valeur f	unit of credit

Verbes

comprendre	to understand
compter	to count, plan on
connaître	to know, be familiar with
devenir	to become
discuter	to discuss, argue
employer	to use
enseigner	to teach
filer	to leave
finir	to finish
former	to train
fumer	to smoke
grossir	to get larger, fatter
s'inscrire	to register, join
jouer	to play
lire	to read
loger	to live (in a place)
louer	to rent
maigrir	to get thinner
obtenir	to obtain
pouvoir	to be able to
promener	to walk (e.g., the dog)
rater	to fail
recevoir	to receive, get
reconnaître	to recognize
rendre	to hand in, give back to
ressembler	to resemble
savoir	to know, know how to
sembler	to seem
suivre	to follow, take (a course)
venir	to come
vouloir	to want, wish

LEÇON ▪ 5

ÇA VA, LA SANTÉ ?

Health and mood come up as small talk in most
ordinary conversations. They are subjects people like
to talk about with friends, to give advice about, and to
use as excuses. As a first step in this lesson, you
should do the vocabulary preparation exercises in **Le
Français chez vous**.

F U N C T I O N S

asking people how they are
    feeling
making appropriate responses
    about yourself
saying what kind of mood you
    are in
saying what your ailment is if
    you are sick
expressing your worries and
    conjectures
giving people advice
saying what you can do or need
    to do when sick or
    depressed

S T R U C T U R E S

expressions avec **être** et **avoir**
adverbes de fréquence
adverbes de degré
verbes pronominaux
verbes modaux: **devoir, pouvoir**

A
Qu'est-ce qui ne va pas?

MISE EN SCÈNE

Le penseur d'Auguste Rodin

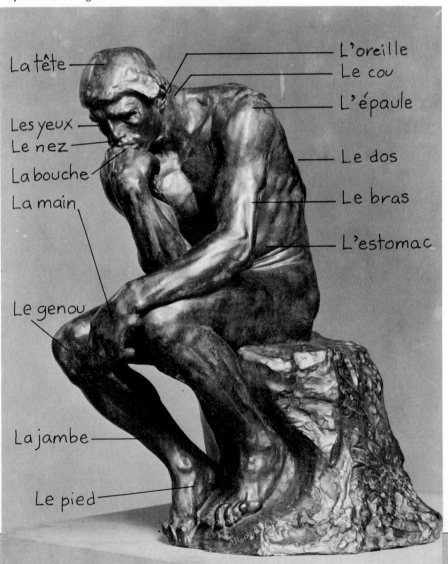

La tête

Les yeux
Le nez
La bouche

La main

Le genou

La jambe

Le pied

L'oreille
Le cou
L'épaule

Le dos

Le bras

L'estomac

MISE EN MARCHE

Qu'est-ce qui se passe?

À la clinique.

Patient	Bonjour, Madame.
Secrétaire	Bonjour, Monsieur.
Patient	J'ai très mal à la tête. Est-ce que le docteur est là?
Secrétaire	Vos nom, prénom, âge, profession et adresse, s'il vous plaît.
Patient	Mais j'ai un mal de tête insupportable!
Secrétaire	Certainement, mais j'ai besoin de votre nom.
Patient	Pierre Simplon. Oh, mon Dieu, qu'est-ce que j'ai mal!
Secrétaire	Quel âge avez-vous?
Patient	Trente-six ans. Oh, j'ai mal!
Secrétaire	Et quelle est votre profession, s'il vous plaît?
Patient	Je suis garçon de café, et j'habite au 55, boulevard Raspail.
Secrétaire	Et votre numéro de téléphone?
Patient	43.48.24.52.
Secrétaire	Vous êtes marié?
Patient	Non, je suis célibataire. Enfin, où est le docteur?
Secrétaire	Je suis désolée, Monsieur, il est midi. Le docteur ne reçoit plus. Revenez à quatorze heures.
Patient	Mais c'est impossible, ça!

À propos   **La médecine** en France est soit publique, soit privée. Quand vous êtes malade, vous allez chez votre médecin privé, à la clinique privée ou à l'hôpital public. Le prix est le même, car la Sécurité sociale vous rembourse toutes ou presque toutes vos dépenses.

Vous dites ça comment?

Cherchez les expressions synonymes.

1. J'ai un mal de tête épouvantable.
2. Il faut donner votre nom.

3. Oh, que je souffre!
4. Quelle sorte de travail faites-vous?

1. De quoi avez-vous besoin?
2. J'ai vraiment besoin d'un docteur.
3. Où avez-vous mal?
4. J'ai très mal à la tête.
5. Quel est votre numéro de téléphone?
6. 43.28.11.80
7. J'habite au 45, rue de la Paix.
8. Je suis désolé(e), mais…
9. Certainement, mais…
10. Mais c'est impossible, ça!

VÉRIFIEZ

Montrez que vous avez le même problème que votre ami(e).

> **MODÈLE:** — Je vais vraiment mal aujourd'hui!
> — Moi aussi, je suis bien malade.

1. — Je ne vais pas très bien aujourd'hui.
— Moi aussi, je…

2. — J'ai un mal de tête horrible.
— Moi aussi, j'…

3. — Il me faut un docteur.
— Moi, aussi, j'ai…

4. — Le docteur ne reçoit plus? Mais ce n'est pas possible!
— Oui, c'est…

Parlons un peu

■■ **RÉPONDEZ**

Choisissez la réponse convenable.

1. J'ai besoin de votre nom.

   - Jean-Jacques Mathieu.
   - J'habite au 45, rue de la Paix.
   - 45.80.23.76.

2. Vous avez quel âge?

   - Ce n'est pas possible!
   - 33, rue Diderot, à Paris.
   - J'ai vingt-trois ans.

3. Quelle est votre profession, s'il vous plaît?

   - Non, je suis célibataire.
   - Je suis avocat(e).
   - Je suis en retard.

4. Vous souffrez beaucoup?

   - Oh oui, j'ai très mal.
   - J'ai besoin de votre nom.
   - Je suis garçon de café.

5. Quel est votre numéro de téléphone?

   - J'ai dix-neuf ans.
   - Ce n'est pas possible.
   - 82.41.26.31.

6. Mais enfin, est-ce que le docteur est là?

   - Jean-Jacques Mathieu.
   - Non, je suis désolé(e). Le docteur ne reçoit plus.
   - 45.24.32.66.

7. Mais c'est impossible, ça!

   - Je suis désolé(e)! Il faut revenir demain.
   - Parce que j'ai très mal aux pieds.
   - J'habite au 45, rue de la Gare.

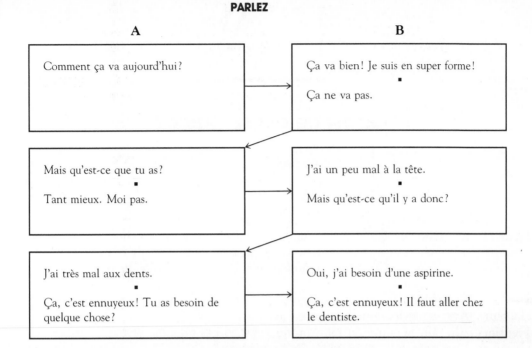

A

> Comment ça va aujourd'hui?

B

> Ça va bien! Je suis en super forme!
>
> ■
>
> Ça ne va pas.

A

> Mais qu'est-ce que tu as?
>
> ■
>
> Tant mieux. Moi pas.

B

> J'ai un peu mal à la tête.
>
> ■
>
> Mais qu'est-ce qu'il y a donc?

A

> J'ai très mal aux dents.
>
> ■
>
> Ça, c'est ennuyeux! Tu as besoin de quelque chose?

B

> Oui, j'ai besoin d'une aspirine.
>
> ■
>
> Ça, c'est ennuyeux! Il faut aller chez le dentiste.

À vous, maintenant...

Vous êtes réceptionniste chez un docteur. Vous recevez la clientèle. Dans ce jeu de rôle, évidemment, vous dites **vous** et non pas **tu**. Demandez à votre partenaire pourquoi il/elle veut voir le docteur, de quoi il/elle a besoin, où il/elle a mal, s'il/si elle souffre beaucoup. Puis, renseignez-vous sur l'âge, la profession, l'adresse et le numéro de téléphone de votre partenaire.

Prenez des notes et écrivez quelques lignes à propos de votre partenaire.

VOCABULAIRE AU CHOIX

— Où avez-vous mal?

On dit:
— J'**ai mal** a la tête.
       au bras.
       à la jambe.
       à l'oreille.
       à l'estomac.

       aux dents.
       aux yeux.
       aux pieds.

On dit aussi:
La tête **me fait mal**.
Le bras
La jambe
L'oreille
L'estomac

Les dents **me font mal**.
Les yeux
Les pieds

UN PAS DE PLUS

Qu'est-ce qui se passe?

LISEZ ET ÉCOUTEZ

Dans le cabinet du docteur.

Le docteur	Alors, Monsieur Henriot, qu'est-ce qui ne va pas?
M. Henriot	Eh bien, Docteur, j'ai toujours mal à la tête et je me sens un peu déprimé. Je crois que j'ai besoin de quelque chose.
Le docteur	Est-ce que vous avez constamment mal à la tête, ou seulement à votre travail?
M. Henriot	Tiens! Non, seulement au travail. Chez moi, ça va plutôt mieux.
Le docteur	Avez-vous des ennuis à votre travail?
M. Henriot	Ah, oui, le patron et moi, on ne s'entend pas toujours bien.
Le docteur	Vous avez donc des soucis, des inquiétudes?
M. Henriot	Oui, ça ne marche pas tellement bien à mon travail.
Le docteur	Ça doit être fatigant.
M. Henriot	Oui, de temps en temps je suis vraiment, vraiment crevé.
Le docteur	Mon cher Monsieur Henriot, vous n'avez pas besoin de médicaments, mais vous êtes très stressé. Vous avez besoin de repos.
M. Henriot	Vous croyez vraiment, Docteur?
Le docteur	J'en suis pratiquement sûr.
M. Henriot	C'est un excellent conseil.
Le docteur	C'est ça, votre travail est trop fatigant. Vous êtes épuisé, voilà tout.
M. Henriot	Oui, vous avez sûrement raison. Vous pourriez me faire une ordonnace? Je pars immédiatement pour la Côte.

COMPLÈTEMENT VACANCES PAR F. PONTOIS

Vous avez dit bonheur ?

À propos **La Côte. La Côte d'Azur.** C'est la côte méditerranéenne (Nice, Cannes, Menton, Monte-Carlo). « Descendre sur la Côte », c'est aller vers le soleil, vers les vacances, donc vers le repos. Avec une ordonnance du docteur, la Sécurité sociale rembourse les frais.

Vous dites ça comment?

Cherchez les expressions synonymes.

1. J'ai des problèmes à mon travail.
2. Ça ne va pas bien à mon travail.
3. Nous n'avons pas les mêmes idées. Nous nous disputons.
4. Vous avez des anxiétés?
5. Je suis extrêmement fatigué. Je n'ai plus de forces.
6. Il faut vous reposer.

IMITEZ LA PRONONCIATION

1. Qu'est-ce qui ne va pas?
2. J'ai toujours mal à la tête.
3. Et votre travail, ça va bien?
4. Eh bien, non, ça ne marche pas tellement bien.
5. Le patron et moi, on ne s'entend pas toujours bien.
6. Avez-vous des soucis, des inquiétudes?
7. Je me sens un peu déprimé(e).

VÉRIFIEZ

Répondez aux questions de votre ami(e).

1. — Vous avez des problèmes à votre travail?
   — Oui, à mon travail, ça...
2. — Vous avez des ennuis avec votre patron?
   — Oui, le patron et moi, on...
3. — Vous devez être très fatigué(e).
   — Oui, justement, je suis...
4. — Vous n'êtes pas très optimiste?
   — Non, je me sens...

Parlons un peu

RÉPONDEZ

Choisissez la réponse convenable.

1. Alors, cher Monsieur (chère Madame/ Mademoiselle), ça ne va pas?

   • Voilà un excellent conseil.
   • Eh bien, non, Docteur, j'ai très mal à la tête.
   • Merci, Docteur.

2. Vous souffrez beaucoup?

   • Oui, les pieds me font très mal aussi.
   • Vous avez sûrement raison.
   • Merci, Docteur.

3. Vous avez des ennuis à votre travail?

   • Oui, je veux bien, merci, j'ai très chaud.
   • Oui, je veux bien, merci, j'ai très faim.
   • Oui, j'ai des problèmes sérieux.

4. Est-ce que votre travail est très fatigant?

   • Tiens, c'est bizarre!
   • Oh oui, Docteur, je suis professeur.
   • Merci, Docteur, à la prochaine.

5. Est-ce que j'ai besoin de médicaments?

   • Non, vous avez besoin de vacances.
   • J'ai très mal au bras.
   • Côte d'Azur, me voici!

6. Est-ce que vous avez mal à l'estomac tout le temps?

   • Vous avez sûrement raison.
   • Oui, c'est un très bon conseil.
   • Non, seulement quand je mange.

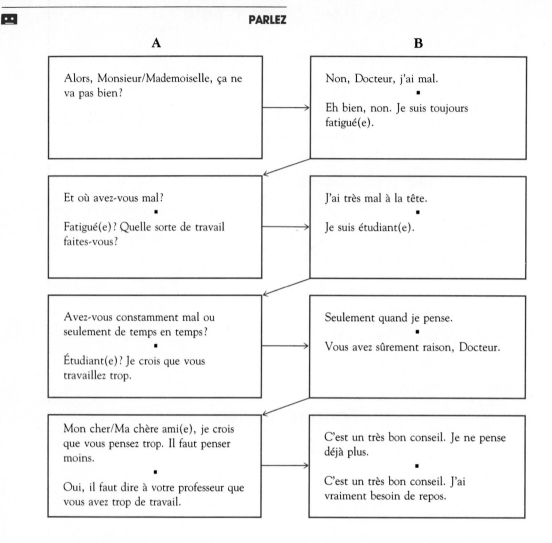

A   **B**

Alors, Monsieur/Mademoiselle, ça ne va pas bien?

Non, Docteur, j'ai mal.

Eh bien, non. Je suis toujours fatigué(e).

Et où avez-vous mal?

Fatigué(e)? Quelle sorte de travail faites-vous?

J'ai très mal à la tête.

Je suis étudiant(e).

Avez-vous constamment mal ou seulement de temps en temps?

Étudiant(e)? Je crois que vous travaillez trop.

Seulement quand je pense.

Vous avez sûrement raison, Docteur.

Mon cher/Ma chère ami(e), je crois que vous pensez trop. Il faut penser moins.

Oui, il faut dire à votre professeur que vous avez trop de travail.

C'est un très bon conseil. Je ne pense déjà plus.

C'est un très bon conseil. J'ai vraiment besoin de repos.

À vous, maintenant...

Le stress, c'est bien la maladie du siècle. Avez-vous des ennuis, des problèmes? Vous êtes stressé(e)? Eh bien, parlez avec votre partenaire de vos petites misères, de vos dépressions, de vos ennuis de santé. Demandez-lui des conseils.

Comme d'habitude, prenez des notes et écrivez quelques lignes.

les symptômes

Vous êtes stressé(e).
        fatigué(e).
        épuisé(e).
        crevé(e).

la cause

Vous travaillez trop.
Vous avez des ennuis.
Vous pensez trop.
Vous buvez trop.
Vous avez trop de soucis.
Vous ne vous entendez pas avec vos collègues.
Vous n'aimez pas votre travail.
Vous détestez le patron.

besoins

Vous avez besoin de repos.
        de calme.
        de vous reposer.
        de vous relaxer.

remèdes

Il faut dormir davantage.
      penser moins.
      travailler moins.
      boire moins.
      aimer vos ennemis.

FAISONS LE POINT

OBSERVEZ

1. Expressions avec *être* et *avoir* (grammaire 4.1.5)

En français, ces expressions sont utilisées avec le verbe **être**.

Je **suis fatigué(e).**
Je **suis paresseux (-euse).**
Je **suis jeune.**
Je **suis vieux/vieille.**
Je **suis malade.**

Je **suis enrhumé(e).**
Je **suis d'accord.**
Je **suis fâché(e).**
Je **suis en colère.**

En français, contrairement à l'usage en anglais, certaines expressions sont utilisées avec le verbe **avoir**.

J'**ai chaud.**   J'**ai mal.**   J'**ai besoin de** repos.
J'**ai froid.**   J'**ai peur.**   J'**ai envie de** partir pour la Côte. (Je désire partir...)
J'**ai faim.**   J'**ai raison.**   J'**ai l'air** content(e).
J'**ai soif.**   J'**ai tort.**
J'**ai sommeil.**   J'**ai dix-neuf ans.**

A. Comment vous sentez-vous quand...

    MODÈLE: ... vous ne mangez pas?   — J'ai faim.

1. ... vous ne buvez pas?
2. ... un gangster vous menace avec un revolver et vous demande votre argent?
3. ... vous recevez une mauvaise note à un examen facile?
4. ... l'air conditionné ne marche plus? Il fait 30 degrés Celsius dehors.
5. ... le chauffage ne marche plus? Il fait 5 degrés dehors.
6. ... votre camarade de chambre démolit votre voiture?
7. ... vous démolissez la voiture de votre camarade de chambre?
8. ... vous travaillez toute la nuit?

B. Que faut-il faire? Apprenez ces expressions:

Quand on a chaud,   on a besoin de boire quelque chose de frais.
           froid,   de boire quelque chose de chaud.
           soif,   de boire quelque chose.
           faim,   de manger.
           sommeil,   de dormir.
           mal aux dents,   de prendre deux aspirines.
           peur,   de courage.
           tort,   de corriger son erreur.
           raison,   d'être modeste.
           besoin de repos,   de se reposer.
           envie de partir,   de partir.
           dix-neuf ans,   de s'amuser, car la vie est belle.

De quoi avez-vous besoin quand...

    MODÈLE: ... vous avez mal aux dents?   — J'ai besoin de deux aspirines.

1. ... vous avez soif?   4. ... vous avez faim?
2. ... vous êtes épuisé(e)?   5. ... vous êtes enrhumé(e)?
3. ... vous avez tort?

C. Montrez que vous êtes d'accord avec votre partenaire en suggérant la même idée, mais d'une façon différente.

    MODÈLE: — Tu veux boire quelque chose?   — Oui, j'ai soif.

1. — Je vais prendre un sandwich. Et toi?
    — Oui, moi aussi...
2. — Il est déjà minuit. Qu'est-ce que je suis fatigué(e)!
    — Oui, moi aussi,...
3. — J'ai besoin de repos, moi.
    — Moi aussi,...
4. — Eh bien, moi, je suis crevé(e).
    — Moi aussi,...

5. — La tête me fait très mal.
    — Moi aussi,...
6. — Et les dents me font mal aussi.
    — Moi aussi,...
7. — J'ai des problèmes sérieux, moi.
    — Moi aussi,...

D. Vous parlez avec votre camarade de chambre. Marquez votre surprise par une question.

    MODÈLE: — Il y a quelque chose à manger par ici?   — Tiens! Tu as faim?

1. Est-ce qu'il n'y a pas de vin par ici?
2. Je voudrais me coucher.
3. Tu veux téléphoner à la police?
4. Veux-tu ouvrir la fenêtre un peu?

5. Veux-tu fermer la fenêtre? Cet air est glacial.
6. Ne me parle pas de mes bêtises et de mes erreurs, s'il te plaît.
7. Il n'y a rien à manger par ici?

E. Répondez logiquement.

    MODÈLE: — Tu veux boire quelque chose?   — Oui, j'ai soif.

1. — Je vais prendre un sandwich. Et toi?
   — Non, je n'ai pas...
2. — Il est déjà minuit. Tu n'es pas fatigué(e)?
   — Non, je n'ai pas...

3. — Quelle chaleur! Je vais prendre une limonade bien fraîche.
   — Moi aussi, j'ai très...
4. — Tu vas prendre l'avion?
   — Non, je suis timide, j'ai... des avions.

OBSERVEZ

2. Adverbes de fréquence   (grammaire 5.1, 5.2)

Les adverbes suivants marquent *la fréquence*.

toujours, constamment	100%	Il a **toujours** faim.
		constamment
fréquemment, souvent		Il est **fréquemment** en retard.
		souvent
quelquefois, parfois		Il a **quelquefois** raison.
		parfois
de temps en temps		De **temps en temps**, il a tort.
rarement		Il a **rarement** peur.
jamais	0%	Il n'a **jamais** peur.

3. Adverbes de degré   (grammaire 5.2)

Les adverbes suivants marquent *le degré* ou *l'intensité*.

trop, excessivement		Vous êtes **trop** modeste.
totalement, tout à fait, complètement	100%	Ils sont **totalement** traditionalistes.
		tout à fait
		complètement
très, bien		Votre frère est **très** gentil.
		bien
relativement		Ils sont **relativement** riches.
pas très, pas trop, pas excessivement		Il n'est **pas très** intelligent.
		pas trop
		pas excessivement
pas du tout, absolument pas	0%	Elle n'est **pas du tout** sportive.
		absolument pas

MISE EN PRATIQUE

A. Jean-Michel et Robert sont des camarades de chambre. Jean-Michel — hélas!
— a beaucoup de mauvaises habitudes:

1. faire rarement ses devoirs
2. sortir souvent pendant la semaine
3. perdre toujours son temps
4. jouer constamment aux cartes
5. regarder excessivement la télé
6. boire trop de vin
7. fumer constamment des cigares

Heureusement, il reconnaît ses défauts. Donnez-lui de bons conseils.

> **MODÈLE:** — Oui, c'est vrai. Je fais rarement mes devoirs.
> — Mais, il faut toujours faire tes devoirs, tu sais.

1. Oui, je joue constamment aux cartes.
2. Tu sais, je regarde toujours la télé.
3. Il n'y a pas d'excuse, mais je bois trop de vin.
4. Les cigares sont dégoûtants, n'est-ce pas, mais je fume toujours des cigares.

Robert, par contre, est un petit ange, un étudiant modèle. Il fait tout le contraire de Jean-Michel. Que peut-on dire de lui?

> **MODÈLE:** Faire ses devoirs? — Il fait toujours ses devoirs.

1. Sortir pendant la semaine?
2. Perdre son temps?
3. Jouer aux cartes?
4. Regarder la télé?
5. Boire trop de vin?
6. Fumer des cigares?

Maintenant, utilisez ces phrases pour donner encore de bons conseils à Jean-Michel.

> **MODÈLES:** faire comme Robert
> — Fais un peu comme Robert.
>
> faire ses devoirs
> — Fais toujours tes devoirs.

1. sortir
2. perdre son temps
3. jouer aux cartes
4. regarder la télé
5. boire du vin
6. fumer des cigares

B. Vous êtes déprimé(e). Pourquoi? Vous n'avez pas d'argent, vos devoirs sont difficiles, vous avez mal à la tête et vous n'avez pas d'aspirines. Vous voulez aller au cinéma, mais pas seul(e). Vous voulez dîner, mais pas seul(e). Heureusement, vous avez un(e) ami(e). Malheureusement, votre ami(e) fait des excuses.

> **MODÈLE:** vous prêter un peu d'argent
> **Vous** Tu veux bien me prêter un peu d'argent?
> **Ami(e)** Je voudrais bien, mais je n'ai pas d'argent.

Demandez à votre ami(e) de/d'

1. aller à un concert de jazz avec vous.
2. vous téléphoner ce soir.
3. vous aider avec vos devoirs.
4. vous donner deux aspirines.
5. aller au cinéma avec vous.
6. dîner avec vous aussi.

MISE EN SCÈNE

Et vous, qu'est ce que vous faites quand ça ne va pas?

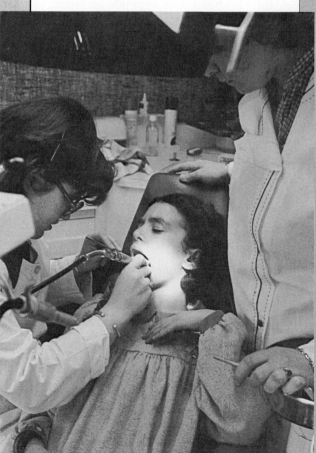

YOGA

SANTE   SERENITE

MAITRISE DU SOUFFLE
ASSOUPLISSEMENT
CONCENTRATION
RELAXATION
POSTURES

lundi Mar.jeudi
COURS midi, apr. midi, soir
DEBUTANTS_AVANCES
collectifs, particuliers

reprise des cours LUN 3 OCT.
inscriptions dès le 15 SEPT.
les LUNDIS et MERCR. de 17 à 20 h.

centre de yoga m. Alcheik
35 rue pasteur lyon 7ème tel. 858.03.58

MISE EN MARCHE

Qu'est-ce qui se passe?

Deux amis, Sophie et Alain, se rencontrent dans la rue.

Sophie Salut, Alain! Mais tu as l'air bien malade, dis donc! Qu'est-ce que tu as?
Alain Eh bien, je suis un peu enrhumé, et j'ai mal à la tête.
Sophie Mais c'est grave, ça, non?
Alain Non, non, ce n'est rien.
Sophie Mais si! Tu as mal à la gorge aussi?
Alain Oui, un petit peu.
Sophie Mais tu devrais te soigner! Tu ne veux pas aller chez le docteur?
Alain Non, non, ce n'est pas la peine. Je vais prendre deux aspirines, et ça va passer.
Sophie Moi, tu sais, quand j'attrape un rhume comme ça, je me couche tout de suite, et je ne bouge plus.

Vous dites ça comment?

RELISEZ

Cherchez les expressions synonymes.

1. J'ai un rhume.
2. C'est sérieux, n'est-ce pas?
3. Tu ne veux pas consulter un docteur?
4. Ce n'est pas nécessaire.
5. immédiatement

IMITEZ LA PRONONCIATION

1. Qu'est-ce que tu as?
2. J'ai mal à la tête.
3. Je suis un peu enrhumé(e).
4. C'est grave, ça, non?
5. Tu ne veux pas aller chez le docteur?

6. Non, ce n'est pas la peine.
7. Mais tu devrais te soigner!
8. Je vais prendre deux aspirines…
9. … et ça va passer.

Vous êtes malade, mais vous êtes stoïque. Diminuez l'importance de vos maladies.

1. — Vous avez l'air bien malade aujourd'hui.
   — Non, non, ce n'est…
2. — Mais qu'est-ce que vous avez?
   — Je suis… enrhumé(e).

3. — Vous devriez aller chez le docteur!
   — Le docteur? Non, ce…
4. — Mais il faut vous soigner!
   — Je vais prendre… passer.

Maintenant, vous êtes un peu hypocondriaque. Insistez sur la gravité de vos maladies et de vos douleurs.

5. — Bonjour! Ça va, la santé?
   — Non,…
6. — Comment? Vous êtes un peu malade?
   — Non, je suis… malade.

7. — Qu'est-ce que vous avez?
   — … la gorge.
8. — Tiens! Je vais vous donner deux aspirines et ça va passer.
   — Non, non, c'est plus… que ça. Il faut… le docteur.

Parlons un peu

Choisissez la réponse convenable.

1. Tu as l'air bien malade, toi!
   • Non, j'ai dix-huit ans.
   • Non, ce n'est rien.
   • Oui, elle est étudiante.

2. Qu'est-ce que tu as?
   • J'ai très mal à la tête.
   • Non, il travaille dans un laboratoire médical.
   • Mon chien s'appelle Cerbère.

3. Tu as l'air bien enrhumé(e), toi.
   • Non, il n'a pas de moustache, lui.
   • Je crois qu'ils sont chinois.
   • Oui, c'est vrai, je suis très enrhumé(e).

4. Tu devrais te soigner, alors!
   • Non, non, ce n'est pas grave.
   • Ça, c'est mon frère Albert.
   • Ma famille habite à Philadelphie.

5. Mais si! Qu'est-ce que tu vas faire pour te soigner?
   • Je vais prendre deux aspirines, et ça va passer.
   • Il a trente ans déjà!
   • Sa famille habite en Angleterre.

6. Tu ne veux pas aller chez le docteur?
   • Oui, elle est femme d'affaires.
   • C'est très beau, très pittoresque.
   • Non, ce n'est vraiment pas la peine.

7. Est-ce que j'ai l'air malade?
   • Oui, tu as l'air enrhumé(e).
   • Ma sœur fait de la recherche médicale.
   • C'est comment, la Suisse?

8. Je ne vais pas très bien, tu sais.
   • Quelle est ta nationalité, alors?
   • Il est beau, ton chien!
   • Qu'est-ce que tu as?

9. J'ai très mal à la tête.
   • Pilote? C'est dangereux, ça, non?
   • C'est une ville très cosmopolite.
   • Tu ne veux pas aller chez le docteur?

10. Qu'est-ce qu'il faut faire quand on est enrhumé(e)?
   • Tu vas prendre deux aspirines, et ça va passer.
   • Oui, mes parents vont bien.
   • Il n'a pas de moustache, lui!

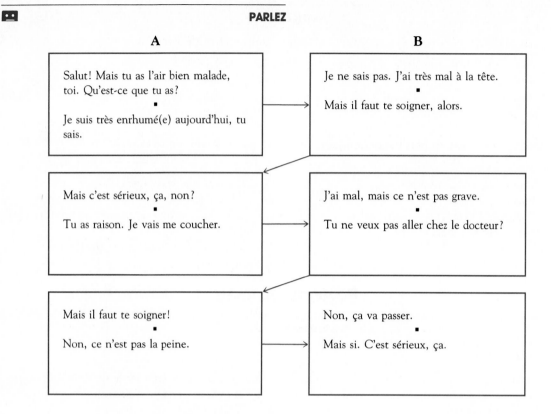

A	B
Salut! Mais tu as l'air bien malade, toi. Qu'est-ce que tu as? ▪ Je suis très enrhumé(e) aujourd'hui, tu sais.	Je ne sais pas. J'ai très mal à la tête. ▪ Mais il faut te soigner, alors.
Mais c'est sérieux, ça, non? Tu as raison. Je vais me coucher.	J'ai mal, mais ce n'est pas grave. ▪ Tu ne veux pas aller chez le docteur?
Mais il faut te soigner! ▪ Non, ce n'est pas la peine.	Non, ça va passer. ▪ Mais si. C'est sérieux, ça.

À vous, maintenant...

Quelle est votre attitude quand vous êtes malade? Vous voulez provoquer la sympathie, la pitié de vos amis? Ou voulez-vous, au contraire, paraître stoïque? Vous aimez jouer le rôle de martyre de temps en temps?

Choisissez votre rôle et votre maladie et parlez avec vos amis.

Prenez des notes et écrivez quatre ou cinq lignes à propos d'un(e) partenaire.

VOCABULAIRE AU CHOIX

pour nommer vos maladies

Je suis malade.	J'ai une migraine	épouvantable(s).
fatigué(e).	des nausées	horrible(s).
épuisé(e).	un mal de tête	insupportable(s).
crevé(e).	une grippe	atroce(s).
déprimé(e).	de la fièvre	
inquiet (-ète).		

pour parler de vos symptômes

un rhume	J'ai le nez bouché.
	Je tousse.
	J'ai mal à la gorge.
	J'ai de la fièvre.
mal à l'estomac	J'ai des crampes d'estomac.
	J'ai des nausées.

pour diminuer l'importance de vos maladies

Ce n'est rien.
Ce n'est pas grave.
Ce n'est pas sérieux.
Ça va passer.

pour insister sur l'importance de vos maladies

Je suis	très	malade.
	gravement	
	extrêmement	

Oh, que j'ai mal!   Oh, que je souffre!
Oh, que c'est pénible!   Oh, que c'est
Tu ne peux pas t'imaginer!   douloureux!

UN PAS DE PLUS

Qu'est-ce qui se passe?

Quelques jours plus tard. Alain et Sophie se rencontrent.

Sophie Salut, Alain! Mais comme tu as mauvaise mine! Ça ne va toujours pas?
Alain Non, ça ne va pas fort, je me sens très déprimé.
Sophie Comment, cela? Qu'est-ce qu'il y a?
Alain J'ai vraiment trop de travail.
Sophie Mais qu'est-ce que tu fais?
Alain J'ai des examens en juin, et je reste debout jusqu'au matin pour étudier. Je vais craquer.
Sophie C'est vrai, tu as l'air crevé. Écoute, tu veux un conseil? Tu travailles trop. Relaxe-toi un peu. Les examens, ce n'est pas la fin du monde.
Alain Tu as peut-être raison. Allez, on peut quand même boire un pot ensemble.
Sophie Oui, ça va te remonter le moral.

À propos   **Les examens.** Malgré quelques changements récents (contrôles et examens périodiques), les « examens » gardent toute leur importance dans l'esprit de l'étudiant français.

Vous dites ça comment?

Cherchez les expressions synonymes.

1. Tu as l'air malade.
2. Qu'est-ce que tu as?
3. Tu as l'air très fatigué(e).
4. Ça va te donner du courage.

Cherchez les expressions antonymes.

5. Je me sens optimiste.
6. Je me couche…
7. Tu as bonne mine!

IMITEZ LA PRONONCIATION

1. Comme tu as mauvaise mine!
2. Qu'est-ce qu'il y a?
3. Je ne suis pas en super-forme.
4. Comment, cela?

5. Je reste debout jusqu'au matin.
6. Tu veux un conseil? Relaxe-toi.
7. Les examens, ce n'est pas la fin du monde.

VÉRIFIEZ

Montrez que vous êtes d'accord.

1. — Tu as l'air très fatigué(e).
   — Oui, c'est vrai, je suis…
2. — Tu n'as pas l'air très optimiste.
   — Oui, c'est juste, je…
3. — Je crois que tu travailles trop.
   — En effet, je reste… matin.
4. — Mais relaxe-toi un peu. Les examens,
   ce n'est pas si important que tout cela!

5. — Tu travailles trop, comme moi. Tu as l'air
   fatigué(e).
   — En effet, je…
6. — Ce n'est pas sérieux j'espère.
   — Non, ce…
7. — Je ne sais pas ce que j'ai, mais je sais que
   je ne suis pas content(e).
   — Moi aussi, je…

Parlons un peu

RÉPONDEZ

Choisissez la réponse convenable.

1. Tu as vraiment mauvaise mine, tu sais.
   • C'est vrai, je ne suis pas en super-forme.
   • Il travaille dans un laboratoire médical.
   • Ma mère est française, mais mon père est canadien.

2. Qu'est-ce qu'il faut faire quand on est déprimé?
   • Mon beau-frère, c'est un zéro.
   • Moi, je mange du chocolat.
   • Oui, elle a une très bonne position dans une banque.

3. Mais qu'est-ce qu'il y a donc?
   - On est huit dans la famille.
   - Il est beau, ton chien!
   - Je suis vraiment crevé(e)!

4. Pourquoi? Tu as trop de travail?
   - Oui, je reste debout jusqu'au matin.
   - Non, ma sœur est plus âgée que moi.
   - C'est comment là-bas?

5. Je crois que tu as besoin de repos complet.
   - Tu as raison. Il faut me soigner.
   - C'est comment chez vous?
   - Ils sont toujours pressés, les Parisiens.

6. Vous êtes très enrhumé(e)?
   - Oui, j'ai un rhume épouvantable.
   - Mon chien est gravement malade.
   - Je vais passer mes examens en juin.

7. Vous avez l'air déprimé(e).
   - Oui, mon chien est gravement malade.
   - Oui, je suis en super-forme.
   - Oui, tout va très bien.

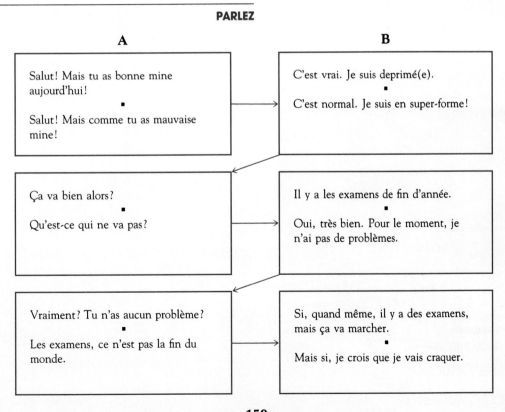

PARLEZ

A	B
Salut! Mais tu as bonne mine aujourd'hui! Salut! Mais comme tu as mauvaise mine!	C'est vrai. Je suis deprimé(e). C'est normal. Je suis en super-forme!
Ça va bien alors? Qu'est-ce qui ne va pas?	Il y a les examens de fin d'année. Oui, très bien. Pour le moment, je n'ai pas de problèmes.
Vraiment? Tu n'as aucun problème? Les examens, ce n'est pas la fin du monde.	Si, quand même, il y a des examens, mais ça va marcher. Mais si, je crois que je vais craquer.

À vous, maintenant...

Être déprimé, ça arrive à tout le monde. Chacun a ses petits moyens pour se remonter le moral. Demandez à vos camarades ce qu'ils font quand ils sont fatigués, épuisés, déprimés, etc. Donnez vos remèdes personnels.

Prenez des notes et écrivez quelques lignes à propos d'un(e) de vos camarades.

VOCABULAIRE AU CHOIX

pour parler de vos maladies

— Comment ça va? Tu as l'air malade.
                              inquiet (-ète).
                 mauvaise mine.
                 bonne mine.

— Je vais bien. Je suis content(e).
                    heureux (-euse).
                    en forme.
                    en super-forme.

— Je vais mal.

— Qu'est-ce que tu as?
   Qu'est-ce qu'il y a?
   Qu'est-ce qui ne va pas?

— Je me sens déprimé(e).
   Je ne suis pas dans mon assiette.

pour parler de vos remèdes

Quand on est déprimé, on peut promener son chien.
                         lire un bon roman policier.
                         faire des courses.
                         acheter quelque chose.
                         manger du chocolat
                         voir un film comique.
                         téléphoner à des amis.

En pratique, on peut boire moins.
                  faire un régime.
                  prendre des vacances.
                  prendre le temps de vivre.
                  changer de travail.
                  changer d'environnement.
                  aimer ses ennemis.

Halte au stress à la Côte d'Azur

FAISONS LE POINT

1. Verbes pronominaux   (grammaire 3.7, 4.12)

Vous savez déjà:

> Je m'appelle Hans.
> Je me sens déprimé(e).

Certains verbes se conjuguent à l'aide d'un pronom réfléchi. Le pronom personnel réfléchi désigne la même personne que le sujet du verbe.

se reposer	Je **me** repose.	Nous **nous** reposons.
	Tu **te** promènes?	Vous **vous** promenez?
	Il/Elle/On **se** promène.	Ils/Elles **se** promènent.

Ce pronom exprime trois sens différents.

Action réfléchie

> **Paul se** regarde dans la glace. = **Paul** regarde **Paul.**

Action réciproque

> Patrick et Martine s'aiment. = Patrick aime **Martine.** Martine aime **Patrick.**

Sens passif

> Lille **se** trouve au nord de la France. = Lille **est situé** au nord de la France.

Le pronom réfléchi s'emploie aussi dans des *expressions idiomatiques.*

s'en aller	Eh bien, je **m'en vais.** = Je pars.
s'agir de	Il **s'agit d**'une petite erreur. = Il est question d'une petite erreur.

Voici le modèle pour l'impératif des verbes pronominaux:

affirmatif	Repose-toi.	Reposez-vous.	Reposons-nous.
négatif	Ne te repose pas.	Ne vous reposez pas.	Ne nous reposons pas.

A. Parlons d'abord de votre matinée. Qu'est-ce qu'il faut faire le matin?

Eh bien, d'abord, il faut se réveiller, et puis s'étirer.

se lever.

se laver la figure.

se peigner les cheveux.

s'habiller.

Parlons de vous. Qu'est-ce que vous faites le matin?

Eh bien, d'abord, je me réveille.   Ensuite, je m'étire. Et puis, je… Et ensuite, je… , etc.

Parlons maintenant de vous et de votre camarade de chambre, qui fait la même chose. Alors, qu'est-ce que vous faites?

Eh bien, d'abord nous nous réveillons. Et puis, nous… Et ensuite, nous… , etc.

Parlons de Nicolas. Qu'est-ce qu'il fait le matin?

Eh bien, d'abord il se réveille. Et puis, il… Et ensuite, il… , etc.

B. Parlons de vos réactions. Comment vous sentez-vous quand…

> **MODÈLE:**   … vous travaillez quinze heures sans interruption?   — Je me sens fatigué(e).

1. … vous recevez une bonne note à l'examen?
2. … vous recevez une mauvaise note à l'examen?
3. … vous avez un rhume?
4. … vous ne dormez pas de la nuit?
5. … tout va bien?

6. … tout va mal?
7. … vous avez trop de travail?
8. … vous êtes en retard pour un rendez-vous important? Votre avenir dépend de ce rendez-vous.

OBSERVEZ

2. Les verbes modaux: *devoir, pouvoir*

Le présent   (grammaire 4.14)

Les verbes **devoir** et **pouvoir** suivent le modèle de la troisième catégorie de conjuguaison.

pouvoir	Je **peux** parler français. Tu **peux** venir à 8 heures. Il/Elle/On **peut** jouer aux cartes.	Nous **pouvons** dîner en ville. Vous **pouvez** venir avec nous? Ils/Elles **peuvent** parler trois langues.

devoir	Je **dois** travailler. Tu **dois** faire des devoirs ce soir? Il/Elle/On **doit** partir.	Nous **devons** être prudents. Vous **devez** rester chez vous? Ils/Elles **doivent** sortir.

Le présent de ces verbes exprime *la possibilité* ou *la permission* (**pouvoir**) et *la nécessité* ou *l'obligation* (**devoir**). **Devoir** exprime également *la probabilité*.

Il **doit** être malade. = Il est probablement malade.

Le conditionnel   (grammaire 4.3)

pouvoir	Je **pourrais** vous téléphoner?	Nous **pourrions** vous accompagner?
	Tu **pourrais** m'envoyer cinq cents francs?	Vous **pourriez** vous reposer un peu.
	Il/Elle/On **pourrait** partir sans nous.	Ils/Elles **pourraient** passer tout leur temps au cinéma.

devoir	Je **devrais** parler davantage.	Nous **devrions** nous reposer.
	Tu **devrais** étudier davantage.	Vous **devriez** me téléphoner.
	Il/Elle/On **devrait** sortir moins souvent.	Ils/Elles **devraient** dépenser moins.

Le conditionnel de ces verbes sert à exprimer *la possibilité, la nécessité* ou *l'obligation* d'une façon indirecte ou atténuée, comme pour faire une suggestion ou donner un conseil.

MISE EN PRATIQUE

A. Dois-je aller chez le médecin, chez le vétérinaire, chez le pharmacien, ou chez le dentiste?

> **MODÈLE:** ... les dents me font mal?   — Vous devriez aller chez le dentiste.

1. ... j'ai très mal à la gorge?
2. ... mon chien est gravement malade?
3. ... j'ai besoin de médicaments?
4. ... j'ai un mal de tête épouvantable?
5. ... j'ai besoin d'aspirines?
6. ... j'ai mal aux pieds?
7. ... mon chat ne se sent pas très bien?

B. Encouragez votre ami(e) à faire ce qu'il/elle devrait faire.

> **MODÈLE:** — Je devrais me coucher de bonne heure.   — Oui, couche-toi de bonne heure.

1. Je devrais me reposer.
2. Je devrais me lever tard.
3. Je ne devrais pas me lever si tôt.
4. Je ne devrais pas me fatiguer trop.
5. Je suis un peu inquiet (-ète), tu sais.

C. Maintenant donnez des conseils à votre ami(e).

> **MODÈLE:** — J'ai très faim.   — Dans ce cas-là, tu devrais manger quelque chose.

1. J'ai bien soif, tu sais.
2. J'ai mal aux dents.
3. J'ai vraiment besoin de repos.
4. J'ai envie de partir.
5. Oh, que j'ai sommeil!
6. J'ai bien tort.
7. J'ai raison, n'est-ce pas?

Maintenant donnez des conseils sous forme d'invitation.

> **MODÈLE:** — J'ai bien soif.
> — Tu veux boire quelque chose?

8. Je suis très fatigué. J'ai besoin de repos.
9. J'ai très froid.

10. J'ai mal à la tête.
11. J'ai très sommeil.

D. Qu'est-ce qu'on peut faire quand on est déprimé pour se remonter le moral?

On peut   se promener dans un parc.
On pourrait s'amuser avec des amis.
    se relaxer un peu.
    s'acheter quelque chose de nouveau.
    voir un bon film comique.
    manger du chocolat.

Eh bien, quand vous faites une dépression sérieuse, tous les remèdes sont bons. Qu'est-ce que vous faites?

1. Je me promène dans le parc.
2. Je... amis.
3. Je... un peu.

4. Je... nouveau.
5. Je... film comique.
6. Je... chocolat.

Votre ami(e) est déprimé(e) et vous aussi. Faites des suggestions.

1. Nous devrions nous promener dans le parc.
2. Nous... un peu.
3. Nous... nouveau.

4. Nous... film comique.
5. Nous... chocolat.

Votre ami(e) est déprimé(e). Vous lui donnez toutes sortes de conseils. Il/Elle hésite.

> **MODÈLE:**   **se promener dans le parc**
> — Tu pourrais te promener dans le parc, tu sais.
> — Oui, mais tout ça, c'est plutôt ennuyeux/cher/fatigant.

1. des amis
2. du chocolat
3. un film comique

4. se relaxer
5. s'acheter quelque chose

E. Répondez à ces questions. Faites une liste des possibilités avec vos partenaires.

Qu'est-ce qu'on **doit** faire...
1. ... si on est malade?
2. ... si on veut réussir dans ses cours?
3. ... si on est déprimé?
4. ... si on veut visiter la France?

Qu'est-ce qu'on **peut** faire...
1. ... si on a froid?
2. ... si on a peur des avions?
3. ... si on n'aime pas ses cours?
4. ... si on a faim ?
5. ... si on est fatigué?

Faites les exercices de vocabulaire et de structure dans le cahier d'exercices. Ensuite, lisez ce passage.

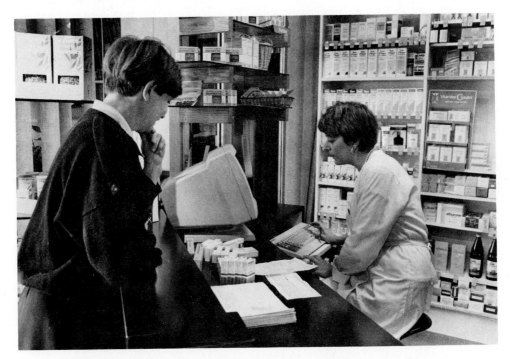

De l'huile de foie de morue? —Attendez, je vérifie si j'en ai encore.

« J'ai besoin de quelque chose, docteur. »

1. Cherchez des exemples de stéréotypes.
2. Cherchez des exemples de maladies fréquentes chez les Français.
3. Cherchez des exemples de maladies moins fréquentes.

Y a-t-il des maladies nationales? Selon le stéréotype traditionnel, pour l'homme ou la femme d'affaires américain, c'est les ulcères à l'estomac. Pour le Français, c'est le mal au foie, et le Français typique doit obligatoirement faire une cure à Vichy pour se remettre des effets d'une cuisine trop riche en huile et en vin. En fait, les stéréotypes sont trompeurs. Voici quelques faits sur la santé et les maladies qui tuent chez les Français.

En 1984, les principales causes de la mortalité en France étaient:

Maladies de l'appareil circulatoire	37%
Tumeurs/cancers	25%
Accidents et autres morts violentes	9%
Maladies de l'appareil respiratoire	6%
Maladies de l'appareil digestif	6%
Autres causes	17%

Cherchez des différences entre le système américain et le système français.

En quoi consiste la Sécurité sociale? Aux États-Unis le système de Sécurité sociale protège les Américains pendant leur vieillesse, quand ils sont à la retraite, c'est-à-dire, quand ils ne travaillent plus. Pour les Français, par contre, c'est un système d'assurance-santé national qui les protège pendant toute la vie. Toutes les personnes qui travaillent paient une cotisation mensuelle qui couvre une partie des frais de maladie. L'employeur paie l'autre partie. L'employé et tous les membres de sa famille sont couverts par la Sécurité sociale. Les docteurs et les dentistes qui sont affiliés à la Sécurité sociale (ils le sont presque tous) sont obligés de ne pas dépasser des prix fixes pour chaque visite. Ça marche? Oui, ça marche très bien.

Quel est le stéréotype du docteur dans la littérature?

Dans la littérature française, depuis l'époque médiévale, le docteur est souvent un objet de satire à cause de sa prétendue incompétence. On pense aux comédies du grand dramaturge Molière au XVIIe siècle. En fait, la médecine française est parmi les plus modernes. Savez-vous qu'en 1983, un médecin français et un médecin américain ont isolé simultanément le virus du SIDA (syndrome immunodéficitaire acquis)? Cette maladie terrible continue à faire l'objet de recherches intensives dans les laboratoires français.

DISCUTEZ

Êtes-vous un peu, beaucoup, très stressé(e)? Voici un petit questionnaire pour déterminer votre niveau de stress:

Les docteurs Holmes et Rahe sont des psychiatres américains. En 1967, ils ont publié cette échelle numérique. Ils donnent une valeur de 1 à 100 à chaque événement de notre vie. Calculez votre niveau de stress:

Mort du conjoint	100
Divorce	73
Séparation conjugale	65
Mort d'un proche [membre de la famille]	63
Blessure ou maladie	53
Mariage	50
Perte d'emploi [au chômage]	47
Réconciliation conjugale	45
Mise à la retraite	45
Ennuis de santé d'un proche	44

Grossesse [une femme attend un bébé]	40
Problèmes sexuels	39
Naissance d'un enfant	39
Problèmes [en général]	39
Modification du revenu [salaire]	38
Mort d'un ami	37
Changement de travail	36
Plus (ou moins) de disputes conjugales	36
Emprunt ou dette de plus de 50 000 F	31
Augmentation des responsabilités professionnelles	29
Un enfant quitte la maison	29
Difficultés avec les beaux-parents	29
Grande réussite personnelle	28
Épouse commençant à (ou s'arrêtant de) travailler	28
Début ou fin de scolarité	25
Ennuis avec le patron	23
Changement de domicile	20
Changement d'horaires ou de conditions de travail	20
Changement de distraction favorite ou d'activité sociale	19
Emprunt de moins de 50 000 F	17
Changement dans les habitudes (sommeil, repas)	15
Vacances	13
Petits problèmes avec la loi (amendes, contraventions)	11

1. Est-ce que votre score est inférieur à 50? Vous êtes un peu stressé(e). Relaxez-vous. Faites du sport.
2. Votre score est entre 50 et 150: Vous êtes assez stressé(e). Relaxez-vous. Allez en vacances ou faites une cure de repos. Consultez un médecin.
3. Votre score est supérieur à 150: Vous êtes extrêmement stressé(e). La situation est critique. Vous allez avoir des ulcères à l'estomac ou une crise cardiaque si ça continue. Calme et détente sont recommandés. Partez immédiatement pour la Côte.

Voici des situations. Demandez à votre voisin de calculer la dose de stress de ces personnes:

1. Marie Dubois a 34 ans. Elle est mariée et elle va avoir un bébé.
2. Pauvre Jean-Louis. Il travaille dans une banque, mais il a beaucoup d'ennuis avec son patron.
3. Suzanne est de mauvaise humeur. C'est bientôt Noël, et elle n'a pas d'argent pour ses cadeaux.
4. Pierre a des problèmes avec la police. En plus, il a beaucoup de dettes.
5. Maman va commencer à travailler demain. Papa est furieux, et ils se disputent beaucoup. En plus, maman déteste sa belle-mère… Quelle affaire!

Écrivez votre diagnostique de deux de ces cas, et donnez vos conseils.

Adjectifs

crevé(e)	exhausted, worn out
dégoûtant(e)	disgusting, distasteful
dehors	outside
déprimé(e)	depressed
douloureux (-euse)	painful
enrhumé(e)	having a cold
ensemble	together
épouvantable	awful, dreadful
épuisé(e)	exhausted
exact(e)	right, true
fâché(e)	angry
fort(e)	strong
grave	serious
heureux (-euse)	happy
insupportable	unbearable, intolerable
large	wide
malade	sick
pénible	painful
stressé(e)	pressured, under stress

Noms

la bêtise	dumb thing to do
le conseil	piece of advice, advice
le défaut	fault, defect
la façon	way of
la gravité	seriousness
l'habitude f	habit
le patron, la patronne	boss

La santé — Health

la dépression	depression
le docteur	doctor
la douleur	pain
les ennuis m	problems
l'esprit m	spirit, mind, wit
la fièvre	fever
la grippe	flu
les inquiétudes f	worries
la maladie	sickness
les médicaments m	medicine(s)
la migraine	migraine headache
le remède	remedy
le rhume	cold

Verbes

attraper	to catch
avouer	to admit, confess
bouger	to move
se coucher	to go to bed
craquer	to crack up, go under, lose it
garder; garder son lit	to keep; stay in bed
s'habiller	to get dressed
s'inquiéter	to be worried, worry
se laver	to wash (oneself)
se lever	to get up
marcher	to walk, function
noter	to notice, take note of
passer	to pass, spend (time)
se peigner	to comb one's hair
se promener	to take a walk
provoquer	to provoke
se relaxer	to relax and take it easy
se reposer	to rest
se réveiller	to wake up
se sentir	to feel
se soigner	to take care of oneself
sortir	to go out

Adverbes

davantage	more
debout	standing up, up and about
enfin	at last
évidemment	obviously
gravement	seriously
heureusement	fortunately
immédiatement	immediately
mieux	better
parfois	sometimes
pratiquement	practically
quelquefois	sometimes
tant	so much
tard	late
tellement; Il est tellement gentil!	so much; He is so very nice!
tôt	early

Prépositions

contre	against
malgré	in spite of

LEÇON · 6

AMUSEZ-VOUS BIEN!

A large part of getting acquainted and carrying on a conversation is in talking about what you like and dislike, and what you usually do. At the end of this lesson, you should be able to talk about your diversions and pastimes, and to ask others about the same kinds of activities. Remember, as a first step in this lesson, you should do the vocabulary preparation exercises in **Le Français chez vous.**

FUNCTIONS

expressing some of your likes
   and dislikes
expressing enthusiasm
expressing agreement or
   disagreement
giving your opinions about
   diversions and pastimes
saying what you like to do on
   the weekend
saying what you like to do when
   you travel
extending invitations
accepting or declining
   invitations

STRUCTURES

pronoms personnels objets
   directs, **me, te, nous, vous,
   le, la, les**
ordre des pronoms **le, la, les**
   avec les verbes modaux
emploi du temps présent
   (reprise)
   actions habituelles
   en train de + infinitif

A

Ça te plaît...?

Qu'est-ce que tu préfères, le rock ou la musique classique?

MISE EN MARCHE

Qu'est-ce qui se passe?

L'idylle. Un jeune homme et une jeune fille à la terrasse d'un petit café à Paris au mois de mai.

Patrick Dis-moi, Martine, tu aimes le tennis?

Martine Ah, oui, je joue très souvent au tennis.

Patrick Ah, bon! Et la natation, est-ce que tu aimes la natation?

Martine Ah, oui, j'adore la natation. Et toi, la musique, ça te plaît?

Patrick Oui, bien sûr, je l'adore, la musique, et d'ailleurs, je joue de la guitare.

Martine Tu sais jouer de la guitare! Mais c'est merveilleux, ça! J'adore la guitare!

Patrick Mais c'est incroyable! Nous avons exactement les mêmes goûts! Au fait, dis-moi, Martine, qu'est-ce que tu préfères, le jazz ou le rock?

Martine Oh moi, j'aime mieux le jazz, mais le rock me plaît assez aussi.

Patrick Ah, tiens, quelle coïncidence! Moi aussi, j'aime les deux. Et qu'est-ce que tu aimes lire? Les romans policiers? Les romans d'amour?

Martine Oh, franchement, je n'aime ni l'un ni l'autre.

Patrick Eh bien, moi non plus. Moi, tu sais, la lecture, ça ne m'intéresse vraiment pas du tout. Et au cinéma... qu'est-ce que tu aimes comme films?

Martine Oh, ça m'est égal... les films très drôles, les films tristes. Au cinéma j'aime rire et j'aime pleurer.

Patrick Mais c'est formidable, ça! C'est exactement mes idées. Moi, je ne vais pas au cinéma pour penser. Tu vois bien, Martine, c'est le destin! Nous sommes faits l'un pour l'autre!

À propos **La musique.** Quelle musique écoutent les Français? D'abord, la musique américaine et anglaise, le jazz et le rock. Il y a également une tradition de musique française très à la mode. Ces dernières années, des groupes africains ont beaucoup de succès en France.

Le cinéma français est un des premiers au monde. Tout le monde connaît les noms des grands réalisateurs comme François Truffaut, Jean-Luc Godard et Louis Malle.

Vous dites ça comment?

Cherchez les expressions synonymes.

1. J'aime beaucoup la natation.
2. Tu aimes la musique?
3. Qu'est-ce que tu préfères?
4. J'aime le rock aussi.
5. Pour moi, la lecture n'est pas intéressante.

Cherchez des exemples de ces activités.

1. Qu'est-ce qu'on peut écouter? e.g., la musique, le jazz et...
2. Qu'est-ce qu'on peut lire?
3. Qu'est-ce qu'on peut discuter avec ses amis?
4. Quelles activités peut-on faire seul? Avec des amis?

IMITEZ LA PRONONCIATION

1. Dis-moi, tu aimes ça, le sport?
2. Oui, et d'ailleurs, je joue très souvent au tennis.
3. Ça te plaît, le jazz?
4. Oh ça, oui, le jazz, je l'adore...
5. ... et d'ailleurs, je sais jouer de la guitare.
6. Qu'est-ce que tu préfères, le jazz ou le rock?
7. J'aime mieux le jazz.
8. Ça t'intéresse, le théâtre?
9. Le théâtre, tu sais, ça ne m'intéresse pas du tout.

VÉRIFIEZ

Montrez que vous êtes d'accord.

1. — J'aime mieux la musique que la lecture.
   — Moi aussi, je...
2. — Moi, je déteste l'art moderne.
   — Tiens! On est d'accord. Ça... non plus.
3. — Par contre, j'adore la danse folklorique.
   — Quelle coïncidence! Ça... aussi.
4. — J'adore les films d'amour et la cuisine française.
   — Eh bien, moi aussi. Nous... goûts!

Maintenant, montrez que vous n'êtes pas d'accord.

5. — Franchement, je préfère la musique classique à la musique moderne.
   — Moi, c'est le contraire...
6. — La politique, tout ça ne m'intéresse pas du tout.
   — Alors, on n'est pas d'accord...

Parlons un peu

RÉPONDEZ

Choisissez la réponse convenable.

1. Voulez-vous jouer au tennis avec moi?
   • Non, merci, je n'aime pas les sports d'hiver.
   • Je voudrais bien, mais j'ai l'intention de voyager.
   • Vous êtes bien aimable, mais le tennis ne m'intéresse pas.

2. Vous aimez la musique?
   • Oui, la musique, je l'adore, et d'ailleurs, je sais jouer de la guitare.
   • Oui, oui, j'aime le ski.
   • Non, je n'aime pas trop les sports d'hiver.

3. Qu'est-ce que vous préférez, le jazz ou le rock?
   - J'aime mieux le jazz, moi.
   - Oh, la politique, ça ne m'intéresse pas du tout.
   - Oh, le ski, je trouve ça vraiment trop fatigant.

4. J'adore l'art moderne. Et vous?
   - Je n'aime pas le sport, tu sais.
   - Oh, l'art moderne, moi, je le déteste!
   - D'accord, la vie est belle.

5. Mais c'est passionnant, l'art moderne!
   - Je sais jouer de la guitare, mais pas du piano.
   - Alors, nous n'avons pas les mêmes goûts.
   - J'adore le tennis.

6. Et le théâtre, ça vous intéresse?
   - Oui, ça m'intéresse beaucoup.
   - Oui, j'aime les animaux.
   - Non, je ne suis pas sportif (-ive).

7. Qu'est-ce que vous préférez, le théâtre ou le cinéma?
   - La musique moderne.
   - Moi, je préfère le théâtre.
   - Je vais vous envoyer des vitamines.

8. Dites-moi, vous aimez le golf?
   - Non, non, la télévision ne m'intéresse vraiment pas.
   - Moi aussi, je sais jouer de la guitare.
   - Le golf, non, mais je joue très souvent au tennis.

9. Et la natation, vous aimez ça?
   - Ah oui, la natation, je l'adore, moi.
   - C'est incroyable, ça! Nous avons exactement les mêmes goûts!
   - Non, je n'aime pas du tout la musique moderne.

10. Moi aussi, je sais jouer de la guitare.
    - Moi non plus, je n'aime pas la politique!
    - Oui, le tennis, j'adore ça.
    - Tu sais jouer de la guitare? Mais c'est merveilleux, ça!

PARLEZ

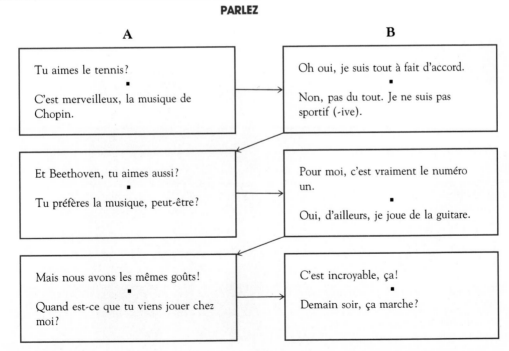

A

Tu aimes le tennis?

C'est merveilleux, la musique de Chopin.

Et Beethoven, tu aimes aussi?

Tu préfères la musique, peut-être?

Mais nous avons les mêmes goûts!

Quand est-ce que tu viens jouer chez moi?

B

Oh oui, je suis tout à fait d'accord.

Non, pas du tout. Je ne suis pas sportif (-ive).

Pour moi, c'est vraiment le numéro un.

Oui, d'ailleurs, je joue de la guitare.

C'est incroyable, ça!

Demain soir, ça marche?

À vous, maintenant...

Faites une liste des activités que vous aimez faire régulièrement. Est-ce que vous aimez faire de la bicyclette, par exemple? Quand? Est-ce que vous aimez le sport? Comparez votre liste avec celle de votre partenaire. Qu'est-ce que vous avez en commun? Prenez des notes et écrivez cinq ou six lignes à propos de votre partenaire.

VOCABULAIRE AU CHOIX

les loisirs

J'aime	bavarder avec mes amis.
J'adore	écouter la radio.
	écrire des lettres.
Je n'aime pas	promener mon chien.
Je déteste	regarder la télévision.

la musique

Je sais	jouer de la guitare[1].
Je ne sais pas	de la clarinette.
	de la flûte.
	du piano.
	du violon.
	du saxophone.

les lectures

J'aime	lire des romans policiers.
Je n'aime pas	de science-fiction.
	d'amour.
	des livres philosophiques.

le cinéma

J'adore	voir des films d'aventures.
Je déteste	policiers.
	d'épouvante.

— Et ça vous plaît, les films d'amour?

— Oui, ça m'intéresse énormément.

— Et ça t'intéresse, le sport?
  la télévision?

— Oui, ça me plaît beaucoup.
  Non, ça ne me plaît pas.
  ça ne m'intéresse pas.

le sport

Je sais	jouer au tennis[2].
Je ne sais pas	au golf.
	au football.
	au rugby.
	au football américain.
	au basket.
	faire de la natation.
	de la bicyclette.
	de la musculation.
	du jogging (du footing).

THÉATRE DE LA CITÉ
internationale universitaire
21 bd Jourdan. 589 38.69
métro · Cité Universitaire
A PARTIR DU 9 AVRIL, 21 H
sauf dimanche et lundi

lucelle

CENTRE DRAMATIQUE
DE LA COURNEUVE

---

[1]On dit *jouer **d**'un instrument musical.*
[2]On dit *jouer **à** un sport.*

UN PAS DE PLUS

Qu'est-ce qui se passe?

L'idylle (suite).

Patrick   Alors, finalement, Martine, qu'est-ce que tu aimes faire?
Martine   Eh bien, j'aime beaucoup voyager, prendre l'avion...
Patrick   Tiens! Moi, je n'aime pas beaucoup les voyages.
Martine   J'aime aussi faire du ski et du patinage. J'adore l'hiver.
Patrick   Moi, j'ai plutôt horreur du froid.
Martine   J'aime bien aussi aller à l'opéra de temps en temps.
Patrick   Tu plaisantes, j'espère! L'opéra, quelle souffrance! Et la politique?
Martine   Oui, on doit s'intéresser à la politique.
Patrick   Eh bien, franchement, ça ne m'intéresse pas du tout. Et la télévision?
Martine   Oh, la télé, ce n'est pas souvent très amusant. Je préfère me promener.
Patrick   Mais alors, Martine, c'est embêtant, tout ça! Nous n'avons pratiquement rien en commun!
Martine   Hélas, non! Je vois que tout nous sépare. Adieu, Patrick!
Patrick   Adieu, Martine! Que l'existence est absurde et tragique!

À propos   **L'opéra.** Il y a à Paris non seulement un opéra, mais deux. Il y a **l'Opéra de Paris**, chef-d'œuvre du XIXe siècle, et il y a **l'Opéra-Bastille**, tout récemment construit comme partie du renouvellement de Paris projeté par le président de la République, François Mitterrand.

Vous dites ça comment?

Cherchez les expressions synonymes.

1. Je déteste le froid.
2. C'est ennuyeux.
3. J'aime mieux faire une promenade.
4. Nous n'avons pas les mêmes goûts.

Cherchez des exemples de ces activités.

1. activités culturelles
2. activités sportives

1. Ça m'est égal. J'aime les deux.
2. Franchement, je n'aime ni l'un ni l'autre.
3. Moi, j'aime bien voyager.
4. Moi, ça ne me dit pas grand-chose.
5. Ça ne m'intéresse pas beaucoup.
6. J'adore l'hiver.
7. Moi, j'ai plutôt horreur du froid.
8. J'aime aller à l'opéra de temps en temps.
9. Tu plaisantes, j'espère.
10. L'opéra, quelle souffrance!
11. Mais alors, c'est embêtant, tout ça!

VÉRIFIEZ

Montrez que vous êtes d'accord.

1. — Moi, j'adore les voyages.
   — Moi aussi, j'… l'avion… en temps.
2. — J'adore l'hiver.
   — Moi aussi, j'… du ski.
3. — Je déteste la philosophie et j'ai horreur de la politique.
   — Alors, nous sommes d'accord. Moi, je n'… l'autre.
4. — L'opéra, pour moi, tu sais, c'est ennuyeux.
   — Oui, n'est-ce pas, quelle…!
5. — Les films américains ne m'intéressent pas beaucoup.
   — Moi non plus. Ça… grand-chose.

Maintenant, montrez que vous n'êtes pas d'accord.

MODÈLE: — Le jazz, le rock, ça m'est égal. J'aime les deux.
— Eh bien, moi, je n'aime ni l'un ni l'autre.

6. — Il y a une très bonne exposition d'art moderne au musée. Ça m'intéresse.
   — Moi, tu sais, l'art ne me dit…
7. — Oh, l'opéra, tu sais, ça ne me dit pas grand-chose.
   — Et moi, au contraire, ça…
8. — Moi, j'adore le jogging.
   — Tu… , j'espère. Le jogging, quelle… !
9. — Moi, j'aime beaucoup faire du ski et du patinage.
   — Eh bien, moi, je n'aime… l'autre.

Parlons un peu

RÉPONDEZ

Choisissez la réponse convenable.

1. Qu'est-ce que vous pensez de Picasso?

   • Non, le sport ne m'intéresse vraiment pas.
   • Oh, la peinture moderne, ça ne me dit pas grand-chose!
   • Mais c'est incroyable! Nous avons exactement les mêmes goûts!

2. Qu'est-ce que vous préférez, la sculpture ou la peinture?

   • Ça m'est égal. Je n'aime ni l'une ni l'autre.
   • Parce qu'on devrait savoir parler une langue étrangère.
   • Non, je compte partir demain.

3. Qu'est-ce que vous faites quand vous êtes déprimé(e)?

- Je lis un roman policier, ou parfois je promène mon chien.
- Franchement, je n'aime ni l'un ni l'autre.
- J'aime beaucoup mieux le théâtre que le cinéma.

4. Qu'est-ce que vous aimez faire pour vous relaxer?

- La philosophie, c'est souvent obscur.
- Je crois que vous avez raison.
- Je promène le chien.

5. Qu'est-ce que vous préférez, le jazz ou le rock?

- Ça m'est égal, j'aime les deux.
- La télé, ce n'est pas souvent amusant.
- Non, je prépare un diplôme en chimie.

6. Tout nous sépare.

- Moi aussi, je t'aime.
- Comme c'est tragique!
- Oui, oui, nous avons tout en commun.

PARLEZ

A	B
Vraiment? Tu n'aimes pas la politique? • Mais c'est passionnant, l'art moderne.	Oui, je suis d'accord. Ça m'intéresse beaucoup. • Non, pas du tout. Ça ne m'intéresse pas.
Mais c'est passionnant, la politique. • Tu aimes mieux Picasso ou Chagall?	Oh, j'aime les deux. • Alors, là, vraiment, nous ne sommes pas d'accord.
Qu'est-ce qui peut être plus intéressant que la politique? • Et la peinture classique, ça te plaît aussi?	Oh, un match de football, par exemple. • Non, ça ne me dit pas grand-chose.

À vous, maintenant...

Qu'est-ce que vous avez en commun avec vos camarades? Vous avez les mêmes goûts? La télé? Le cinéma? Les lectures sérieuses? Les études? Les jeux de cartes? Le sport? Les musées? Invitez votre partenaire à partager une activité que vous avez en commun, e.g., « Tiens! Moi aussi, j'aime la guitare. Tu voudrais aller au concert la semaine prochaine/venir jouer chez moi/jouer pour mes amis? » etc. Ensuite, écrivez quelques lignes à propos des goûts de votre partenaire.

VOCABULAIRE AU CHOIX

pour parler de vos goûts

— Qu'est-ce que vous aimez faire?

— Le théâtre,   ça ne me plaît pas beaucoup.
   Les concerts de jazz,
   La télé,
   Les musées,
   Les voyages en voiture,

J'ai horreur de l'hiver.
            de la musique moderne.
            du jazz.
            des concerts de rock.
            des chiens et des enfants.

J'adore aller au théâtre.
            au cinéma.
            au concert.
            au musée.

Le jogging,
La télévision, quelle souffrance!
Les concerts,

pour parler de vos préférences

— Qu'est-ce que vous préférez   les langues ou les sciences?
            tu aimes mieux,   la sculpture ou la peinture?
                        le théâtre ou le cinéma?
                        la musique moderne ou classique?
                        les romans policiers ou les livres plus sérieux?
                        les romans ou la poésie?
                        les films français ou américains?

— J'aime les deux ≠ Je n'aime ni l'un(e) ni l'autre.

— Nous avons tout   en commun.
         beaucoup de choses
         tellement de choses
         très peu de choses

   Nous n'avons rien   en commun.
            presque rien

178
Leçon 6.A

FAISONS LE POINT

Pronoms personnels objets directs   (grammaire 3.5)

Sujet	Nom objet direct	Pronom objet direct
Je trouve	**sa philosophie** obscure.	Je **la** trouve obscure.
Je ne comprends pas	**le japonais.**	Je ne **le** comprends pas.
On ne regarde pas	**les programmes** pour penser.	On ne **les** regarde pas pour penser.
		On **me** prend pour un Allemand.
		On **te** prend pour un Français.
		Tout **nous** sépare.
		Tout le monde **vous** admire.

Le pronom personnel objet direct désigne l'objet direct du verbe. Ce pronom personnel *précède* le verbe.

MISE EN PRATIQUE

A. Vous n'êtes pas sportif (-ive), mais vous aimez la nature. Vous aimez les beaux-arts (l'art, la musique, la sculpture, la peinture, le théâtre) mais vous n'aimez pas la culture populaire (la radio, la télévision). Répondez aux questions de ce sondage selon le modèle.

> **MODÈLE:** — Aimez-vous le football?
> — Le football? Je le déteste.
> — Et la peinture?
> — La peinture, je l'adore.

1. Et la musique classique?
2. Et le jogging?
3. Et le basket?
4. Aimez-vous la sculpture?
5. Que pensez-vous de la télé?
6. Et votre opinion sur le théâtre, s'il vous plaît?
7. Et sur la radio?
8. Et la nature, vous aimez ça?

B. Maintenant vous modérez vos opinions. Vous n'êtes ni enthousiaste ni très négatif (-ive). Vous êtes plutôt blasé(e).

> **MODÈLE:** — Et vous aimez la natation?
> — Non, ça ne me plaît pas beaucoup.
> — Et la musique de Mozart?
> — Oui, ça me plaît assez.

9. Est-ce que vous aimez le base-ball?
10. Et la sculpture, ça vous intéresse?
11. Qu'est-ce que vous pensez de l'opéra?
12. Et le tennis?
13. Et une exposition de Picasso?

C. Maintenant vous changez de goûts. Vous et votre camarade de chambre êtes sportifs (-ives), mais vous n'aimez pas beaucoup la nature. Vous aimez la culture populaire, mais les beaux-arts ne vous intéressent vraiment pas. Répondez aux questions dans cette nouvelle perspective.

> **MODÈLE:** — Aimez-vous la peinture?
> — La peinture, nous la détestons.
> — Et le football?
> — Le football, nous l'adorons.

D. Deux jeunes personnes font connaissance. Posez des questions et donnez des réponses pour créer une conversation.

A: Qu'est-ce que/aimer/faire?
B: aimer beaucoup/voyager/voyager souvent/avec mes parents.
A: Et l'hiver/aimer?
B: Non/ne pas aimer/faire du ski/détester le froid.
A: Préférer/l'opéra/la télé?
B: aimer/aller/l'opéra/de temps en temps/très intéressant.
A: Hélas/nous/ne rien avoir/en commun.

Le grand escalier de l'Opéra de Paris

Il faut tout voir...

MISE EN SCÈNE

la tour Eiffel

les musées

le Jardin du Luxembourg

MISE EN MARCHE

Qu'est-ce qui se passe?

M. et Mme Leblanc sont touristes à Paris. Madame veut voir le maximum de choses dans la ville. Monsieur, un peu fatigué, voudrait ralentir le rythme.

Mme Leblanc   Tu vois, chéri, si tu veux bien, demain on va aller au Louvre le matin, l'après-midi à Beaubourg et quant à Versailles, on peut le visiter le soir pour le spectacle « son et lumière ».

M. Leblanc   Oui, oui, bien sûr, je crois qu'on pourrait aussi, par la même occasion, voir le musée Rodin, faire un tour aux Tuileries, monter à la tour Eiffel et, s'il nous reste un peu de temps, aller jusqu'au Sacré-Cœur, tu ne penses pas?

Mme Leblanc   Tu n'es pas drôle, tu sais! Tu pourrais quand même faire un effort quand on est en vacances. Je te connais, toi!

M. Leblanc   Mais, quand même...

Mme Leblanc   Passer des heures à regarder la télévision... Ça s'appelle des vacances?

M. Leblanc   Mais non, mon petit lapin... c'est que la télé, c'est tout de même intéressant et c'est reposant en même temps...

Mme Leblanc   Écoute! Puisque c'est comme ça, j'y vais seule, et la prochaine fois...

M. Leblanc   Mais voyons, soyons raisonnables, ma chérie. Tu tiens vraiment à tout voir? Tu ne penses pas qu'on pourrait ralentir un petit peu? Tu sais que j'aime bien visiter Paris avec toi, mais c'est notre premier jour ici et nous avons encore deux semaines devant nous.

Mme Leblanc   Ce n'est pas une raison... Quand on est en vacances, il faut tout voir.

M. Leblanc   J'ai une idée! Allons faire une petite promenande au Luxembourg pour nous détendre. Et puis on va s'asseoir autour du bassin pendant un moment...

À propos   **Son et lumière.** La France est riche en monuments au passé glorieux. Pour beaucoup d'entre eux, en soirée, on monte un spectacle qui combine les projecteurs (la lumière) avec le défilement d'une bande magnétique (le son) pour retracer les événements historiques de ces lieux. Les touristes — français et étrangers — apprécient beaucoup ces représentations.

Le musée Rodin. Paris est la grande ville des musées. Il faut voir ce musée consacré à l'œuvre du grand sculpteur du XIXe siècle. Vous connaissez peut-être son chef-d'œuvre, *Le Penseur.*

Le Sacré-Cœur. Église construite au XIXe siècle dans le quartier de Montmartre.

Le Luxembourg et les Tuileries. Le jardin du Luxembourg, en plein cœur du **Quartier latin**, en haut du boulevard Saint-Michel. Les enfants lancent des bateaux sur le bassin central. Les étudiants se détendent ou révisent leurs examens. Les retraités profitent du soleil. Les touristes pique-niquent... et s'étonnent! Les Tuileries sont également des jardins publics tout près du Louvre.

Vous dites ça comment?

RELISEZ

Cherchez les expressions synonymes.

1. si tu es d'accord
2. si nous avons encore un peu de temps
3. amusant
4. désire
5. pour nous relaxer

Cherchez des exemples de ces activités.

1. activités frénétiques
2. activités calmes et reposantes

IMITEZ LA PRONONCIATION

1. Tu ne voudrais pas aller au Louvre par la même occasion?
2. Oui, je veux bien, s'il nous reste un peu de temps.
3. Tu tiens vraiment à regarder la télé?

4. C'est que la télé est tout de même amusante.
5. Tu ne voudrais pas ralentir un peu?
6. Non, je tiens à tout voir.
7. Mais soyons raisonables...
8. Tiens! J'ai une idée!

VÉRIFIEZ

Montrez que vous êtes d'accord.

1. — Demain matin, si tu es d'accord, on va aller au Louvre.
   — Oui, je...
2. — Je voudrais aller un peu moins vite.
   — Quelle bonne idée! Moi aussi, je voudrais...

3. — J'ai envie de tout voir.
   — Moi aussi, je...
4. — Il ne faut pas exagérer.
   — Oui, d'accord, soyons...
5. — Je pourrais passer des heures à regarder la télé.
   — Oui, la télé...

Parlons un peu

RÉPONDEZ

Choisissez la réponse convenable.

1. Tu tiens vraiment à visiter le Louvre aujourd'hui?
   • Non, il est toujours gravement malade.
   • Oui, absolument. Il faut tout voir.
   • C'est mon cousin Christophe.

2. Tu ne voudrais pas ralentir un peu?
   • Non, le Louvre, c'est le matin.
     Versailles, c'est l'après-midi.
   • Je ne tiens pas tellement à la cuisine chinoise.
   • Il faut être français pour comprendre.

3. Alors, on pourrait visiter le Sacré-Cœur et
   le musée Rodin par la même occasion, tu ne
   penses pas?
   • Non, je ne joue pas au tennis.
   • Oui, mon diplôme est en droit.
   • Mais soyons tout de même raisonnables.

4. J'ai une idée! Allons au son et lumière ce soir
   à Versailles.
   • Excellente idée! Je tiens à tout voir?
   • Tu ne penses pas à ma cousine Sophie?
   • Tu vas prendre deux aspirines, et ça va passer.

5. Allons voir le musée Rodin par la même occasion.
   • Je veux bien, s'il nous reste un peu de temps.
   • Mais la musique populaire ne m'intéresse pas.
   • Non, je n'aime pas parler politique.

6. Ou bien tu aimes mieux peut-être regarder la télé
   ce soir?
   • Non, je ne connais rien à Picasso.
   • Oui, en fait, la télé est parfois amusante.
   • Oui, la musique baroque me plaît énormément.

PARLEZ

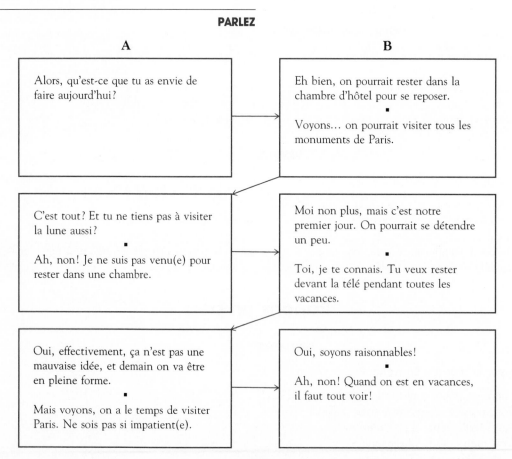

A

Alors, qu'est-ce que tu as envie de faire aujourd'hui?

C'est tout? Et tu ne tiens pas à visiter la lune aussi?
•
Ah, non! Je ne suis pas venu(e) pour rester dans une chambre.

Oui, effectivement, ça n'est pas une mauvaise idée, et demain on va être en pleine forme.
•
Mais voyons, on a le temps de visiter Paris. Ne sois pas si impatient(e).

B

Eh bien, on pourrait rester dans la chambre d'hôtel pour se reposer.
•
Voyons… on pourrait visiter tous les monuments de Paris.

Moi non plus, mais c'est notre premier jour. On pourrait se détendre un peu.
•
Toi, je te connais. Tu veux rester devant la télé pendant toutes les vacances.

Oui, soyons raisonnables!
•
Ah, non! Quand on est en vacances, il faut tout voir!

À vous, maintenant...

Quelle sorte de touriste êtes-vous? Voulez-vous tout voir et tout faire, ou bien, préférez-vous un rythme plus lent? En groupes de trois ou quatre, parlez de vos goûts et de vos préférences en voyages. Ensuite, écrivez quelques lignes pour décrire quelqu'un qui partage ou qui ne partage pas vos goûts.

VOCABULAIRE AU CHOIX

— Qu'est-ce que vous aimez faire quand vous voyagez?
— Moi, j'aime visiter les monuments.
          les champs de bataille.
          les châteaux et les bâtiments historiques.
          les musées.
    faire les magasins.
    acheter des souvenirs.
    flâner dans les rues.
    parler avec les gens.
    dîner dans de bons restaurants.

J'aime m'asseoir sur un banc dans un parc.
apprendre la langue du pays.
écrire des cartes postales à mes amis.
chercher un McDonald's.
aller danser dans les boîtes de nuit.

UN PAS
DE PLUS

Qu'est-ce qui se passe?

LISEZ ET ÉCOUTEZ

Ah! Nature! Nature!... Deux jeunes collègues de travail pendant une pause-café.

Sophie   Dis, Bernard. Il y a un très bon concert de jazz samedi soir. Ça t'intéresse?

Bernard   Ah, non. Je regrette, mais le week-end, moi, je pars.

Sophie   Tu pars! Oui, mais tu pars où?

Bernard   À la campagne chez des copains. Ils ont une vieille maison tout à fait isolée, à une centaine de kilomètres d'ici.

Sophie   Mais qu'est-ce que tu fais là-bas pendant deux jours?

Bernard   Rien, je dors, je me repose, je me promène, je respire, je regarde l'herbe pousser, et ça me suffit.

Sophie   Et tu ne trouves pas ça mortel?

Bernard   Non, pas du tout, au contraire. Après cinq jours de Paris, ça me paraît idéal. J'ai vraiment besoin de me délasser.

Sophie   Moi, tu vois, j'aime la ville, les cinémas, les cafés, les gens, l'animation. J'ai besoin de ça.

À propos **Une vieille maison à la campagne.** Comme aux États-Unis, c'est le rêve de beaucoup de citadins en France. Retrouver la nature; avoir un jardin; les enfants qui jouent avec leur chien; la vieille maison quasi en ruines qu'on va « retaper » pendant cinq, dix ou quinze ans...

Vous dites ça comment?

RELISEZ

Cherchez les phrases synonymes.

1. un excellent concert
2. Je suis désolé.
3. chez des amis
4. à approximativement cent kilomètres d'ici

5. je fais des promenades
6. ennuyeux
7. Je pense que cela est idéal.
8. me relaxer

IMITEZ LA PRONONCIATION

1. Je regrette, mais le week-end, moi, je pars.
2. Je pars à la campagne chez des copains.
3. Je dors, je me repose, je me promène, et ça me suffit.

4. Tu ne trouves pas ça mortel?
5. Pas du tout, au contraire, ça me paraît idéal.
6. J'ai besoin de me délasser.

VÉRIFIEZ

Choisissez la réponse pour montrer que vous êtes d'accord.

1. — Moi, le week-end, je pars à la campagne.

   • Je passe mon week-end en ville.
   • Moi aussi, je préfère la nature à la ville.

2. — Je regarde l'herbe pousser, et ça me suffit.

   • Moi, c'est le contraire. J'aime les week-ends mouvementés.
   • Je suis tout à fait d'accord. Le week-end, j'ai besoin de me délasser.

3. — Ça me paraît mortel.

   • Au contraire, moi, je trouve ça passionnant!
   • Vous avez raison. C'est très ennuyeux.

4. — Moi, je préfère l'animation.

   • Moi aussi, j'aime mieux les gens que la nature.
   • Moi, j'aime me reposer.

Maintenant, choisissez la réponse pour montrer que vous n'êtes pas du même avis.

Parlons un peu

Choisissez la réponse convenable.

1. Ça vous intéresse d'aller au musée ce week-end?

   - Oui, c'est très reposant.
   - Je regrette, mais, moi, le week-end, je pars à la campagne.
   - Vous n'aimez pas le jazz!

2. Mais qu'est-ce que vous pouvez faire à la campagne?

   - Je dors, je me repose, je me promène.
   - Les boîtes de nuit ne m'intéressent pas.
   - Non, pas du tout. Je n'aime pas les animaux.

3. Vous partez avec des amis?

   - Oui, une vieille maison tout à fait isolée.
   - Je regarde l'herbe pousser.
   - Oui, j'aime la nature, mais je n'aime pas la solitude.

4. Vous ne restez pas en ville pour le match de football?

   - Oh, le sport, vous savez, ça ne m'intéresse pas beaucoup.
   - Non, il n'y a pas de pollution.
   - Parce que j'ai besoin d'animation.

5. Mais la campagne, vous ne trouvez pas ça mortel?

   - Non, ça me paraît idéal.
   - C'est intéressant, mais j'ai un petit problème d'argent.
   - Non, non, le jazz ne m'intéresse vraiment pas.

PARLEZ

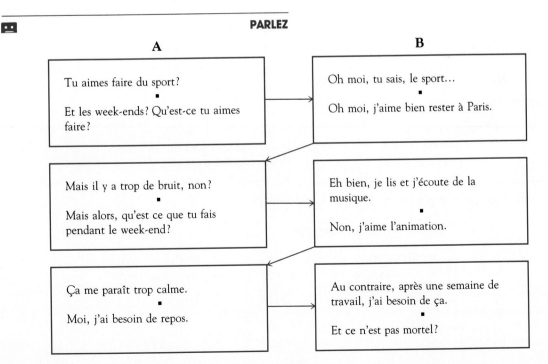

A

Tu aimes faire du sport?

Et les week-ends? Qu'est-ce tu aimes faire?

Mais il y a trop de bruit, non?

Mais alors, qu'est ce que tu fais pendant le week-end?

Ça me paraît trop calme.

Moi, j'ai besoin de repos.

B

Oh moi, tu sais, le sport…

Oh moi, j'aime bien rester à Paris.

Eh bien, je lis et j'écoute de la musique.

Non, j'aime l'animation.

Au contraire, après une semaine de travail, j'ai besoin de ça.

Et ce n'est pas mortel?

À vous, maintenant...

Imaginez que vous allez passer un semestre en France avec une famille française. Votre partenaire est chargé(e) de trouver une famille convenable pour chaque étudiant(e). Il/Elle vous pose des questions sur vos goûts, vos activités favorites, etc. Donnez-lui tous les renseignements que vous pouvez. Puis, changez de rôles. C'est vous qui posez les questions. Ensuite, écrivez cinq ou six lignes pour décrire votre partenaire.

VOCABULAIRE AU CHOIX

— Qu'est-ce que vous aimez faire d'habitude?

faites le week-end?
le samedi?
après l'école?
tous les jours?
le matin?

— J'aime beaucoup faire du vélo.
aller à l'opéra.
jouer du piano.
jouer au golf.
bavarder avec des amis.

— De quoi aimez-vous parler?

— J'aime parler de la musique.
Je n'aime pas de la littérature.
de tout et de rien.
du sport.
des feuilletons à la télé.

J'adore les discussions politiques.
Je déteste philosophiques.
banales.

FAISONS LE POINT

OBSERVEZ

1. Ordre des pronoms avec les verbes modaux (grammaire 3.8)

Je fais **mes devoirs** le samedi.
Je dois faire **mes devoirs** samedi.

Je **les** fais le samedi.
Je dois **les** faire samedi.
Je peux **les** faire samedi.
Je vais **les** faire samedi.

Le pronom objet direct se place entre le verbe modal et l'infinitif.

MISE EN PRATIQUE

Le week-end, c'est pour les distractions, les amusements, le repos. Malheureusement, vous avez aussi du travail, des obligations et des devoirs. Par exemple, le week-end...

il faut faire vos devoirs.
écrire des lettres.
payer vos factures (vos dettes).
laver la voiture.

il faut faire vos courses.
faire la lessive.
faire la vaisselle.
ranger votre chambre.

Vos camarades vous invitent à vous amuser avec eux. Vous refusez cette invitation, mais poliment.

> **MODÈLE:** faire du velo?/écrire des lettres
> — Tu veux faire du vélo?
> — Je regrette, mais je dois écrire des lettres.

1. jouer au tennis?/laver la voiture
2. aller au ciné?/faire mes devoirs
3. dîner en ville?/faire la vaisselle
4. sortir avec nos amis?/payer mes factures
5. aller au match de football?/faire la lessive
6. jouer au golf?/faire mes devoirs

Cependant, vos amis persistent. Ils vous disent que vous pouvez faire cela plus tard. Vous refusez.

> **MODÈLE:** — Tes lettres, ça peut attendre.
> — Non, je dois les écrire maintenant.

1. Tu n'as pas besoin de laver ta voiture maintenant.
2. Tu peux faire tes devoirs demain.
3. La vaisselle, ça ne presse pas. Attends jusqu'à demain.
4. Les factures, ce n'est pas très amusant. Fais ça demain.
5. La lessive, tu peux faire ça demain.
6. Tes lettres peuvent attendre jusqu'à demain.

Maintenant vous changez d'avis. Vous décidez de remettre votre travail.

> **MODÈLE:** — Tu dois absolument faire tes devoirs maintenant?
> — Non, je peux les faire ce soir.

1. Il faut laver ta voiture maintenant?
2. Tu dois faire la vaisselle maintenant?
3. Tu vas payer tes factures maintenant?
4. Tu dois faire la lessive maintenant?
5. Tu vas écrire toutes tes lettres maintenant?

---

2. Le temps présent (reprise)   (grammaire 4.1)

Le temps présent peut indiquer une action habituelle ou une action incomplète au moment actuel. Par contre, l'expression **en train de** insiste sur l'aspect actuel de l'action.

> Je déjeune tous les jours entre midi et une heure. Il est maintenant midi et demi.
> Je **suis en train de** déjeuner.

Répondez donc à votre camarade selon le modèle.

> **MODÈLE:** — Quand est-ce que tu vas faire tes devoirs?
> — Je suis en train de les faire maintenant.

1. Et ta composition, tu vas l'écrire quand?
2. Et tes factures, tu vas les payer quand?
3. Tu vas faire la vaisselle ce soir?
4. Et la lessive, c'est pour demain?
5. Tu vas écrire tes lettres demain?

Discutez les différences entre ce que vous faites d'habitude pendant la semaine et pendant le week-end.

 Faites les exercices de vocabulaire et de structure dans le cahier d'exercices avant de lire ces passages.

l'audiensomètre tv-figaro

Mercredi 4 octobre 1989	Sondage hier soir d'un échantillon de **400** téléspectateurs en France métropolitaine, où sont diffusées les six chaînes, réalisé pour *Le Figaro* par Konso-France		
	Avant 20 heures	**20 heures à 20 h 30**	**Après 20 h 30**
TF1	**21 %** La Roue de la fortune	**25 %** Journal	**21 %** SACRÉE SOIRÉE *Indice de satisfaction : 14/20*
A2	**7 %** Dessinez, c'est gagné !	**15 %** Journal	**12 %** RUGBY : FRANCE-LIONS *Indice de satisfaction : 15/20*
FR3	**9 %** Le 19/20 de l'information	**6 %** La Classe	**14 %** 14ᵉ FESTIVAL DU CIRQUE DE MONTE-CARLO *Indice de satisfaction : 16/20*
LA CINQ 5	**5 %** Le Bar des ministères	**7 %** Journal	**11 %** TROUBLE-FÊTE *Indice de satisfaction : 12/20*
M6	**3 %** Magnum	**4 %** Madame est servie	**4 %** AU-DESSUS DE LA LOI *Indice de satisfaction : N. P.*
CANAL+	**4 %** Nulle part ailleurs	**3 %** Nulle part ailleurs	**4 %** CINÉMA DANS LES SALLES
Périphériques	**1 %** Divers	**1 %** Divers	**3 %** DIVERS
	50 % n'ont pas regardé la télévision	**39 %** n'ont pas regardé la télévision	**31 %** n'ont pas regardé la télévision

La Télévision française

Lisez ce passage trois fois, chaque fois pour trouver la réponse à une question différente. Ne cherchez pas le sens des mots individuels avant d'avoir lu passage trois fois.

1. De quoi s'agit-il?
2. En quoi est-ce que la télé française ressemble à la télé américaine?
3. En quoi est-ce que c'est différent?

   De nos jours, regarder la télé est le principal passe-temps des Français, du moins selon les statistiques. Plus de 17 millions de foyers sont équipés du « petit écran ». De plus, beaucoup de gens ont également investi dans un magnétoscope, une caméra vidéo et un ordinateur. Nous en sommes vraiment à l'âge de l'image!

Il y a une différence essentielle entre la télé française et la télé américaine. D'un côté, il y a beaucoup moins de publicité à la télé française. Pourquoi? Les grandes chaînes nationales — Antenne 2 (A2) et France 3 (FR3) — sont des chaînes publiques et reçoivent des subsides de l'État. Cela permet à ces chaînes de compter moins sur la publicité pour des revenus qu'aux États-Unis ou au Luxembourg. On interrompt rarement un film par une page publicitaire. D'un autre côté, certains journalistes qui travaillent à la télévision sont souvent politisés et il n'est pas rare de voir des changements de personnel radicaux lors d'une nouvelle élection, par exemple. La télé française reflète souvent la scène politique du pays, tandis que la télé américaine reflète l'influence commerciale de la publicité.

Et que regardent les Français? D'habitude, ce sont les films et les téléfilms qui obtiennent les plus fortes audiences, notamment les films policiers et les drames psychologiques. Ensuite viennent certains événements sportifs (par exemple, les matchs de football); les feuilletons et les séries (*Les Oiseaux se cachent pour mourir*; *Simon et Simon*); les émissions politiques (interviews avec des personnages politiques tels que Jean-Marie Le Pen de l'extrême droite ou François Mitterrand, président de la République); les débats (*Le Cancer, où en est-on?* ; *Le suicide chez les adolescents*); et les magazines d'information (*7 sur 7*, *Reportages*).

Ceci dit, TF1, entre autres, a de plus en plus tendance à calquer ses programmes sur la télé américaine et commence à diffuser de façon continue, vingt-quatre heures sur vingt-quatre, ce qui est encore assez rare en Europe. Depuis '88, il y a même des émissions copiant tout à fait leurs homologues américains, comme *Bonjour France*, axé sur le même principe que *Good Morning, America*. D'ailleurs, en France, la *Roue de la fortune* et *Santa Barbara* battent tous les records d'audience. Certains Français se plaignent de ce qu'ils appellent ironiquement « l'impérialisme télévisuel américain ». Comme le dit Christine Ockrent, la célèbre journaliste d'A2: « C'est vrai, nous sommes envahis par les séries américaines. Mais il nous faut des programmes déjà produits, déjà populaires et disponibles. Où les trouver sinon aux États-Unis?» Ce phénomène n'est pas unique à la France. *Falcon Crest* est diffusé dans 63 pays et sur les chaînes privées européennes, les produits américains représentent déjà 47% de l'ensemble des programmes. (Seule l'industrie aérospatiale fait rentrer plus de dollars aux États-Unis que la vente à l'étranger de programmes de télévision et de films de cinéma.).

Parmi les programmes américains à la mode en France, on trouve des exemples de toute la production américaine: des « soap operas », qui sont des mélodrames familiaux, des « talk shows » des « sit-coms » ou comédies de situation et notamment le *Cosby Show*, qui est très populaire, et puis bien sûr, des feuilletons d'une heure, comme *Deux Flics à Miami*, *Magnum* ou encore *Dallas*. Tout cela est doublé en français, et cela surprend toujours les touristes américains d'entendre Don Johnson et Linda Evans parler avec le meilleur accent parisien qui existe.

La télévision américaine va-t-elle dominer? Cela reste à voir. Dans l'avenir, les Français vont avoir des possibilités extrêmement variées: la télévision par satellite va permettre l'accès à un grand nombre de chaînes étrangères, européennes ou autres. Le monde devient petit, le village devient global.

(Statistiques tirées de *Francoscopie* de Gérard Mermet, Paris: Larousse, 1986, pp. 346–349.)

DISCUTEZ

1. Quelles sont les différences entre la télévision française et la télévision américaine ? Quel système préférez-vous ?
2. Êtes-vous vidéophile ? Regardez-vous la télé beaucoup, de temps en temps ou très peu ?
3. Quelles sortes d'émissions regardez-vous à la télé ? Quelles sont vos émissions préférées ?
4. Quelles sont les émissions que vous détestez ? Pourriez-vous faire un petit référendum dans la classe ? Est-ce que c'est une classe de vidéophiles ou de vidéophobes ?
5. Pourriez-vous expliquer pourquoi les chaînes de télévision européennes sont envahies par les programmes américains ?
6. Regardez le programme. Identifiez les programmes américains. Établissez une liste. Quel film vous intéresse ? Pourquoi ?

TELEVISION

VENDREDI 24 MARS

TF1

12h : Tournez manège.- **12h30** : Le juste prix.- **13h** : Journal.- **13h35** : La ligne de chance.- **14h35** : Crimes passionnels.- **15h30** : Droles d'histoires.- **16h** : La chance aux chansons.- **16h30** : Club Dorothée.- **17h50** : Les rues de San Francisco.- **18h55** : Santa Barbara.- **19h25** : La roue de la fortune.- **20h** : Journal.- **20h35** : Avis de recherche.- **23h** : Destinées : Romy Schneider.- **23h45** : Journal.- **0h05** : Arsène Lupin.

A2

12h : Les mariés de l'A2.- **12h30** : L'arche d'or.- **13h** : Journal.- **13h45** : Jeunes docteurs.- **14h10** : Lili petit à petit.- **15h10** : Du coté de chez Fred.- **16h** : Chapeau melon et bottes de cuir.- **17h** : Jeunesse.- **17h55** : Les 2 font la paire.- **18h45** : Des chiffres et des lettres.- **19h10** : Actualités régionales.- **19h30** : Loft story.- **20h** : Journal.- **20h30** : Hotel de police.- **21h40** : Apostrophes.- **23h** : Journal.- **23h10** : Ciné club « Le plaisir » film de Max Ophuls avec Claude Dauphin, Jean Galland, Gaby Morlay, Madeleine Renaud, Danielle Darrieux, Jean Gabin, Pierre Brasseur, Ginette Leclerc.-

FR3

13h : Le jeune docteur Kildare.- * **13h30** : Regards de femme.- **14h** : La vie à cœur.- **14h30** : C'est pas juste.- **15h30** : Tele-Caroline.- **17h** : Amuse 3.- **18h30** : Questions pour un champion.- **19h10** : Actualités régionales.- **20h** : La classe.- **20h30** : Mountbatten, le dernier vice-roi des Indes.- **21h30** : Thalassa.- **22h30** : Journal.- **22h50** : Ciné 16 « Le chemin de Damas » de Ludovic Segarra avec Alexandre Arbatt, Vladimir Toldty, Omar Amiralay.- **0h20** : Musiques, musique.

LA 5

12h30 : Le journal magazine.- **13h** : Journal.- **13h35** : L'inspecteur Derrick.- **14h45** : Bonanza.- **15h45** : Capitaine Furillo.- **16h50** : Dessins animés.- **18h30** : Bouvard et compagnie.- **19h** : Simon et Simon.- **20h** : Journal.- **20h30** : »Implosion 3 » telefilm de Robert Lewis avec Heather Locklear, Terence Knox.- **22h25** : »Diagnostic : meurtre » telefilm de Sidney Hayers avec Christopher Lee, Judy Geeson, John Finch.- **0h05** : Capitaine Furillo.

M6

12h : Boulevard des clips.- **12h30** : La petite maison dans la prairie.- **13h20** : L'homme de fer.- **14h10** : Boulevard des clips.- **16h** : Quizz cœur.- **17h** : Les espions.- **18h** : Brigade de nuit.- **19h** : Les envahisseurs.- **20h** : Cosby show.- **20h35** : »Les derniers jours d'un caid » telefilm de Francis Mankiewicz avec Kenneth Welsh, R.H. Thomson, Wayne Robson.- **22h20** : L'homme de fer.- **23h10** : Sexy Clip.- **23h50** : Boulevard des clips.

Le Sport en France

Lisez ce passage trois fois, chaque fois pour trouver la réponse à une question différente.

1. De quoi s'agit-il?
2. Quels sports nécéssitent un équipement spécial?
3. Quels sont les sports d'équipe?

Le sport national des Français, c'est le football, non? Ou bien, le cyclisme? Les Français s'intéressent beaucoup au sport, mais en France, le sport n'occupe pas une place aussi importante dans la vie d'un élève de l'école secondaire qu'aux États-Unis et encore moins d'un étudiant universitaire. La raison? En France, ce sont les villes qui ont les équipes de football, et non pas les lycées ou les universités. Le sport, pour l'individu, se pratique pendant le temps libre, le week-end ou après les cours, pour le seul plaisir du jeu.

Cependant, le football, le rugby et le tennis passionnent chaque année des millions de téléspectateurs, surtout les grandes rencontres comme le Tournoi des Cinq Nations, quand les meilleures équipes de rugby d'Angleterre, d'Écosse, de France, d'Irlande et du pays de Galles s'affrontent; ou encore la Coupe de France et la Coupe d'Europe de football et les affrontements des grands champions de tennis au stade Roland-Garros à Paris.

Parmi les autres manifestations sportives, il y a aussi, bien sûr, le Tour de France cycliste, qui dure à peu près un mois chaque année de mi-juin à mi-juillet.

La marche à pied et la randonnée sont incontestablement parmi les sports les plus pratiqués en France. Ainsi voit-on très souvent des familles se promener le dimanche après le repas de midi. Ce sont des sports qui ne coûtent rien, qui détendent et ne nécessitent pas d'équipement spécial si ce n'est de bonnes chaussures de marche.

Le grand sport à la mode pour le moment en France, c'est le golf, sport traditionnel des pays anglo-saxons. La planche à voile connaît aussi depuis quelques années un développement spectaculaire. Avec plus de 900.000 véliplanchistes, la France détient le record européen. De plus, elle en est aussi le premier producteur.

DISCUTEZ

1. Pourriez-vous expliquer à un Français quels sont les sports à la mode aux États-Unis depuis quelques années?
2. Quels sports pratiquez-vous? Quels sports rêvez-vous de pratiquer?
3. Quel sport préférez-vous?
4. Quels sports aimez-vous regarder à la télé?
5. Que pensez-vous des programmes sportifs à l'école secondaire? Y en a-t-il assez? Et à l'université?
6. Décrivez vos préférences et vos goûts. Qu'est-ce que vous aimez faire? Qu'est-ce que vous n'aimez pas faire? Qu'est-ce que vous savez faire? Qu'est-ce que vous ne savez pas faire? Qu'est-ce que vous allez faire ce week-end?

Adjectifs

cynique	*cynical*
drôle	*funny*
esthétique	*aesthetic*
étranger (-ère)	*foreign*
folklorique	*folk*
idéaliste	*idealistic*
imposant(e)	*impressive, dignified*
incroyable	*unbelievable, incredible*
insouciant(e)	*carefree*
intime	*intimate*
isolé(e)	*isolated*
merveilleux (-euse)	*wonderful, marvelous*
mortel(le) *fam*	*deadly dull, boring*
privé(e)	*private*
raffiné(e)	*refined*
reposant(e)	*restful*
romantique	*romantic*
sain(e)	*healthy, wholesome*
sceptique	*skeptical*
sensible	*sensitive*
sentimental(e)	*sentimental*
sportif (-ive)	*athletic*

Noms

la centaine	*about one hundred*
la coïncidence	*coincidence*
le contraire	*opposite*
le destin	*fate*
le goût	*taste, likes*
l'herbe *f*	*grass*
la jeunesse	*youth*
la langue	*language, tongue*
le/la solitaire	*solitary, private person*

Verbes

adorer	*to love, adore, be crazy about*
aimer mieux	*to prefer*
se brosser les dents	*to brush one's teeth*
se délasser	*to rest, unwind*
se dépêcher	*to hurry*
détendre	*to relax*
s'endormir	*to go to sleep*
se maquiller	*to put on makeup*
monter à	*to climb*

partager	*to share*
passer son temps à	*to spend one's time at . . .*
percevoir	*to notice*
plaisanter	*to joke*
pleurer	*to cry*
se poser une question	*to ask oneself a question*
ralentir	*to slow down*
se raser	*to shave*
respirer	*to breathe*
séparer	*to separate*
souffrir	*to suffer*
tenir à qqch	*to want, desire*

Expressions verbales

avoir horreur de	*to loathe*
faire un tour	*to take a walk*

Adverbes

bientôt	*soon*
d'ailleurs	*moreover*
franchement	*frankly*
puisque	*since, because*
quand même	*still, nonetheless*
tout de même	*still, nonetheless*

Expressions

au contraire	*on the contrary*
au fait	*by the way*
Ça marche.	*It's OK.*
Ça m'est égal.	*It's all the same to me.*
Ça me suffit.	*That's enough.*
Ça ne me dit pas grand-chose.	*That's not very appealing to me.*
de temps en temps	*from time to time*
en commun	*in common*
en même temps	*at the same time*
en réalité	*in reality*
en vogue	*popular*
l'un pour l'autre	*for each other*
mon cheri, ma chérie	*honey, darling*
mon petit lapin	*term of endearment (lit., my little rabbit)*
par contre	*on the other hand*
par la même occasion	*at the same time*
Quelle souffrance!	*What a pain!*

RÉCAPITULONS

This lesson is intended as a review at the beginning of a new term, when you have been away from French for a little while. You will also find it helpful if you are entering the course at the midpoint, having done part of an introductory French course elsewhere, but not necessarily with a lot of work in listening comprehension or speaking.

This lesson is intended to give you practice in listening to French and speaking it before you go on with the regular sequence of the course. It will also give you a chance to review (and recapture) some basic grammar patterns of French.

By this time you should be able to conjugate all the groups of verbs in the present tense, use the modal verbs (**devoir, pouvoir, vouloir, falloir, savoir**), use **aller** + infinitive to express the future, make necessary noun-adjective agreements, and use direct object pronouns (**me, te, se, nous, vous, le, la, les)**. Points that you may need to review are indicated at various parts of the lesson.

You should prepare these review exercises before you come to a class. The suggested steps are as follows:

1. Establish the meaning of the conversations. As a first step in each lesson, do the vocabulary preparation exercises in the practice book **Le Français chez vous**. Then look at the dialog or passage to see if you can understand its meaning all the way through. If you need more help, go to the English versions, which are in the appendices.
2. Listen to the recording of the conversations until you can understand them easily without looking at the printed version.
3. Practice the pronunciation exercises in the section **Imitez la prononciation** until you can say all the phrases easily and accurately. (These exercises are also on the tape program.)
4. Practice saying all the variations of the semi-directed exercises (**Parlons un peu**), which are also part of the tape program.
5. Study the task in the **À vous, maintenant...** section, and learn the vocabulary you need to express what you want to say.

A
Un Rendez-vous manqué

Qu'est-ce qui se passe?

La secrétaire et un patient, chez le docteur.

Patient	Bonjour, Mademoiselle, je viens pour mon rendez-vous avec le docteur.
Secrétaire	Vous vous appelez comment, Monsieur?
Patient	Desgaches. Étienne Desgaches.
Secrétaire	Je suis désolée, mais il n'y a pas de Desgaches sur la liste.
Patient	Mais si. J'ai rendez-vous à neuf heures. Quelle heure est-il, s'il vous plaît?
Secrétaire	Il est neuf heures moins dix.
Patient	Ah, bon! Je ne suis pas en retard.
Secrétaire	Mais je vous répète qu'il n'y a pas... Ah, tiens! Voici votre nom. Non, vous n'êtes pas en retard. Votre rendez-vous est pour demain.
Patient	Ça, c'est bizarre! Mais quelle est la date d'aujourd'hui? On est quel jour?
Secrétaire	Nous sommes mardi 20 septembre. Vous allez revenir demain.
Patient	Oh, que je suis bête! En effet, mon rendez-vous est pour mercredi 21. Eh bien, à demain, Mademoiselle! Je suis désolé....
Secrétaire	Eh bien, au revoir, Monsieur, à demain.

Vous dites ça comment?

1. Vous avez l'heure?
2. Nous sommes le 7 janvier.
3. Il est minuit.
4. C'est aujourd'hui le 10 septembre.
5. Il est dix heures et quart.
6. Nous sommes le 13 février.
7. Nous sommes le premier décembre.
8. Elle est en retard.
9. C'est aujourd'hui mardi.
10. Il est cinq heures moins vingt.
11. Est-ce jeudi or mercredi aujourd'hui?
12. Quel jour sommes-nous?
13. 1776
14. 1890
15. 1914
16. Trois heures et quart.
17. Deux heures et demie.
18. Il est minuit.

Parlons un peu

Choisissez la réponse convenable.

1. Pardon, Mademoiselle/Monsieur, quelle
   heure est-il, s'il vous plaît?
   • J'ai rendez-vous à neuf heures.
   • Il est dix heures et quart, Monsieur/Madame.
   • Le docteur est en retard.

2. Je viens pour mon rendez-vous.
   • Je suis désolé(e). Le docteur est en retard.
   • Et moi, je m'appelle Bernard.
   • Mais c'est une catastrophe!

3. Est-ce que votre rendez-vous est pour aujourd'hui?
   • Je m'appelle Étienne Desgaches.
   • C'est aujourd'hui mardi 12 avril.
   • Oui, à neuf heures et demie.

4. En êtes-vous absolument sûr(e)?
   • Oui, j'en suis certain(e).
   • Oh, que je suis bête!
   • Au revoir, Mademoiselle.

5. Vous vous appelez comment?
   • Tiens! Ça, c'est bizarre!
   • Je suis vraiment désolé(e)!
   • Mon nom est Jean Dacier.

6. Je suis désolé(e). Il n'y a pas de Dacier sur la liste.
   • Mais c'est bien le 20 octobre, n'est-ce pas?
   • Ah! Il est donc américain!
   • Mais si, à neuf heures et demie.

7. Quel jour sommes-nous?
   • Eh bien, à demain. Monsieur/Madame.
   • C'est aujourd'hui jeudi 19 octobre.
   • Il est huit heures moins dix.

A choisit une des questions pour commencer la conversation. *B* choisit la réponse convenable. *A* continue.

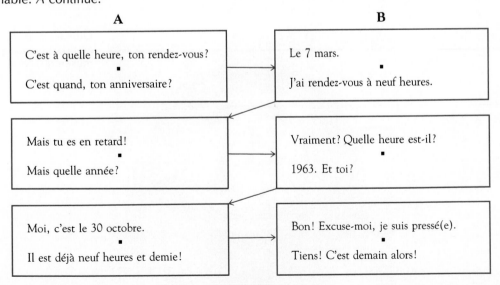

A

C'est à quelle heure, ton rendez-vous?

C'est quand, ton anniversaire?

Mais tu es en retard!

Mais quelle année?

Moi, c'est le 30 octobre.

Il est déjà neuf heures et demie!

B

Le 7 mars.

J'ai rendez-vous à neuf heures.

Vraiment? Quelle heure est-il?

1963. Et toi?

Bon! Excuse-moi, je suis pressé(e).

Tiens! C'est demain alors!

A. Répondez à ces questions personnelles, s'il vous plaît.

1. — Vous êtes né(e) où? (Dans quelle ville? Dans quel état?)
   — Je suis né(e) à...
2. — Vous êtes né(e) en quelle année?
   — Je suis né(e) en...
3. — Quelle est la date de votre naissance?
4. — Quel âge avez-vous, alors?

5. — Quelle est l'adresse de vos parents?
6. — Quel est votre numéro de téléphone?
7. — C'est quand, la fête de Noël?
8. — On est quel jour aujourd'hui?

B. Quelles sont les bases culturelles de l'étudiant moyen à votre université? Faites un test des connaissances historiques et culturelles parmi les étudiants dans la classe. Demandez à un(e) camarade

1. la date de la fête nationale en Amérique.
2. la date de la fête nationale en France.
3. la date du commencement de la guerre de Sécession aux États-Unis.
4. la date de la guerre de 1812.
5. la date du commencement de la Deuxième Guerre mondiale pour les États-Unis.
6. la date du commencement de la Deuxième Guerre mondiale pour la France et l'Angleterre.
7. la date de son anniversaire.
8. l'heure qu'il est maintenant.
9. le jour de la semaine.
10. quel mois de l'année nous sommes.

10 sur 10	= Cet individu possède une culture très, très impressionnante.
7 à 9	= La culture de cet individu est impressionnante, mais pas très.
4 à 6	= La culture de cet individu n'est pas impressionnante du tout.
0 à 3	= Cet individu est en pleine crise d'identité.

Quelle heure est-il à la grande horloge du musée d'Orsay?

C. Votre ami(e) doit aller à Besançon. Il/Elle vous demande des renseignements. Répondez à ses questions.

1. — C'est à quelle heure, le premier train pour Besançon?
   — Eh bien, le premier…

2. — Il arrive à Dijon à quelle heure?
   — À Dijon? Il arrive…

3. — Et l'après-midi? Il y a un bon train?
   — Oui,…

4. — Et le soir?
   — Oui, il y a…

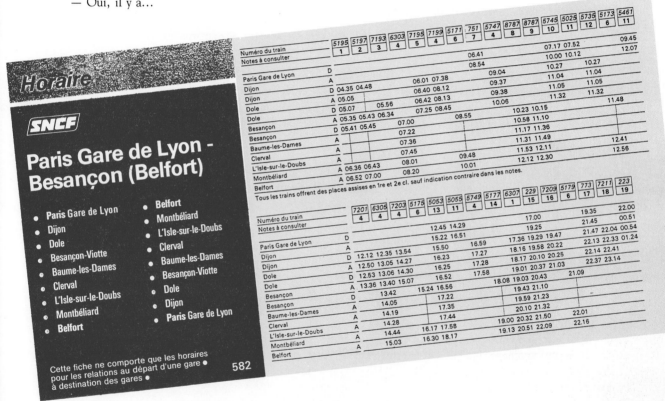

D. Pour parler au téléphone. Vous êtes réceptionniste au numéro 13.59.80.92.

MODÈLE: — Allô, c'est le 30.59.80.92?
          — Non, c'est le 13.59.80.92.

1. Allô, c'est le 13.59.80.93?
2. Allô, c'est le 31.49.80.42?
3. Allô, c'est le 30.55.80.55?
4. Allô, c'est le 13.59.24.92?
5. Allô, c'est le 80.24.59.49?

E. Continuez à répondre selon le modèle.

> **MODÈLE:** — C'est de la part de qui? — Voulez-vous épeler, s'il vous plaît?
> — De Monsieur Smith. — S-m-i-t-h.

1. Jones
2. Johnson
3. Gigandet
4. Zefferelli
5. Smythe
6. Bunny
7. Rostand
8. Julie Bonbon
9. Guillemet
10. Kaspar
11. Willames

OBSERVEZ

Expressions avec *être* et *avoir*   (grammaire 4.16)

En français, ces expressions sont utilisées avec le verbe **être** ou le verbe **se sentir**.

Je suis fatigué(e).	= Je me sens fatigué(e).
Je suis enrhumé(e).	enrhumé(e).
Je suis déprimé(e).	déprimé(e).
Je suis malade.	malade.

En français, contrairement à l'usage en anglais, certaines expressions sont utiliséees avec le verbe **avoir**.

J'ai chaud.	J'ai mal.	J'ai besoin de repos.
J'ai froid.	J'ai peur.	J'ai envie de partir pour la Côte. (Je désire partir…)
J'ai faim.	J'ai raison.	Tu as l'air content(e).
J'ai soif.	J'ai tort.	
J'ai sommeil.	J'ai dix-neuf ans.	

MISE EN PRATIQUE

Chez le docteur. Votre partenaire joue le rôle du docteur. Expliquez vous symptômes.

A: Docteur, je… fatigué(e). Je n'… pas d'énergie. Je pense que je… malade.

B: Peut-être que vous… enrhumé(e). Vous… chaud et puis vous… froid?

A: Non, pas vraiment, mais j'… toujours sommeil.

B: Quel âge…-vous?

A: J'… vingt-deux ans.

B: Vous n'… pas vieux/vieille. Vous… l'air épuisé(e). Peut-être…-vous besoin de vacances, voilà tout.

A: Vous… sûrement raison. Je… d'accord, j'… envie de partir pour la Côte.

À vous, maintenant...

Renseignez-vous sur vos camarades de classe. Comment s'appellent-ils? Comment vont-ils? Se sentent-ils fatigués? Malades? Déprimés? En quelle année sont-ils nés? Quel âge ont-ils? En quelle année comptent-ils recevoir leurs diplômes? Demandez-leur aussi leur adresse et leur numéro de téléphone.

Prenez des notes, et à la fin de cet exercice, écrivez quelques lignes à propos d'un de vos camarades.

B
La Pluie et le beau temps

Qu'est-ce qui se passe?

À la radio.

Journaliste	Alain Sibert, du soleil aujourd'hui?
Alain Sibert	Oui, mais pas pour tout le monde! Sur le nord-est du pays, beau temps chaud, soleil, températures en hausse sensible. En revanche, sur la moitié ouest du pays, apparition de nuages; il faut s'attendre même à de légères averses — températures en baisse.
Journaliste	Merci, Alain Sibert, et n'oubliez pas votre parapluie!

Deux dames, Mme Rémy et Mme Levadoux, environ soixante ans, discutent devant la maison.

Mme Rémy	Mon Dieu, quel temps! Il pleut, il fait beau. Ça change tout le temps!
Mme Levadoux	Eh oui, que voulez-vous? C'est normal en avril. C'est toujours comme ça.
Mme Rémy	Oui, mais pour moi, vous voyez, le printemps c'est autre chose: du soleil, des petits oiseaux, des fleurs…
Mme Levadoux	C'est vrai, et on doit encore chauffer la maison. Cette nuit je suis sûre qu'il va faire très froid.
Mme Rémy	Et puis pour le jardin, ce n'est pas bon, hein? Mon Dieu, quel temps!

Vous dites ça comment?

RÉVISEZ

Apprenez les expressions que vous ne savez pas encore.

pour parler du temps

Quel temps fait-il chez vous?
à Paris?
dans les Alpes?

On dit:	*On dit aussi:*
Il fait vraiment très mauvais.	Il fait un véritable temps de chien.
beau.	un temps magnifique.
froid.	un véritable froid de canard.
	un froid sibérien.
chaud.	une chaleur vraiment insupportable.

On dit:
Il pleut toujours.
Il neige toujours.

On dit aussi:
Nous avons toujours de la pluie.
Nous avons toujours de la neige.
Il tombe toujours   de la neige.

Mon dieu, quel temps!
Qu'est-ce qu'il fait chaud/froid/du vent!

Eh oui, que voulez-vous? C'est normal en avril.

en été.
en automne.
au printemps.
en hiver.
en août.

IMITEZ LA PRONONCIATION

1. Quel temps fait-il chez vous?
2. Il pleut, il fait beau, ça change tout le temps!
3. Il fait un véritable temps de chien.
4. Eh oui, que voulez-vous?

5. C'est normal en avril.
6. Mon Dieu, quel temps!
7. Et puis, pour le jardin, c'est pas[1] bon, hein?

VÉRIFIEZ

Plaignez-vous du temps à votre camarade.

1. — Il fait vraiment mauvais, hein?
   — Oui, il fait... chien.
2. — Mon Dieu, quel temps! Il pleut, il fait beau, ça change tout le temps!
   — Eh oui, que... ? C'est... en...
3. — Mais qu'est-ce qu'il fait froid!
   — Oui, n'est-ce pas, il fait un véritable froid...
4. — Mon Dieu, que de neige!
   — Eh oui,... vous? C'est normal en...
5. — Qu'est-ce qu'il fait chaud!
   — Oui,... !

Maintenant, montrez que le temps vous plaît.

6. — Qu'est-ce qu'il fait beau!
   — Oui, n'est-ce pas, il fait une...
7. — Il fait bien chaud, ne trouvez-vous pas?
   — Oui, mais... jardin.
8. — Quelle pluie!
   — Oui, mais... canard.
9. — Qu'est-ce qu'il tombe de la neige!
   — Chouette! Nous... ski.

---

[1]Dans la conversation familière, on supprime souvent le *ne*.

Parlons un peu

Choisissez la réponse convenable.

1. Quel temps fait-il chez vous?

   • Allô, oui, c'est moi!
   • Il fait vraiment très mauvais.
   • Il est dix heures.

2. Il fait beau à Marseille en ce moment?

   • Oui, il pleut tous les jours.
   • Oui, je reviens bientôt.
   • Oui, il y a du soleil tous les jours.

3. Est-ce qu'il fait du vent?

   • Oui, je sais que vous êtes en vacances.
   • Non, au contraire, tout est très calme.
   • Oui, il y a du soleil.

4. Alors, quel temps fait-il sur la Côte d'Azur?

   • Il pleut toujours à Paris, vous savez.
   • Oh, vous savez, ici, il fait toujours très beau.
   • C'est vrai? Tu joues de la guitare?

5. Vous avez beau temps à Paris?

   • Il est temps de partir.
   • Au contraire, il fait très mauvais.
   • Je regrette, je n'ai pas le temps.

6. Je suis sûr(e) qu'il va faire très chaud, et pas de pluie.

   • C'est très bon pour le jardin.
   • C'est mauvais pour le jardin.
   • Ça, c'est chouette! Nous allons faire du ski.

A

Allô, Monsieur/Madame, c'est Mathilde/Matthieu, votre secrétaire. Alors, les vacances, ça se passe comment?

Vous savez, à Paris, pour le moment, il fait assez beau.

Vous savez, il y a des problèmes assez urgents au bureau. Est-ce que vous revenez bientôt?

Vous allez donc rester là-bas?

Vous arrivez quand?

B

Oh, c'est formidable. Mathilde/Matthieu.

Eh bien, malheureusement, il pleut tous les jours.

Euh… mon docteur me recommande le repos complet, et il fait si beau ici.

Dans ce cas-là, je crois que je vais rentrer bientôt. Ici le temps est trop déprimant.

Lundi matin, au plus tard.

Oui, finalement, je vais rester.

À vous, maintenant...

Parlez de la pluie et du beau temps. Demandez à vos camarades

1. quel temps il fait.
2. quel temps il va faire.
3. s'ils aiment ce temps.
4. quelle saison ils préfèrent.
5. ce qu'ils font quand il pleut, quand il neige, quand il fait chaud.

Prenez des notes et écrivez quelques lignes à propos de votre camarade.

VOCABULAIRE AU CHOIX

Apprenez les activités que vous aimez faire personellement.

— Qu'est-ce qu'on peut faire quand il pleut?

— On peut faire du feu dans la cheminée.
      s'asseoir dans son fauteuil.
      lire un roman.
      rêvasser.

   Ou bien, on peut regarder la télévision.
        écouter la radio.
        écouter ses disques.
        écrire des lettres.
        tricoter une écharpe.
        payer ses factures (ses dettes).
        regarder trois vidéos de suite.
        déguster une tasse de chocolat chaud.

— Comment faut-il s'habiller pour sortir sous la pluie?

— Il faut mettre son imper (son imperméable).
      des bottes en caoutchouc
      (ses caoutchoucs).
    prendre son parapluie.

— Qu'est-ce qu'on peut faire quand il neige?

— On peut faire un bonhomme de neige.
      faire des batailles de boules de neige.
      déblayer le trottoir.
      chausser ses skis et aller skier.
      faire du ski alpin (de descente).
      faire du ski de fond.
      faire de la luge.

— Quand il neige, comment faut-il s'habiller?

— Il faut mettre un gros manteau.
      un bonnet.
      une écharpe.
      des gants.
      de grosses chaussettes.
      des bottes fourrées.

— Et en été, quand il fait chaud, qu'est-ce qu'on peut faire?

— On peut se baigner dans la mer.
      se faire bronzer à la plage.
      faire du ski nautique.
      de la natation.
      de la plongée sous-marine.

— Et comment faut-il s'habiller?

— On peut porter un maillot de bain (bikini ou
      monokini).
      un chapeau.
      des lunettes de soleil.
      des sandales.
   apporter des produits pour bronzer.
      un parasol.
      des serviettes de plage.

C

Le Parfait Candidat

Qu'est-ce qui se passe?

Une société très connue cherche un représentant. François Martin pose sa candidature, et il est reçu par le directeur du personnel.

Le Directeur	Pouvez-vous me dire, Monsieur Martin, quelles sont, selon vous, vos qualités?
M. Martin	Eh bien, sans fausse modestie, je crois pouvoir dire qu'on peut compter sur moi, qu'on peut avoir confiance en moi. Je suis ponctuel… je ne suis jamais en retard.
Le Directeur	Ça, c'est très bien, car dans notre travail la ponctualité est de la plus haute importance.
M. Martin	Bon, et puis je suis discret; je sais quand il faut parler et quand il ne faut pas parler.
Le Directeur	Vous êtes très diplomate, alors?
M. Martin	Oui, je n'aime pas parler pour ne rien dire, mais je sais parler quand c'est nécessaire.
Le Directeur	C'est formidable, car, voyez-vous, dans les affaires, la diplomatie est de la plus haute importance.
M. Martin	Je suis également très travailleur, je déjeune rarement, et je ne fais jamais de pause-café.
Le Directeur	Ah, merveilleux, car dans notre société, on travaille comme des fous.
M. Mzrtin	Je suis aussi très respectueux, et pour moi le directeur a toujours raison.
Le Directeur	Ah, vraiment? Et même quand il a tort?
M. Martin	Surtout quand il a tort.
Le Directeur	Voilà un point très positif, car, voyez-vous, dans les affaires, le respect devant les supérieurs est de la plus haute importance. Je crois que vous êtes vraiment l'homme qu'il nous faut. Avez-vous aussi quelques défauts?
M. Martin	À vrai dire, en toute franchise, je n'ai qu'un seul petit défaut.
Le Directeur	Et quel est ce défaut?
M. Martin	Eh bien, à l'occasion, il m'arrive de mentir de temps en temps.

Vous dites ça comment?

1. Quelles sont vos qualités?
2. Quelles sont, selon vous, vos qualités?
3. Pouvez-vous me dire, Monsieur Martin, quelles sont, selon vous, vos qualités?
4. On peut compter sur moi.
5. Je crois pouvoir dire qu'on peut compter sur moi.
6. Eh bien, sans fausse modestie, je crois pouvoir dire qu'on peut compter sur moi.
7. Le chef a toujours raison.
8. Pour moi, le chef a toujours raison.
9. Je suis aussi très respectueux, et pour moi, le chef a toujours raison.
10. Le respect est de la plus haute importance.
11. Le respect devant les supérieurs est de la plus haute importance.
12. Voyez-vous, dans les affaires, le respect devant les supérieurs est de la plus haute importance.
13. Voilà un point très positif, car, voyez-vous, dans les affaires, le respect devant les supérieurs est de la plus haute importance.

Parlons un peu

Choisissez la réponse convenable.

1. Est-ce que vous arrivez toujours à l'heure?
   - Oui, pour moi, la ponctualité est de la plus haute importance.
   - Oui, je ne fais jamais de pause-café.
   - Oui, oui, le chef a toujours raison.

2. Parlez-moi franchement, s'il vous plaît. Aimez-vous travailler?
   - Franchement, je suis assez paresseux (-euse).
   - Tant mieux! Dans les affaires, la ponctualité est de la plus haute importance.
   - D'abord, je peux dire que je suis toujours sincère.

3. Est-ce que vous faites des pauses-café?
   - Très rarement. D'ailleurs, je ne bois pas de café.
   - Oui, je sais quand il faut parler et quand il ne faut pas parler.
   - Pour commencer, je suis très respectueux (-euse) devant mes supérieurs.

4. Dites-moi franchement, avez-vous des défauts?
   - Oui, mes amis trouvent que je fume trop.
   - Je peux dire que oui, je ne suis jamais en retard.
   - Pour moi, le travail, c'est le bonheur.

5. Êtes-vous respectueux devant les supérieurs?
   - En toute franchise, je fume excessivement.
   - Oui, certainement, pour moi, le chef a toujours raison.
   - Voilà un point très positif, car il nous faut des employés discrets.

6. Et quelle est, selon vous, votre plus grande qualité?
   - Franchement, c'est l'humilité.
   - Oui, pour moi, le chef a toujours raison.
   - C'est formidable, car chez nous on travaille comme des fous.

7. Voici une question délicate. Êtes-vous honnête?
   - Honnête? Que voulez-vous dire par « honnête »?
   - Oui, je peux dire que ma plus grande qualité, c'est la ponctualité.
   - En principe, oui, mais j'aime faire une pause-café toutes les heures.

8. Est-ce qu'il vous arrive de boire beaucoup?
   - Oui, ils peuvent avoir confiance en moi.
   - Selon moi, c'est la discrétion.
   - Beaucoup? Non, je ne bois pas excessivement.

9. Vous savez que dans les affaires la discrétion est de la plus haute importance.
   - Je n'ai qu'un défaut.
   - Sans fausse modestie, je crois pouvoir dire que je ne suis jamais indiscret (-ète).
   - C'est surtout quand il a tort qu'il a raison.

10. Peut-on dire que vous êtes très diplomate?
    - C'est mon talent particulier de savoir quand il faut parler et quand il ne faut pas parler.
    - Oui, on ne me trouve jamais en retard.
    - À mon avis, c'est l'indiscrétion.

11. Est-ce que votre caractère est sans reproche?
    - Cela m'est égal — les nuits, les week-ends, j'adore travailler, et j'ai horreur du repos.
    - Je ne peux pas mentir — je déteste le travail.
    - Sans reproche? En principe, oui, mais de temps en temps, je mens.

PARLEZ

A

B

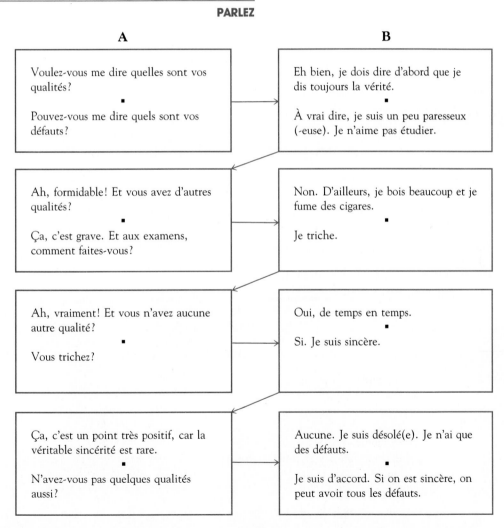

Voulez-vous me dire quelles sont vos qualités?

Pouvez-vous me dire quels sont vos défauts?

Eh bien, je dois dire d'abord que je dis toujours la vérité.

À vrai dire, je suis un peu paresseux (-euse). Je n'aime pas étudier.

Ah, formidable! Et vous avez d'autres qualités?

Ça, c'est grave. Et aux examens, comment faites-vous?

Non. D'ailleurs, je bois beaucoup et je fume des cigares.

Je triche.

Ah, vraiment! Et vous n'avez aucune autre qualité?

Vous trichez?

Oui, de temps en temps.

Si. Je suis sincère.

Ça, c'est un point très positif, car la véritable sincérité est rare.

N'avez-vous pas quelques qualités aussi?

Aucune. Je suis désolé(e). Je n'ai que des défauts.

Je suis d'accord. Si on est sincère, on peut avoir tous les défauts.

Le directeur du personnel est en train de vous interviewer. Rassurez-le que vous avez toutes les qualités qu'il demande.

>   **MODÈLE:** — Est-ce que vous êtes ponctuel(le)?
>   — Bien sûr. Pour moi, la ponctualité est de la plus haute importance.

1. Peut-on dire que vous êtes très diplomate?
2. Est-ce que vous savez quand il faut parler et quand il ne faut pas parler?
3. Vous dites que vous êtes respectueux (-euse) devant vos supérieurs.
4. Est-ce qu'on peut avoir confiance en vous?

Maintenant vous avouez quelques petits défauts, mais vous essayez de diminuer leur importance (e.g., *pas excessivement, pas souvent, pas beaucoup*).

>   **MODÈLE:** — Est-ce que vous fumez?   — Est-ce qu'il vous arrive parfois d'être indiscret (-ète)?
>   — Oui, mais pas excessivement.   — Oui, quelquefois, mais pas souvent.

1. Est-ce qu'il vous arrive quelquefois de manquer de sincérité?
2. Voici une question délicate. Est-ce que vous buvez?
3. Vous arrive-t-il quelquefois de mentir?
4. Est-ce que vous êtes un peu paresseux (-euse)?
5. Et aux examens, vous trichez de temps en temps?
6. Vous n'arrivez jamais en retard au travail?

À vous, maintenant...

Interviewez quelques-uns de vos camarades dans la classe pour trouver leurs qualités et leurs défauts. Rappelez-vous que dans ce genre d'exercice, la discrétion est de la plus haute importance. Ensuite, écrivez quelques lignes à propos d'un de vos camarades.

VOCABULAIRE AU CHOIX

pour parler de vos qualités et de vos défauts

— Quels sont vos talents et vos qualités?

— Je sais parler français.
>   taper à la machine.
>   écrire en sténo.
>   chanter.

Je peux dire que je suis travailleur (-euse).
>   ponctuel(le).
>   humble.
>   respectueux (-euse).
>   serviable.
>   discret (-ète).
>   sincère.

Vous pouvez compter sur moi.
>   avoir confiance en moi. = Je suis fiable.

— Quels sont vos défauts?

— Je bois à l'excès.
>   Je fume trop.
>   Je mens de temps en temps.
>   Je vole de l'argent à mon patron.
>   Je triche aux examens.
>   Je suis un peu paresseux (-euse).
>   insolent(e).
>   impertinent(e).
>   hypocrite.
>   flatteur (-euse).
>   menteur (-euse).

Paris: du passé au futur

1. L'original de la Statue de la liberté   **2.** L'apogée de la gloire: l'Arc de Triomphe de Napoléon   **3.** Les Champs-Élysées

De Paris . . .

4. La tour Eiffel inaugure le centenaire de la Révolution française. le bicentenaire. **6.** Le Paris médiévale: Notre Dame **5.** La Pyramide du Musée du Louvre inaugure

8

9

10

7. Vestiges de l'époque romaine: les arènes d'Arles 8. Menton, Côte d'Azur 9. Les Alpes 10. L'Abbaye de Sénanque et les champs de lavande en Provence

11. Le Mont St. Michel en Normandie, joyau du Moyen Âge   **12.** Le château de Versailles, XVIIe siècle
13. Les vestiges préhistoriques en Bretagne: les menhirs de Carnac

Voyage
à travers
les époques

14. Les ruines de St. Émilion   **15.** L'Alsace: Strasbourg, carrefour de l'Europe depuis les temps romains
16. La Bourgogne et ses canaux   **17.** Le château de Chenonceaux, XVIe siècle, Vallée de la Loire

 18

Le tour du monde francophone:

19

20

18. Bruxelles: La Grand Place et son marché aux fleurs ultra moderne   **19.** Le château de Frontenac à Québec   **20.** Montréal, ville

Diversité des cultures reliées par une langue commune

21

22

23

21. Barmou, village nigérien en Afrique   **22.** Le lac Léman à Genève en Suisse   **23.** Cérémonie en Guinée, en Afrique noire

24

Richesses de l'art

25

26

24. Matisse: L'Enterrement de Pierrot   **25.** Vitraux rosaux de Notre Dame   **26.** Gauguin: Le Chien rouge

LEÇON · 7

LES HAUTS ET LES BAS

To tell a story, to narrate, you need to be able to talk about what happened in the past. In this lesson, you will learn the verb tense you need to tell about a series of past events — the **passé composé**. Starting with this lesson, you will be memorizing key *structures*, instead of just set phrases, so that you can learn the different forms of verbs and talk about the past, present, and future. What you learn in this lesson you can use in talking about any subject, but the themes here will be about how you spend your leisure time, specifically weekends and vacations. As a first step in this lesson, you should do the vocabulary preparation exercises in **Le Français chez vous**.

FUNCTIONS

talking about what you usually do or like to do on the weekend

telling what you did last weekend

telling some of the things that went right or wrong

telling what you do to travel inexpensively

telling what you did for your last vacation or trip

STRUCTURES

le passé composé

participes passés

le passé composé: les verbes avec **être**

le passé composé des verbes modaux

syntaxe au passé composé: pronoms, négation, verbes modaux

MISE EN SCÈNE

Le Musée d'Orsay

Un week-end actif à Chamonix ou un week-end tranquille à Paris?

MISE EN MARCHE

Qu'est-ce qui se passe?

C'est lundi matin, à l'hôpital de Lyon. Deux infirmières, Véronique et Gisèle, parlent de leur week-end.

Véronique Alors, ça s'est bien passé, le week-end?

Gisèle Oui, très bien, mais ce matin, tu comprends, je suis crevée!

Véronique Et vous êtes rentrés quand?

Gisèle Ce matin à sept heures; j'ai eu le temps de prendre une douche et c'est tout.

Véronique Mais qu'est-ce que vous avez fait, exactement?

Gisèle 1.200 kilomètres de route et six heures de ski!

Véronique Tu as du courage, vraiment! Vous vous êtes bien amusés quand même?

Gisèle Oui, bien sûr! Et toi, qu'est-ce que tu as fait?

Véronique Moi, je n'ai pas bougé. J'ai regardé un peu la télévision samedi soir, j'ai rangé mon appartement, j'ai écrit quelques lettres, et j'ai beaucoup dormi. Bref, un week-end calme et reposant.

Gisèle Pour moi, trop calme!

À propos **Lyon**. Une des villes principales françaises, Lyon se trouve sur la ligne Paris-Marseille.

Le ski. Où vont-ils skier, les Français? Les passionnés de ski — il y en a beaucoup — n'hésitent pas à voyager la nuit du vendredi au samedi pour se retrouver samedi matin dans les champs de neige des Alpes, en France, en Suisse ou en Autriche. Dimanche soir, ils reprennent leur voiture ou le train, et lundi matin, ils se retrouvent au bureau... où ils peuvent enfin se reposer. Notons qu'on peut aussi skier dans les Vosges ou dans les Pyrénées françaises et espagnoles.

Une famille française sur quatre garde une partie de son budget pour se payer des vacances d'hiver. Ils choisissent souvent de partir pendant les deux dernières semaines de décembre, ce qui correspond aux vacances des enfants. Mais les vacances du carnaval (fin février) et de Pâques sont aussi une bonne période pour les sports d'hiver. Mais pour les jeunes sans charges de famille, c'est le week-end!

Vous dites ça comment?

Cherchez les expressions synonymes.

1. très fatigué
2. Vous avez passé un bon week-end, malgré cela?
3. Je ne suis pas sortie.
4. mettre de l'ordre dans mon appartement
5. une fin de semaine tranquille

Cherchez les expressions qui décrivent

1. un week-end mouvementé.
2. un week-end assez calme.
3. des activités fatigantes.
4. des activités reposantes.
5. des activités qu'on peut faire chez soi... et avec des amis.

OBSERVEZ

En général, le week-end
J'**ai** le temps de lire le journal.
Je **range** ma chambre.
Je **mets** de l'ordre dans mon appartement.
J'**écris** des lettres.
Je **dors** beaucoup.
Je **suis** seul(e).

Ce week-end passé
J'**ai eu** le temps de lire le journal.
J'**ai rangé** ma chambre.
J'**ai mis** de l'ordre dans mon appartement.
J'**ai écrit** des lettres.
J'**ai** beaucoup **dormi**.
J'**ai été** seul(e).

IMITEZ LA PRONONCIATION

1. Alors, ça s'est bien passé, le week-end?
2. Oui, très bien, mais ce matin, vous comprenez, je suis vraiment crevé(e)!
3. Mais qu'est-ce que vous avez fait, exactement?
4. On a fait du ski dans les Alpes.
5. Vous avez du courage, vraiment!
6. Et pour vous, le week-end s'est passé comment?
7. Moi, je n'ai pas bougé.
8. J'ai rangé ma chambre.
9. J'ai écrit quelques lettres.
10. J'ai regardé un peu la télé.
11. J'ai beaucoup dormi.

VÉRIFIEZ

Montrez que vous êtes d'accord.

> **MODÈLE:** — Oh, que je suis fatigué(e)!
> — Moi aussi, je suis crevé(e).

1. — Moi, je me suis bien amusé(e) ce week-end.
   — Moi aussi, j'ai...
2. — Nous, on a passé le week-end à skier.
   — Moi aussi,... du ski.
3. — Le week-end prochain, je ne vais pas sortir.
   — Moi non plus. Je ne vais pas...
4. — Je vais mettre de l'ordre dans mon appartement.
   — C'est une bonne idée. Moi aussi, je vais...
5. — Je vais beaucoup dormir.
   — Tu as raison. Moi aussi, je vais me...
6. — Je veux passer un week-end tranquille.
   — Eh bien, moi aussi, j'ai envie de...

Parlons un peu

Choisissez la réponse convenable.

1. Ah, tiens! Salut!
   - Salut! Alors, ça s'est bien passé, le week-end?
   - Ça n'est pas vrai! J'adore les enfants.
   - Non, merci. Mon docteur me recommande le repos complet.

2. Tiens, vous avez l'air bien fatigué(e).
   - Oui, ce matin, vous comprenez, je suis crevé(e)!
   - En effet, vous avez bonne mine.
   - Moi aussi, j'ai très soif.

3. Qu'est-ce que vous avez fait, exactement?
   - Non, la musique moderne ne m'intéresse pas.
   - On a fait du ski dans les Alpes.
   - Oui, j'adore Picasso.

4. Ce matin, j'ai eu le temps de prendre une douche et c'est tout.
   - Vous avez du courage, vraiment!
   - Vous avez bien dormi, alors?
   - Bof, la politique, ça ne m'intéresse pas trop.

5. Moi, je n'ai pas bougé.
   - Mais qu'est-ce que vous avez fait, exactement?
   - Un week-end mouvementé, alors?
   - Moi aussi, j'adore les aventures folles.

6. Moi, j'ai mis de l'ordre dans mon appartement.
   - Un week-end tranquille, alors!
   - Moi aussi, j'ai quitté mon appartement.
   - Vous parlez de mon beau-frère?

7. Vous n'avez vraiment rien fait?
   - Mon chien est toujours malade.
   - Si, j'ai regardé un peu la télé.
   - Mon beau-frère? Il est toujours au chômage.

8. Vous vous êtes bien reposé(e), alors?
   - Oui, j'ai beaucoup dormi.
   - Oui, j'ai travaillé tout le week-end.
   - Oui, on a fait du ski.

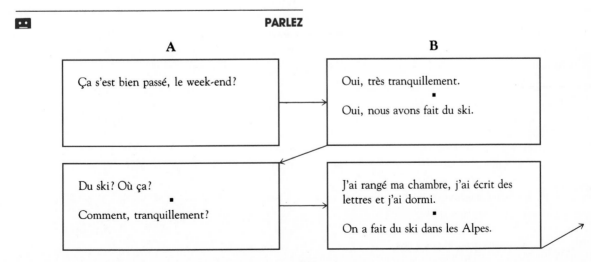

A

Ça s'est bien passé, le week-end?

Du ski? Où ça?

Comment, tranquillement?

B

Oui, très tranquillement.

Oui, nous avons fait du ski.

J'ai rangé ma chambre, j'ai écrit des lettres et j'ai dormi.

On a fait du ski dans les Alpes.

Franchement, ça me paraît un peu trop calme.	Non, mais ça s'est bien passé quand même.
Vous avez eu de la neige?	Vraiment? Tu trouves? Qu'est-ce qu'il te faut, alors?

Moi, il me faut de l'animation.
Tant mieux!

À vous, maintenant...

Parlez avec votre partenaire à propos de vos goûts et préférences. Est-ce que vous préférez les week-ends calmes ou mouvementés? Qu'est-ce que vous faites pendant le week-end, d'habitude? Comment avez-vous passé le week-end dernier? Renseignez-vous sur votre partenaire. Ensuite, écrivez quelques lignes à propos de votre partenaire.

À noter

J'ai passé → Il/Elle **a passé** un week-end (calme/animé/ordinaire/agréable).
Il/Elle **a fait** (la lessive/du ski/une longue promenade), etc.

VOCABULAIRE AU CHOIX

pour parler de ce qu'on a fait le week-end

En général

Je ne **travaille** pas.
Je **lave** ma voiture.
Je **range** ma chambre.
J'**étudie** pour un examen.
Je **lis** un roman policier.

Je **fais** la lessive.
mes devoirs.
une longue promenade.
Je **suis** seul(e) dans la nature.

J'aime faire la grasse matinée.
des courses.
du lèche-vitrines.
flâner en ville.
téléphoner à mes parents.
aller à la messe. (catholique)
au culte. (protestant)
à la synagogue. (juif)
à la mosquée. (musulman)
au centre commercial.
dans les grands magasins.

Le week-end passé

Je n'**ai** pas **travaillé**.
J'**ai lavé** ma voiture.
J'**ai rangé** ma chambre.
J'**ai étudié** pour un examen.
J'**ai lu** un roman policier.

J'**ai fait** la lessive.
mes devoirs.
une longue promenade.
J'**ai été** seul(e) dans la nature.

J'ai fait...

J'ai flâné...
J'ai téléphoné...
Je suis allé(e)...

UN PAS
DE PLUS

Qu'est-ce qui se passe?

C'est lundi matin, et deux amis bavardent dans l'atelier.

Louis Qu'est-ce que tu as? Tu as vraiment mauvaise mine!

Philippe Oh, mon pauvre vieux, j'ai passé un week-end épouvantable.

Louis Un week-end épouvantable? Comment, cela? Qu'est-ce qui t'est arrivé?

Philippe J'ai fait des bêtises, et j'ai eu un accident.

Louis Mais qu'est-ce qui s'est passé, au juste?

Philippe Tu es discret, hein?

Louis Ah, ça oui! Tu peux avoir confiance en moi.

Philippe Eh bien, voilà! Tu sais que j'aime bien boire.

Louis Ah, je te vois venir! Tu as trop bu.

Philippe Hélas, oui! Et j'adore conduire vite, hein?

Louis Ça y est, je vois. Tu as conduit un peu trop vite.

Philippe Oui, et j'ai fini dans un arbre à 120 à l'heure.

Louis Et tu n'as même pas été blessé! Mais c'est un miracle, ça!

Philippe Oui, peut-être, mais la voiture, elle, elle est morte.

Louis Ah, mon pauvre vieux! Mais alors, qu'est-ce que tu vas faire?

Philippe Eh bien, j'ai décidé de ne plus boire et de prendre le train.

À propos   **J'adore conduire vite.** En France, la limite de vitesse ne peut pas excéder 120 km/h sur l'autoroute et 90 km/h sur les routes nationales. Attention aussi à la priorité de droite en France — tous les véhicules qui arrivent de votre droite sont prioritaires. Ils ne s'arrêtent pas pour vous et parfois regardent à peine si quelqu'un arrive dans l'autre sens.

Vous dites ça comment?

Cherchez les expressions synonymes.

1. horrible
2. Qu'est-ce qu'il y a?
3. des actions stupides
4. Qu'est-ce qui est arrivé, exactement?

5. Je sais déjà ce que tu vas dire.
6. Je comprends.
7. Je suis entré en collision avec...

Cherchez des exemples

1. des bêtises.
2. des expressions de sympathie.
3. des activités dangereuses.
4. des décisions sages et prudentes.

---

1. J'ai passé un week-end épouvantable.
2. Comment, cela?
3. J'ai fait des bêtises, et j'ai eu un accident.
4. Qu'est-ce qui s'est passé, au juste?
5. J'ai trop bu.
6. J'ai conduit trop vite.
7. Qu'est-ce que tu vas faire?
8. J'ai décidé de ne plus boire.

VÉRIFIEZ

Indiquez par vos réponses que tout a mal tourné ou que vous avez pris des décisions.

> **MODÈLE:** — Tu as passé un bon week-end?
> — Non, j'ai passé un week-end épouvantable.

1. — Je sais que tu aimes boire.
   — Oui, et cette fois, j'ai...
2. — Je sais que tu aimes conduire vite.
   — Oui, c'est juste, et cette fois j'ai...
3. — Je sais qu'il t'arrive de faire des bêtises de temps en temps.
   — Hélas, oui! Et cette fois j'ai...

4. — Tu n'es pas entré(e) en collision avec un arbre, par exemple?
   — Si, j'ai...
5. — Tu devrais décider de ne plus boire.
   — Oui, d'accord, j'ai déjà...
6. — Tu vas continuer à conduire?
   — Non, j'ai...

Parlons un peu

Choisissez la réponse convenable.

1. Tu as vraiment mauvaise mine.
   • J'ai donc l'air malade?
   • Oui, c'est vrai, je suis en pleine forme.
   • Tu trouves que j'ai l'air content(e)?

2. Mon week-end a été désastreux, tu sais.
   • Moi aussi, je n'ai fait que travailler.
   • Tiens! Moi aussi, j'ai passé un week-end épouvantable.
   • Moi aussi, je me suis bien amusé(e) ce week-end.

3. Mais pour moi, c'est vraiment la fin du monde!
   • Qu'est-ce qui s'est passé, au juste?
   • Pas moi. Je ne vais pas au cinéma pour penser.
   • Oh, la politique, tout ça ne m'intéresse pas beaucoup.

4. J'ai fait des bêtises!
   • Des bêtises! Des bêtises! Que veux-tu dire par des bêtises?
   • Est-ce que votre beau-frère est toujours au chômage?
   • Nous, on a fait du ski dans les Alpes.

5. Ah, tu n'as pas eu un accident, par exemple?
   - J'ai passé le week-end à la campagne.
   - Mon docteur me conseille le repos complet.
   - Si. J'ai trop bu, et j'ai conduit trop vite.

6. Qu'est-ce que tu vas faire?
   - La peinture, les livres, tout ça m'est égal.
   - La voiture, elle, elle est morte.
   - J'ai décidé de ne plus boire et de prendre le train.

PARLEZ

A

Alors, tu as passé un bon week-end?

B

Non, malheureusement, j'ai passé un week-end épouvantable.

▪

Oui, j'ai passé un week-end excellent.

Pourquoi? Qu'est-ce qui s'est passé, au juste?

▪

Formidable! Eh bien, moi aussi, j'ai passé un bon week-end. Qu'est-ce que tu as fait, toi?

Eh bien, je suis parti(e) à la campagne.

▪

D'abord, j'ai perdu mon portefeuille, et puis j'ai eu un accident de voiture. Ah, quel week-end!

Mon/Ma pauvre ami(e)! Oui, effectivement, tu as vraiment passé un week-end épouvantable!

▪

Ah, mais c'est très bien, ça.

Et toi, ça s'est passé comment?

▪

Oui, et il a fait beau pendant deux jours.

Oh moi, mon week-end a été calme. J'ai mis de l'ordre dans mon appartement!

▪

C'est vrai que tu as bonne mine. L'air de la campagne, c'est fantastique.

Oui, je suis en pleine forme!

▪

Eh bien, la semaine prochaine, moi aussi, je vais le faire.

À vous, maintenant...

En groupe de trois ou quatre, parlez de vos activités du week-end passé. Est-ce que vos camarades et vous avez passé un bon ou un mauvais week-end? Si vous avez fait des bêtises, qu'est-ce que vous avez décidé de faire (e.g., d'être sage, de ne plus boire, de faire vos devoirs à l'heure)?

Prenez des notes et écrivez cinq ou six lignes à propos du week-end d'un(e) de vos camarades.

VOCABULAIRE AU CHOIX

pour parler d'un bon week-end

Le week-end **est** très bon, quand...

on **rencontre** l'homme ou la femme de sa vie.

on **lit** un bon roman policier.

on **voit** un film extraordinaire.

on **reçoit** un chèque de son oncle.

on **finit** ses devoirs à temps.

Ce week-end passé a été très bon, car...

on **a rencontré** l'homme ou la femme de sa vie.

on **a lu** un bon roman policier.

on **a vu** un film extraordinaire.

on **a reçu** un chèque de son oncle.

on **a fini** ses devoirs à temps.

pour parler d'un week-end désastreux

Le week-end **est** désastreux, quand...

on **fait** des bêtises.

on **a** un accident de voiture.

on **dort** mal.

on **reçoit** de mauvaises nouvelles.

on **perd** ses lunettes.

       son portefeuille.

       ses livres.

       son sac à dos.

Ce week-end **a été** désastreux, car...

on **a fait** des bêtises.

on **a eu** un accident de voiture.

on **a** mal **dormi**.

on **a reçu** de mauvaises nouvelles.

on **a perdu** ses lunettes.

on **laisse/oublie** sa valise   dans le métro.

       son sac   dans l'autobus.

       toutes ses notes dans un bar.

on **a** une migraine.

on **a laissé/oublié** sa valise, etc., dans le métro, etc.

on **a eu** une migraine.

pour parler de vos décisions

Par conséquent, j'ai décidé de ne plus boire.

               conduire trop vite.

               fumer.

         d'être sage.

         de faire attention.

         d'éviter mes excès habituels.

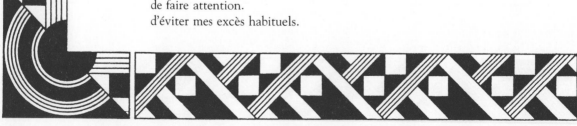

FAISONS LE POINT

1. Le Passé composé   (grammaire 4.6)

Le passé composé représente l'action du verbe comme achevée (complète) au moment présent. On emploie cette forme du verbe pour raconter une série d'actions au passé.

En général
Je **passe** mes vacances en Bretagne.
Je **vais** en Espagne pour chercher le soleil.

Je **me repose** au bord de la mer.

L'été dernier (passé composé)
J'**ai passé** mes vacances en Bretagne.
Je **suis allé(e)** en Espagne pour chercher le soleil.

Je **me suis reposé(e)** au bord de la mer.

Le passé composé se forme à l'aide d'un *verbe auxiliaire* (**avoir** ou **être**) au présent et d'un participe passé. Pour la plupart des verbes, l'auxiliaire est **avoir**.   (grammaire 4.6.1)

J'**ai passé** de bonnes vacances.	Nous **avons passé** la soirée chez nous.
Tu **as passé** de bonnes vacances?	Vous **avez passé** la matinée en ville?
Il/Elle/On **a passé** son bac.	Ils/Elles **ont passé** un mauvais moment.

Pour les verbes pronominaux et un petit groupe de verbes, c'est **être**.   (Voir partie B de cette leçon et grammaire 4.6.1.)

2. Participes passés   (grammaire 4.6.2)

Il y a plusieurs groupes de participes passés. *Il faut les apprendre pour employer le passé composé.*

-er → -é
aller   allé
trouver   trouvé

-ir → -i
finir   fini
accomplir accompli

-ettre, -rendre → -is
mettre   mis
promettre   promis
prendre   pris
surprendre surpris

-attre, -erdre -enir, -oir, -oire, -aître → -u
battre   battu
perdre   perdu
venir   venu
obtenir   obtenu
voir   vu
recevoir reçu
boire   bu
paraître paru

Voici quelques participes irréguliers.

être	été		dire	dit
avoir	eu		écrire	écrit
faire	fait		pouvoir	pu
naître	né		vouloir	voulu
mourir	mort		pleuvoir	plu
vivre	vécu		devoir	dû
lire	lu		ouvrir	ouvert

MISE EN PRATIQUE

A. Parlons de votre week-end. Qu'est-ce que vous espérez faire le samedi soir? Étudiez cette liste.

J'espère passer une excellente soirée.
  rencontrer des amis.
  dîner dans un bon restaurant.
  bien manger.
  inviter quelques amis chez moi.
  mettre des disques.
  écouter ma musique préférée.
  danser jusqu'au matin.

B. Qu'est-ce vous avez fait samedi soir?

On a passé une excellente soirée, car
… des amis.
… restaurant.
… bien…
… quelques amis chez moi.
… des disques.
… notre musique préférée.
… jusqu'au matin.

C. Alors, qu'est-ce qui peut arriver un dimanche après-midi?

On peut faire une promenade en ville.
  visiter le musée d'Orsay.
  voir des amis.
  prendre quelque chose à boire dans un café.
  perdre son chemin en rentrant.
  demander des renseignements à un passant.

À propos   **Le musée d'Orsay.** Si vous êtes à Paris un dimanche après-midi, vous pouvez visiter un musée, comme le musée d'Orsay. Il contient des peintures du XIXe siècle et du XXe siècle. C'est une ancienne gare — la gare d'Orsay — qui a été restaurée et modernisée en musée.

D. Qu'est-ce qui est arrivé dimanche après-midi?

Nous avons fait une promenade en ville.
… un musée.
… des amis.
… quelque chose à boire dans un café.
… son chemin…
… des renseignements…

E. Maintenant vous parlez avec quelqu'un à propos de vos habitudes. Quand vous répondez, vous donnez un exemple de vos activités de ce week-end passé.

> **MODÈLE:** — Vous aimez passer un week-end calme?
> — Oui, ce week-end passé, par exemple, je n'ai pas bougé.

1. Est-ce que vous aimez travailler le week-end?
2. Aimez-vous dîner dans des restaurants très chers?
3. Préférez-vous la ville ou la campagne?
4. Aimez-vous sortir le week-end?
5. Qu'est-ce que vous écoutez comme musique?
6. Qu'est-ce que vous aimez comme film?

— Je me promène, je respire, je regarde l'herbe pousser…

Ça a bien marché?

MISE EN SCÈNE

Il y a des moyens de voyager bon marché.

Ah, les vraies vacances!

MISE EN MARCHE

Qu'est-ce qui se passe?

Le premier septembre. Jean-François et Isabelle se retrouvent au bureau après un mois de vacances.

Isabelle	Salut! Mais quelle mine tu as, dis donc!
Jean-François	Ah, les vacances…
Isabelle	Qu'est-ce que tu veux dire?
Jean-François	Cette année ça a été plutôt raté.
Isabelle	Pourquoi, qu'est-ce que tu as fait?
Jean-François	Tu sais, moi, les vacances, c'est le soleil et la mer…
Isabelle	Et alors?
Jean-François	Je suis parti en Espagne pour trouver le soleil, et pendant une semaine il a plu tous les jours.
Isabelle	En effet, c'est rare pour l'Espagne.
Jean-François	Et après on a interdit toutes les plages de la région.
Isabelle	Pourquoi ça?
Jean-François	À cause de la pollution. On a même fermé quelques restaurants.
Isabelle	Oui, c'est très embêtant! Mais tu as pu visiter la région un petit peu quand même?
Jean-François	Oui, bien sûr, mais pour moi, tu sais, ce n'est pas de vraies vacances.
Isabelle	Je ne devrais peut-être pas te dire ça, mais en Bretagne on a eu du soleil tous les jours.
Jean-François	Vous avez eu de la chance!

À propos   **Les vacances.** Les Français ont maintenant cinq semaines de vacances par an. C'est d'ailleurs le cas de la plupart des Européens.

La Bretagne. C'est une région très sauvage située à l'ouest de la France. Il y a beaucoup de petits villages pittoresques, des églises historiques, des plages splendides bordées de falaises impressionnantes. Il y a aussi des vestiges préhistoriques (comme les menhirs de Carnac, qui rappellent un peu Stonehenge) à visiter. Un problème si vous désirez passer des vacances en Bretagne: c'est comme en Belgique, on n'est jamais sûr du temps. Il y pleut beaucoup.

Vous dites ça comment?

Cherchez les expressions synonymes.

1. Les vacances, ça n'a pas marché.
2. Donne-moi des explications.
3. Qu'est-ce qui s'est passé?
4. C'est dommage!
5. Il a fait du soleil.

Cherchez des exemples.

Qu'est-ce qui peut se passer en vacances...

1. quand on a de la chance?
2. quand on n'a pas de chance?

IMITEZ LA PRONONCIATION

1. Qu'est-ce que tu as fait cette année?
2. Pour moi, tu sais, les vacances, c'est le soleil et la mer.
3. Je suis parti en Espagne pour trouver le soleil.
4. Il a plu tous les jours.
5. Tu as pu visiter la région un tout petit peu quand même?
6. Je ne devrais pas te dire ça...
7. ... mais nous avons eu du soleil tous les jours.
8. Vous avez eu de la chance!

VÉRIFIEZ

Répondez d'une façon convenable à votre ami(e). Employez des phrases comme:

C'est dommage, ça!   **Tant mieux!**
Mais c'est embêtant, ça!   **Vous avez eu de la chance!**

1. J'ai eu cinq semaines de vacances cette année.
2. Mais nous avons eu beaucoup de pluie.
3. Cependant, j'ai pu lire plusieurs romans.
4. Malheureusement, j'ai attrapé un rhume.
5. J'ai été gravement malade.
6. Enfin, nous avons retrouvé le soleil.
7. On a passé deux semaines formidables à la plage.
8. Mais j'ai perdu ma valise.
9. Heureusement, je suis couvert(e) par mes assurances.

Parlons un peu

RÉPONDEZ

Choisissez la réponse convenable.

1. Salut! Mais quelle mine tu as, dis donc!

   - Oui, oui, ça va très bien.
   - Tu plaisantes, j'espère. Je n'ai vraiment pas bonne mine.
   - On dit qu'il va pleuvoir.

2. Ah, les vacances, cette année, ça a été plutôt raté.

   - Vous avez donc passsé de bonnes vacances?
   - Vous avez donc passé de mauvaises vacances?
   - Vous n'avez pas eu de vacances?

3. Qu'est-ce que vous avez fait cette année?

  • On est parti en Espagne pour trouver le soleil.
  • On va partir en Espagne.
  • Il a plu tous les jours.

4. Qu'est-ce qui vous est arrivé, alors?

  • Il a plu tous les jours.
  • Oh, la politique, ça ne me dit pas grand-chose.
  • Oh, oui, la musique populaire, ça me plaît beaucoup.

5. On a interdit toutes les plages de la région.

  • Vous avez pu nager dans la mer, alors?
  • Vous n'avez pas pu nager dans la mer, alors?
  • Vous avez donc passé vos vacances au bord de la mer?

6. Selon vous, c'est quoi, les vraies vacances?

  • On n'a pas pu visiter la région.
  • C'est simple. Les vraies vacances, c'est le soleil et la mer.
  • Si, j'ai attrapé un rhume.

7. En Bretagne, on a eu du soleil tous les jours.

  • Vous avez eu de la chance!
  • Vous n'avez pas eu de chance.
  • Ça a été plutôt raté, alors?

PARLEZ

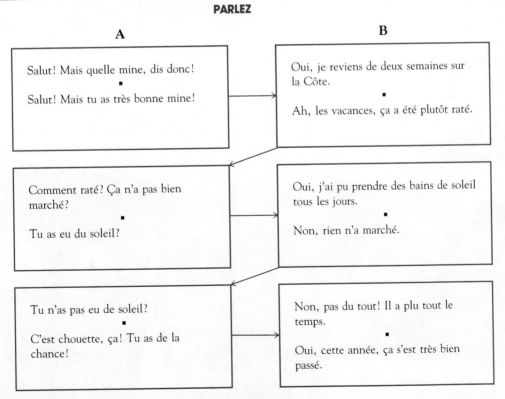

A

Salut! Mais quelle mine, dis donc!

Salut! Mais tu as très bonne mine!

B

Oui, je reviens de deux semaines sur la Côte.

Ah, les vacances, ça a été plutôt raté.

Comment raté? Ça n'a pas bien marché?

Tu as eu du soleil?

Oui, j'ai pu prendre des bains de soleil tous les jours.

Non, rien n'a marché.

Tu n'as pas eu de soleil?

C'est chouette, ça! Tu as de la chance!

Non, pas du tout! Il a plu tout le temps.

Oui, cette année, ça s'est très bien passé.

À vous, maintenant...

En groupe de trois ou quatre, parlez de vos activités pendant vos vacances l'été dernier. Est-ce que vos camarades et vous avez passé de bonnes ou de mauvaises vacances? Qu'est-ce que vos camarades ont fait, au juste?

Prenez des notes et écrivez quelques lignes à propos d'un(e) de vos camarades.

VOCABULAIRE AU CHOIX

les vraies vacances

En général

On **a** du soleil tous les jours.
On **peut** prendre des bains de soleil.
On **mange** dans de bons restaurants.
On **fait** du ski nautique.
     de la natation.
     de la pêche sous-marine.
     de l'alpinisme.
     de l'équitation.
On **oublie** les cours.
     les devoirs.
     les professeurs.

Cet été

On **a eu** du soleil tous les jours.
On **a pu** prendre des bains de soleil.
On **a mangé** dans de bons restaurants.
On **a fait** du ski nautique.
     de la natation.
     de la pêche sous-marine.
     de l'alpinisme.
     de l'équitation.
On **a oublié** les cours.
     les devoirs.
     les professeurs.

les vacances ratées

En général

Il **pleut** tous les jours.
On **attrape** un rhume.
     une pneumonie.
Il y **a** trop de moustiques.
On ne **peut** pas trouver un hôtel convenable.
On **doit** passer la nuit dans la voiture.
Tout **est** trop cher.

Cet été

Il **a plu** tous les jours.
On **a attrapé** un rhume.
     une pneumonie.
Il y **a eu** trop de moustiques.
On n'**a** pas **pu** trouver un hôtel convenable.
On **a dû** passer la nuit dans la voiture.
Tout **a été** trop cher.

UN PAS DE PLUS

Qu'est-ce qui se passe?

Un homme d'affaires américain, Monsieur Baxter, parle de son voyage en France à ses amis,
Monsieur et Madame Delecourt, qui vivent aux États-Unis depuis quelques années.

M. Delecourt	Dis donc, ça doit être cher de voyager en Europe maintenant.
M. Baxter	Ça coûte une fortune. Heureusement que c'est ma compagnie qui paie.
Mme Delecourt	C'est fou, ce qu'on doit payer pour l'avion.
M. Baxter	Oui, et les prix viennent encore d'augmenter.
M. Delecourt	Et les hôtels?
M. Baxter	Oh, ça, pour les hôtels, ceux qui sont à peu près convenables, ça vous coûte les yeux de la tête.
M. Delecourt	Sans parler de la nourriture! Les prix dans les restaurants doivent être exorbitants.
M. Baxter	Oui, en effet, j'ai dû payer 20 F pour une malheureuse tasse de café.
Mme Delecourt	Moi, c'est bien simple: je ne sors plus de chez moi.

———

Virginia, une étudiante américaine, rencontre son ami Habib, un jeune étudiant tunisien
qui fait ses études aux États-Unis. Elle lui raconte le voyage qu'elle vient de faire pendant
ses vacances en Europe avec son amie Betsy.

Habib	Alors, ça s'est bien passé, les vacances?
Virginia	Oui, très bien, on a passé des vacances formidables.
Habib	Ça coûte cher de voyager en Europe, maintenant?
Virginia	Pas excessivement. Mais on a dû faire très attention.
Habib	Par exemple?
Virginia	Eh bien, d'abord on a pris un charter, celui qui est organisé par le Centre international à l'université. Ils ne servent pas de repas, mais on a apporté des sandwichs.
Habib	Ah, on peut faire ça? Et vous êtes restées à l'hôtel?
Virginia	Oui, quelquefois, mais pas dans des hôtels de luxe. La plupart du temps on a dormi dans les auberges de jeunesse.
Habib	Et pour la nourriture, qu'est-ce que vous avez fait?

Virginia	Ça a bien marché—du pain, du fromage, des fruits—mais on n'a pas dîné chez Maxim's.
Habib	Et les sorties, ça a dû être cher, non?
Virginia	Pas vraiment. Il y a beaucoup d'activités qui ne sont pas chères. Par exemple, le Louvre est gratuit le dimanche, et partout, il y a des prix réduits pour les étudiants. Il faut être débrouillard, voilà tout.

À propos   **Chez Maxim's.** Célèbre restaurant de la rue Royale à Paris. Quand on dit *Maxim's,* on pense à un service impeccable, un cadre somptueux, une cuisine réputée et un prix astronomique.

Le Louvre. Ancien palais royal à Paris, le Louvre est maintenant un des plus grands musées du monde qui attire des visiteurs de partout.

Vous dites ça comment?

RELISEZ

Cherchez les expressions synonymes.

1. Les voyages sont très chers.
2. Tout est excessivement cher.
3. Les prix ont récemment augmenté.
4. Les hôtels sont très, très chers.
5. Il a fallu payer 20 F pour une simple tasse de café.
6. Je reste à la maison.
7. Il a fallu être économe.
8. Les sorties ont été probablement très chères, n'est-ce pas?
9. Il faut être ingénieux.

Cherchez des exemples.

Comment voyage-t-on (logement, nourriture, voyage, sorties)…

1. quand on a beaucoup d'argent?
2. quand on veut voyager moins cher?

IMITEZ LA PRONONCIATION

1. Ça doit être cher de voyager en Europe.
2. Ça coûte une fortune.
3. Les prix viennent encore d'augmenter.
4. J'ai dû payer 20 F pour un café.
5. Et les sorties? Ça a dû être cher, non?
6. Il y a beaucoup d'activités pas chères.
7. Mais on n'a pas dîné chez Maxim's.
8. Le Louvre est gratuit le dimanche.
9. Il faut être débrouillard, voilà tout.

VÉRIFIEZ

Montrez que vous êtes du même avis.

1. — Ça doit être cher de voyager en Europe maintenant.
   — Oui, ça… une fortune.
2. — C'est fou ce qu'on doit payer pour l'avion.
   — Oui, en effet, les prix sont…

3. — Et maintenant ça coûte encore plus cher.
   — Oui, c'est vrai, les prix... augmenter.
4. — Vous savez, il m'a fallu payer 20 F pour une malheureuse tasse de café.
   — Tiens! Quelle coïncidence! Moi aussi... pour une tasse de café.
5. — Heureusement, il y a des prix réduits pour les étudiants.
   — Oui, pour les étudiants il y a beaucoup d'activités...
6. — Mais quand on voyage, on doit être habile et ingénieux.
   — Vous avez bien raison. Il faut...
7. — On ne doit pas rêver de dîner dans des restaurants de luxe.
   — C'est évident, on ne peut pas...
8. — Et il faut éviter les hôtels de luxe.
   — Oui, c'est beaucoup moins cher si on dort...
9. — D'ailleurs, on ne prend pas le Concorde.
   — Oui, c'est moins cher de...

Parlons un peu

Choisissez la réponse convenable.

1. Ça doit être cher de voyager en Europe maintenant.

   • Non, je viens de rentrer.
   • Oui, et les prix viennent encore d'augmenter.
   • On a loué une voiture.

2. Est-ce que vous avez pu trouver des hôtels à peu près convenables?

   • Oui, mais ça nous a coûté une fortune.
   • Oui, nous partons souvent en voyage.
   • Oui, on aime faire de l'équitation.

3. Avez-vous dîné chez Maxim's?

   • Il a plu tous les jours.
   • On a écouté la radio.
   • Oui, et ça nous a coûté une fortune aussi.

4. Comment avez-vous fait pour vous transporter? Vous avez loué une voiture?

   • On a visité la Grèce.
   • Non, on a pris le train.
   • Eh bien, on a dû payer 20 F pour une tasse de café.

5. Une question: faut-il être riche pour voyager?

   • Non, pas du tout, mais il faut être débrouillard.
   • Elle n'est pas encore retournée.
   • On rêve d'aller en Grèce.

6. Mais alors, qu'est-ce qu'on fait pour la nourriture?

   • Non, mais on a regardé les chevaux.
   • C'est fou, ce qu'on doit payer pour l'avion.
   • On peut manger un sandwich dans sa chambre.

7. Les étudiants peuvent voyager, alors?

   • Oui, certainement, il y a beaucoup d'activités pas chères.
   • On a assisté à des concerts.
   • Oui, c'est ça, on a loué une voiture.

8. On m'a dit que les prix dans les hôtels à peu près convenables sont excessivement chers.

   • C'est possible, mais nous, on a dormi dans des auberges de jeunesse.
   • On fait de l'auto-stop.
   • C'est fou ce qu'on doit payer pour l'avion.

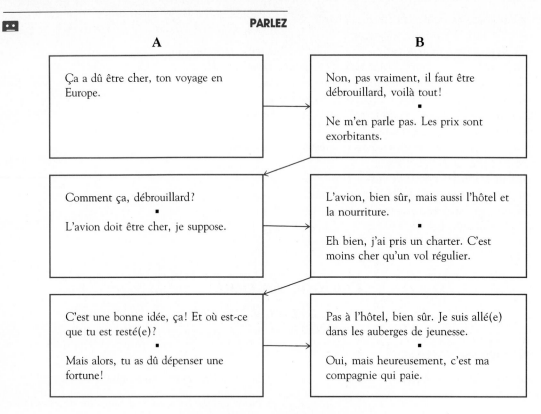

A

B

Ça a dû être cher, ton voyage en Europe.

Non, pas vraiment, il faut être débrouillard, voilà tout!

Ne m'en parle pas. Les prix sont exorbitants.

Comment ça, débrouillard?

L'avion doit être cher, je suppose.

L'avion, bien sûr, mais aussi l'hôtel et la nourriture.

Eh bien, j'ai pris un charter. C'est moins cher qu'un vol régulier.

C'est une bonne idée, ça! Et où est-ce que tu est resté(e)?

Mais alors, tu as dû dépenser une fortune!

Pas à l'hôtel, bien sûr. Je suis allé(e) dans les auberges de jeunesse.

Oui, mais heureusement, c'est ma compagnie qui paie.

À vous, maintenant...

Avec votre partenaire parlez de vos voyages. Comment aimez-vous voyager? Êtes-vous débrouillard? Avez-vous quelques petites ruses pour voyager bon marché? Ou bien, est-ce que vous dépensez beaucoup quand vous voyagez? Savez-vous vous débrouiller pour faire des économies (voyage, logement, nourriture, distractions)? Racontez votre dernier voyage. Comme d'habitude, écrivez cinq ou six lignes à propos de votre partenaire.

VOCABULAIRE AU CHOIX

Choisissez au moins cinq activités qui vous correspondent à votre facon de voyager.

Quand l'argent n'est pas un problème,
    on voyage en Europe ou en Asie.
    on loue une voiture.
    on descend à l'hôtel.
    on dîne dans des clubs privés.
    on a une plage privée.
    on assiste à des concerts.
    on fait de l'équitation.
    on décide de visiter Hawaii.
    on réserve une suite à l'hôtel pour l'été prochain.

Quand le problème est le manque d'argent,
    on reste près de chez soi.
    on prend le train.
    on dort dans une auberge de jeunesse.
    on mange un sandwich dans sa chambre.
    on va sur les plages publiques.
    on écoute la radio.
    on regarde les chevaux.
    on rêve d'aller à Hawaii.
    on espère pouvoir revenir l'été prochain.

FAISONS LE POINT

1. Le Passé composé: les verbes avec *être*   (grammaire 4.6.1)

Être est le verbe auxiliaire pour un certain nombre de verbes *intransitifs* (verbes sans objet direct). Quand un de ces verbes est conjugué avec **être**, le participe passé s'accorde *avec le sujet* en genre et en nombre, i.e., on ajoute un **-e** si le sujet est au féminin, et on ajoute un **-s** si le sujet est au pluriel.

Je **suis parti(e)** à midi.	Nous **sommes parti(e)s** à huit heures.
Tu **es parti(e)** à dix heures.	Vous **êtes parti(e)(s)** à onze heures?
Il/On **est parti** vers cinq heures.	Ils **sont partis** en Espagne.
Elle **est partie** avec les autres.	Elles **sont parties** en Italie.

arriver	Il est **arrivé.** Elle est **arrivée.**
partir	Il est **parti.** Elle est **partie.**
entrer	Il est **entré.** Elle est **entrée.**
sortir	Il est **sorti.** Elle est **sortie.**
aller	Ils sont **allés** au cinéma. Elles sont **allées** au cinéma.
venir	Ils sont **venus** trop tard. Elles sont **venues** trop tard.
retourner	Il est **retourné** en France. Elle est **retournée** en France.
rester	Nous sommes **resté(e)s** jusqu'à minuit.
monter	Elle est **montée** dans sa chambre.
descendre	Ils sont **descendus** pour déjeuner. Elles sont **descendues.**
tomber	Elle est **tombée** malade.
naître	Napoléon est **né** en Corse. Jeanne d'Arc est **née** en France.
mourir	Il est **mort** à l'hôpital. Elle est **morte** à l'hôpital.

Pensons à nos voyages. Qu'est-ce qu'il faut faire pour partir en voyage?

Il faut choisir sa destination.
réserver sa place dans l'avion.
acheter son billet.
faire ses valises.
appeler un taxi.
quitter la maison.

Il faut mettre ses valises dans le taxi.
aller à l'aéroport Charles de Gaulle.
sortir du taxi.
enregistrer ses bagages.
passer l'inspection de sécurité.
monter dans l'avion.

Eh bien, racontez votre voyage.

D'abord, j'ai choisi ma destination. Ensuite,... ma place dans l'avion. Et puis,... mon
billet. Et après... mes valises. Ensuite,... , etc.

Vous êtes parti(e) avec votre camarade? Alors, racontez.

D'abord, nous avons choisi notre destination. Et ensuite,... Et puis,... , etc.

À propos **L'aéroport Charles de Gaulle,** c'est le plus nouveau, le plus moderne
des aéroports en France. Si vous prenez l'avion pour Paris, c'est probablement là que vous allez atterrir. Il y a deux autres aéroports à Paris:
Orly et **le Bourget.** Ils sont plutôt réservés aux vols à l'intérieur de la
France ou aux vols européens.

OBSERVEZ

Être est également l'auxiliaire pour les *verbes pronominaux* (réfléchis).   (grammaire 4.12)
(Pour le verbe pronominal, le sujet et l'objet sont la même personne.) Le participe passé
s'accorde en genre et en nombre avec le *pronom objet direct.*

Infinitif	Présent		Passé composé
se dépêcher	Je me dépêche.	Je **me** suis dépêché(e).	Nous **nous** sommes dépêché(e)s.
		Tu t'es dépêché(e).	Vous **vous** êtes dépêché(e)(s).
		Il s'est dépêché.	Il **se** sont dépêchés.
		Elle s'est dépêchée.	Elles **se** sont dépêchées.

À noter

La forme interrogative:

Vous amusez-vous?   **Vous** êtes-vous amusé(e)(s)?

Est-ce que je me trompe?   Est-ce que je **me** suis trompé(e)?

MISE EN PRATIQUE

A. Parlons de notre routine de tous les jours. Apprenez la série.

Pendant la semaine, quand je me réveille tard,
    je me lève tout de suite. Ensuite,
    je me lave la figure.
    je me brosse les dents.
    je me peigne les cheveux.
    je me rase/je me maquille.
    je m'habille très vite.
    je me dépêche pour aller aux cours.

Ce matin, je me suis réveillé(e) tard. Donc,
je me suis levé(e) tout de suite, Ensuite, je... la figure. je... les dents. je... les cheveux. je... je... je... pour aller aux cours.

Et Christine? Eh bien, elle aussi, elle s'est réveillée tard. Donc,
elle... tout de suite. Ensuite, elle... la figure. elle... les dents, etc.

Anne-Marie est la camarade de chambre de Christine. Elles se sont toutes les deux réveillées tard. Donc, elles... tout de suite. Ensuite, elles... la figure. elles... les dents, etc.

B. Maintenant, parlez avec votre partenaire à propos de son week-end. Demandez-lui

1. ce qu'il/elle a fait.
2. où il/elle est allé(e).
3. à quelle heure il/elle est rentré(e).
4. s'il/si elle s'est bien amusé(e).
5. s'il/si elle s'est bien reposé(e).
6. si le week-end s'est bien passé.

---

2. Le Passé composé des verbes modaux (grammaire 4.14)

	Présent	Passé composé
pouvoir	Nous ne **pouvons** pas attendre.	Nous n'**avons** pas **pu** attendre.
devoir	Nous **devons** prendre le métro.	Nous **avons dû** prendre le métro.
	L'avion **doit** coûter une fortune.	L'avion **a dû** coûter une fortune.
vouloir	Ils ne **veulent** pas prendre le charter.	Ils n'**ont** pas **voulu** prendre le charter.
falloir	Il **faut** partir très tôt le matin.	Il **a fallu** partir très tôt le matin.

À noter

Le verbe **devoir** comporte deux sens: (1) l'obligation et (2) la conjecture.

Une façon de commencer une conversation est de faire une supposition qui invite l'autre personne à répondre. Vous voulez vous renseigner, mais vous ne voulez pas poser de questions directes.

MODÈLES: **Vous voulez savoir si c'est cher de voyager en Europe.**
— Ça doit être cher de voyager en Europe.

Vous voulez savoir si le voyage a été fatigant.
— Le voyage a dû être fatigant.

Vous voulez savoir si (s')

1. c'est difficile de trouver des hôtels convenables.
2. les prix sont exorbitants.
3. l'avion a été cher.
4. le voyage a été agréable.
5. il/elle a été crevé(e) après.
6. les musées sont fantastiques.
7. les sorties ont été chères.
8. il a plu en Bretagne.
9. les sorties ont coûté cher.

3. Syntaxe au passé composé: pronoms, négation, verbes modaux (grammaire 4.14)

Au passé composé, les pronoms objets directs et indirects suivent la négation et précèdent le verbe auxiliaire.

J'ai perdu **mon portefeuille.**	Je l'ai perdu.	Je ne l'ai pas retrouvé.
J'ai perdu **mes clés.**	Je **les** ai perdues.	Je ne **les** ai pas retrouvées.
J'ai téléphoné **à Paul.**	Je **lui** ai téléphoné.	Je ne **lui** ai pas téléphoné.

Avec les verbes modaux les pronoms suivent le participe passé, mais ils précèdent l'infinitif.

J'ai perdu **mes clés.**   Je n'ai pas pu **les** retrouver.

A. Vous partagez le travail dans votre appartement avec votre camarade de chambre, chacun son tour. Pour faire le ménage dans l'appartement, il faut

laver les vitres (fenêtres).
essuyer les meubles.
secouer les tapis.
passer l'aspirateur.
ranger ses vêtements.
faire la vaisselle.

> **MODÈLE:** Les vitres?
> — Tu vas laver les vitres?
> — Je les ai déjà lavées.

1. Et les meubles?
2. Et les tapis?
3. L'aspirateur?
4. À propos, les vêtements?
5. Et la vaisselle?

B. Vous n'avez pas toujours fait votre travail. Trouvez des excuses en disant que vous n'avez pas pu faire votre travail.

> **MODÈLE:** Les vitres?
> — Vous avez lavé les vitres?
> — Je suis désolé(e), mais je n'ai pas pu les laver.

1. Et les meubles?
2. Et les tapis? etc.

Faites les exercices de vocabulaire et de structure dans le cahier d'exercices avant de lire ces passages.

Pour les grandes occasions la famille se réunit.

Le Dimanche en France

Lisez ce passage trois fois, chaque fois pour trouver la réponse à une question différente.

1. De quoi s'agit-il?
2. Comment se passe ce dimanche typique?
3. Est-ce que c'est différent de chez vous?

    Souvent, en France, on profite de la journée du dimanche pour se décontracter, pour vivre au rythme de la famille après une semaine fatigante pour tout le monde. Que fait-on? Parfois, c'est l'occasion d'un grand repas en famille. On invite l'oncle Raymond et la tante Hortense avec tous les petits cousins, et on se met à table vers midi pour n'en sortir que vers trois ou quatre heures de l'après-midi. Bien sûr, on ne fait pas que manger pendant ces quatre heures. On prend le temps de se parler, de raconter les derniers potins et aussi de déguster les délicieux petits plats que maman (ou papa) a préparés.

Après le repas, beaucoup de familles françaises vont faire une promenade, à pied ou en voiture. Certains vont à la campagne, d'autres préfèrent visiter une église ancienne, ou une exposition de peinture. Si vous habitez à Paris, il est possible que vous décidiez d'aller du côté de Chartres, une petite ville charmante située à une heure de Paris. C'est là que se trouve une cathédrale splendide du XIIe siècle, surtout connue pour ses vitraux magnifiques. Leur couleur bleue est si spéciale qu'on parle même du « bleu de Chartres ». D'autres préfèrent visiter le château de Fontainebleau et ses immenses forêts, qui sont un des lieux de promenade préféré des Parisiens le week-end. Si vous ne désirez pas conduire, peut-être que vous allez rester en ville et que vous allez visiter le nouveau musée d'Orsay ou voir une exposition au Louvre.

Bref, le dimanche, la famille en profite souvent pour être ensemble et pour se décontracter.

DISCUTEZ

1. Et chez vous? Est-ce que le dimanche est une journée que vous passez avec votre famille ou avec vos amis? Ou bien seul(e)?
2. Quand vous êtes à la maison, est-ce que votre famille aime sortir le dimanche, ou bien regarder un peu la télé?
3. Qu'est-ce que vous avez fait dimanche dernier? Est-ce que c'était un dimanche typique?

Vers une civilisation des loisirs

Lisez ce passage trois fois.

1. Cherchez des exemples d'activités musicales.
2. Cherchez des exemples des activités où la lecture joue un rôle important.
3. Cherchez des exemples des activités qui n'ont aucun objectif intellectuel.

Cinq semaines de congés payés par an, c'est beaucoup, surtout par rapport aux États-Unis. Que font les Français de tous ces loisirs? Le ministère de la Culture a réalisé une étude importante sur ce sujet en 1984. Les statistiques avancées reposent sur les réponses aux questions suivantes:

« Depuis un an, c'est-à-dire depuis septembre 1983, cela vous est-il, ou non, arrivé au moins une fois... »

— d'acheter des livres autres que des livres de classe, pour vous-même ou pour quelqu'un d'autre, en cadeau?
    oui 54%
    non 46%

— d'aller au cinéma?
oui 51%
non 49%
— de visiter des monuments historiques?
oui 36%
non 64%
— de visiter un musée?
oui 26%
non 74%
— de voir une exposition de peinture,
de sculpture?
oui 23%
non 77%
— d'assister à un spectacle de variétés,
music-hall, chansonniers?
oui 21%
non 79%
— d'emprunter un livre ou un disque
dans une bibliothèque ou discothèque?
oui 20%
non 80%
— d'aller au théâtre?
oui 15%
non 85%
— d'aller au cirque?
oui 14%
non 86%

— d'assister à un concert de musique rock,
funky, jazz, pop?
oui 13%
non 87%
— d'assister à un concert de musique classique?
oui 9%
non 91%
— de fréquenter un festival?
oui 8%
non 92%
— d'assister à un spectacle de ballet?
oui 6%
non 94%
— de voir une exposition de bandes dessinées?
oui 5%
non 95%
— de consulter les archives locales,
départementales ou nationales?
oui 5%
non 95%
— d'assister à un opéra?
oui 3%
non 97%

DISCUTEZ

Et vous?

1. Posez ces questions à vos camarades en classe et établissez un référendum. À quoi
passez-vous vos loisirs? Et vos camarades? Classez les distractions suivantes selon un
ordre de préférence: Préférez-vous

regarder la télévision?
lire?
aller au cinéma?
faire du sport?
écouter de la musique chez vous?
sortir au resto, en boîte, etc.?

aller au concert ou au théâtre?
visiter une exposition ou un musée?
vous reposer?
recevoir des amis?
bricoler, jardiner, tricoter, cuisiner?
suivre des cours?

2. Lesquelles de ces activités avez-vous faites pendant le mois dernier?

Adjectifs

débrouillard(e)	resourceful, smart
désastreux (-euse)	disastrous
gratuit(e)	free, gratuitous
malheureux (-euse)	unhappy, wretched
médiocre	mediocre
mouillé(e)	wet
réduit(e)	reduced to

Noms

l'animation f	life, movement
l'aspirateur m	vacuum cleaner
les bijoux m	jewels
la boum	party
le centre commercial	shopping center, mall
le cheval	horse
le culte	church service (Protestant)
la douche	shower
la fortune	fortune
les lunettes f	glasses
le manque	lack
la messe	Mass, church service
les meubles m	furniture
la mosquée	mosque
la réparation	repairs
la sortie	excursion, outing
la surboum	big party
la synagogue	synagogue
le tapis	carpet, rug
la vaisselle	dishes
les vêtements m	clothes
le vol	flight

Verbes

apporter	to bring
s'arrêter	to stop
assister à	to go to, be present at
attendre	to wait for, expect
augmenter	to increase, go up
se balader	to go for a walk, stroll, hike
battre	to beat
brûler	to burn
conduire	to drive
se débrouiller	to gét along, to manage
démarrer	to start, go

égarer	to lose, misplace
enregistrer	to record, register
essuyer	to wipe
éviter	to avoid
flâner	to wander about, stroll
insulter	to insult
interdire	to forbid
laisser	to let, allow
laver	to wash
mourir	to die
naître	to be born
oublier	to forget
perdre	to lose
raconter	to tell, recount
ranger	to straighten up, put in order
remplacer	to replace
rentrer	to come back into
rêver	to dream
rire	to laugh
secouer	to shake
se tromper	to be mistaken
vivre	to live

Expressions verbales

avoir confiance en	to have confidence in
coûter les yeux de la tête	to cost an arm and a leg
entrer en collision	to collide with
faire 100 km de route	to go 100 kilometers
faire de l'alpinisme	to go mountain climbing
faire de la pêche sous-marine	to go scuba diving
faire des bêtises	to do dumb things
faire du lèche-vitrines	to go window shopping
faire du ski nautique	to go water skiing
faire la grasse matinée	to sleep late
faire la lessive	to do the laundry
faire la vaisselle	to do the dishes
finir dans un arbre	to end up in a tree
mettre de l'ordre	to straighten up, organize
perdre son chemin	to lose one's way
prendre des bains de soleil	to take sunbaths

Adverbes

à peu près	about, approximately
au juste	exactly

L E Ç O N ▪ 8

INVITATION AU VOYAGE

One of the reasons many people learn French is to use it in travel, first on the survival level—to be able to order a meal, get a hotel room, and make travel arrangements—but beyond that, to talk with other people and exchange ideas and perspectives. For this more advanced kind of conversation, a certain vocabulary for talking *about* traveling, as well as a greater control of the grammar, are useful. At the end of the lesson, you should be able to talk to some extent about the traveling you have done, and that which you want to do. Remember, as a first step in this lesson, you should do the vocabulary preparation exercises in **Le Français chez vous**.

F U N C T I O N S

talking about vacations and
    what you usually do
getting information about
    traveling
comparing and contrasting
    points of view
talking about what you must do
    and not do when traveling
saying what you should expect
saying what has to be taken
    along
making reservations

S T R U C T U R E S

pronoms objets indirects
pronoms **y, en**
prépositions: destination et
    provenance
il faut vs **il ne faut pas**

A
C'est quoi, les vraies vacances?

MISE EN
SCÈNE

San Francisco, ce n'est pas le bout du monde.

Paris-Nice, non plus, sauf les jours de grands départs.

MISE EN MARCHE

Qu'est-ce qui se passe?

Des passants dans la rue, une journaliste qui mène une enquête sur les vacances.

Journaliste Les vacances idéales, Madame, qu'est-ce que c'est pour vous?
Passante 1 Moi, je passe toujours mes vacances au bord de la mer.

Journaliste Et vous, Madame, les vacances idéales, qu'est-ce que c'est pour vous?
Passante 2 Je vais chercher le soleil. J'aime prendre des bains de soleil, me faire bronzer sur la plage — en Espagne, dans le Midi, en Italie — ça dépend. On part souvent à l'étranger.

Journaliste Et vous, Monsieur, qu'est-ce que vous comptez faire pendant les vacances?
Passant 3 Ma petite amie et moi adorons faire des balades dans la nature. Vu notre budget, nous allons faire du camping dans les Pyrénées cette année.

Journaliste Et vous, Monsieur, qu'est-ce que ça représente pour vous, les vacances idéales?
Passant 4 Nous préférons rester tranquillement à la maison, ne rien faire d'habituel, nous lever tard... la belle vie, quoi! D'ailleurs, nous n'aimons pas tout dépenser pour les vacances. Nous ne voulons pas faire de folies.

Journaliste Et vous, Monsieur, qu'est-ce que vous comptez faire pendant les vacances?
Passant 5 Je ne sais pas encore. J'aime mieux ne faire aucun projet précis, prendre ma caravane et partir n'importe où, sans itinéraire précis.

Journaliste Qu'est-ce que vous pensez faire cet été, Mademoiselle? Comment aimez-vous passer vos vacances, de préférence?
Passante 6 Moi, je voudrais faire quelque chose d'utile. Je pense à un stage d'informatique à Chamonix, dans les Alpes. Il y a des cours le matin, et je pourrais faire des promenades l'après-midi.

À propos **Chamonix.** Petite station de ski et d'escalade située au pied du mont Blanc. Du sommet, on voit les sommets enneigés de trois pays: les Alpes françaises, suisses et italiennes.

Le mont Blanc: C'est le sommet de l'Europe. Il a presque cinq mille mètres. Toujours couvert de neige, il est cependant relativement accessible. Il est possible de l'escalader, avec un guide de montagne, bien sûr.

Vous dites ça comment?

Cherchez les expressions synonymes.

1. se renseigner sur
2. faire des excursions
3. Qu'est-ce que vous avez l'intention de faire?
4. à cause de notre budget

5. Nous aimons faire des randonnées dans la nature.
6. Nous ne voulons pas faire de dépenses extravagantes.
7. Je préfère laisser mes projets dans le vague.

Cherchez des exemples.

1. Quelles sortes de vacances doivent coûter cher?
2. Quelles sortes de vacances coûtent probablement moins cher?

IMITEZ LA PRONONCIATION

1. Qu'est-ce que vous comptez faire pendant les vacances?
2. Moi, je voudrais faire quelque chose d'utile.
3. Moi, je vais me faire bronzer à la plage.

4. Je préfère partir sans itinéraire précis.
5. Nous, nous pensons rester à la maison.
6. Nous n'aimons pas faire de folies.

VÉRIFIEZ

Montrez que vous êtes d'accord.

1. — Moi, j'ai envie de faire un stage.
   — Moi aussi, je...
2. — Moi, j'ai l'intention de prendre des bains de soleil à la plage.
   — C'est mon idée. Moi aussi, je...
3. — Je n'aime pas faire de grands projets pour les vacances.
   — Oui, moi aussi, j'aime...
4. — Cette année nous tenons à passer nos vacances chez nous.
   — Tiens! Nous aussi, nous...
5. — À vrai dire, nous ne voulons pas dépenser beaucoup d'argent.
   — Eh bien, nous non plus, nous...

Parlons un peu

RÉPONDEZ

Choisissez la réponse convenable.

1. Vous dépensez beaucoup pendant les vacances?
   • Oui, nous restons à la maison d'habitude.
   • Non, nous n'aimons pas faire de folies.
   • Oui, j'aime beaucoup les vacances.

2. Vous voyagez beaucoup?
   • Oui, nous aimons visiter des pays différents.
   • Oui, nous préférons rester à la maison.
   • Oui, je fais des promenades en ville.

3. Qu'est-ce que vous comptez faire cet été?
   - Je voudrais faire un stage d'informatique.
   - J'ai préféré m'amuser.
   - C'est exactement mes idées.

4. Est-ce que vous préférez la mer ou la montagne?
   - J'aime me faire bronzer sur la plage.
   - Je préfère me lever tard le matin.
   - J'aime mieux rester à la maison.

5. Vous préférez les vacances tranquilles, alors?
   - Oui, nous pensons rester à la maison.
   - Oui, nous préférons la vie active.
   - Oui, nous allons visiter plusieurs pays.

6. Comment allez-vous passer vos vacances cet été?
   - Je vais très bien, merci.
   - Je vais partir en caravane n'importe où.
   - J'aime beaucoup l'Italie.

7. Qu'est-ce que les vacances idéales pour vous?
   - Nous adorons faire des balades dans la nature.
   - Oui, les vacances sont très importantes.
   - Non, je préfère ne pas penser pendant les vacances.

8. Est-ce que vous organisez bien vos vacances avant de partir?
   - Non, j'aime mieux partir sans itinéraire précis, n'importe où.
   - Oui, je préfère des surprises.
   - Oui, nous préférons partir sans idées précises.

PARLEZ

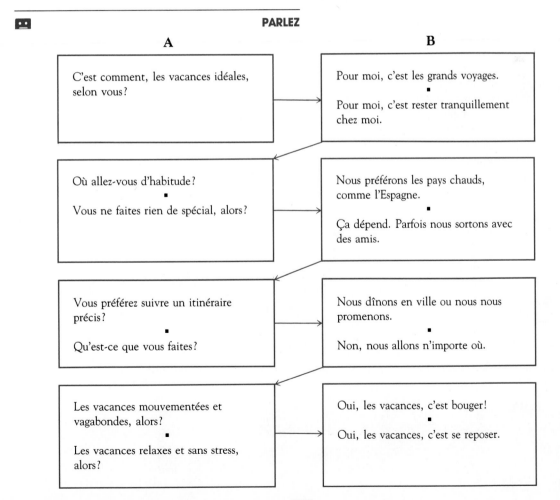

A

C'est comment, les vacances idéales, selon vous?

Où allez-vous d'habitude?
∙
Vous ne faites rien de spécial, alors?

Vous préférez suivre un itinéraire précis?
∙
Qu'est-ce que vous faites?

Les vacances mouvementées et vagabondes, alors?
∙
Les vacances relaxes et sans stress, alors?

B

Pour moi, c'est les grands voyages.
∙
Pour moi, c'est rester tranquillement chez moi.

Nous préférons les pays chauds, comme l'Espagne.
∙
Ça dépend. Parfois nous sortons avec des amis.

Nous dînons en ville ou nous nous promenons.
∙
Non, nous allons n'importe où.

Oui, les vacances, c'est bouger!
∙
Oui, les vacances, c'est se reposer.

À vous, maintenant...

1. Comment se passent les vacances dans votre famille? Qu'est-ce que c'est pour eux, les vacances idéales? Où va-t-on? Pendant combien de temps? Quelle sorte de vacances préférez-vous personnellement? Les vraies vacances, c'est bouger ou c'est se reposer?

2. Vous êtes parti(e) avec votre famille l'année passée? Comment avez-vous fait le voyage? En voiture? En avion? Par le train? Où êtes-vous allés? Qu'est-ce que vous avez fait, exactement? Parlez-en avec votre partenaire. Ensuite, écrivez quelques lignes à propos de votre partenaire.

VOCABULAIRE AU CHOIX

Choisissez au moins quatre ou cinq activités, selon votre cas, que vous aimez faire personnellement.

Pour faire le voyage, on peut prendre le train.
　　　　　　　　　　　　　　　l'avion.
　　　　　　　　　　　　　　　la voiture.

On peut partir à la montagne.
　　　　　　　à la plage.
　　　　　　　au lac.
　　　　　　　dans une autre ville.
　　　　visiter des parcs nationaux.
　　　　　　　des musées.
　　　　　　　des endroits historiques.
　　　　　　　des monuments historiques.
　　　　　　　des parents ou des amis.

Pour se loger, on peut descendre dans un hôtel.
　　　　　　　　rester chez des parents ou des amis.
　　　　　　　　faire du camping.

Pour se divertir, on peut aller au théâtre　　　ou on peut faire du rafting.
　　　　　　　　à des concerts　　　　　　　　　du canoë.
　　　　　　　　　　　　　　　　　　　　　de la voile.
　　　　　　　　　　　　　　　　　　　　　des balades dans la nature.

Je voudrais faire quelque chose d'utile.
　　　　　　　　　de nouveau.
　　　　　　　　　d'intéressant.

Relisez également le vocabulaire des leçons 6 et 7 pour trouver des expressions utiles.

UN PAS
DE PLUS

Qu'est-ce qui se passe?

Un bouchon sur une autoroute près de Paris un premier juillet. Un journaliste fait une enquête sur les loisirs des Français. Comme le trafic est bloqué, le journaliste passe de voiture en voiture pour poser des questions.

Journaliste	Bonjour, Monsieur. Je suis journaliste pour *France-Soir*. Je fais une enquête sur les loisirs. Où allez-vous aujourd'hui?
M. Desmoulins	Je vais rejoindre ma femme et mes enfants à la campagne en Normandie. Nous allons y passer quinze jours.
Journaliste	C'est dans un hôtel?
M. Desmoulins	Non, c'est des vacances à la ferme. C'est moins cher qu'au Club Med. C'est plus reposant, et après mon travail, j'en ai besoin.

Journaliste	Bonjour, Monsieur, Madame. Vous venez de Paris?
Mme Doyenné	Oui, nous en venons.
Journaliste	Où partez-vous en vacances cette année?
Mme Doyenné	On va passer une semaine au Club Méditerranée à Saint-Raphaël sur la Côte d'Azur.
Journaliste	Vous y allez souvent?
Mme Doyenné	Eh bien, cette année, c'est la première fois.
Journaliste	Vous allez faire du sport au Club?
M. Doyenné	Oui, bien sûr. Tout est inclus dans le prix: tennis, planche à voile, équitation, musculation — tout, quoi!
Mme Doyenné	Et moi, je vais me faire bronzer sur la plage.
M. Doyenné	Oui, ça lui plaît de prendre des bains de soleil comme ça. Moi, il me faut quelque chose de plus actif.

Journaliste	Vous partez à la Côte d'Azur aussi?
M. Melun	Non, nous retournons en Alsace voir de la famille.
Journaliste	Vous préférez les vacances en famille?
Mme Melun	Eh bien, ça fait longtemps que nous ne nous sommes plus revus. Ça va être reposant, pas trop cher... et les enfants, ça leur fait plaisir de jouer avec leurs cousins et de respirer l'air pur de la campagne. Et nous, les parents, nous allons nous relaxer un peu.

Journaliste	Et vous, Mademoiselle, vous partez aussi?
Mlle Duchesne	Ah, non, malheureusement... Je travaille, moi... et je devrais déjà être au bureau à cette heure-ci. Quel trafic, avec tous ces vacanciers!
Journaliste	Comment? Vous n'avez pas de vacances?
Mlle Duchesne	Si, je vais avoir une semaine de libre en août... mais où aller? Vous avez une idée?

À propos **Les grands départs.** Les statistiques indiquent que 40,3% des Français vont en vacances en juillet et 39,1% partent en août. Mais pas besoin de statistiques pour remarquer les embouteillages sur les autoroutes le 1er juillet, le 1er août et le 31 août.

Le Club Méditerranée. C'est une formule de vacances qui a un succès fou depuis plusieurs années. Il existe aujourd'hui partout dans le monde des « villages » destinés aux vacanciers et animés par des G.O. (gentils organisateurs) et créés pour les G.M. (gentils membres). C'est maintenant une des sociétés les plus performantes de France.

Vous dites ça comment?

RELISEZ

Cherchez les expressions synonymes.

1. Je vais retrouver ma femme.
2. J'ai besoin de vacances reposantes.
3. Tout est compris dans le prix.
4. Je vais être libre.
5. Vous pouvez me faire une suggestion?
6. Elle aime prendre des bains de soleil.

🔊 IMITEZ LA PRONONCIATION

1. Il vous faut des vacances à la campagne?
2. Oui, j'en ai besoin.
3. Vous allez souvent à Saint-Tropez?
4. Je n'y vais jamais.
5. Nous ne nous sommes pas revus.
6. Ça fait longtemps que nous ne nous sommes pas revus.
7. Comment? Vous n'avez pas de vacances?

VÉRIFIEZ

Marquez votre surprise par une question.

MODÈLE: — Nous allons faire du camping cette année.
— Comment? Vous allez vraiment faire du camping?

1. — Nous allons souvent à Saint-Tropez.
   — Comment? ...
2. — Nous préférons les vacances en famille.
   — Comment? ...
3. — Je voudrais bien partir, mais j'adore travailler.
   — Comment? ...
4. — Je n'ai pas de vacances cette année.
   — Comment? ...
5. — J'adore rester à la maison.
   — Comment? ...
6. — Je ne connais pas le Club Med.
   — Comment? ...

Parlons un peu

Choisissez la réponse convenable.

1. Où allez-vous aujourd'hui? À Marseille?

   • J'y vais.
   • Oui, en effet, c'est plus calme!
   • J'adore faire de la planche à voile.

2. Vous venez de Paris?

   • Oui, nous en venons.
   • Oui, nous visitons la ville souvent.
   • Oui, nous préférons la campagne.

3. Où partez-vous en vacances cette année?

   • Nous allons en Suisse.
   • Oui, nous en venons.
   • Nous partons en auto.

4. Vous allez faire du sport?

   • Oui, je veux apprendre le golf cette année.
   • Oui, je vais faire un stage d'informatique.
   • Oui, nous préférons rester chez nous.

5. Vous partez à la plage aussi?

   • Oui, j'adore faire de la planche à voile.
   • Non, nous partons à vélo.
   • Oui, j'aime beaucoup l'alpinisme.

6. Vous préférez les vacances en famille?

   • Oui, en effet, c'est plus calme.
   • Oui, nous en venons.
   • Oui, nous préférons voyager en avion.

7. Vous n'avez pas de vacances?

   • Si, mais j'ai un petit problème d'argent!
   • Oui, nous en venons.
   • Oui, j'adore faire de la planche à voile.

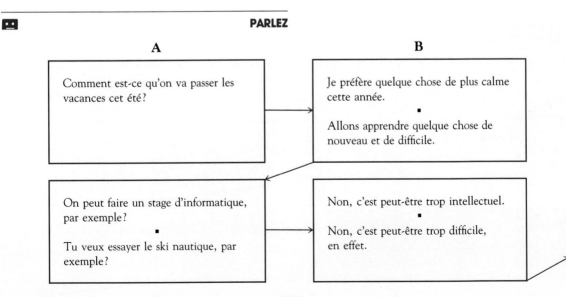

| Alors, le golf? On dit que c'est un sport intéressant. ▪ Eh bien, l'escalade? On n'est pas obligé de commencer par les Alpes! | → | D'accord. Je vais faire des réservations à l'agence de voyage. |

À vous, maintenant...

Faites le projet de passer des vacances en commun avec vos camarades. En groupes de deux ou trois personnes, discutez le choix de vacances possibles. Renseignez-vous d'abord pour savoir si l'argent est un problème. Si quelqu'un a un petit problème d'argent, choisissez des vacances pas chères.

Mettez-vous tous d'accord. Est-ce qu'on va rester dans des hôtels ou dans des auberges de jeunesse? Est-ce que vous voulez faire un stage, ou tout simplement vous amuser? Est-ce que vous voulez passer des vacances reposantes ou musclées? Ensuite, écrivez un résumé de vos projets.

VOCABULAIRE AU CHOIX

Pour des vacances musclées ou sportives,
  on peut s'initier aux arts martiaux (karaté, kung-fu).
      à la danse.
      au tir à l'arc.
      au vélo tout terrain (au « mountain bike »).
      au rafting.
      à la parapente.
      à la planche à voile.
      au delta-plane.
      au ski nautique.
      au golf.
      à la plongée.
      à l'équitation.
      à l'escalade.
  faire des randonnées à pied.
      balades   à cheval.
             à vélo.

Pour des vacances intellectuelles ou utiles,
  on peut faire un stage d'informatique.
      de langue étrangère.
      d'échecs.
      de poursuite triviale.
    visiter des vestiges romains.
      des champs de bataille.
      les grands monuments historiques.
      les cathédrales.

Pour des vacances créatrices,
  on peut faire un stage de peinture.
      de peinture sur soie.
      de tissage.

OU PRATIQUER LE GOLF EN VACANCES?

Par un phénomène de mode, le golf est aujourd'hui présent dans tous les endroits touristiques du monde Avec le CLUB MED, JET TOURS, TOUROPA, AIRTOUR... Pour les amoureux du calme, de la nature et de la marche, le golf paraît tout indiqué.

FAISONS LE POINT

Pronoms objets indirects   (grammaire 3.6)

L'objet reçoit l'action du verbe. L'objet direct reçoit l'action sans préposition.

| Je cherche **mon portefeuille.** | Je **le** cherche. |

L'objet indirect reçoit l'action à l'aide d'une préposition.

Je parle **à mon ami Georges.**　　　　Je **lui** parle.
Je téléphone **à mes parents.**　　　　Je **leur** téléphone.

Pour la première et la deuxième personne, les pronoms objets directs et objets indirects ont la même forme (**me, te, nous, vous**). Pour la troisième personne, les formes sont différentes.

	Objet direct			Objet indirect
Singulier	le *m*	la *f*	l' *m* et *f*	lui *m* et *f*
Pluriel	les *m* et *f*			leur *m* et *f*

À noter

Le choix entre **le/la** vs. **lui** et **les** vs. **leur** est donc déterminé par la présence ou l'absence d'une préposition après le verbe. **Lui** et **leur** se rapportent à (désignent) des personnes et remplacent une expression qui commence par **à**.

(qqc = quelque chose; qqn = quelqu'un)

aimer **qqc**	Sophie aime **le jazz.**	Elle **l'**aime.
qqc plaît **à qqn**	Le jazz plaît **à Sophie.**	Le jazz **lui** plaît.
	Le rock plaît **à Jean et Marie.**	Le rock **leur** plaît.
dire **qqc à qqn**	Sylvie dit **la vérité.**	Elle **la** dit.
	Elle dit la vérité **à Marc.**	Elle **lui** dit la vérité.
	Elle dit la vérité **à ses parents.**	Elle **leur** dit la vérité.

La préposition **à** suit ces verbes:

cacher qqc à qqn	Elle **leur** a caché son inquiétude.
dire qqc à qqn	On **leur** a dit de prendre le train de nuit.
donner qqc à qqn	Ils **lui** ont donné leur avis.
expliquer qqc à qqn	Je **lui** ai expliqué le film.
prendre qqc à qqn	On **lui** a pris son argent.
promettre qqc à qqn	On **lui** a promis de venir.
voler qqc à qqn	On **lui** a volé sa valise.
qqc plaît à qqn	Le tennis **lui** plaît.
Mais: qqc intéresse qqn	La politique ne **l'**intéresse pas.

A. La même explication ou raison n'est pas toujours bonne pour tout le monde. Choisissez l'explication qui vous semble bonne dans chacune de ces situations.

    EXEMPLE: Vous avez décidé de quitter votre travail. Pourquoi? C'est trop fatigant, ça ne vous intéresse plus, vous êtes trop stressé(e).
        — J'ai décidé de quitter mon travail.
        — Qu'est-ce que vous allez dire à votre père?
        — Je vais lui dire que je suis trop stressé(e).
        — Qu'est-ce que vous allez dire à votre patron?
        — Je vais lui dire que c'est trop fatigant.
        — Et à vos amis au bureau?
        — Je vais leur dire que ça ne m'intéresse plus.

1. Vous avez décidé de ne pas travailler cet été. Pourquoi? Vous n'avez pas besoin d'argent? Vous aimez mieux partir à la mer? Vous trouvez le travail dégoûtant?

    Qu'est-ce que vous allez dire à vos parents?
    À votre oncle qui vous a trouvé le travail?

2. Vous avez décidé d'abandonner votre cours de mathématiques. Pourquoi? Vous ne voyez pas l'utilité de ce cours? Le cours est plutôt ennuyeux? Vous aimez mieux promener votre chien? Vous avez déjà trop de travail?

    Qu'est-ce que vous allez dire au prof de maths?
    À votre père?
    À vos amis dans la classe?

3. Vous avez décidé de vous marier. Pourquoi? Vous avez trouvé l'homme ou la femme de votre vie? C'est une façon de passer vos vacances?

    Qu'est-ce que vous allez dire à vos parents qui n'approuvent pas votre choix?
    À votre ancien(ne) petit(e) ami(e)?
    À vos amis?

B. Et alors, les cadeaux — il faut offrir des cadeaux lors des grandes occasions comme les anniversaires ou Noël. Si vous n'avez pas de problème d'argent, vous pouvez offrir de gros cadeaux comme

    un bracelet en diamants.
    une Porsche.
    deux semaines de vacances sur la Côte d'Azur.

Si, par contre, vous avez un petit problème d'argent, vous pouvez offrir quelque chose de moins cher, comme

    un mouchoir.   une blouse.
    une cravate.   une chemise.
    un livre.
    une copie de vos mémoires.

MODÈLE: — Qu'est-ce que tu as offert comme cadeau d'anniversaire
à tes parents?
— Je leur ai offert une copie de mes mémoires.

Qu'est-ce que vous avez offert

1. à votre sœur?   2. à votre frère?   3. à vos grands-parents?

C. Et puis, il arrive à tout le monde d'avoir besoin d'excuses ou d'explications.
Quelles sont les possibilités? On peut essayer « Ça peut arriver à tout le
monde. » ou « Ce n'est pas ma faute. »

MODÈLE: — Qu'est-ce que vous dites à votre patron quand vous arrivez
en retard?
— Je lui explique que ça peut arriver à tout le monde.

Qu'est-ce que vous expliquez

1. à votre prof quand vous n'avez pas fait vos devoirs?
2. à vos parents quand vous rentrez très tard?
3. au patron du restaurant quand vous n'avez pas assez d'argent pour payer le repas?
4. à votre petit(e) ami(e) quand vous arrivez en retard?
5. à l'agent de police quand il veut vous donner une contravention?

D. On parle de votre ami Georges. Georges est sportif. Il aime la vie active. Par
contre, pour lui, la vie intellectuelle n'a pas beaucoup de charmes — ce n'est
pas lui qui va au cinéma pour penser. Parlez de Georges. Dites ce qui lui
plaît et ce qui ne lui plaît pas.

MODÈLE: — Est-ce qu'il aime faire de la bicyclette?
— Oui, ça lui plaît.
— Et la philosophie?
— Non, ça ne lui plaît pas beaucoup.

1. Il aime la natation?
2. Et le karaté?
3. Et le rafting, il aime ça?
4. Et les livres d'histoire?
5. Il aime jouer aux échecs?
6. Et le delta-plane, il aime ça?
7. Est-ce qu'il va souvent au théâtre?
8. Mais par contre, il doit aimer le ski?

E. M. et Mme Gras mènent une vie calme et plutôt sédentaire. Ils aiment surtout
les plaisirs esthétiques et intellectuels. Parlez de M. et Mme Gras en répondant
aux questions précédentes.

MODÈLE: — Font-ils de la bicyclette?
— Non, ça ne leur plaît pas du tout.
— Et la philosophie?
— Oui, ça leur plaît beaucoup.

L'Art de voyager

MISE EN SCÈNE

Pour vos vacances... des circuits peu ordinaires en promotion

MISE EN MARCHE

Qu'est-ce qui se passe?

📼 **LISEZ ET ÉCOUTEZ**

Deux étudiants d'une université américaine se renseignent auprès d'un Français avant d'entreprendre un stage linguistique en France.

Jim	Jean-Michel, qu'est-ce qu'il faut emporter avec nous en France?
Jean-Michel	D'abord, vous devez obtenir un passeport. Puis, en arrivant, vous allez tout de suite avoir besoin d'argent français.
Jim	Est-ce qu'on peut changer de l'argent à l'aéroport?
Jean-Michel	Oui, mais le cours le plus avantageux est en ville. Comparez les taux offerts par quelques banques et puis, choisissez.
Steve	Et quelle sorte de vêtements faut-il emporter?
Jean-Michel	Les jeunes Européens s'habillent commes les jeunes Américains — jeans, etc. Mais le printemps est souvent pluvieux en France. Alors, prenez un imperméable et un parapluie.
Steve	Il fait froid, alors?
Jean-Michel	Oui, de temps en temps. Emportez un bon chandail aussi, et des chaussures confortables si vous avez l'intention de marcher beaucoup.
Jim	Est-ce qu'il faut un costume et une cravate?
Jean-Michel	Oui, ça te sera utile lors des grandes occasions.
Jim	Bof, les grandes occasions, je n'en prévois pas.
Jean-Michel	Vous allez à la plage?
Steve	On espère y aller, s'il ne fait pas trop froid.
Jean-Michel	Alors, apportez votre maillot de bain.
Jim	Qu'est-ce que tu peux nous conseiller d'autre?
Jean-Michel	Il ne faut pas prendre trop de valises, emportez de l'argent de poche et surtout, révisez votre grammaire française avant de partir!

À propos   **Les jeunes Européens.** Les différences nationales disparaissent. Les jeunes de toutes les nationalités s'habillent de la même façon. Les pays européens de l'ouest ont prévu 1992 comme la date où les barrières nationales doivent tomber. L'Europe de 1992 se prépare déjà depuis bien des années.

Vous dites ça comment?

RELISEZ

Cherchez les expressions synonymes.

1. Il faut procurer un passeport.
2. au moment de votre arrivée
3. Il pleut souvent au printemps.
4. si vous comptez marcher
5. repassez votre grammaire française

Cherchez des exemples.

Quels vêtements faut-il prendre...

1. pour nager?
2. pour se promener?
3. pour la pluie?
4. pour les soirées élégantes?

IMITEZ LA PRONONCIATION

1. Qu'est-ce qu'il faut emporter avec nous en France?
2. Vous devez obtenir un passeport et un visa.
3. Oui, c'est obligatoire.
4. Est-ce qu'il faut un costume et une cravate?
5. Oui, ça te sera utile pour les grandes occasions.
6. Qu'est-ce que tu peux nous conseiller d'autre?
7. Ne prenez pas trop de valises.

VÉRIFIEZ

Montrez que vous êtes d'accord.

> **MODÈLE:** — Vous allez avoir besoin d'un costume.
> — D'accord, il faut un costume.

— Ne prenez pas trop de valises.
— C'est juste. Il ne faut pas prendre trop de valises.

1. Vous devez obtenir un passeport.
2. On n'a pas besoin de bottes.
3. Par contre, le temps est pluvieux. On a besoin d'un parapluie.
4. Ne faites pas de fautes de grammaire.
5. Emportez des vitamines.
6. Si vous comptez marcher beaucoup, prenez des souliers confortables.
7. Ne prenez pas trop de vêtements.

Parlons un peu

RÉPONDEZ

Choisissez la réponse convenable.

1. On a besoin d'un visa?
   - Oui, les cartes de crédit sont utiles.
   - Oui, il vous faut un passeport et un visa.
   - Non, il ne fait pas trop froid.

2. On peut changer de l'argent à l'aéroport?
   - Oui, mais le cours n'est pas le meilleur.
   - Oui, il y a des vols tous les jours.
   - Non, prenez un vol direct.

3. Quels vêtements faut-il prendre?
   - Prenez de l'argent.
   - Apportez un chandail et un costume.
   - Il pleut souvent.

4. Est-ce qu'on a besoin d'imperméable?
   - Oui, il pleut souvent au printemps.
   - Oui, il fait très beau en avril.
   - Non, il ne fait pas trop froid.

5. Il fait froid là-bas?
   - Non, vous n'avez pas besoin de costume.
   - Oui, il vous faut un passeport.
   - Oui, prenez un chandail.

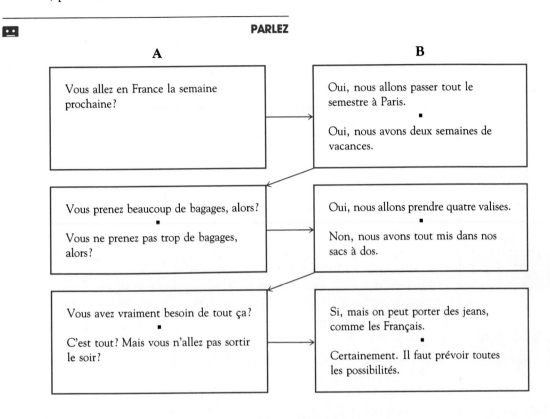

A

Vous allez en France la semaine prochaine?

Vous prenez beaucoup de bagages, alors?

Vous ne prenez pas trop de bagages, alors?

Vous avez vraiment besoin de tout ça?

C'est tout? Mais vous n'allez pas sortir le soir?

B

Oui, nous allons passer tout le semestre à Paris.

Oui, nous avons deux semaines de vacances.

Oui, nous allons prendre quatre valises.

Non, nous avons tout mis dans nos sacs à dos.

Si, mais on peut porter des jeans, comme les Français.

Certainement. Il faut prévoir toutes les possibilités.

À vous, maintenant...

Votre camarade va en France la semaine prochaine. Il/Elle vous demande de l'aider dans ses préparatifs. Vérifiez s'il/si elle a pris ce qu'il faut prendre, e.g., documents (passeport, etc.), vêtements, argent, livres, d'autres choses. Ensuite, écrivez quelques lignes à propos de votre camarade.

VOCABULAIRE AU CHOIX

vêtements

pour les grandes occasions
un costume
une cravate
une chemise blanche
une petite robe habillée
des souliers fins

pour la plage
un maillot de bain
des lunettes de soleil
des produits pour bronzer

pour le temps froid
un manteau
un chandail
un pull
des gants

pour la pluie
un imperméable
un parapluie
des bottes

UN PAS DE PLUS

Qu'est-ce qui se passe?

Sophie se renseigne auprès de Mme Dambert à l'agence de voyage.

Mme Dambert   Mademoiselle, vous désirez?

Sophie   Oui, nous voudrions quelques renseignements sur les possibilités de circuits ou de séjours au Maroc.

Mme Dambert   Oui, nous avons justement des séjours au Maroc en promotion. Voilà: un hôtel trois étoiles à Marrakech: 1.000 F la semaine.

Sophie   Oh là là, c'est trop cher. Vous n'offrez rien pour les étudiants?

Mme Dambert   Si, nous avons des circuits en minibus et en tente pour 550 F la semaine. Si vous le désirez, nous vous procurons un guide aussi.

Sophie   Non, ce ne sera pas nécessaire, vu qu'au Maroc, presque tout le monde parle français.

Sophie retéléphone à l'agence de voyage.

Sophie   Allô, pourrais-je parler à Madame Dambert, s'il vous plaît?

Secrétaire   Oui, c'est de la part de qui?

Sophie   De Sophie Guyonnet.

Secrétaire   Bon, ne quittez pas, s'il vous plaît.

Sophie   Allô, c'est Madame Dambert à l'appareil?

Mme Dambert   Oui, c'est moi.

Sophie   Madame, nous nous intéressons au voyage en minibus au Maroc. C'est combien exactement?

Mme Dambert   550 F la semaine.

Sophie   Le voyage est inclus?

Mme Dambert   Non, le voyage en avion est en supplément. Mais vous pouvez bénéficier de réductions importantes en tant qu'étudiante.

Sophie   Quelles sont les dates de départ?

Mme Dambert   Il y a des départs toutes les deux semaines en juin et en septembre, et trois fois par semaine en juillet et en août.

Sophie   Combien de temps dure le voyage entre Paris et Casablanca?

Mme Dambert   À peu près deux heures, Mademoiselle. Vous désirez réserver tout de suite?

Sophie   Non, je voudrais parler à mon copain d'abord. Merci beaucoup. Au revoir, Madame.

Mme Dambert   Au revoir, Mademoiselle.

À propos   **Le Maroc**, ancienne colonie française, maintient toujours des liens économiques, culturels et politiques avec la France. On y parle encore beaucoup le français, mais dans les écoles, l'arabe est maintenant la langue d'instruction. Beaucoup de jeunes marocains choisissent l'anglais comme langue secondaire et non le français. Le Maroc est indépendant depuis 1956.

Vous dites ça comment?

RELISEZ

Cherchez les expressions synonymes.

1. Nous faisons un prix spécial pour des séjours au Maroc.
2. C'est trop cher pour les étudiants.
3. parce qu'au Maroc
4. Le voyage est compris?
5. Parce que vous êtes étudiante, vous pouvez...
6. Il faut combien de temps pour faire le voyage Paris-Casa?

🔊 IMITEZ LA PRONONCIATION

1. Nous voudrions quelques renseignements.
2. Nous voudrions quelques renseignements sur les séjours au Maroc.
3. Nous voudrions quelques renseignements sur les séjours au Maroc, s'il vous plaît.
4. Nous voudrions quelques renseignements sur les séjours au Maroc au mois d'août, s'il vous plaît.
5. Le voyage est en supplément.
6. Le voyage en avion est en supplément.
7. Le voyage en avion et l'hôtel sont en supplément.
8. Le voyage en avion et l'hôtel trois étoiles sont en supplément.
9. Il y a des départs toutes les semaines.
10. Il y a des départs toutes les deux semaines.
11. Il y a des départs toutes les deux semaines en juin.
12. Il y a des départs toutes les deux semaines en juin et en septembre.

VÉRIFIEZ

Renseignez-vous sur les voyages.

1. — Vous désirez, Mademoiselle/Monsieur?
   — Nous... renseignements sur les séjours.
2. — Nous pouvons proposer des séjours en Espagne ou au Maroc.
   — Nous... Maroc.
3. — Nous les avons en juin et en août.
   — Nous voudrions... au mois d'août...
4. — Le voyage et l'hôtel ne sont pas inclus dans le prix.
   — Ah, je vois! Le voyage et l'hôtel trois étoiles...
5. — Il y a des départs deux fois par mois en juin et en septembre.
   — Ah, je vois! Il y a des départs... et en septembre.

Parlons un peu

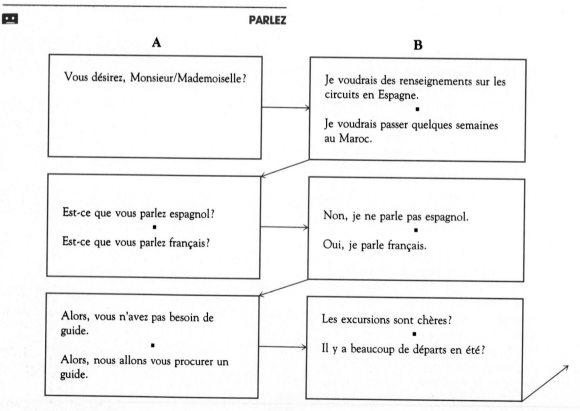
Choisissez la réponse convenable.

1. Vous désirez, Mademoiselle/Monsieur?
   - Nous voudrions quelques renseignements sur les séjours au Maroc.
   - On est rentré dimanche dernier.
   - Vous aimez les films?

2. Voici un très bon hôtel pour 600 F la nuit.
   - C'est impossible! Je suis étudiant, moi!
   - Ce n'est pas trop cher, en effet.
   - Moi, je fais de l'auto-stop.

3. C'est combien, le circuit en minibus au Maroc?
   - 200 F, Mademoiselle/Monsieur.
   - Deux fois par semaine, Mademoiselle/Monsieur.
   - Deux heures de route, Mademoiselle/Monsieur.

4. Quelles sont les dates de départ?
   - 200 F, Mademoiselle/Monsieur.
   - Il y a des départs toutes les deux semaines en juin et en septembre.
   - Deux heures de route, Mademoiselle/Monsieur.

5. Combien de temps dure le voyage?
   - 200 F, Mademoiselle/Monsieur.
   - Deux heures, Mademoiselle/Monsieur.
   - Trois fois par semaine, Mademoiselle/Monsieur.

PARLEZ

A

Vous désirez, Monsieur/Mademoiselle?

B

Je voudrais des renseignements sur les circuits en Espagne.

•

Je voudrais passer quelques semaines au Maroc.

Est-ce que vous parlez espagnol?

•

Est-ce que vous parlez français?

Non, je ne parle pas espagnol.

Oui, je parle français.

Alors, vous n'avez pas besoin de guide.

•

Alors, nous allons vous procurer un guide.

Les excursions sont chères?

•

Il y a beaucoup de départs en été?

<table>
<tr><td>
Oui, vous pouvez partir quand vous voulez.

■

Oui et non. Ça dépend. Qu'est-ce que vous voulez?
</td>
<td>
Bien, je vais retéléphoner ce soir.

■

Quelque chose de pas cher. Je ne veux pas faire de folies.
</td></tr>
</table>

À vous, maintenant...

Faites ce jeu de rôle avec votre partenaire. Étudiez cette grille des activités disponibles à quelques villages du Club Med en France, en Suisse et aux U.S.A. Jouez le rôle de l'agent de voyage. Votre partenaire téléphone pour se renseigner. Il/Elle vous dit les activités qui l'intéressent. Vous lui proposez des villages convenables, et vous lui suggérez d'autres activités aussi, par exemple, « Est-ce que la micro-informatique pourrait vous intéresser? »

Écrivez un compte-rendu de ce que vous avez proposé à votre client.

Club Med — MONTAGNE CAMPAGNE

	FRANCE				SUISSE						U.S.A.	JAPON
	CHAMONIX P.119	TIGNES VAL CLARET P.118	POMPADOUR P.128	VITTEL P.126	PONTRESINA P.124	SAINT-MORITZ VICTORIA P.123	VALBELLA P.133	VILLARS SUR OLLON P.120	WENGEN P.121	ZINAL P.122	COPPER MOUNTAIN P.132	SAHORO P.115
bungalow, hôtel	●	●	●	●	●	●	●	●	●	●	●	●
tennis	●	●	●	●	●	●	●	●	●	●	●	●
yoga	●	●			●	●		●		●		●
tir à l'arc	●	●	●	●	●	●		●	●	●		●
judo							●					
mise en forme musculation			●	●	●				●	●		
golf / practice de golf	●	●	●	●	●	●		●				●
équitation		●	●			●				●		
bicyclette			●	●	●	●	●	●			●	
golf miniature	●				●	●				●		
tir à la carabine		●			●					●		
piscine	●	●	●	●	●	●	●	●	●	●		●
pêche, voile, rafting		●			●	●	●				●	
ski d'été, patinoire		●				●						
découverte de la nature	●	●			●	●	●	●	●	●		●
courses en haute montagne	●				●			●	●	●		
promenades guidées en moyenne montagne	●				●	●		●	●	●		
randonnées faciles avec refuge	●					●		●	●	●		
arts appliqués	●	●	●	●								●
atelier de micro-informatique			●	●			●	●			●	

FAISONS LE POINT

1. Pronoms *y, en*   (grammaire 3.6)

Les pronoms **y** et **en** se rapportent à des choses, et non pas à des personnes.

Y remplace des expressions qui commencent par **à, dans, sur** et **en**.

Vous allez souvent à **Saint-Tropez**? Oui, on **y** va tous les ans.
Vous partez **dans les Alpes**? Oui, nous allons **y** passer l'été.
Vos parents habitent **en France**? Oui, ils **y** habitent depuis un an.
Mais pensez à **votre avenir**! Justement, j'**y** pense.

En remplace des expressions qui commencent par **de**.

Vous venez **de Paris**? Oui, nous **en** venons.
Vous avez besoin **de quatre valises**? Oui, j'**en** ai besoin.

Exception: Dans les expressions de nombre et de quantité, **en** peut se rapporter à des personnes.

Combien de frères avez-vous? J'**en** ai quatre.

Y et **en** suivent la négation et précèdent le verbe.

Vous partez en Espagne? Non, cette année je n'**y** vais pas.
Voulez-vous emprunter ma voiture? Non, merci, je n'**en** ai pas besoin.

Y et **en** suivent les verbes pronominaux et les verbes modaux.

J'ai cherché un fauteuil et je **m'y** suis assis.
Il met son chapeau et il **s'en** va.
Voulez-vous venir à Rouen avec moi? Non, je ne peux pas **y** aller.
Est-ce que vous allez avoir besoin de tous ces bagages? Oui, je vais **en** avoir besoin.
Vous avez acheté des pêches? Non, je n'ai pas pu **en** trouver.

A. Parlons de votre soirée en ville. Étudiez la série.

Au restaurant

Je vais en ville, et je cherche un restaurant en ville.
Je trouve un restaurant, et j'entre dans le restaurant.
Je choisis une table au coin, et je m'assieds à la table au coin.

Le serveur m'apporte la carte, et je jette un coup d'œil sur la carte.
Puisque j'aime beaucoup les frites, je commande des frites.
Puisque j'aime beaucoup le vin, je commande du vin.
Le serveur me conseille le rôti de porc, et je commande du rôti de porc.
Il me déconseille le poisson, et je ne commande pas de poisson.
Puisque je déteste la salade, je ne commande pas de salade.
Puisque j'aime bien les fruits, je commande des fruits.
Puisque j'adore la mousse au chocolat, je commande de la mousse au chocolat.

B. Racontez votre dîner.

> **MODÈLE:** Je vais en ville, et j'y cherche un restaurant.

1. Je trouve un restaurant, et... entre.
2. Je choisis une table au coin, et... assieds.
3. Le serveur m'apporte la carte, et... jette un coup d'œil.
4. Puisque j'aime beaucoup les frites,... commande.
5. Puisque j'aime beaucoup le vin,... commande.
6. Le serveur me conseille le rôti de porc, et... commande.
7. Il me déconseille le poisson, et... commande pas.
8. Puisque je déteste la salade,... commande pas.
9. Puisque j'aime bien les fruits,... commande.
10. Puisque j'adore la mousse au chocolat,... commande.

C. Racontez votre dîner du week-end passé.

> **MODÈLE:** Je suis allé(e) en ville, et j'y ai cherché un restaurant.

1. J'ai trouvé un restaurant, et... entré(e).
2. J'ai choisi une table au coin, et... assis(e).
3. Le serveur m'a apporté la carte, et... jeté un coup d'œil.
4. Puisque j'aime beaucoup les frites,... commandé.
5. Puisque j'aime beaucoup le vin,... commandé.
6. Le serveur m'a conseillé le rôti de porc, et... commandé.
7. Il m'a déconseillé le poisson, et... pas commandé.
8. Puisque je déteste la salade,... pas commandé.
9. Puisque j'aime bien les fruits,... commandé.
10. Puisque j'adore la mousse au chocolat,... commandé.

D. Parlons un peu de vos projets de voyage. Répondez d'une façon courte à ces questions (avec **lui, leur, y** ou **en**, selon le cas).

> **MODÈLE:** — Pensez-vous à un séjour au Maroc?   — Oui, nous y pensons.

1. Voudriez-vous parler à Mme Dambert?
2. Est-ce que vous vous intéressez à un circuit en Espagne?
3. Est-ce que vous avez besoin d'un billet?
4. Avez-vous parlé à vos amis?
5. Avez-vous réfléchi à la possibilité de rester à la maison?
6. Et vous avez toujours envie de voyager?

MODÈLE: — Vous n'allez pas en Suède cet été?
— Non, et d'ailleurs, je n'y vais jamais.

7. — Vous partez en Italie?
— Non, et d'ailleurs…
8. — Vous avez envie d'aller au Canada?
— Oui…

— Vous n'avez pas besoin de vacances, vous?
— Si, j'en ai besoin.

9. — Est-ce que vous avez besoin de voyager en Espagne?
— Non…
10. — Avez-vous l'intention de voyager au Japon cette année?
— Non, et d'ailleurs…

OBSERVEZ

2. Prépositions: destination et provenance (grammaire 2.7.1, 2.7.2, 2.7.3)

Les noms de pays avec un *-e* final sont en général féminins.

la France   **la** Chine   **la** Norvège
exception: **le** Mexique

Les autres noms de pays sont masculins.

le Canada   **le** Japon   **le** Pakistan

Notez les prépositions et les contractions.

pays féminins

Je vais **en** France.   Je viens **de** France.
Nous allons **en** Chine.   Nous venons **de** Chine.
Mes parents habitent **en** Belgique.   Ma famille vient **de** Belgique.

pays masculins

Vous allez **au** Canada?   Vous venez **du** Canada?
Ils vont **au** Japon.   Ils viennent **du** Japon.
Il va **au** Mexique.   Il vient **du** Mexique.

pays pluriels

Je vais **aux** États-Unis.   Je viens **des** États-Unis.

villes

J'habite **à** Paris.   Je viens **de** Paris.
Je vais **à** Rome.   Ils viennent **de** Rome.

MISE EN PRATIQUE

A. Parlons de vos projets de voyages.

MODÈLE: — Connaissez-vous la France?
— Non, pas encore, je vais aller en France cet été.

1. Connaissez-vous le Japon?
2. le Canada?
3. le Mexique?
4. l'Angleterre?
5. la Suisse?
6. l'Égypte?
7. le Pérou?
8. l'Afrique?
9. les États-Unis?
10. le Pakistan?
11. la Russie?

B. Maintenant, répondez d'une façon plus courte.

> **MODÈLE:** — Connaissez-vous la France?
> — Non, mais je voudrais y aller.

C. Parlons de vos amis.

> **MODÈLE:** — Ton ami(e) est français(e)?
> — Oui, il vient de France.

1. japonais?
2. canadien?
3. mexicain?
4. espagnol?
5. suisse?
6. russe?
7. américain?
8. égyptien?

> **MODÈLE:** — Elle vient de France?
> — Oui, elle en vient.

1. Ils viennent du Canada?
2. Vous venez de Paris?
3. Il vient de Suisse?
4. Tu viens de Boston?
5. Elles viennent de Belgique?
6. Elle vient du Mexique?

OBSERVEZ

3. *Il faut* vs *Il ne faut pas*   (grammaire 4.13)

Il faut partir.	=	Il est nécessaire de partir.
Il ne faut pas partir.	=	On ne doit pas partir.
Défense de fumer	=	Il ne faut pas fumer.
Interdit de stationner	=	Il ne faut pas stationner votre voiture ici.

MISE EN PRATIQUE

Qu'est-ce qu'il faut faire et qu'est-ce qu'il ne faut pas faire?

1. Quand on voyage en France...

> être débrouillard
> oublier son parapluie
> parler français
> emporter trop de valises
> emporter assez d'argent

2. Quand il y a un incendie dans son hôtel...

> perdre son calme
> garder son sang-froid
> paniquer
> ouvrir la fenêtre
> appeler les pompiers
> prendre l'ascenseur
> descendre par les escaliers

3. Quand on étudie le français...

> négliger ses devoirs
> oublier les verbes
> avoir peur de parler
> écouter les bandes
> imiter la prononciation
> parler souvent
> dormir en classe
> lire des journaux français

4. Quand on est malade...

> travailler comme un fou
> rester au lit
> prendre deux aspirines
> éviter ses excès habituels

 Faites les exercices de vocabulaire et de structure dans le cahier d'exercices avant de lire ce passage.

Ce week-end, si on allait au festival de la Grand Place de Bruxelles?

Où vont-ils donc tous?

Lisez ce passage deux fois pour trouver la réponse à ces questions.

1. Combien de Français passent leurs vacances à l'étranger?
2. Cherchez un exemple de vacances « intelligentes ».

    Si un Français sur quatre peut se permettre de passer une semaine aux sports d'hiver dans les Alpes ou les Pyrénées, la grosse majorité des vacanciers préfère partir pendant les grandes vacances d'été, et surtout en août. La légende veut qu'à Paris, en août, même les chats et les chiens parlent anglais et allemand! Où sont-ils donc, tous ces touristes? Surtout à la mer, où on va « recharger ses batteries » et se faire bronzer au soleil, si du moins celui-ci daigne être au rendez-vous. Un Français sur six seulement passe une frontière pour passer des vacances à l'étranger. Ce n'est pas énorme en comparaison avec les habitants d'autres pays européens.

    Certaines formules de vacances sont très à la mode, comme celles qui sont offertes par le Club Méditerranée depuis des années: il s'agit des vacances « intelligentes » ou « utiles ». Ainsi, il est possible de maîtriser la technique des ordinateurs en paréo (une jupe tahitienne) sur une plage, ou encore de se détendre en filant et tissant la laine dans les montagnes. C'est la manie des stages.

1. Vos parents ont combien de semaines de congé payé? Est-ce qu'ils partent une seule fois pour une assez longue période de temps, ou est-ce qu'ils partent plusieurs fois pour des vacances courtes? Où est-ce qu'il y a des foules de vacanciers aux États-Unis pendant les vacances? Dans les villes? À la mer? Dans les parcs nationaux?
2. Et vous-même? Prenez-vous des vacances, ou travaillez-vous tout l'été? Aimez-vous l'idée de faire un stage pendant vos vacances?
3. C'est quoi, les vacances idéales, selon vous?

Le Parc national des Pyrénées

Définition: Parc national: région où la faune et la flore sont rigoureusement protégées. En France, des parcs nationaux ont été créés notamment dans les Alpes et les Pyrénées. Il y a aussi un grand nombre de parcs naturels régionaux.

Le parc des Pyrénées (créé en 1967) est, avec le parc de la Vanoise dans les Alpes, un des plus beaux de France. Vous pouvez y admirer des sommets toujours enneigés comme le pic du Midi d'Ossau (2.885 m), des cascades impressionnantes, des forêts, des lacs de montagnes. Vous allez aussi apprécier la beauté de sa flore et remarquer certaines espèces d'animaux uniques en France: des ours, des vautours, des mouflons et autres. Venez donc faire un safari photo ou tout simplement vous balader. Passez des vacances vertes, mais respectez les règles.

Extrait du Règlement Général du parc national des Pyrénées:
Article I: Il est interdit de chasser sur le territoire du parc.
Article II: Il est interdit de troubler ou de déranger sciemment les animaux par des cris ou des bruits et de les blesser ou de les tuer.
Article III: Il est interdit de détruire, de couper ou d'arracher des plantes ou des fruits qui poussent dans le parc.
Article IV: Il est interdit de jeter des ordures ou des papiers dans le parc.
Article V: Il est interdit de laisser courir un chien sans sa laisse.
Article VI: Il n'est pas recommandé de s'éloigner loin des sentiers balisés sans guide.
Article VII: Il est interdit d'utiliser des véhicules motorisés ou de camper dans le parc.

1. Avez-vous déjà visité un parc national aux États-Unis? Si oui, lequel? Si non, lequel voudriez-vous visiter? Pourquoi? Et en Europe, qu'est-ce que vous voudriez voir comme curiosités naturelles?
2. Relisez les règlements et dites si c'est vrai ou faux:
   a. Il est permis de cueillir des fleurs dans le parc.
   b. Il est recommandé de partir seul dans la nature.
   c. Il est recommandé de ramasser les papiers trouvés dans le parc.
   d. Il est permis de faire du camping.
   e. Il est permis d'attraper des oiseaux si on les relâche après.
3. Dans l'extrait du règlement du parc, vous avez une série d'interdictions. Pouvez-vous imaginer une autre série d'articles commençant par « Il est permis de... »?

VOCABULAIRE DE BASE

Adjectifs

avantageux (-euse)	*advantageous*
compris(e)	*included*
confortable	*comfortable*
créateur (-trice)	*creative*
énorme	*large, huge*
habituel(le)	*usual*
historique	*historic*
musclé(e)	*physical, muscular*
précis(e)	*exact, precise*
relaxe	*relaxing*

Noms

la carte de crédit	*credit card*
le champ de bataille	*battlefield*
la dépense	*expense*
l'enquête *f*	*survey*
les grandes occasions *f*	*formal occasions*
la langue étrangère	*foreign language*

Vacances / Vacation

l'agence de voyage *f*	*travel agency*
la balade	*walk, stroll, hike, outing*
la caravane	*camping trailer*
le circuit	*tour*
la ferme	*farm*
l'itinéraire *m*	*itinerary*
le lac	*lake*
la mer	*sea*
la montagne	*mountain*
le parc national	*national park*
le séjour	*stay*
le stage	*workshop, short course*
la tente	*tent*
la valise	*suitcase*
les vestiges *m*	*ruins*

Vêtements / Clothes

le chandail	*sweater*
les chaussures *f*	*shoes*
le costume	*suit*
la cravate	*tie*
l'imperméable *m*	*raincoat*
le maillot de bain	*bathing suit*

Pour les expressions avec *faire*, voir la page 248.

Loisirs

le concert	*concert*
la danse	*dance*
le delta-plane	*hang glider*
les échecs *m*	*chess*
la poursuite triviale	*trivial pursuit*

Verbes

bénéficier de	*to benefit from*
se faire bronzer	*to get a tan*
conseiller	*to advise*
coûter	*to cost*
durer	*to last*
emporter	*to take with*
entreprendre	*to undertake*
s'initier	*to be introduced to*
offrir	*to offer, give (a gift)*
porter	*to wear, carry*
profiter de	*to take advantage of*
rejoindre	*to meet*
retourner	*to return*

Adverbes

lors de	*at the time of*
tout de suite	*immediately, quickly*
tranquillement	*calmly*

Préposition

auprès de	*next to, with, close to*

Conjonctions

en tant que	*as, in the capacity of*
vu que	*since, because*

Expressions

Ça fait longtemps que...	*It's been a long time since . . .*
De la part de qui?	*Who's calling?*
en supplément	*in addition*
n'importe où	*no matter where*
quelque chose d'utile	*something useful*

LEÇON · 9

LE BON VIEUX TEMPS

In order to talk about the past, you must be able to talk about *what happened*, that is, events that took place one after the other. You learned and practiced this in Lessons 7 and 8, using the **passé composé**. You also must be able to describe *how things were*, that is, general conditions and what you used to do. You will learn to do this in this lesson, using the *imperfect* tense (**l'imparfait**). As a first step in this lesson, you should do the vocabulary preparation exercises in **Le Français chez vous**.

F U N C T I O N S

talking about your past
telling how things were in your
   childhood
talking about some of your
   adventures and
   misadventures

S T R U C T U R E S

l'imparfait
l'imparfait vs le présent
l'imparfait vs le passé composé

A
Ce n'était pas comme maintenant!

MISE EN SCÈNE

Le Paris du début du siècle

MISE EN MARCHE

Qu'est-ce qui se passe?

Interview à la radio: Madame Bruhat — quatre-vingt-cinq ans — et un journaliste.

Journaliste Racontez-nous, Madame Bruhat, quand vous étiez jeune, c'était comment, la vie à la campagne?

Mme Bruhat Oh! C'était pas comme maintenant... Nous avions trois vaches, beaucoup de fleurs dans le jardin, le potager... On faisait tout à la maison; on faisait le pain, on faisait tout. On tuait le cochon, oui, et puis il y avait des poulets, des lapins, des canards. On lavait tout à la main. Ah! y avait du travail!

Journaliste Et vous vous leviez à quelle heure?

Mme Bruhat Oh, à la ferme on était debout de bonne heure, à cinq heures du matin. Mais, vous savez, les repas, c'était pas comme maintenant. On mangeait à onze heures et à six heures. Et les petits déjeuners! Il fallait voir ces petits déjeuners, c'était épique!

Journaliste Et les enfants, qu'est-ce qu'ils faisaient?

Mme Bruhat Nous, les enfants, on avait la belle vie... L'été, on se baignait dans la rivière; on allait à la pêche, à la pêche à la grenouille. On se promenait dans les bois. Le soir, quand j'étais plus grande déjà, on dansait parfois. Ça durait jusqu'à trois heures du matin... jusqu'à la fin des bougies, quoi! Tout ça, c'était avant 1914... Je me vois encore enfant, on dansait, on dansait...

À propos **C'était pas comme maintenant.** Dans le français parlé ou populaire il y a tendance à omettre le **ne** de la négation.

La vie a bien changé en 90 ans, mais plus encore à la campagne qu'en ville. L'électricité a remplacé les lampes à pétrole. Le tracteur a bien souvent, presque partout, remplacé le cheval ou la paire de bœufs. La voiture et la télévision ont contribué à rompre l'isolement des villages et des fermes. Le paysan devient un citoyen comme les autres.

Vous dites ça comment?

Cherchez les expressions synonymes.

1. Dites-nous…
2. Tout était différent.
3. Ça ne finissait pas avant trois heures.

Cherchez des exemples.

1. le travail
2. les amusements

IMITEZ LA PRONONCIATION

1. La vie est bien différente aujourd'hui.
2. Oui, ce n'était pas comme maintenant.
3. On faisait tout à la maison.

4. Il y avait du travail.
5. On lavait tout à la main.
6. Mais on avait la belle vie, quand même.

VÉRIFIEZ

Montrez que vous êtes d'accord.

1. — Les temps ont bien changé.
   — Ah, oui, ce n'était pas…
2. — On avait beaucoup de choses à faire.
   — Oui, c'est bien vrai,… travail!
3. — Mais la vie était agréable.
   — Ça, c'est la vérité! On… vie.
4. — Il n'y avait pas de machine à laver.
   — Oui, je m'en souviens. On… main.

5. — Évidemment, nous parlons de l'époque avant la Première Guerre mondiale.
   — Bien entendu,… avant…
6. — Et la danse!
   — Oui, on… jusqu'à trois heures du matin!
7. — Les enfants se baignaient dans la rivière, ils jouaient dans les bois.
   — Oui, ils… la belle vie.

Parlons un peu

RÉPONDEZ

Choisissez la réponse convenable.

1. Parlons un peu de votre enfance. Est-ce que la vie a beaucoup changé?
   • Nous, on fait de la bicyclette tous les week-ends.
   • Ah, ce n'était pas comme maintenant!
   • Je préfère des vacances en famille.

2. Est-ce que vous habitiez en ville ou à la campagne?
   • Nous, on habitait dans une ferme.
   • Non, décidément, c'est trop cher pour les étudiants.
   • Non, ce n'est pas très amusant.

3. Est-ce qu'il fallait travailler dur?
   • Le voyage dure deux heures, à peu près.
   • Elle est partie en Espagne pour chercher le soleil.
   • Il y avait du travail!

4. Il n'y avait pas de machine à laver?
   • La voiture n'existait pas.
   • Non, on lavait tout à la main.
   • Non, ça me paraît tout à fait normal.

5. Où fallait-il aller pour acheter du pain?
   - Mais on faisait tout à la maison.
   - Je voudrais deux baguettes, s'il vous plaît.
   - Franchement, l'opéra ne m'intéresse pas.

6. Il fallait vous lever de bonne heure?
   - On parlait français à la maison.
   - On était debout à cinq heures.
   - Mais ça vous coûte les yeux de la tête!

7. Je suppose que vous aviez la vie dure!
   - Oh, on avait la belle vie, quand même!
   - On doit s'intéresser à la politique.
   - Et ce n'est pas mortel, ça?

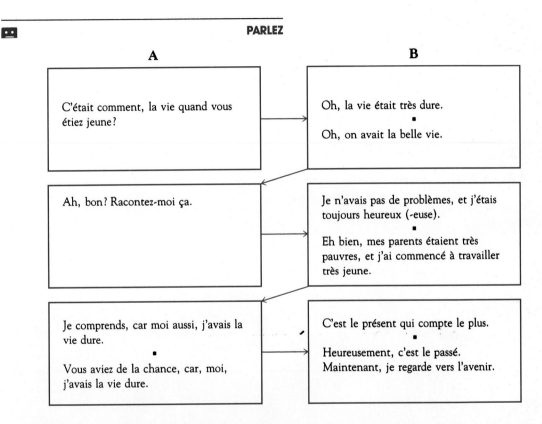

A

C'était comment, la vie quand vous étiez jeune?

B

Oh, la vie était très dure.
•
Oh, on avait la belle vie.

Ah, bon? Racontez-moi ça.

Je n'avais pas de problèmes, et j'étais toujours heureux (-euse).

Eh bien, mes parents étaient très pauvres, et j'ai commencé à travailler très jeune.

Je comprends, car moi aussi, j'avais la vie dure.
•
Vous aviez de la chance, car, moi, j'avais la vie dure.

C'est le présent qui compte le plus.
•
Heureusement, c'est le passé.
Maintenant, je regarde vers l'avenir.

Faites ce petit jeu de rôles avec votre partenaire. Vous faites une interview avec l'habitant le plus âgé d'un petit village en France. Posez des questions et donnez des reponses.

A: Quand/être/jeune,/comment/être/vie?
B: Vie/être/dure./habiter/dans une ferme/et/il faut/faire/tout.
A: Quel genre de travail/faire?
B: Faire le pain/tuer le cochon/et/il y a/le jardin/les animaux.
A: Et/pour/s'amuser/qu'est-ce que/faire?
B: Pendant l'été/se baigner/dans la rivière/et/aller/à la pêche.
A: Aimer/vie/à l'époque?
B: Oui/être/heureux.

À vous, maintenant...

Faites parler vos camarades de leur jeunesse, où ils habitaient, comment ils vivaient, comment c'était en ce temps-là.

Ensuite, écrivez quelques lignes à propos d'un de vos camarades.

VOCABULAIRE AU CHOIX

On habitait à Los Angeles.
        à la campagne.
        dans une petite ville.

À part quelques petits problèmes, j'avais la belle vie, parce que j'étais en bonne santé.
        j'aimais l'école.
        j'avais des amis.

Des problèmes? Ah, oui, je n'avais pas beaucoup d'argent.
        j'avais envie d'une voiture.
        franchement, j'étais assez paresseux (-euse).
        je ne m'entendais pas toujours avec mes frères
           (mes sœurs/mes parents).
        mes professeurs au lycée étaient très stricts.
        mon chien ne m'aimait pas.

Pour moi, la vie à cet âge était bien simple.
        compliquée.
        difficile.

Souvenirs, souvenirs . . .

UN PAS
DE PLUS

Qu'est-ce qui se passe?

Nostalgies

Grand-père, qu'est-ce que tu penses? Armand Reynaud a quatre-vingt-douze ans aujourd'hui et célèbre son anniversaire en famille. Tout heureux de l'attention que lui prête toute la famille, il raconte sa jeunesse:

« Vous vous rendez compte, je suis né avec le siècle. Ah! Les choses ont bien changé, n'est-ce pas, bonne maman? Quand nous étions jeunes, nous habitions dans une ferme. Les machines à laver, ça n'existait pas encore à cette époque-là, ni ces fours à micro-ondes… Le travail de la femme était dur. Il fallait tout faire à la main, et puis, au moment des moissons, il fallait aider dans les champs… Les automobiles, oui, ça existait déjà un petit peu. J'ai vu ma première voiture quand j'avais neuf ans. L'école n'était pas obligatoire. Moi, mon père pensait qu'il était important d'avoir de l'instruction, et il m'a envoyé à l'école du village jusqu'à quinze ans.

« J'en ai vu, des changements! Nous sommes passés par deux guerres. En 40, j'ai été soldat dans l'armée française, et en 43, j'ai été attrapé par les Allemands et mis dans un camp de concentration. C'était terrible. J'ai connu la faim, le désespoir, l'horreur de la déportation. Mais je me suis évadé avec quelques camarades, et j'étais de retour en France pour assister au débarquement des Américains en 44. Quel bonheur, cette libération! On n'y croyait plus… et quand ces grands soldats américains défilaient sur les Champs-Élysées, c'était le délire dans la population française. Mon meilleur souvenir? Ah, oui, je me souviens: ils distribuaient des cigarettes et des oranges. Nous n'en avions plus vu depuis le début de la guerre. Et les Françaises, elles étaient fascinées par eux… même que j'étais un peu jaloux de bonne maman, qui n'arrêtait pas de regarder un grand blond qui s'appelait Bob…

« Comme les temps ont changé depuis ma jeunesse. Aujourd'hui, on ne meurt plus de la grippe: il existe des vaccins. Il ne faut plus des heures pour faire la lessive: il y a des machines à laver et des séchoirs. On dit qu'on va de New York à Paris en trois heures! Mais est-ce qu'on est plus heureux pour ça? Ce que je regrette aujourd'hui, c'est que plus personne ne semble s'étonner de rien. De mon temps, imaginez le choc que nous avons ressenti quand nous avons vu le premier aéronef et la première télévision en couleurs! Les jeunes me semblent plus blasés, les familles sont moins proches, on divorce beaucoup…

« Ce que je préfère aujourd'hui? La télévision et le téléphone. J'adore bavarder avec des amis pendant des heures. Et bien sûr, j'apprécie la voiture… C'est bonne maman qui la conduit ces jours-ci. Enfin, c'est la vie! »

À propos **L'Occupation et la Libération.** Le premier septembre 1939, la Deuxième Guerre mondiale éclate. Juin 1940 marque la défaite et la capitulation des forces françaises en France. Sous le maréchal Pétain un gouvernement français (le gouvernement de Vichy) accepte l'occupation allemande. C'est le 18 juin 1940 que le général Charles de Gaulle lance son appel aux militaires français dispersés de se rallier à lui à Londres pour continuer la lutte. La libération de la France commence le 6 juin 1944 avec le débarquement des forces alliés en Normandie.

Vous dites ça comment?

RELISEZ

Cherchez les expressions synonymes

1. très heureux
2. de l'attention que la famille lui donne
3. travailler dans les champs
4. de recevoir une éducation
5. je me suis échappé
6. étais présent au débarquement
7. je me rappelle
8. qui regardait constamment
9. le premier avion
10. j'aime beaucoup la voiture

IMITEZ LA PRONONCIATION

1. Quand nous étions jeunes…
2. … nous habitions dans une ferme.
3. Les machines à laver, ça n'existait pas encore.
4. Il fallait tout faire à la main.
5. L'école n'était pas obligatoire.
6. Les automobiles, oui, ça existait déjà un petit peu.
7. Aujourd'hui on ne meurt plus de la grippe…
8. … mais autrefois on en mourait.

VÉRIFIEZ

Contrastez les conditions d'autrefois avec les conditions d'aujourd'hui. Votre réponse va contenir le pronom **en**.

MODÈLE: — Autrefois on mourait de la grippe.
— Mais aujourd'hui, on n'en meurt plus.

1. — Autrefois il n'existait pas de vaccins contre la grippe.
   — Mais aujourd'hui,…
2. — Autrefois il n'y avait pas de machines à laver.
   — Mais aujourd'hui,…
3. — Autrefois nous n'avions pas de fours à micro-onde.
   — Mais aujourd'hui, nous…
4. — Autrefois personne n'avait de voiture.
   — Mais aujourd'hui, tout le monde…

Maintenant contrastez les conditions d'aujourd'hui avec les conditions d'autrefois.

> **MODÈLE:** — Aujourd'hui tout le monde doit aller à l'école.
> — Mais autrefois, l'école n'était pas obligatoire.

5. — Aujourd'hui il y a des machines pour faire le travail.
   — Mais autrefois,… à la main.
6. — Aujourd'hui nous habitons en ville.
   — Mais autrefois,… une ferme.
7. — Aujourd'hui il n'est pas très difficile de faire le ménage.
   — Mais autrefois, le travail de la femme…
8. — Aujourd'hui il n'est plus nécessaire de faire la lessive à la main.
   — Mais autrefois,… machines à laver.

Parlons un peu

RÉPONDEZ

Choisissez la réponse convenable.

1. Est-ce qu'il fallait aller à l'école quand vous étiez enfant?

   • La vie à la campagne est moins dure qu'avant.
   • On ne meurt plus de la grippe.
   • Oui, bien sûr, l'école était obligatoire.

2. Et votre grand-père, il est allé à l'école aussi?

   • C'est simple, il existe des vaccins.
   • Oui, mais à cette époque, l'école n'était pas obligatoire.
   • L'occupation allemande était horrible.

3. À l'école primaire, dans vos leçons d'arithmétique, avez-vous appris à utiliser la calculatrice?

   • Ah, non, les calculettes, ça n'existait pas encore.
   • C'est vrai, la médecine a fait beaucoup de progrès.
   • Tout ça, c'était avant 14.

4. Quand vous faites votre linge, vous lavez tout à la main?

   • Oui, il y avait du travail.
   • Non, pas du tout. Il y a des machines pour cela.
   • Les docteurs, moi, je n'y crois pas beaucoup.

5. Quand vous étiez jeune, est-ce que votre mère lavait tout à la main?

   • Bien sûr que non! Les machines à laver existaient déjà.
   • La vie d'un paysan était très dure.
   • Bien sûr que non! Nous avons des machines pour cela.

6. Votre grand-mère avait un lave-vaisselle?

   • Non, les lave-vaisselle n'existaient pas encore.
   • Nous avions deux vaches et trois cochons.
   • L'avion, oui, ça existait déjà un petit peu.

7. Est-ce que vos parents ont appris à utiliser l'ordinateur à l'école?

   • Tout a changé et rien n'a changé.
   • Mais non! Les ordinateurs n'existaient pas encore.
   • Non, l'école n'était pas obligatoire.

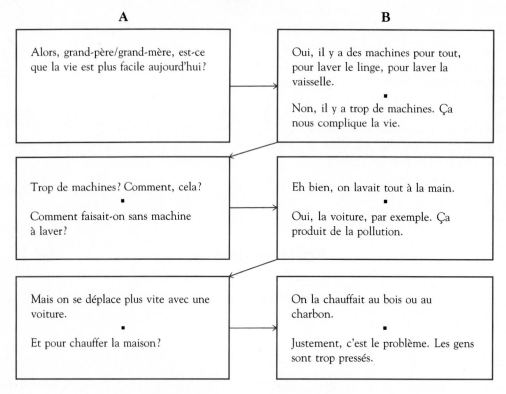

A

Alors, grand-père/grand-mère, est-ce que la vie est plus facile aujourd'hui?

B

Oui, il y a des machines pour tout, pour laver le linge, pour laver la vaisselle.

Non, il y a trop de machines. Ça nous complique la vie.

Trop de machines? Comment, cela?

Comment faisait-on sans machine à laver?

Eh bien, on lavait tout à la main.

Oui, la voiture, par exemple. Ça produit de la pollution.

Mais on se déplace plus vite avec une voiture.

Et pour chauffer la maison?

On la chauffait au bois ou au charbon.

Justement, c'est le problème. Les gens sont trop pressés.

À vous, maintenant...

Le XXe siècle, c'est le siècle de la technologie. Même si vous êtes jeune, vous avez dû connaître beaucoup de changements. Quelles machines, quelles conditions existaient déjà quand vous êtes né(e)? Lesquelles n'existaient pas encore? Qu'est-ce qui a changé depuis votre enfance? Parlez-en avec votre partenaire.

Écrivez un paragraphe pour insérer dans vos mémoires.

VOCABULAIRE AU CHOIX

la télévision	le lave-vaisselle
la radio	le réfrigérateur
le magnétophone	le sèche-cheveux
l'ordinateur	les voyages dans l'espace
la bombe atomique	la pollution de l'atmosphère
l'énergie nucléaire pacifique	le racisme
la machine à laver	la pauvreté
le séchoir	les épidémies

FAISONS LE POINT

L'imparfait; l'imparfait vs le présent   (grammaire 4.4 et 4.4.1)

L'imparfait est un temps du passé. Il présente l'action comme achevée (complète) au moment présent, mais inachevée à un moment du passé. C'est un présent du passé — l'action est présentée comme en train de se dérouler dans le passé.

L'imparfait est souvent employé pour la description d'*un état* ou d'*une condition* dans le passé.

> Quand j'**étais** jeune, on **avait** la belle vie.
> Les gens **travaillaient** bien. On **divorçait** moins.

L'imparfait est aussi employé pour exprimer *l'habitude* ou *la répétition* dans le passé.

> On **faisait** tout à la maison.
> On **tuait** le cochon, on **lavait** tout à la main.
> On se **levait** à cinq heures, on **mangeait** à onze heures et à six heures.

L'imparfait se forme à l'aide des terminaisons ajoutées au radical de la première personne du pluriel (**nous**) du présent.

terminaisons:

je	**-ais**	nous	**-ions**
tu	**-ais**	vous	**-iez**
il/elle/on	**-ait**	ils/elles	**-aient**

---

parler: nous **parl**ons
prononciation identique

Je **parlais** couramment le français.   Nous **parlions** espagnol de temps en temps.
Tu **parlais** russe?   Vous **parliez** italien?
Il/Elle/On **parlait** sans accent.
Ils/Elles **parlaient** sans cesse.

---

finir: nous **finiss**ons
prononciation identique

Je **finissais** toujours en retard.   Nous **finissions** rarement avant minuit.
Tu **finissais** toujours à temps.   Vous **finissiez** souvent avant les autres.
Il/Elle/On **finissait** chaque jour vers 5 h.
Ils/Elles **finissaient** fréquemment avant 7 h.

faire: nous **faisons**
prononciation identique

Je **faisais** mes devoirs.   Nous **faisions** la lessive.
Tu **faisais** de la bicyclette?   Vous **faisiez** du footing?
Il/Elle/On **faisait** le ménage.
Ils/Elles **faisaient** l'anthropologie.

Seul le verbe **être** présente une exception.

prononciation identique

J'**étais** triste.   Nous **étions** à la campagne.
Tu **étais** chez toi?   Vous **étiez** en retard.
Il/Elle/On **était** formidable!
Ils/Elles **étaient** à la maison.

MISE EN PRATIQUE

A. Parlons un peu du bon vieux temps, de votre première jeunesse.

Quand on est jeune, on rêve d'aventures extraordinaires.
                       on imagine des pays exotiques.
                       on lit les livres de Jules Verne.
                       on regarde le film *La Guerre des étoiles*.
                       on fait de grands projets.
                       on se croit immortel.
Quand j'étais jeune, je… d'aventures extraordinaires.
                       j'… des pays exotiques.
                       je… des livres de Jules Verne.
                       je… le film *La Guerre des étoiles*.
                       je… de grands projets.
                       je me… immortel(le).

B. Évidemment, vous avez beaucoup changé. Expliquez comment votre vie a changé.

> **MODÈLE:** Quand j'étais jeune, j'habitais   Maintenant j'habite à Los Angeles avec
>   à New York avec mes parents.   ma femme/mon mari.

1. être assez petit(e) et un peu gros(se)   être plus grand(e) et mince
2. avoir un chien   avoir un poisson rouge
3. aimer jouer aux sports comme le basket   préférer le golf
4. ne pas savoir ce que je voulais devenir   savoir que j'ai bien choisi ma profession
5. ne pas pouvoir parler une langue étrangère   pouvoir parler français
6. penser que le monde était très grand   penser que le monde est assez petit

C. Évidemment, vos connaissances et capacités sont différentes. Dites comment vous avez changé en indiquant ce que vous savez et ce que vous pouvez faire maintenant.

> **MODÈLE:** **conduire une voiture**   Quand j'étais jeune, je ne pouvais pas conduire une voiture, mais maintenant je sais conduire.

1. parler français
2. jouer au bridge
3. nager

4. faire du vélo
5. faire la cuisine
6. se servir d'un ordinateur

D. Vos goûts ont dû changer aussi. Dites comment vous avez changé en indiquant ce que vous aimez maintenant.

> **MODÈLE:** **regarder la télé/aller au théâtre**   Quand j'étais plus jeune, j'aimais beaucoup regarder la télé, mais maintenant je préfère aller au théâtre.

1. faire du jogging/faire de la bicyclette
2. faire de la plongée sous-marine/prendre des bains de soleil
3. aller à la pêche/manger du poisson dans un restaurant
4. faire du ski dans les Alpes/lire un roman dans ma chambre
5. danser jusqu'au matin/me coucher de bonne heure
6. jouer au tennis le samedi matin/faire la grasse matinée

E. Oui, votre vie n'est plus la même. Réfléchissez un peu. Comment votre vie a-t-elle changé?

> **MODÈLE:** **dîner**   Autrefois, je dînais avec ma famille, mais maintenant je dîne avec mes amis.

1. se lever — de bonne heure? assez tard? faire la grasse matinée?
2. aller à l'école — le matin? l'après-midi? le soir? toute la journée?
3. étudier — un peu? beaucoup? dans ma chambre? à la bibliothèque?
4. manger — à la maison? au McDonald's? avec des amis?
5. regarder la télé — souvent? rarement? de temps en temps? jamais?
6. sortir — rarement? souvent? tous les week-ends?
7. faire du sport — souvent? presque jamais? de temps en temps?
8. rentrer — tard? à trois heures du matin? assez tôt?

Carcassonne: reflet du passé médiéval

MISE EN SCÈNE

Sarah Bernhardt: actrice célèbre du début du siècle. De temps en temps, il faut faire le point.

MISE EN MARCHE

Qu'est-ce qui se passe?

À la télévision: Jacques Lancel reçoit aujourd'hui Monsieur Yvon Nadar, l'explorateur bien connu.

M. Lancel Monsieur Nadar, à soixante-cinq ans, s'il fallait faire un bilan de votre vie,...

M. Nadar Un bilan? Vous savez, c'est bien difficile. Je crois quand même que j'ai eu une vie bien remplie. Je suis parti la première fois à dix-neuf ans, en Patagonie. Quelle aventure! J'y suis resté sept mois. Plus tard, alors que je faisais mes études, on m'a proposé un voyage d'études en Papouasie. À cette époque-là, vous savez, la Papouasie n'était pas du tout connue. J'ai accepté, et nous avons exploré le pays pendant presque deux ans. Ensuite, des séjours en Nouvelle-Calédonie et à Mayotte. Et puis, livres, conférences, nouveaux voyages, photos, films; ça n'a pas arrêté... jusqu'à maintenant.

M. Lancel Mais Monsieur Nadar, et votre vie privée, avec tout ça, comment l'avez-vous organisée?

M. Nadar Ah, ça, je pense que c'est moins réussi! Avec tous ces voyages, c'était difficile d'avoir une vie de famille normale. Je me suis marié en... 1947. C'était merveilleux, mais ça n'a pas duré. Vous comprenez, pour ma femme, partir en vacances en Bretagne, c'était déjà une expédition! Alors, nos routes se sont séparées trois ans après. Dommage... À mon avis, je n'étais pas fait pour une vie régulière, organisée... Je le regrette un peu, mais que voulez-vous, c'est comme ça.

M. Lancel Oui, je comprends.

À propos **La Papouasie.** Elle se situe en Nouvelle-Guinée.

Les DOM-TOM. La France est divisée en départements qui représentent des unités géographiques, juridiques et économiques. Elle comprend aussi cinq départements d'outre-mer (les « DOM »: la Guadeloupe, la Guyane, la Martinique, la Réunion et Saint-Pierre-et-Miquelon) et cinq territoires d'outre-mer (les « TOM »: Mayotte, la Nouvelle-Calédonie, la Polynésie française, Wallis et Futuna.)

Vous dites ça comment?

RELISEZ

Cherchez les expressions synonymes.

1. J'ai fait beaucoup de choses pendant ma vie.
2. ensuite
3. en ce temps-là
4. La Papouasie était inconnue..
5. Je crois que le bilan est moins positif.
6. Nous nous sommes quittés.

IMITEZ LA PRONONCIATION

1. J'y suis resté sept mois.
2. J'ai eu une vie bien remplie.
3. Ça n'a pas arrêté jusqu'à maintenant.
4. Et votre vie privée, comment l'avez-vous organisée?
5. Alors, là, c'est moins réussi.
6. Je n'étais pas fait pour une vie régulière.
7. Que voulez-vous, c'est comme ça!

VÉRIFIEZ

Répondez à ces questions affirmativement.

MODÈLE: — Dites-nous, s'il vous plaît, ce qui a bien et mal réussi dans votre vie.
— D'accord, je vais faire un bilan de ma vie.

1. — Vous avez fait beaucoup de choses au cours de votre vie?
   — Oui, j'ai eu une vie...
2. — Vous avez passé un peu de temps en Patagonie?
   — Oui,... sept mois.
3. — Avec vos livres et vos conférences, vous êtes toujours très occupé(e)?
   — Ça... maintenant.
4. — Et votre vie privée?
   — Alors, là... réussi.
5. — Si j'ai bien compris, vous aimez les aventures dans la vie.
   — Oui, c'est ça, je... une vie régulière.

Parlons un peu

RÉPONDEZ

Choisissez la réponse convenable.

1. Si vous faisiez le bilan de votre vie?

   • Ça s'est bien passé, mais ce matin, vous savez, je suis crevé(e).
   • Oh, un bilan, c'est bien compliqué, vous savez.
   • Oui, j'aime aller à l'opéra de temps en temps.

2. Comment, compliqué?

   • J'ai eu une vie bien remplie jusqu'ici.
   • Je voudrais bien, mais je dois faire mes devoirs.
   • Oui, je fais du footing tous les matins.

3. Qu'est-ce que vous avez fait comme travail?

- D'abord, j'ai travaillé comme serveur/serveuse dans un restaurant à Chicago.
- Il pleuvait sans cesse.
- Non, très rarement. Ce n'est pas souvent très amusant.

4. Vous avez passé beaucoup de temps là-bas?

- Les prix viennent encore d'augmenter.
- J'y suis resté(e) sept mois.
- Je n'en ai pas parlé.

5. Est-ce que c'était difficile?

- Parce que l'anthropologie ne m'intéresse plus.
- Non, ce n'était pas difficile, mais j'ai fait des bêtises.
- Moi, le week-end, je pars.

6. Vous avez beaucoup voyagé?

- Oh, moi, je suis raisonnable, mais lui pas.
- Oui, oui, je suis en bonne santé.
- Oui, je n'étais pas fait(e) pour une vie régulière.

7. Alors, si j'ai bien compris, tout n'a pas toujours bien marché…

- J'ai dû emmener mon chien chez le vétérinaire.
- C'est ça, le bilan n'est pas tout à fait positif.
- Oui, ma sœur fait une thèse sur l'Afrique.

8. Et vous n'avez pas de regrets?

- Si, mais que voulez-vous? C'est comme ça.
- Aujourd'hui je dois consulter mon psychiatre.
- Le voyage dure à peu près deux heures.

PARLEZ

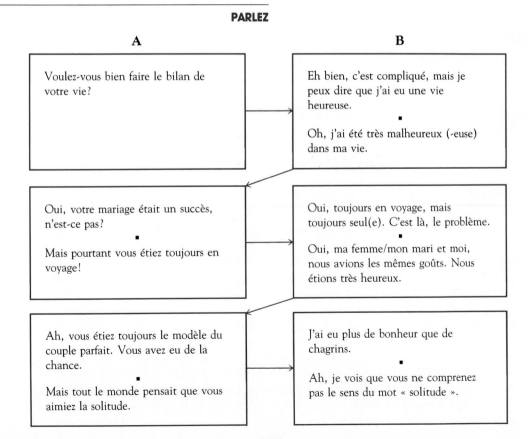

A

Voulez-vous bien faire le bilan de votre vie?

Oui, votre mariage était un succès, n'est-ce pas?

Mais pourtant vous étiez toujours en voyage!

Ah, vous étiez toujours le modèle du couple parfait. Vous avez eu de la chance.

Mais tout le monde pensait que vous aimiez la solitude.

B

Eh bien, c'est compliqué, mais je peux dire que j'ai eu une vie heureuse.

Oh, j'ai été très malheureux (-euse) dans ma vie.

Oui, toujours en voyage, mais toujours seul(e). C'est là, le problème.

Oui, ma femme/mon mari et moi, nous avions les mêmes goûts. Nous étions très heureux.

J'ai eu plus de bonheur que de chagrins.

Ah, je vois que vous ne comprenez pas le sens du mot « solitude ».

À vous, maintenant...

Racontez les grands événements de votre jeunesse. Qu'est-ce qui a bien marché? Qu'est-ce qui n'a pas marché? Êtes-vous fait(e) pour une existence régulière ou plutôt aventureuse? Parlez-en avec votre partenaire. Puis, commencez à écrire une petite autobiographie.

J'étais comme tout le monde.
    J'allais à l'école.
    Je jouais avec mes amis.
    Je regardais la télé trois heures par jour.
    Je n'aimais pas beaucoup le travail.
    Je n'avais jamais assez d'argent.

Je n'étais pas comme tout le monde.
    J'aimais lire.
    J'aimais la solitude.
    Je préférais la musique classique.

Puis un grand événement s'est produit.
    Ma famille a déménagé.
    Mon père a changé de job.
    J'ai eu un accident.
    Je suis tombé(e) amoureux (-euse).
    J'ai dû changer d'école.
    J'ai dû chercher un job.
    On m'a proposé un voyage d'étude.
                une bourse.
                un job.

Enfin, j'ai accepté de faire un grand voyage.
                  travailler la nuit.

UN PAS DE PLUS

Qu'est-ce qui se passe?

Le passé... décomposé. Deux jeunes femmes, Patricia et Hélène, parlent de leurs familles. Elles se retrouvent après une longue séparation.

Patricia   À propos, comment va ta sœur? Qu'est-ce qu'elle est devenue?

Hélène   Laquelle? Élisabeth ou Monique?

Patricia   Celle qui habitait Lyon.

Hélène   Ah, tu veux dire Monique. C'est compliqué. Tu sais, elle était mariée. Ça ne marchait pas tellement bien. Il y a deux ans, à peu près, elle a rencontré, encore une fois, l'homme de sa vie. Alors, elle a tout abandonné, et elle est partie avec lui. Ils habitaient un moment du côté de Lyon. Puis, ils ont déménagé et ils se sont installés pas loin de Marseille. Ils ont trouvé du travail, et ça a l'air d'aller pour le moment.

Patricia   Ah, bon, et qu'est-ce qu'ils font?

Hélène	Lui, il joue de la guitare dans une boîte de nuit, et Monique, elle est chimiste dans un laboratoire pharmaceutique.
Patricia	Mais elle avait une petite fille, je crois?
Hélène	« Petite »... Sylvie a déjà neuf ans. Mais c'est le père qui l'a gardée. Pour l'école, c'était mieux, et ils étaient tous les deux d'accord. Mais elle voit souvent sa mère. Lyon-Marseille, tu sais, c'est facile. L'été dernier, elles sont parties au bord de la mer, en Italie. Je les ai retrouvées là-bas, et on a passé quelques jours vraiment sympathiques.

À propos   **Elle était mariée.** De nos jours, un mariage sur deux se termine en divorce en province, et à Paris, c'est deux mariages sur trois. Il faut noter aussi qu'en France, on se marie de moins en moins et de plus en plus tard.

Vous dites ça comment?

RELISEZ

Cherchez les expressions synonymes.

1. au fait
2. Qu'est-ce qu'elle fait maintenant?
3. Ils ne s'entendaient pas très bien.
4. Ils habitent près de Marseille.

5. Il paraît que ça marche.
6. La petite est restée avec le père.
7. On a passé quelques jours agréables.

IMITEZ LA PRONONCIATION

1. Je ne sais pas ce qu'elle fait maintenant.
2. Ça ne marchait pas tellement bien.
3. Elle a tout abandonné.
4. Il y a deux ans, elle a tout abandonné.
5. Il y a deux ans, encore une fois, elle a tout abandonné.
6. Ils ont déménagé.

7. Ils se sont installés à Marseille.
8. Ça a l'air d'aller pour le moment.
9. Le père l'a gardée.
10. C'est le père qui l'a gardée.
11. Je les ai retrouvées là-bas.
12. On a passé quelques jours vraiment sympathiques.

VÉRIFIEZ

Répondez en faisant une paraphrase.

MODÈLE: — Qu'est-ce qu'elle est devenue?   — Je ne sais pas ce qu'elle a fait.

1. — On dit qu'elle ne s'entendait pas très bien avec son mari.
   — Oui, c'est vrai. Son mariage...
2. — Est-il vrai qu'elle a quitté son mari?
   — Oui, il y a deux ans...
3. — Il paraît que ça marche mieux maintenant.
   — Oui, pour le moment, ça a...

4. — La petite est restée avec le père, je crois.
   — Oui, c'est ça. C'est le père qui...
5. — Tu les a vus en Italie?
   — Oui, je les ai...
6. — Vous êtes-vous bien amusés ensemble?
   — On a passé quelques jours...

Parlons un peu

Choisissez la réponse convenable.

1. Parlons des amis. Vous souvenez-vous de Robert, le petit gros qui voulait devenir vétérinaire?
   - Elle a tout abandonné.
   - Ça n'a pas marché. Il avait peur des chiens.
   - C'est le père qui l'a gardée.

2. Vous avez des nouvelles de Christine?
   - On dit qu'elle a déménagé.
   - Il paraît qu'elles sont parties aux États-Unis.
   - Eh bien, j'ai pris le train.

3. Et Richard? Il était toujours en train d'apprendre une nouvelle langue.
   - Les vacances cette année, ça a été plutôt raté.
   - Oui, avec une très belle moustache.
   - Eh bien, il est devenu linguiste.

4. Et Marc et Marie-Claire, ils sont toujours mariés?
   - Non, ils se sont quittés.
   - C'est trop cher pour les étudiants.
   - Ils ont envie de faire un stage.

5. Ils avaient une petite fille, je crois.
   - Oui, il a plu tous les jours.
   - C'est la mère qui l'a gardée.
   - Il n'a pas encore fini ses études.

6. Et Véronique, qui voulait devenir musicienne?
   - Ça a bien marché. Elle joue du violon dans un grand orchestre.
   - Il a tout abandonné.
   - Ça ne marche pas bien. Ils vont divorcer.

📼   **PARLEZ**

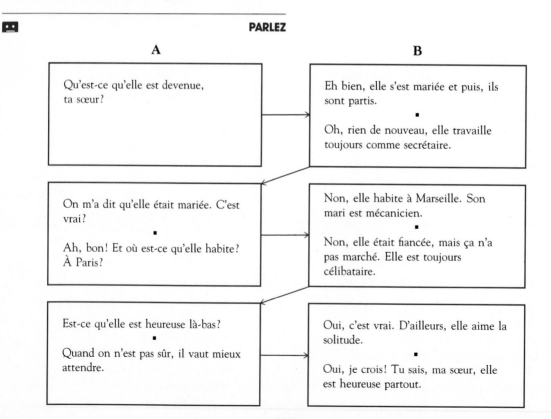

A	B
Qu'est-ce qu'elle est devenue, ta sœur?	Eh bien, elle s'est mariée et puis, ils sont partis. ▪ Oh, rien de nouveau, elle travaille toujours comme secrétaire.
On m'a dit qu'elle était mariée. C'est vrai? ▪ Ah, bon! Et où est-ce qu'elle habite? À Paris?	Non, elle habite à Marseille. Son mari est mécanicien. ▪ Non, elle était fiancée, mais ça n'a pas marché. Elle est toujours célibataire.
Est-ce qu'elle est heureuse là-bas? ▪ Quand on n'est pas sûr, il vaut mieux attendre.	Oui, c'est vrai. D'ailleurs, elle aime la solitude. ▪ Oui, je crois! Tu sais, ma sœur, elle est heureuse partout.

Vous parlez à un(e) ami(e) au sujet de son frère. Posez les questions et donnez les réponses.

A: Au fait/qu'est-ce que/devenir/ton frère?
B: Jacques?/Oh, lui/être/compliqué.
A: Ah, bon!/habiter/toujours/à Lyon?
B: Non/déménager/l'année dernière./Maintenant/habiter/Marseille.
A: Et sa femme?/Qu'est-ce que/faire/maintenant?
B: Travailler/dans une boulangerie.
A: Les/voir/souvent?
B: Oui/en effet./L'été dernier/nous/partir/en Italie/ensemble.

À vous, maintenant...

Parlez un peu avec votre partenaire à propos de ses amis d'enfance. Qu'est-ce qu'ils sont devenus? Par exemple:

« Comment s'appelait ton/ta meilleur(e) ami(e)? Qu'est-ce qu'il/elle est devenu(e)? »
« Eh bien, mon/ma meilleur(e) ami(e) s'appelait... Il/Elle voulait devenir/partir/
faire... Maintenant il/elle est... Il/Elle habite maintenant...

Écrivez un petit résumé de la vie de cet(te) ami(e). À son tour, votre partenaire va vous
poser les même questions.

VOCABULAIRE AU CHOIX

Qu'est-ce qu'il/elle est devenu(e), ton ami(e)?
Il/Elle est toujours célibataire.
                 marié(e).
                 divorcé(e).
Il/Elle s'est marié(e) il y a deux ans.
       a divorcé il y a deux ans.
       a fini ses études.
       a fait son droit.
             médicine.
             les beaux-arts.
             polytechnique.
Il/Elle est devenu(e) avocat(e).
                médecin.
                sculpteur.
                ingénieur.
Il/Elle a trouvé un travail formidable.
           un emploi à peu près convenable.

Il/Elle a déménagé.
             quitté la ville.
Il/Elle a acheté un appartement trois pièces à Paris.
Il/Elle s'est installé(e) dans un nouvel appartement.
Il/Elle a beaucoup voyagé en Europe.
            pas mal voyagé en Asie.
Il/Elle a trouvé du travail.
       a pu trouver du travail.
       n'a pas pu trouver de travail.

Il est devenu
philosophe.

FAISONS LE POINT

L'imparfait vs le passé composé (grammaire 4.4.2)

L'imparfait convient surtout à la description des *conditions* (coutumes générales, actions habituelles). Le passé composé convient surtout à la narration des *événements* qui arrivent successivement, l'un après l'autre.

événement	*condition*
Quand nous **somme sortis** du métro,	il **pleuvait.**
Quand nous **sommes arrivés** au cinéma,	les seules places qui **restaient étaient** au premier rang.

Ainsi, l'imparfait se prête à l'expression

1. d'une action habituelle par contraste avec un seul événement.

   Je **conduisais** toujours très vite, mais un jour j'**ai fini** dans un arbre.

2. d'une période de temps indéfinie par contraste avec une période spécifiée.

   Quand j'**habitais** chez mes parents, j'**empruntais** toujours leur voiture. J'**ai habité** chez mes parents pendant 18 ans, et puis je **suis parti.**

MISE EN PRATIQUE

Préparez ces exercices chez vous. Faites des notes (ou bien, écrivez votre réponse entière). En classe, vous allez faire la narration de ce que vous avez fait.

A. Racontez votre soirée d'hier. Commencez par les conditions, par exemple:

1. le temps — faire chaud? froid? pleuvoir? faire du soleil?
2. vous-même — fatigué(e)? ennuyé(e)? occupé(e), inquiet (-ète)?
3. vos activités — lire le journal? regarder tranquillement la télé? travailler comme un fou?

Puis, racontez les événements, par exemple:

4. une explosion? le téléphone? un bruit très fort? un petit bruit mystérieux?

Ensuite, identifier l'événement ou la personne, par exemple:

5. des cambrioleurs? un accident dans la rue? le chien? votre petit(e) ami(e)? votre beau-frère?

Et vos réactions, par exemple:

6. appeler la police? regarder par la fenêtre? fermer la porte à clé? promener le chien?
dire « Non, c'est fini entre nous »? manger un sandwich? vous coucher
tranquillement? finir de lire votre journal?

B. Ensuite, racontez votre week-end. D'abord, les conditions, par exemple:

1. le temps — chaud? froid? mauvais?
2. vos obligations — devoir faire des devoirs? téléphoner à vos parents? faire de la
recherche à la bibliothèque? aller chez le dentiste?
3. vos désirs — vouloir vous reposer? faire de la bicyclette? lire un roman policier et
manger du chocolat? faire la grasse matinée?

Ensuite, racontez les événements, par exemple:

4. attraper un rhume? perdre votre portefeuille? démolir la voiture de votre camarade
de chambre? travailler tout le week-end?

C. Racontez vos vacances quand vous étiez jeune.

Quelles étaient les habitudes de la famille — passer des vacances calmes et reposantes? des
vacances frénétiques? rouler pendant deux semaines en voiture? visiter les parcs nationaux?
visiter des parents? etc.

D. Comparez les vacances que vous passez maintenant avec vos vacances quand
vous étiez plus jeune.

> **MODÈLE:** **passer toujours des vacances en famille/partir avec des amis**
> Autrefois, je passais toujours des vacances en famille.
> Maintenant je pars avec des amis.

1. passer deux semaines par an au lac/travailler pendant l'été
2. visiter des parcs nationaux avec ma famille/aller à la plage avec des amis
3. faire de longs voyages en automobile avec ma famille/passer quelques week-ends
seul(e) avec mes pensées
4. aimer visiter des musées/faire un stage dans les Alpes
5. faire du camping dans les forêts/faire un séjour dans un hôtel de luxe

E. Maintenant racontez ce que vous avez fait l'été dernier.

Passer des vacances en famille? avec des amis? ne pas prendre de vacances? travailler tout l'été? etc.

F. Est-ce que vous pouvez raconter votre jeunesse?

1. Parlez d'abord de votre routine et de vos habitudes. Vous aviez du travail à faire à
la maison? laver la vaisselle? faire la lessive? faire le ménage dans la maison? ranger
votre chambre?
2. Et à l'école, vous étiez comme tout le monde ou pas comme tout le monde?
Qu'est-ce que vous aimiez comme sports? comme musique? comme films?
3. Quels sont les grands événements de votre jeunesse? changer d'école? tomber
amoureux (-euse)? trouver un job? faire un voyage dans un autre pays? etc.

Faites les exercices de vocabulaire et de structure dans le cahier d'exercices avant de lire ce texte.

Comme les temps ont bien changé!

Le Ras-le-bol des superwomen

Lisez ce passage trois fois pour trouver la réponse à ces questions.

1. À quoi s'attendaient les femmes dans la vie professionnelle?
2. Qu'est-ce qu'elles ont trouvé?
3. Qu'est-ce qu'on propose maintenant?

C'était un jour en conférence de rédaction dans les bureaux du magazine *Elle*. Comme souvent, la conversation roulait sur les femmes hyperactives, qui arrivent à concilier travail, famille et le reste, celles du genre « entre deux avions, entre deux crèches », qui font l'admiration de leurs contemporains des deux sexes.

Soudain, Michèle Fitoussi s'est levée et a pris la parole: « On en a marre d'être des superwomen, dit-elle tranquillement. On voulait tout, on a tout eu. Maintenant, il faut assumer. C'est épuisant et surtout culpabilisant quand on n'y arrive pas. Le problème, de nos jours, c'est qu'il faut tout réussir: sa vie professionnelle et sa vie familiale. J'ai parfois l'impression d'être surmenée. Et en plus, on est supposé être heureuse à tout prix! Aujourd'hui, nous concilions 2.000 ans de valeurs archaïques, dont nous n'avons pas su ou pu nous débarrasser (bonnes mères, bonnes épouses, bonnes maîtresses de maison), avec vingt ans de libération… »

François Dupuis, un des journalistes du magazine, l'a alors interrompue et lui a demandé: « Mais enfin, pour vous aider, vous avez auprès de vous les nouveaux pères, non? »

Michèle a continué: « Nous attendions les nouveaux hommes, nous avons eu les nouveaux pères. C'est vrai qu'ils s'occupent de leurs enfants, de temps en temps.

Moi, j'ai beaucoup de chance, par rapport à certaines de mes amies. Mon mari m'aide autant que possible. Il connaît les heures des biberons et sait changer une couche. L'homme s'adapte tant bien que mal à la femme avec laquelle il vit. Regardez mon amie Patricia. Elle se lève à six heures et demie avec les enfants, les habille, les nourrit et va les conduire à l'école. Elle va ensuite au bureau où elle dirige une vingtaine d'employés quarante heures par semaine. Le soir, elle se charge de tous les soins des enfants et de tous les travaux ménagers. Son mari ne l'aide pas beaucoup, mais il est surpris de la voir parfois de très mauvaise humeur… Je la comprends, moi! »

    François a ajouté: « C'est vrai, nous n'en sommes pas encore arrivés à échanger les rôles traditionnellement masculins et féminins comme Élisabeth Badinter le dit dans *L'Un est l'Autre*. Peut-être dans vingt ans… »

À propos   **Michèle Fitoussi** est une journaliste qui écrit pour le magazine de mode *Elle* et aussi d'autres magazines. Elle a écrit un livre à succès en 1987 qui s'appelle *Le Ras-le-bol des superwomen*. Quant à **Élisabeth Badinter**, elle est journaliste, essayiste, écrivain, et elle a publié un livre en avril 1986 appelé *L'Un est l'Autre — Des Relations entre hommes et femmes*.

DISCUTEZ

1. Donnez votre réaction à l'opinion de Michèle Fitoussi sur la condition des femmes de nos jours. Qu'est-ce qu'elle veut dire, selon vous? Êtes-vous d'accord?
2. Quels sont les rôles traditionnels de l'homme et de la femme? Faites une liste. Faire le ménage, tondre la pelouse, payer les factures, passer l'aspirateur, ranger la chambre, faire la lessive, laver la vaisselle, préparer les repas, conduire les enfants à l'école, soigner un enfant malade, conduire les enfants chez le docteur, bricoler (faire des réparations à la maison), gagner de l'argent, réparer la voiture, promener le chien, donner à manger au chat, etc. Ces petites besognes-là, qui les fait?
3. L'homme au foyer — est-ce quelque chose de courant aux États-Unis? Selon votre expérience, est-ce que les rôles sont en train de changer? Pouvez-vous donner des exemples?
4. Quand on parle des rôles de la femme et de l'homme, vous considérez-vous progressiste ou conservateur/conservatrice? Donnez des exemples.
5. On dit parfois que la « féminisation » du garçon est vécue comme une perte alors que la « masculinisation » de la fille est vécue comme une conquête. Qu'est-ce que vous en pensez?
6. Est-ce qu'une femme peut se réaliser complètement en restant à la maison? Est-ce qu'un homme peut se réaliser en restant dans ses rôles traditionnels?

Donnez votre opinion sur les déclarations suivantes.

1. En matière de sexe, plus ça change, plus c'est la même chose.
2. Les femmes, c'est juste bon à faire le ménage et à s'occuper des gosses (*fam. pour*: enfants).
3. La place de la femme est à la maison… pas à la tribune.
4. La femme est mère, c'est une réalité biologique, il est donc normal qu'elle s'occupe de ses enfants.
5. L'essentiel, c'est d'avoir un choix: de travailler ou de rester chez soi et non de se retrouver coincé dans un role établi par la société.
6. Le travail féminin est le seul moyen d'éliminer l'inegalité entre l'homme et la femme.
7. À travail égal, salaire égal.

Adjectifs

étroit(e)	close, narrow
féroce	ferocious
rempli(e)	full
sarcastique	sarcastic
surmené(e)	exhausted, worn out

Noms

l'angoisse f	anxiety
l'anniversaire m	birthday
le biberon	baby bottle
la boîte de nuit	nightclub
le bonheur	happiness, good fortune
le chagrin	disappointment, sorrow
la conquête	conquest
le désespoir	despair
l'enfance f	childhood
l'événement m	event
le four à micro-ondes	microwave oven
le foyer	home, household
le genre	kind
la guerre	war
l'isolement m	isolation
les liens m	ties, relationships
la perte	loss
le sens	meaning, direction
le succès	success
la vérité	truth

La Campagne / The Country

les bois m	woods
le canard	duck
le cochon	pig
la fleur	flower
la grenouille	frog
le jardin	garden
la paire de bœufs	yoke of oxen
le potager	vegetable garden
le poulet	chicken
le tracteur	tractor
la vache	cow

Verbes

apprécier	to value, appreciate, enjoy
assumer	to take on the responsibility for

se baigner	to bathe, go swimming
se charger de	to take charge of, have the responsibility for
comprendre	to include
convenir à	to be suitable for
créer	to create
se débarrasser de	to get rid of
déménager	to move out
diriger	to direct, lead
se disputer	to quarrel
divorcer	to get a divorce
échanger	to exchange
entretenir	to maintain
essayer de	to try
s'étonner de	to be surprised at
s'évader	to escape
garder	to keep, maintain
s'installer	to get established, move in, set up housekeeping
se marier	to get married
mentir	to lie
se moquer de	laugh at, make fun of
nourrir	to feed
occasionner	to cause
s'occuper de	to take care of
proposer	to offer, propose
se réaliser	to be fulfilled
regretter	to regret, to miss
ressentir	to feel, undergo
retrouver	to meet
rompre	to break
rouler	to turn upon, concern
se séparer	to separate, be separated
se terminer	to end, finish

Expressions verbales

avoir l'air d'aller	to appear to be going all right
avoir la belle vie	to have it good
être arrivé(e) à	to have come to the point of
être de retour	to return, be back
être vécu(e) comme	to be experienced as
faire l'admiration de	to be the admiration of
faire le bilan	to take stock of a situation
prendre la parole	to start to speak
se rendre compte de	to realize, become aware of
tomber amoureux (-euse)	to fall in love

LEÇON ▪ 10

CE N'EST PAS MA FAUTE!

Everyone needs excuses, and excuses require explanations, more reasons, more details, and, therefore, longer sentences. In this lesson you will learn some of the pronouns that you need to join sentences together. Remember, as a first step in this lesson, you should do the vocabulary preparation exercises in **Le Français chez vous**.

FUNCTIONS

identifying your misdeeds and
    apologizing for them
telling people that there was a
    very good reason for them
inventing such a reason and
    telling it plausibly
giving justifications and alibis for
    what you did
telling whose fault it was
acknowledging and accepting
    other people's excuses

STRUCTURES

pronoms relatifs **qui, que,
   ce qui, ce que**
pronom relatif **dont**
en + participe présent

A

J'ai eu un empêchement...

MISE EN SCÈNE

MISE EN MARCHE

Qu'est-ce qui se passe?

Monsieur Grandmont vient d'arriver à son bureau. Il est en retard. Il parle avec son collègue, Monsieur Darray.

M. Darray	Ah, bonjour, Grandmont. Alors, on fait la grasse matinée?
M. Grandmont	Pas de plaisanteries ce matin, je vous prie.
M. Darray	Ah, je vois, Monsieur est de mauvaise humeur. Vous vous êtes levé du pied gauche?
M. Grandmont	Eh bien, je ne cherche pas d'excuses, mais pendant la nuit il y a eu une panne d'électricité qui a duré une heure.
M. Darray	Et alors?
M. Grandmont	… et comme mon réveil est électrique, je me suis réveillé avec une heure de retard. Je me suis préparé à toute vitesse et je suis tombé dans l'escalier. Je n'ai même pas pris mon petit déjeuner, mais je suis quand même parti trop tard de chez moi et j'ai raté mon train.

À propos   **« Vous » entre collègues de bureau.** C'est fréquent, surtout s'ils ne sont plus tout à fait jeunes. C'est une manière de garder ses distances, de ne pas livrer son intimité.

                     Rater le train. Il est très fréquent, surtout autour de Paris, mais aussi de Lyon et de Marseille, d'emprunter le train de banlieue pour se rendre à son travail. C'est plus rapide et plus économique que la voiture.

Madame Dupré voit son amie, Madame Richard, qui arrive en retard.

Mme Dupré	Ah, te voilà! Voilà une heure que je t'attends. Qu'est-ce qui t'est arrivé? Tu as oublié notre rendez-vous?
Mme Richard	Non, pas du tout, mais j'ai passé une nuit que tu ne peux pas t'imaginer. J'ai eu des cauchemars horribles et ce matin, quand le réveil a sonné, je n'ai rien entendu. Je me suis réveillée il y a quelques minutes et me voici. Je suis vraiment désolée d'être en retard.

Monsieur Leblanc et Monsieur Picard: collègues de travail

M. Leblanc   Mais, mon vieux, vous êtes en retard! Qu'est-ce qui vous est arrivé
ce matin?

M. Picard   Ah, ne m'en parlez pas! J'ai été pris dans des embouteillages terribles.

M. Leblanc   Ah, bon, vous n'avez pas pris le métro aujourd'hui?

M. Picard   Ben, non, il y a la grève qu'on a annoncée pour ce matin.

M. Leblanc   Ah, oui, c'est vrai. Vous devriez faire comme moi: venez à vélo, et
vous êtes toujours à l'heure.

À propos   **Les embouteillages.** Cauchemar des Parisiens, des citadins en général.
Trop de voitures à la même heure roulent dans la même direction. Le
métro est un moyen sûr d'être à l'heure à son bureau... s'il n'y a pas de
grève.

La grève. Pourquoi arrêter le travail? Aux États-Unis on ne fait la grève
que pour obtenir une amélioration de son salaire ou de ses conditions
de travail. En France la grève est souvent symbolique et peut être prévue pour une période de temps spécifiée, par exemple, 24 heures.

Vous dites ça comment?

RELISEZ

Cherchez les expressions synonymes.

1. n'est pas content
2. La journée a commencé de travers.
3. L'électricité a cessé de fonctionner.

4. J'ai manqué mon train.
5. un mauvais rêve

📼 IMITEZ LA PRONONCIATION

1. Qu'est-ce qui vous est arrivé?
2. Vous êtes vraiment de mauvaise humeur!
3. J'ai eu des cauchemars...
   J'ai eu des cauchemars que tu ne peux pas t'imaginer.
4. Le réveil a sonné.
   Quand le réveil a sonné...
   Quand le réveil a sonné, je n'ai rien entendu.
5. Eh bien, je me suis réveillé...
   Eh bien, je me suis réveillé avec une heure de retard.
6. Je ne cherche pas d'excuses...
   Je ne cherche pas d'excuses, mais j'ai été pris dans des embouteillages.
7. Il y a eu une panne d'électricité...
   Il y a eu une panne d'électricité qui a duré une heure.
8. Il y a eu une grève de métro.

Répondez à ces questions en ajoutant uen confirmation.

1. — Vous vous êtes levé(e) du pied gauche?
   — Oui, je suis…
2. — Vous ne vous êtes pas réveillé(e) à l'heure?
   — Non, je me suis…
3. Vous n'avez pas fait de beaux rêves?
   — Non, en effet, j'ai…

4. Et vous n'avez pas pu venir à cause du trafic?
   — Non, en effet, j'ai…
5. Vous n'avez pas pris le train?
   — Non, j'ai…
6. Et il n'y pas de métro aujourd'hui?
   — Ben, non, il y a…

Parlons un peu

Choisissez la réponse convenable.

1. Vous êtes du mauvaise humeur aujourd'hui?
   • Oui, j'ai passé une journée formidable.
   • Oui, j'ai passé une nuit difficile.
   • Vous n'avez pas de chance.

2. Vous vous êtes levé(e) du pied gauche?
   • Oui, je suis de très bonne humeur.
   • Mais, c'est formidable!
   • Oui, c'est une journée qui a commencé de travers. Rien n'a marché.

3. Votre matinée s'est passée comment?
   • Oh, j'ai eu une matinée que vous ne pouvez pas vous imaginer.
   • C'est le cas de le dire.
   • Très drôle!

4. Vous avez l'air d'être de bonne humeur ce matin.
   • Oui, j'ai passé une matinée formidable.
   • Oui, il y a une grève de métro.
   • Oui, je me suis levé(e) du pied gauche.

5. Vous êtes en retard, mon vieux.
   • Oui, j'ai eu de la chance.
   • Ne m'en parlez pas, il y a une grève de métro.
   • Mon horoscope me déconseille le poisson.

6. Pourquoi êtes-vous en retard, Mercier?
   • Racontez-moi, j'adore les histoires.
   • Je suis désolé, Monsieur, mon réveil n'as pas sonné.
   • Oui, je suis de bonne humeur.

7. Il y a eu beaucoup de trafic?
   • Oui, l'ascenseur n'a pas fonctionné.
   • Mon pauvre ami. Vous n'avez pas de chance.
   • Oui, j'ai été pris(e) dans des embouteillages horribles.

A	B
Alors, mon ami(e), on fait la grasse matinée?	Ne m'en parlez pas, je vous prie. Je n'ai pas de chance ce matin. Pas un mot. Je suis de mauvaise humeur.

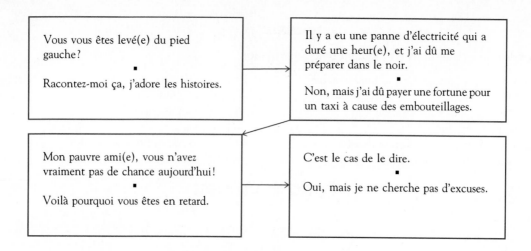

Vous vous êtes levé(e) du pied gauche ? Racontez-moi ça, j'adore les histoires.	Il y a eu une panne d'électricité qui a duré une heur(e), et j'ai dû me préparer dans le noir. Non, mais j'ai dû payer une fortune pour un taxi à cause des embouteillages.
Mon pauvre ami(e), vous n'avez vraiment pas de chance aujourd'hui ! Voilà pourquoi vous êtes en retard.	C'est le cas de le dire. Oui, mais je ne cherche pas d'excuses.

À vous, maintenant...

1. Vous arrivez en retard à un dîner élégant. Votre partenaire est l'hôte ou l'hôtesse. Naturellement vous voulez donner des explications afin de justifier ce retard et de vous tirer de votre embarras. Raisons possibles: accident épouvantable, panne d'essence, chien malade, une visite inattendue. Puis changez de rôles. C'est maintenant votre partenaire qui est en retard. Notez ses excuses et écrivez-les dans un petit paragraphe.
2. Avez-vous déjà été en retard pour votre cours de français? Pour un rendez-vous? Préparez des notes pour raconter ces circonstances (des embouteillages, un accident, une panne de voiture, etc.).

VOCABULAIRE AU CHOIX

Choisissez au moins quatre excuses qui vous semblent bonnes.

événements
J'ai dû emmener mon chien chez le vétérinaire.
On m'a volé ma voiture.
Je n'ai pas entendu mon réveil.
J'ai raté mon train.
Ma voiture est en panne.
J'ai eu un accident de voiture.
Je me suis trompé(e) de train.
J'ai été retardé(e) à cause de la pluie.
J'ai été pris(e) dans des embouteillages horribles.

conditions
Il faisait très mauvais, et je n'ai pas pu…
Il y avait une grève de métro.
Ma voiture était en panne.
Tout le monde était malade.

pour accepter des excuses
Je comprends.
Cela se comprend.
Il n'y a pas de mal.
Ces choses arrivent à tout le monde.
Cela a dû être grave.
                    pénible.
Il n'y a vraiment pas de quoi vous inquiéter.
J'espère que tout cela s'est bien arrangé.

UN PAS
DE PLUS

Qu'est-ce qui se passe?

Yvonne adresse quelques reproches à son ami Pierre.

Yvonne   Tu m'as posé un lapin hier au restaurant! Je t'ai attendu pendant des heures!

Pierre   C'est que j'ai fait un rêve.

Yvonne   Un rêve!

Pierre   Oui, je voulais justement t'expliquer ce qui s'est passé.

Yvonne   Ah, oui, donc, qu'est-ce qui s'est passé au juste? J'écoute.

Pierre   Eh bien, il y avait une très bonne raison. Je me suis assoupi dans l'après-midi et j'ai fait un rêve: Je me promenais dans la rue. Je marchais seul. Tout à coup, une porte s'est ouverte. Je suis entré dans un endroit noir, éclairé de quelques bougies, et tout a sauté.

Yvonne   Tu prends ça au sérieux?

Pierre   Oui, j'étais très inquiet à cause de ce rêve. Je me disais que c'était très mauvais signe, et voilà pourquoi je ne suis pas venu.

Yvonne   Oh, toi et tes rêves! C'est de la superstition!

Pierre   Oui, tu te rends compte, il n'y avait que deux rescapés — toi et Bernard, mon meilleur copain.

Yvonne   Tiens, justement, c'est avec lui que j'ai finalement dîné hier soir.

Vous dites ça comment?

Cherchez les expressions synonymes.

1. Tu n'es pas arrivé au rendez-vous.
2. Je me suis endormi.
3. Qu'est-ce qui est arrivé?

4. Il y a eu une explosion.
5. deux survivants

1. Tu m'as posé un lapin hier soir!
2. Je t'ai attendu pendant des heures.
3. Je voulais justement t'expliquer ce qui s'est passé.
4. Il y avait une très bonne raison.

5. C'est que j'ai fait un rêve.
6. J'étais inquiet à cause de mon rêve.
7. Je me disais que c'était très mauvais signe.
8. Voilà pourquoi je ne suis pas venu.

Répondez aux reproches de votre ami(e).

1. — Tu m'as posé un lapin hier soir.
   — Tiens, je voulais...
2. — Je t'ai attendu pendant des heures.
   — Je suis désolé(e), mais... raison.
3. — Eh bien, j'écoute.
   — Je ne cherche pas d'excuses,
   mais... inquiet (-ète).

4. — Inquiet (-ète)? Comment cela?
   — ... un rêve.
5. — Tu prends ça au sérieux?
   — Oui, je me disais... signe.

Parlons un peu

Choisissez la réponse convenable.

1. Tu m'as posé un lapin hier au restaurant!
   • Tu as donc bien mangé?
   • Je voulais justement t'expliquer ce qui s'est passé.
   • Oui, c'était moi. Je travaille là.

2. Eh bien, qu'est-ce qui s'est passé, exactement?
   • Moi, je pense toujours à l'avenir.
   • Demain, je vais passer vous voir.
   • Je me suis endormi(e), et j'ai fait un rêve.

3. Mais ce n'est pas une raison pour manquer un rendez-vous!
   • Il y a eu une explosion.
   • Oui, ma grand-mère est très malade.
   • Mais si! Je me disais que c'était très mauvais signe.

4. Alors, que s'est-il passé dans ton rêve?
   • Je marchais seul dans un endroit noir.
   • Ils ont bien dîné?
   • Ils étaient morts?

5. Tu avais peur?
   • Oui, c'était épouvantable! J'étais térrifié(e).
   • Oui, ça a l'air d'aller maintenant.
   • Elle a tout abandonné.

6. Et puis?
   • Une voiture m'a pris(e) en stop.
   • Non, c'est trop cher pour les étudiants.
   • Oui, ça va marcher.

7. Tu prends ça au sérieux, toi, les rêves?
   • Oui, voilà pourquoi je ne suis pas venu(e).
   • Il est devenu vétérinaire.
   • Eh bien, c'est normal, il y a la grève.

Vous demandez des explications à un(e) ami(e) qui a manqué un rendez-vous.

A: Je/te/attendre/deux heures/hier/restaurant!
B: Je/vouloir/t'expliquer.
A: Qu'est-ce qui/se passer?
B: Je/m'endormir/et/faire/rêve/et avoir peur/ne pas venir.
A: Eh bien/je/dîner/seul(e).

À vous, maintenant...

Parlez à votre partenaire à propos d'un rêve que vous avez fait. Si vous ne pouvez pas vous rappeler un rêve, inventez un rêve à votre guise. Puis changez de rôles. Écoutez le rêve de votre partenaire et faites-en un résumé par écrit.

VOCABULAIRE AU CHOIX

où l'action se passe	personnages	actions	conditions
dans un avion	mon/ma petit(e) ami(e)	courir	avoir peur
dans un hôtel	mon professeur de géographie	menacer	être inquiet (-ète)
à la campagne	ma mère	danser	faire noir
sur un fleuve	le président de la République	flirter	mauvais
au cinéma	mon poisson rouge	aller à la pêche	beau
		faire du camping	
		jouer de la clarinette	

FAISONS LE POINT

OBSERVEZ

Pronoms relatifs *qui, que*   (grammaire 3.9.1)

Comme *pronoms interrogatifs*, **qui** et **que** servent à poser des questions. **Qui** se rapporte à des personnes et **que** à des choses.

Qui voyez-vous?   Marie.
Que voyez-vous?   Je vois le train.

Qui et **que** comme *pronoms relatifs* servent à combiner deux phrases. **Qui** sert de sujet à la deuxième phrase et se rapporte ou à des personnes ou à des choses.

C'est ma sœur. Elle habite à Lyon.
C'est ma sœur **qui** habite à Lyon.

C'est un détail. Ce détail a son importance.
C'est un détail **qui** a son importance.

Il y a eu une panne d'électricité. Cette panne a duré une heure.
Il y a eu une panne d'électricité **qui** a duré une heure.

Nous avons dîné dans le restaurant. Le restaurant se trouve dans la rue du 11 novembre...
Nous avons dîné dans le restaurant **qui** se trouve dans la rue du 11 novembre...

Par contre, **que** sert d'objet direct et peut egalement se rapporter à des *personnes* ou à des *choses*.

> Votre frère est un homme. J'admire votre frère.
> Votre frère est un homme **que** j'admire.

> Je connais un petit restaurant sympathique. Ce restaurant est fermé le mercredi.
> Le petit restaurant sympathique **que** je connais est fermé le mercredi.

> J'ai acheté un réveil. Ce réveil n'a pas fonctionné.
> Le réveil **que** j'ai acheté n'a pas fonctionné.

Que s'élide quand il est suivi d'une voyelle…

> L'importance **qu'**on attache à ces détails…

Qui ne se contracte pas.

> C'est un détail **qui** a son importance.

À noter

Le participe passé s'accorde en genre et en nombre avec un objet direct qui précède, c'est-à-dire, on ajoute un **-e** pour le féminin et un **-s** pour le pluriel.

> Le fruit que j'ai mangé…   La robe que j'ai achet**ée**…
> Les fruits que j'ai mang**és**…   Les robes que j'ai achet**ées**…

MISE EN PRATIQUE

A. Bavardons de choses et d'autres. D'abord, continuons à chercher des excuses. Pourquoi n'êtes-vous pas venu(e) hier soir?

> **MODÈLE:** Vous avez eu un accident.
> — Je ne suis pas venu(e) à cause d'un accident que j'ai eu.

1. Vous avez fait un rêve.
2. Vous avez reçu une mauvaise nouvelle.
3. Vous avez emmené votre chien chez le vétérinaire.
4. Vous avez eu un empêchement.
5. Vous avez lu un horoscope.
6. Vous avez dû faire des devoirs.
7. Vous avez reçu une visite imprévue.
8. Vous avez eu une panne d'ordinateur.

B. Il est toujours bon de pouvoir se renseigner, de demander et de donner des définitions.

> **MODÈLE:** **un mécanicien/réparer des voitures**
> — Qu'est-ce que c'est qu'un mécanicien?
> — C'est quelqu'un qui répare des voitures.

1. un étudiant/faire des études, préparer un diplôme
2. un professeur/donner des cours, écrire des livres
3. un boulanger/faire du pain
4. un médecin/soigner les malades
5. un agent de voyage/s'occuper des arrangements pour les voyages
6. un auteur/écrire des livres
7. un journaliste/écrire des articles pour un journal

C. Supposons que vous partez en vacances, mais avant de partir, vos parents vous demandent si tout est en ordre.

> **MODÈLE:** — Tu as pris les clés? Elles étaient sur le frigo.
> — Oui, j'ai pris les clés qui étaient sur le frigo.

1. Tu as pris les billets? Ils étaient sur la table.
2. Tu n'as pas oublié la carte, j'espère. Elle était dans ma chambre.
3. Tu as descendu les valises? Elles étaient dans ta chambre.
4. Tu as trouvé tes cartes de crédit? Elles étaient dans ton bureau.

D. Et il est bon de pouvoir donner son opinion.

> **MODÈLE:** Un bon étudiant, c'est quelqu'un qui est toujours préparé et qu'on voit souvent à la bibliothèque.

1. Un bon ami, c'est quelqu'un/nous accepter, nous comprendre
2. Une bonne classe, c'est une classe/nous apprendre beaucoup, nous faire penser
3. Un bon travail, c'est un travail/nous intéresser
4. Une bonne université, c'est une université/nous laisser en paix

E. Évidemment, on peut avoir une mauvaise opinion de quelqu'un ou de quelque chose aussi. Exprimez cela en employant les phrases dans l'Exercice D.

> **MODÈLE:** Un mauvais étudiant, c'est quelqu'un qui n'est jamais préparé et qu'on voit rarement à la bibliothèque.

F. On peut donner ses réactions à des stéréotypes.

> **MODÈLE:** — Tous les Français boivent du vin à chaque repas.
> — Non, j'en connais qui ne boivent pas de vin.

1. Les Espagnols sont toujours en retard.
2. Tous les Italiens mangent des spaghettis.
3. Les New-Yorkais sont toujours très froids.
4. Les étudiants sont tous très paresseux ces jours-ci.
5. Les jeunes ne s'intéressent pas à la politique.
6. Les professeurs sont très stricts.
7. Les films italiens sont toujours pessimistes.

G. Et en fin de compte, il est bon de pouvoir parler du bon vieux temps. Inventez votre histoire.

> **MODÈLE:** Quand j'étais jeune, j'habitais dans une maison que j'aimais beaucoup et qui était près d'un joli lac.

1. J'avais un(e) ami(e)/j'aimais bien/s'appelait…
2. J'avais un chien/j'adorais/s'appelait…
3. J'allais à une école/je détestais/était loin de chez moi.
4. Il y avait beaucoup d'élèves/je ne connaissais pas/étaient plus intelligents que moi.
5. J'avais un professeur/je n'aimais pas/ne m'aimait pas.
6. J'avais une tante (un oncle)/je visitais/m'envoyait un chèque à Noël.

B
Cette fois-ci, c'est sérieux...

MISE EN SCÈNE

Je suis partie en mobylette, et puis…

MISE EN MARCHE

Qu'est-ce qui se passe?

Philippe s'approche lentement et timidement de son prof après la classe.

Philippe Pardon, monsieur. Vous avez peut-être remarqué que je n'ai pas rendu mon devoir avec les autres.

Professeur C'est un détail qui ne m'a pas échappé.

Philippe Je voulais simplement vous dire que, cette fois, il y a une très bonne raison.

Professeur Ah, oui, comme la dernière fois?

Philippe Non, non, cette fois-ci, c'est sérieux. Figurez-vous que ma grand-mère est tombée malade ce week-end et comme c'est ma grand-mère favorite, j'ai décidé, pour lui faire plaisir, d'aller lui rendre visite.

Professeur C'est un geste tout à fait admirable.

Philippe Je suis parti en mobylette et j'ai, bien sûr, emporté tous les documents dont j'avais besoin pour écrire ma composition chez elle. Malheureusement, en allant chez elle, j'ai eu un accident. Au coin de la rue d'Albert, une voiture qui roulait à une vitesse excessive m'a embouti, et j'ai été assommé.

Professeur Ça a dû faire mal!

Philippe Oui, je me suis retrouvé à l'hôpital avec des points de suture. Quant à mes papiers, ils avaient disparu.

Professeur Et bien sûr, vous les avez cherchés partout...

Philippe Oui, à l'hôpital, sur la route, chez moi... plus une trace.

Professeur Et quand vous êtes arrivé chez votre grand-mère, elle était déjà morte?

Philippe Comment le saviez-vous? Oui, j'ai dû passer la nuit à son chevet. Voilà pourquoi j'ai l'air si fatigué aujourd'hui.

Professeur Et vous voulez que je vous donne plus de temps pour rédiger?

Philippe Oui, comme vous avez vu clair!

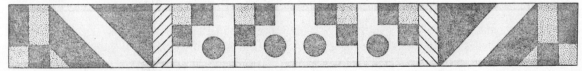

À propos   **En mobylette.** Moyen très en vogue pour se déplacer, moins cher que la voiture et plus facile que la bicyclette.

Vous dites ça comment?

Cherchez les expressions qui expriment

1. la compréhension.   2. la sympathie.   3. l'explication.

Cherchez les expressions synonymes.

1. Vous vous êtes peut-être aperçu que...
2. J'ai une très bonne excuse.
3. tous les documents nécessaires
4. qui roulait trop vite
5. est entré en collision avec moi
6. Comment avez-vous appris cela?
7. J'ai été obligé de passer...
8. pour écrire

IMITEZ LA PRONONCIATION

1. Je n'ai pas rendu mon devoir.
   Vous avez peut-être remarqué que
   je n'ai pas rendu mon devoir.
2. Ce détail ne m'a pas échappé.
   C'est un détail qui ne m'a pas échappé.
3. Il y a une très bonne raison.

4. Une voiture m'a embouti.
   Une voiture m'a embouti,
   et je me suis retrouvé à l'hôpital.
5. Et vous voulez plus de temps pour rédiger?
6. Comme vous avez vu clair!
7. Comment le saviez-vous?

VÉRIFIEZ

Donnez des réponses ou des explications convenables.

1. — J'ai remarqué que vous n'avez pas rendu
     votre devoir.
   — C'est juste, mais cette fois-ci... raison.
2. — Vous dites que vous avez eu un accident?
   — Oui, mais ce n'est pas ma faute.
     C'est qu'une voiture...
3. — Ça a dû être grave!
   — Très grave. Je... hôpital.

4. — Et vous n'avez pas eu le temps dont vous
     avez besoin pour finir votre devoir?
   — Comme... !
5. — Et vous voulez encore un peu de
     temps pour rédiger?
   — Comment... ?

Parlons un peu

RÉPONDEZ

Choisissez la réponse convenable.

1. Je n'ai pas rendu mon devoir.
   • C'est un détail qui ne m'a pas échappé.
   • Oui, nos routes se sont séparées.
   • Je crois pouvoir dire que je suis sans reproche.

2. Il y a une très bonne raison.
   • Ce n'est pas l'histoire de la grand-mère malade,
     j'espère!
   • Non, vous avez certainement tort.
   • Oui, en effet, qu'est-ce qu'elle est devenue?

3. Une voiture m'a embouti(e).
   - Vous avez été sérieusement blessé(e)?
   - Vraiment, vous conduisez mal, mon vieux.
   - Non, il ne faut pas généraliser.

4. ... et mes papiers ont disparu et...
   - Vous n'avez pas pu les retrouver.
   - Vous avez pu finir le devoir chez vous.
   - Non, il fait vraiment trop mauvais.

5. J'ai passé la nuit à l'hôpital.
   - Voilà pourquoi vous êtes si fatigué(e).
   - Non, s'il vous plaît, je n'ai pas assez de temps.
   - Non, j'ai appris ma leçon.

PARLEZ

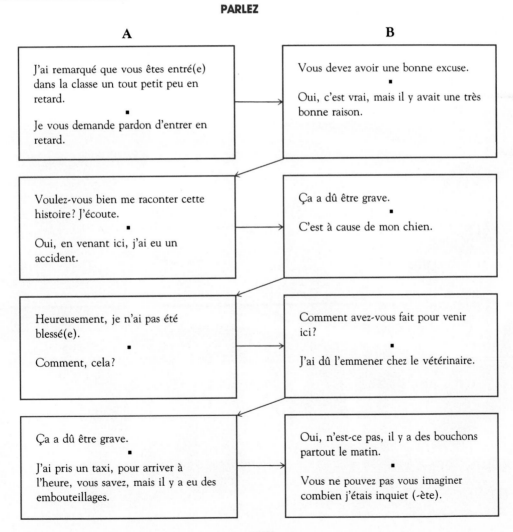

A	B
J'ai remarqué que vous êtes entré(e) dans la classe un tout petit peu en retard. Je vous demande pardon d'entrer en retard.	Vous devez avoir une bonne excuse. Oui, c'est vrai, mais il y avait une très bonne raison.
Voulez-vous bien me raconter cette histoire? J'écoute. Oui, en venant ici, j'ai eu un accident.	Ça a dû être grave. C'est à cause de mon chien.
Heureusement, je n'ai pas été blessé(e). Comment, cela?	Comment avez-vous fait pour venir ici? J'ai dû l'emmener chez le vétérinaire.
Ça a dû être grave. J'ai pris un taxi, pour arriver à l'heure, vous savez, mais il y a eu des embouteillages.	Oui, n'est-ce pas, il y a des bouchons partout le matin. Vous ne pouvez pas vous imaginer combien j'étais inquiet (-ète).

À vous, maintenant...

Faites un petit jeu de rôles avec votre partenaire. Le téléphone sonne, c'est un créditeur (votre partenaire) qui demande pourquoi vous n'avez pas payé vos factures. Votre partenaire note vos excuses, et à la fin il en fait un petit compte-rendu. Puis changez de rôles.
Notez les excuses de votre partenaire, et écrivez un petit rapport donnant les raisons qu'on a invoquées pour ne pas payer ses factures.

VOCABULAIRE AU CHOIX

possibilités

créditeur

On a remarqué que vous n'avez pas payé vos factures.

On ne doute pas de votre probité, mais nous voulons...

Vous êtes sans doute honnête, mais...

Oh! Vraiment? Vous trouvez ça normal, vous!

Je ne dis pas le contraire, mais...

Nous n'avons pas reçu votre chèque.

débiteur

Ce n'est pas ma faute...

... des maladies sérieuses dans la famille

Ma secrétaire/se tromper d'adresse.

On/voler ma voiture

On/cambrioler mon appartement.

Mon chien/toujours malade.

Le chèque? Je l'ai déjà mis à la poste.

UN PAS
DE PLUS

Qu'est-ce qui se passe?

Jean-Paul raconte à son ami Serge son premier rendez-vous avec Colette.

Serge Alors, don Juan, ta première soirée avec Colette, ça s'est passé comment?

Jean-Paul Ah, quelle catastrophe!

Serge Comment ça?

Jean-Paul Bon, tu connais le scénario classique: promenade romantique au bord de la Seine, dîner en tête-à-tête dans un petit restaurant sympathique, beau film d'amour, pour créer l'ambiance, tu comprends...

Serge Oui, formidable! Et alors?

Jean-Paul Rien n'a marché. D'abord, ma voiture n'a pas voulu démarrer et on a dû prendre le métro.

Serge Oui, effectivement, le métro, pour l'ambiance, c'est pas ça, quoi!

Jean-Paul Quand on est sorti du métro, il pleuvait, mais alors, à verse!

Serge Oh non! Qu'est-ce que vous avez fait, alors?

Jean-Paul Eh bien, on s'est abrité et on a attendu un peu, puis on a couru sous la pluie jusqu'au restaurant. À la porte il y avait un petit mot: « Fermeture hebdomadaire le mercredi ».

Serge Oui, c'est un détail qui a son importance. Et après ça?

Jean-Paul Ben, on a fini par manger un sandwich dans un café.

Serge Charmante soirée! Et le film?

Jean-Paul Eh bien, d'abord, on a fait la queue pendant une demi-heure, et les dernières places qui restaient étaient au premier rang.

Serge Oui, je vois, pour l'atmosphère intime, zéro! Et comment ça s'est terminé?

Jean-Paul En sortant du cinéma, j'ai dit un tas de choses dont je ne me souviens plus — elle ne parlait pas beaucoup — il était minuit passé. Tout à coup, Colette m'a dit, très décontractée: « Mon cher Jean-Paul, vous possédez des talents d'organisateur dont je ne voudrais pas abuser. Ça suffit pour aujourd'hui. D'ailleurs, je suis un peu fatiguée et je rentre. Bonsoir et bonne nuit! »

Serge Et qu'est-ce que tu as répondu?

Jean-Paul Rien. Je n'ai pas eu le temps. Elle est montée dans un taxi qui passait et — hop! — elle est partie...

Serge Tu vas lui téléphoner aujourd'hui?

À propos **Restaurant, café, bar.** Ne pas confondre. Si vous voulez manger un repas complet, c'est au restaurant qu'il faut aller. Mais un sandwich, un croque-monsieur, cela peut se prendre dans un café ou dans un bar. Généralement, au café, on peut s'asseoir et commander une boisson chaude ou froide. Au bar on est souvent debout devant le comptoir et on avale en vitesse — ou en bavardant avec des amis — un café, une bière, un apéritif ou un verre de rouge.

Vous dites ça comment?

RELISEZ

Cherchez les expressions synonymes.

1. dîner intime
2. pour créer l'atmosphère
3. Il a fallu prendre le métro.

4. Le restaurant est fermé chaque mercredi.
5. En fin de compte, on a mangé un sandwich.

IMITEZ LA PRONONCIATION

1. Ta première soirée s'est passée comment?
2. Rien n'a marché.
3. Ma voiture n'a pas voulu démarrer.
4. On a dû prendre le métro.

5. On a fini par manger un sandwich.
6. On a fait la queue pendant une demi-heure.
7. J'ai dit un tas de choses dont je ne me souviens pas.
8. Ça suffit pour aujourd'hui.

VÉRIFIEZ

Racontez cette soirée lamentable.

1. — Tout s'est bien passé?
   — Au contraire, rien…
2. — Vous êtes partis en voiture?
   — Non, ma voiture…
3. — Comment avez-vous fait, alors?
   — On… métro.
4. — Pour l'ambiance décontractée, le métro, c'est pas ça!
   — C'est exact, pour la conversation, le métro…

5. — Avez-vous bien dîné?
   — Eh bien, on… sandwich.
6. — Et pour avoir des places au cinéma?
   — On… queue… une demi-heure.
7. — Une charmante soirée, en somme!
   — Quelle…

Parlons un peu

RÉPONDEZ

Choisissez la réponse convenable.

1. Alors, qu'est-ce qui s'est passé hier soir?
   • Oui, je suis malheureux (-euse) et seul(e).
   • Ne m'en parle pas! Quelle catastrophe!
   • Non, je suis de mauvaise humeur.

2. Est-ce que ça a été une soirée réussie?
   • Non, ça a été une soirée désastreuse.
   • Ce n'est pas grave, je comprends!
   • Ça, c'est vraiment dommage!

3. Comment s'est passé le dîner?
   - C'est très grave, ça!
   - Non, la semaine prochaine, je pars pour la Côte.
   - Le dîner a été très médiocre, malheureusement.

4. Et le film, ça s'est bien passé?
   - Non, non, ces choses-là arrivent quelquefois.
   - Non, on a fait la queue pendant une demi-heure.
   - Jeanne me quitte. Tout est perdu.

5. Quel temps faisait-il?
   - Il était huit heures.
   - Quand on est sorti du métro, il pleuvait, mais à verse!
   - Pour l'ambiance intime, zéro.

6. De quoi avez-vous parlé?
   - D'un tas de choses dont je ne me souviens pas.
   - C'était pour créer l'ambiance, tu comprends.
   - Malheureusement, le film a été très médiocre aussi.

PARLEZ

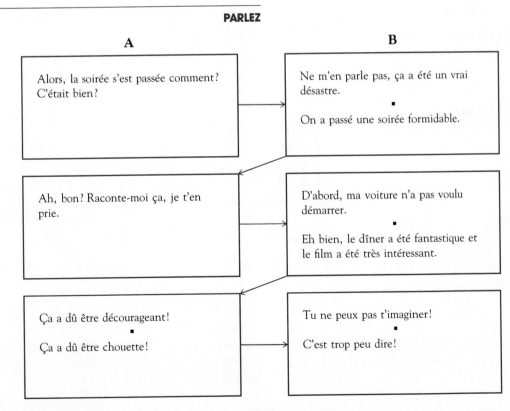

A

Alors, la soirée s'est passée comment? C'était bien?

Ah, bon? Raconte-moi ça, je t'en prie.

Ça a dû être décourageant!
·
Ça a dû être chouette!

B

Ne m'en parle pas, ça a été un vrai désastre.
·
On a passé une soirée formidable.

D'abord, ma voiture n'a pas voulu démarrer.
·
Eh bien, le dîner a été fantastique et le film a été très intéressant.

Tu ne peux pas t'imaginer!
·
C'est trop peu dire!

À vous, maintenant...

Pensez à une soirée, bonne ou mauvaise, que vous avez passée. Parlez-en avec votre partenaire. Inventez quelques détails, s'il le faut, pour la rendre intéressante ou impressionnante. Ensuite, écoutez l'anecdote de votre partenaire, et faites-en un petit résumé par écrit.

VOCABULAIRE AU CHOIX

On a passé une mauvaise soirée quand rien n'a marché.

le dîner a été médiocre.
on a vu un très mauvais film.
la voiture est tombée en panne.
on a été très malade.
on a eu un accident de voiture.
il a plu tout le temps.
la conversation a été ennuyeuse.

On a passé une bonne soirée quand tout a bien marché.

le dîner a été excellent.
on a vu un film formidable.
on s'est bien amusé.
on a passé la soirée avec de très bons amis.
on est tombé amoureux soudainement.
le concert a été extraordinaire.
la pièce de théâtre a été extrêmement bien jouée.
la conversation a été animée.

FAISONS LE POINT

OBSERVEZ

1. Pronoms relatifs *ce qui, ce que* (grammaire 3.9.4)

Ce qui et **ce que** servent à présenter ou à mettre en relief une idée, un objet, une situation. Notez que **ce qui** est utilisé comme sujet d'une phrase et **ce que** comme objet direct.

Phrase simple	*Phrase accentuée*
Les embouteillages sont horribles.	**Ce qui** est horrible, c'est les embouteillages.
L'accident a été bizarre.	**Ce qui** a été bizarre, c'est l'accident.
J'adore les histoires.	**Ce que** j'adore, c'est les histoires.
Il faut savoir la vérité.	**Ce qu'**il faut savoir, c'est la vérité.

Votre ami(e) essaie de vous expliquer quelque chose. Vous êtes sceptique, incrédule. Donnez vos réactions.

MODÈLES: — Est-ce que c'est vrai que vous détestez la télévision?
— Oui, en effet, **ce que** je déteste, c'est la télévision.

— La grève est ennuyeuse, n'est-ce pas?
— Oui, justement, **ce qui** est ennuyeux, c'est la grève.

1. — Vous ne comprenez pas mon explication?
   — Justement,...
2. — Vous trouvez mon histoire bizarre?
   — Oui, justement,...
3. — Mon histoire vous paraît incroyable?
   — Oui, en effet...
4. — Vous trouvez ma conduite inexplicable?
   — Oui, c'est ça,...
5. — C'est comique, cette excuse, non?
   — Oui, justement,...
6. — Vous ne pouvez pas accepter ma version de cet incident?
   — Exactement,...
7. — Est-ce que la vérité vous paraît importante?
   — Évidemment,...

2. Pronom relatif *dont* (grammaire 3.9.2)

Vous savez déjà que les pronoms relatifs **qui** et **que** servent à combiner deux phrases. Le pronom relatif **dont** remplace un groupe de mots qui commence par la préposition **de**.

Phrases séparées	*Phrases combinées*
Vous avez des talents d'organisateur. Je ne voudrais pas abuser **de ces talents**.	Vous avez des talents d'organisateur **dont** je ne voudrais pas abuser.
Je ne me suis pas rendu compte **de vos talents**.	Vous avez des talents **dont** je ne me suis pas rendu compte.
Il n'a pas pu profiter **de la soirée**.	C'est une soirée **dont** il n'a pas pu profiter.
Il a dit un tas de choses. Il ne se souvient pas **de ces choses**.	Il a dit un tas de choses **dont** il ne se souvient pas.

Il est utile de pouvoir donner des définitions ou des explications. Essayons avec ses objets communs.

MODÈLE: Qu'est-ce que c'est qu'un couteau? (instrument/couper)
— Un couteau est un instrument dont on se sert pour couper.

1. Qu'est-ce que c'est qu'une fourchette? (instrument/manger)
2. Qu'est-ce que c'est qu'un stylo? (objet/écrire)
3. Qu'est-ce que c'est qu'un camion? (un véhicule/transporter de gros objets)
4. Qu'est-ce que c'est qu'une mobylette? (un véhicule à deux roues/se déplacer)
5. Qu'est-ce que c'est qu'un magnétoscope? (un appareil/ enregistrer des films à la télé)

6. Qu'est-ce que c'est qu'un lave-vaisselle? (un appareil/laver la vaisselle)
7. Qu'est-ce que c'est qu'un répondeur? (un appareil téléphonique/enregistrer des messages au téléphone)
8. Qu'est-ce que c'est qu'un séchoir? (un appareil/sécher le linge)

---

3. *En* + participe présent   (grammaire 4.16)

En + le participe présent peut signaler

a. *la simultanéité*, deux actions qui se passent en même temps.

J'étudie **en écoutant** la radio. = J'étudie pendant que j'écoute la radio.

b. *le moyen*

J'apprends le français **en écoutant** des émissions françaises. = Le moyen d'apprendre le français est d'écouter des émissions françaises.

Vous pouvez reconnaître le participe présent par la terminaison **-ant** qui est ajoutée au radical de la forme **nous** au présent.

Infinitif	Présent	Participe présent
marcher	nous **march**ons	march**ant**
finir	nous **finiss**ons	finiss**ant**
faire	nous **fais**ons	fais**ant**
devoir	nous **dev**ons	dev**ant**

Les seules exceptions sont **être, avoir** et **savoir**.

être → étant
avoir → ayant
savoir → sachant

A. Vous arrive-t-il de faire deux choses en même temps? Parlons-en.

MODÈLE: — Vous chantez pendant que vous prenez votre douche?
— Oui, je chante souvent en prenant ma douche.

1. Vous lisez pendant que vous déjeunez?
2. Écoutez-vous les nouvelles pendant que vous vous habillez?
3. Pendant que vous écoutez le professeur, est-ce que vous prenez des notes?
4. Est-ce que vous écoutez la radio pendant que vous étudiez?
5. Vous arrive-t-il de penser à autre chose pendant que vous faites vos devoirs?
6. Est-ce que vous oubliez vos chagrins pendant que vous travaillez?

B. Comment fait-on pour apprendre une nouvelle langue? Eh bien, il y a plusieurs moyens. Montrez que vous êtes d'accord en donnant une paraphrase.

MODÈLE: — Pour apprendre une nouvelle langue on peut regarder la télé.
— Oui, d'accord, on peut apprendre une nouvelle langue en regardant la télé.

1. — Si on lit des journaux tous les jours, on apprend la langue.
   — Oui, c'est ça, on apprend la langue...
2. — Si on écoute les émissions à la radio, on arrive à comprendre.
   — Oui, on arrive à comprendre...
3. — Si on peut parler avec les gens, on arrive à parler.
   — Oui d'accord, on arrive à parler...
4. — Si on étudie la grammaire, on arrive à écrire correctement.
   — C'est juste, on arrive à écrire correctement...
5. — Par contre, on rate l'examen si on néglige ses études.
   — Hélas! On rate l'examen...
6. — Et on n'apprend pas une nouvelle langue sans faire de fautes.
   — C'est vrai...
7. — Naturellement, pour parler bien, il faut corriger ses fautes aussi.
   — Bien sûr, on apprend à parler bien...

Portrait d'Émile Zola par Manet

Faites les exercices de vocabulaire et de structure dans le cahier d'exercices avant de lire ce passage.

Innocence et culpabilité: L'Affaire Dreyfus

Lisez ce passage en cherchant à identifier

1. les personnages (qui?)
2. l'époque historique (quand?)
3. les actions (quoi?)
4. les lieux (où?)

Par un beau jour d'hiver en 1897, à Paris, une femme habillée tout en noir est allée trouver Émile Zola, qui était déjà, à l'époque, un écrivain connu et suivi.

« Qu'est-ce que je peux faire pour vous, chère madame? » dit Zola.

« Oh, Monsieur Zola, je viens vous trouver en désespoir de cause. Vous êtes un homme respecté, important. Vous avez la réputation d'être juste et honnête. Il faut que vous m'aidiez. Je suis désespérée, » dit la femme.

« Mais de quoi s'agit-il, au juste? » dit Zola.

« Je m'appelle Madame Dreyfus. Peut-être avez-vous déjà entendu parler des infortunes de mon pauvre mari, Alfred... »

« Ah, oui, le capitaine Dreyfus, celui qu'on a accusé de trahison? »

« Eh bien, justement, permettez-moi de vous raconter ce qui s'est passé. »

« Eh bien, allez-y, Madame. »

« Mon mari, Alfred, est le fils d'un industriel alsacien israélite. Il est allé à l'École polytechnique et est entré avec le grade de capitaine à l'état-major général de l'armée après ses études. Alfred était souvent victime des préjugés sociaux et raciaux de ses collègues à l'état-major: il était juif et on le lui rappelait souvent! Un jour, en septembre 1894, le Service des renseignements a découvert dans la corbeille à papiers de l'attaché militaire allemand à Paris, un certain Schwartzkoppen, une lettre anonyme annonçant un envoi de documents secrets concernant la défense nationale. Eh bien, figurez-vous, Monsieur Zola, qu'on a osé accuser mon mari, un honnête homme, d'avoir envoyé cette lettre, sous prétexte que son écriture ressemblait vaguement à celle de la lettre. En octobre 1894, on l'a arrêté, condamné pour espionnage à la détention à perpétuité et en décembre, on l'a déporté à l'île du Diable, en Guyane, malgré de nombreux témoignages contradictoires.

« Quand le frère d'Alfred, Matthieu, a essayé de le défendre et de proclamer son innocence, cela a soulevé une vague épouvantable d'antisémitisme. Et quand on a découvert un autre coupable, le commandant Esterhazy, Matthieu a porté plainte contre lui. Il espérait libérer son frère. Mais jusqu'à présent, le sort s'est ligué contre nous et mon pauvre Alfred est toujours au bagne! »

« Calmez-vous, ma chère dame. Qu'est-ce que je peux faire exactement pour vous aider? »

« Écrivez quelque chose dans le journal, publiez un article. Si vous êtes persuadé de l'injustice qui se ligue contre nous, dites-le. »

À la suite de cet entretien, le 13 janvier 1898, Zola a écrit une longue lettre ouverte qu'il a intitulé « J'accuse » dans l'*Aurore*, un journal français, et dans laquelle il attaquait violemment l'état-major et le président de la République d'avoir accusé Dreyfus sans preuves. Cet article a fait scandale. L'affaire est alors devenue publique. Zola a été condamné à un an de prison pour diffamation et à 3 000 francs d'amende. Pour éviter cette condamnation, Zola a dû s'exiler de la France.

Tout le monde en France parlait alors de l'Affaire Dreyfus. Il y avait le camp des dreyfusards, qui pensaient qu'il était innocent. Ils représentaient plutôt la gauche politique. Et il y avait le camp des antidreyfusards qui dénonçaient un complot juif contre l'État.

La famille Dreyfus ne s'est pas découragée: le 5 juillet 1898, ils ont à nouveau demandé une révision du procès. En août 1898, des experts en écriture ont découvert que le document accablant Dreyfus était en fait un faux. C'était un immense scandale dans l'armée. Dreyfus est alors recondamné à dix ans de prison avec des circonstances atténuantes en septembre 1899. Il a été libéré peu après mais il était toujours officiellement reconnu coupable. Le gouvernement l'a finalement réhabilité et réintégré dans l'armée comme chef de bataillon le 12 juillet 1906. Quand les carnets personnels du général Schwarzkoppen ont été publiés en 1930, il a été définitivement innocenté. Dreyfus est mort en 1935.

Et voici les derniers paragraphes de la lettre de Zola:

En portant ces accusations, je n'ignore pas que je me mets sous le coup des articles 30 et 31 de la loi de la presse du 29 juillet 1881, qui punit les délits de diffamation. Et c'est volontairement que je m'expose.

Quant aux gens que j'accuse, je ne les connais pas, je ne les ai jamais vus, je n'ai contre eux ni rancune ni haine. Ils ne sont pour moi que des entités, des esprits de malfaisance sociale. Et l'acte que j'accomplis ici n'est qu'un moyen révolutionnaire pour hâter l'explosion de la vérité et de la justice.

Je n'ai qu'une passion, celle de la lumière, au nom de l'humanité qui a tant souffert et qui a droit au bonheur. Ma protestation n'est que le cri de mon âme. Qu'on ose donc me traduire en cours d'assise et que l'enquête ait lieu au grand jour.

Veuillez agréer, monsieur le Président, l'assurance de mon profond respect.

Émile Zola

DISCUTEZ

1. Pouvez-vous raconter très brièvement les principales étapes de l'Affaire Dreyfus?
2. Quelle est l'attitude de Zola envers les hommes du gouvernement qui avaient condamné Dreyfus? Est-ce qu'il les déteste? Est-ce qu'il les admire? Est-ce qu'ils lui sont indifférents?
3. Quel est son objectif en écrivant cette lettre?

VOCABULAIRE DE BASE

Adjectifs

favori(te)	*favorite*
hebdomadaire	*weekly*

Noms

l'ambiance *f*	*atmosphere, ambiance, environment*
l'appareil *m*	*machine, apparatus*
l'ascenseur *m*	*elevator*
le camion	*truck*
le cauchemar	*nightmare*
le coin	*corner*
le couteau	*knife*
le dîner en tête-à-tête	*intimate dinner for two*
l'embouteillage *m*	*traffic jam*
l'empêchement *m*	*obstacle*
l'escalier *m*	*staircase*
la facture	*bill*
la faute	*fault*
la fermeture	*closing*
le fleuve	*river*
la fourchette	*fork*
le geste	*gesture*
la grève	*strike*
le linge	*laundry, linen*
le magnétoscope	*videocassette recorder*
la mobylette	*motor scooter*
la panne; panne d'électricité	*breakdown; power failure*
les points de suture *m*	*stitches*
la probité	*honesty*
le rang	*rank, row*
le répondeur	*answering machine*
le rescapé, la rescapée	*survivor*
le réveil	*alarm clock*
la roue	*wheel*
le stylo	*pen*

Verbes

s'abriter	*to take cover*
s'assoupir	*to drop off to sleep*
cambrioler	*to burglarize*
courir	*to run*
se déplacer	*to move*
disparaître	*to disappear*
échapper à	*to escape*
emboutir	*to run into*
emmener	*to bring along with*
finir par	*to end up by*
flirter avec	*to flirt with*
menacer	*to threaten*
rédiger	*to write, compose*
remarquer	*to notice*
rendre visite	*to pay a visit*
retarder	*to detain*
rouler	*to move along*
sauter	*to jump, explode*
sécher	*to dry*
sonner	*to ring*
suffire; ça suffit	*to suffice; that's enough*
voler	*to steal*

Expressions verbales

faire la queue	*to stand in line*
faire plaisir à	*to please*
se lever du pied gauche	*to get up on the wrong side of the bed*
poser un lapin à qqn	*to stand someone up*
rendre visite à qqn	*to visit someone*
voler qqc à qqn	*to steal something from someone*

Adverbes

à toute vitesse	*at top speed*
de travers	*askance, badly, the wrong way*
effectivement	*in fact, indeed*
tout à coup	*suddenly*

Expression

il pleut à verse	*it's pouring*

LEÇON • 11

QUE PENSEZ-VOUS DE...?

Up to this point, the focus of the course has been on learning how to talk about your own experience and situation. During the rest of the course, in addition to expressing your opinions, you will get practice in justifying your opinions, telling why things happen or happened in a certain way, and, in general, clarifying meanings. As a first step in this lesson, you should do the vocabulary preparation exercises in **Le Français chez vous.**

FUNCTIONS

expressing opinions and
    reactions
avoiding expressing opinions
explaining your ideas
making comparisons and
    judgments
justifying your opinions

STRUCTURES

l'ordre des pronoms objets
    directs et indirects
pronoms interrogatifs: **lequel,
    laquelle, lesquels, lesquelles**
pronoms démonstratifs: **celui,
    celle, ceux, celles**
le comparatif et le superlatif:
    adjectifs
le comparatif et le superlatif:
    adverbes
le passif
il y a, depuis, voici, voilà + le
    présent
venir de + infinitif

A
Ce Fameux Centre Pompidou...

MISE EN SCÈNE

— Et vous, Qu'est-ce que vous en pensez?

MISE EN MARCHE

Qu'est-ce qui se passe?

Depuis le premier jour, les avis sur Beaubourg (le Centre Pompidou) sont partagés. Partagés? C'est trop peu dire. Nous pouvons imaginer une conversation entre des Français de goûts traditionnels et de goûts plus modernes. Monsieur et Madame Lemercier sont Parisiens. Ils reçoivent la visite de Monsieur Guillemin, un collègue de travail, qui habite en province. Tous les trois visitent Beaubourg à Paris, car après tout, Beaubourg est à voir.

Mme Lemercier   Alors, cher ami, ce fameux Centre Pompidou, vous trouvez ça comment?

M. Guillemin   Euh…

Mme Lemercier   Moi, je le trouve fantastique. C'est une merveille de l'architecture moderne.

M. Lemercier   Une merveille? Allons, tu plaisantes! Je trouve que c'est plutôt une horreur, une abomination, une catastrophe irréparable.

Mme Lemercier   Mon pauvre chéri, décidément tu ne connais rien à l'architecture.

M. Lemercier   Ça, de l'architecture? De l'architecture industrielle, peut-être. C'est une usine. On a l'impression qu'on fabrique des locomotives là-dedans.

Mme Lemercier   Et vous, alors, Monsieur Guillemin, vous ne dites rien…

M. Guillemin   Moi, je ne sais pas, je ne suis pas sûr. D'un côté, je pense que c'est intéressant, mais d'un autre côté, c'est une architecture peut-être un peu trop moderne, à mon goût. Elle est plus… euh… audacieuse que celle de province. Mais vous savez, je ne suis pas un bon juge. Je ne connais pas bien l'architecture moderne. C'est si difficile d'avoir une opinion…

À propos   **Le Centre Pompidou.** Que tout le monde appelle « Beaubourg » car il est rue Beaubourg. Nouveau musée d'art moderne, centre d'expositions et de manifestations culturelles, Beaubourg a été, et est encore, très controversé. Son architecture extérieure métallique, ses couleurs très vives ont suscité de nombreuses polémiques d'autant plus qu'il est situé dans un quartier de Paris très ancien. En tout cas, c'est devenu un des « monuments » les plus visités, un « must » pour le touriste et le provincial qui vient à Paris.

Vous dites ça comment?

Cherchez les expressions synonymes.

1. Qu'est-ce que vous en pensez?
2. C'est un exemple admirable de l'architecture moderne.

3. À mon avis…
4. Il est évident que tu…
5. C'est moins traditionnel que notre architecture.

☷ IMITEZ LA PRONONCIATION

1. C'est une merveille!
2. Une merveille? Allons, tu plaisantes!
3. Mon pauvre chéri!
4. Ça, de l'architecture? De l'architecture industrielle, peut-être…

5. C'est plutôt une horreur, une abomination, une catastrophe irréparable!
6. C'est si difficile d'avoir une opinion!
7. D'un côté, c'est peut-être intéressant…
8. …mais d'un autre côté, c'est peut-être trop moderne à mon goût.

VÉRIFIEZ

Montrez beaucoup d'incrédulité devant ces remarques.

1. — Moi, je trouve que c'est une merveille de l'architecture moderne.
   — Une merveille? …!
2. — Non, non, je trouve ça vraiment admirable!
   — Admirable? C'est plutôt…!

3. — Oui, ça représente vraiment l'esprit du XXe siècle. C'est un bâtiment magnifique!
   — Magnifique? …!

Vous n'êtes toujours pas d'accord, mais vous montrez que vous êtes diplomate, que vous ne voulez pas offenser la personne qui vous parle.

4. — Quelle abomination! Quelle catastrophe, n'est-ce pas?
   — Euh… c'est si…

5. — Mais par contre, Picasso, je le trouve fantastique!
   — Euh… d'un côté…

Parlons un peu

☷ RÉPONDEZ

Choisissez la réponse convenable.

1. Alors, vous trouvez que le Centre Pompidou ressemble à une usine?
   • Oui, décidément, c'est de l'architecture industrielle.
   • Oui, oui, c'est de l'architecture classique.
   • Oui, vous avez raison, c'est très élégant.

2. Que pensez-vous de l'architecture moderne?
   • Non, je ne suis pas d'accord avec vous.
   • C'est une catastrophe irréparable!
   • Je préfère la province.

3. Pour moi, Beaubourg est une merveille.
   - Eh bien, moi non plus.
   - La tour Eiffel mesure trois cents mètres, je crois.
   - Une merveille? Allons, vous plaisantez!

4. Alors, vous n'aimez pas le Centre Pompidou?
   - En effet, c'est une abomination.
   - Oui, comme vous, je le trouve fantastique.
   - Oh, la politique, vous savez, ça ne me dit pas grand-chose.

5. Eh bien, vous n'êtes pas tout à fait sûr(e)?
   - Oui, je le trouve horrible.
   - Oui, je le trouve fantastique.
   - C'est ça, c'est si difficile d'avoir une opinion.

6. Alors, vous détestez ce musée?
   - En effet, c'est une abomination.
   - Oui, comme vous, je le trouve fantastique.
   - Oui, je pars à la campagne.

À vous, maintenant...

Parler d'une ville, ou bien d'une université, c'est parler de son architecture. Est-ce que vous pouvez exprimer une opinion là-dessus? Qu'est-ce que vous pensez, par exemple, de l'architecture de votre université? Ou de votre salle de classe? Parlez-en avec votre partenaire. Demandez-lui son avis sur (a) l'architecture de votre campus, (b) le bâtiment où vous avez votre classe de français, (c) votre salle de classe. Comme d'habitude, écrivez un résumé de ses opinions.

VOCABULAIRE AU CHOIX

pour parler d'architecture
— Pour moi, c'est une architecture révolutionnaire/conservatrice.
                         admirable/détestable.
                         sensationnelle/horrible.
                         intéressante/sans intérêt.
                         merveilleuse/abominable.
                         étonnante/nulle.
                         audacieuse/sans imagination.

— Moi, je trouve que c'est une horreur.
         je pense que un mélange de formes épouvantable.
                 une abomination.
                 une merveille.
                 une très belle réalisation.
                 un symbole du modernisme.
                 l'incarnation du XXe siècle.
                         du monde moderne.
                         du mauvais goût.

pour parler d'une salle de classe

On y est très bien.	On y est mal.
On entend bien.	On n'entend pas bien.
La lumière est bonne.	La lumière est mauvaise.
Il y a de l'air.	Il n'y a pas d'air./Ça sent la fumée.
On est tranquille.	Il y a trop de bruit.
On est bien.	On a trop chaud/froid.

UN PAS
DE PLUS

Qu'est-ce qui se passe?

Par contre, le président de la République, lui, n'est pas réticent. Dans une interview accordée au *Nouvel Observateur* il y a quelques années, en 1985, François Mitterrand n'a pas hésité à exprimer fermement and nettement ses idées sur l'architecture moderne. Il avait de grands projets en tête pour changer la face de Paris.

N. O. Monsieur le Président, vous allez modifier considérablement le paysage des Parisiens.

F. M. Non seulement des Parisiens, mais aussi de beaucoup d'habitants des villes de province.

N. O. Si vous voulez bien, parlez d'abord de Paris. Quelle idée en aviez-vous avant d'entrer à l'Élysée? Quelle était votre vision de la capitale?

F. M. Comme beaucoup, c'est banal à dire, je suis amoureux de Paris. J'ai donc tendance à trouver beau ce que j'y vois. L'amour que j'en ai magnifie sans doute à mes yeux beaucoup de choses. Mais je trouve que Paris a fait une trop modeste place à l'architecture moderne. Même le Centre Pompidou, qui me plaît depuis le premier jour, représente un modèle d'architecture qui trouve là son achèvement. Avec peut-être quelques décennies de retard. L'architecture ne s'est pas assez exprimée en France. Elle doit donc l'être davantage. [...]

N. O. Quel est votre projet préféré?

F. M. Peut-être la Défense... Pourquoi? Je crois que, finalement, j'ai des goûts assez classiques et que les formes géométriques pures m'attirent. [...] Mes goûts ont changé, avec l'âge et l'expérience. Et mes connaissances se sont approfondies avec le temps. Pour parler d'art religieux, je préférais le roman au gothique et je n'aimais pas du tout le baroque. Aujourd'hui j'ai une prédilection pour [le baroque]. [...] J'ai la conviction profonde qu'il y a une relation directe entre la grandeur et l'architecture, ses qualités esthétiques et la grandeur d'un peuple. Une période pauvre en architecture me semble correspondre à une période de faiblesse. [...] Pour moi, les grands projets [...] sont une façon de dire aux Français qu'ils doivent, qu'ils peuvent croire en eux-mêmes.

À propos **L'Élysée.** Résidence officielle du président de la République.

La Défense. Quartier ultra-moderne à l'ouest de Paris.

Vous dites ça comment?

Cherchez les expressions synonymes.

1. Paris n'a pas accordé assez d'importance à l'architecture moderne.
2. le Centre Pompidou, que j'ai toujours aimé
3. des dixaines d'années trop tard

4. L'architecture n'a pas été le point fort de la France
5. Je n'aime plus les mêmes choses.
6. Avec le temps, j'ai appris beaucoup de choses.
7. Aujourd'hui j'aime surtout le baroque.

Montrez que vous êtes d'accord.

1. — Vous savez, je n'aime plus ce que j'aimais autrefois.
   — Moi aussi, mes goûts…
2. — Je crois qu'avec le temps mes connaissances se sont approfondies.
   — Moi aussi, j'ai…

3. — Je crois finalement que j'aime tout ce qui est classique.
   — Eh bien, moi aussi, j'ai…
4. — Mon style préféré, c'est le baroque.
   — Tiens, moi aussi, j'ai… pour le baroque.
5. — Comme beaucoup, je suis amoureux de Paris.
   — Moi aussi,…

Maintenant, montrez que vous n'êtes pas du même avis.

6. — Vous savez, je n'aime plus ce que j'aimais autrefois.
   — Moi, je pense plutôt que mes goûts…
7. — Je crois finalement que je préfère tout ce qui est classique.
   — Pour moi, pourtant,…
8. — L'architecture classique à Paris est superbe.
   — Oui, mais,…

Parlons-en

Parlons des idées de M. Mitterrand.

1. Est-ce que Paris va changer ou rester le même?
2. Est-ce que M. Mitterrand a des projets en tête seulement pour Paris ou plutôt pour toute la France?
3. Selon lui, l'architecture à Paris a-t-elle été trop traditionnelle ou trop moderne?
4. Lequel de ces styles préfère-t-il maintenant — le gothique ou le baroque? A-t-il modifié ses goûts?
5. Parlons de ses idées. Il a bien le sentiment de la grandeur, mais la grandeur d'un peuple, c'est quoi? L'expansion économique? La puissance militaire? Est-ce qu'une période riche en architecture correspond généralement à une période optimiste ou pessimiste? Est-ce vrai, ce qu'il dit?

Écoutez la conversation, prenez des notes, et puis écrivez un compte-rendu de ce que vous entendez.

À vous, maintenant...

Étudiez la liste suivante. Choisissez quatre éléments selon leur importance (« 1 » pour le plus important, etc.). Ensuite, mettez-vous en groupes de trois ou quatre et comparez votre liste avec celles de vos camarades. Sur quels points êtes-vous d'accord?

Qu'est-ce qui est important pour une nation dans le monde moderne?
_____ puissance industrielle
_____ puissance militaire
_____ traditions religieuses
_____ vols dans l'espace, voyages lunaires ou interplanétaires
_____ recherches et découvertes médicales et scientifiques
_____ niveau de vie, bien-être social
_____ qualité de son système éducatif
_____ la sensibilité esthétique
_____ l'architecture des villes

Combien de personnes ont choisi l'architecture parmi les éléments les plus importants? Quand François Mitterrand affirme que l'architecture fait la grandeur d'un peuple, exprime-t-il une idée américaine?

Vue de Paris d'une gargouille à Notre Dame. La France du Moyen Âge face à la France moderne.

FAISONS LE POINT

1. L'ordre des pronoms objets directs et indirects   (grammaire 3.8)

me				
te	le			
se	la	lui	y	en
nous	les	leur		
vous				

Voici une page de votre agenda qui contient la liste de toutes vos résolutions.
Faites le bilan de tout ce que vous avez proposé de faire.

> **MODÈLE:** *à faire:* écrire à ma mère
> *action faite:* Je lui ai écrit.

1. faire mes devoirs
2. apprendre tous les verbes irréguliers
3. ne pas regarder la télévision
4. parler à Jean-Pierre
5. téléphoner à Christine
6. téléphoner à mes parents
7. aller chez le dentiste
8. répondre à toutes les lettres que j'ai reçues
9. répondre à tous mes amis
10. profiter de mes week-ends
11. chercher de nouveaux disques
12. emmener le chien chez le vétérinaire
13. envoyer ma lettre de demande au directeur
14. demander des conseils à mes amis
15. laisser ma voiture au garage
16. parler à mon prof de mes progrès en français

2. Pronoms interrogatifs: *lequel, laquelle, lesquels, lesquelles*   (grammaire 3.10.2)

Les pronoms interrogatifs présentent un choix à faire.

— Achetez-moi quelques fromages, s'il vous plaît.
— **Lesquels?** Camembert? Brie? Roquefort?

— Vous suivez cette rue…
— **Laquelle?** La rue Diderot? La rue Voltaire?

Ils s'accordent en genre et en nombre avec le nom qu'ils remplacent.

	Singulier	Pluriel
Masculin	lequel	lesquels
Féminin	laquelle	lesquelles

3. Pronoms démonstratifs: *celui, celle, ceux, celles* (grammaire 3.11)

Les pronoms démonstratifs servent à préciser la réponse.

— Vous suivez cette rue...
— Laquelle?
— **Celle** à gauche, là-bas.

— Veux-tu me rendre mon livre?
— Lequel?
— **Celui** que je t'ai prêté.

— Comment va ta sœur?
— Laquelle?
— **Celle** qui habitait à Lyon.

— Le capitaine Dreyfus?
  Celui qui est accusé de trahison?

— Les hôtels sont chers?
— Eh oui, **ceux** qui sont à peu près convenables vous coûtent les yeux de la tête.

Les pronoms démonstratifs s'accordent en genre et en nombre avec leur antécédent.

	Singulier	Pluriel
Masculin	celui	ceux
Féminin	celle	celles

À noter

Celui-ci, celle-ci, etc., indiquent un objet ou une personne relativement proche. **Celui-là, celle-là,** etc., indiquent un objet ou une personne relativement éloignés.

Laquelle de ces valises est à vous, **celle-ci** ou **celle-là**?

MISE EN PRATIQUE

A. Il ne faut pas se tromper. Quand vous avez besoin de renseignements, il faut quelquefois demander des précisions.

MODÈLE: — Vous suivez cette rue...
— Laquelle? Celle-ci?
— Non, celle-là.

1. Vous passez devant ces monuments...
2. Vous continuez jusqu'à la place...
3. Vous prenez cette ligne de métro...
4. Vous descendez à cet arrêt...
5. Vous entrez dans ce bâtiment...

B. Dans d'autres circonstances aussi, il est utile de pouvoir préciser. Votre ami(e) qui vous rend visite pose des questions.

> **MODÈLE:** — C'est ta voiture? **(de mon père)**   — Non, c'est celle de mon père.

1. C'est ta bicyclette? (de ma sœur)
2. Ce sont tes livres? (de mon frère)
3. Ce sont tes disques? (de ma petite sœur)
4. C'est ta caméra-vidéo? (de mon père)
5. C'est ton chien? (de nos voisins)

C. La famille s'apprête à partir. Est-ce que tout est en ordre?

> **MODÈLE:** **(Il y a des valises dans la chambre et d'autres dans le garage.)**
> — Tu as mis les valises dans le coffre?
> — Lesquelles? Celles qui étaient dans ma chambre ou celles dans le garage?

1. (Il y avait une carte routière sur la table et une autre dans le bureau.)
   — Tu as pris la carte routière?
2. (Il y a des sandwichs dans un sac sur la table et d'autres dans le frigo.)
   — N'oublie pas les sandwichs.
3. (Il y a des clés de la maison dans le bureau et d'autres près de la porte.)
   — Tu veux bien chercher les clés de la maison?
4. (Il y a des voisins qui habitent en face de chez vous et d'autres qui habitent à côté.)
   — Il faut dire au revoir aux voisins.
5. (On a parlé de réserver des chambres dans un hôtel près du lac ou peut-être dans un autre hôtel au centre-ville.)
   — À propos, as-tu réservé des chambres à l'hôtel?

D. Cette année, ça ne marche pas très bien. Exprimez votre préférence pour l'année passée quand tout allait mieux.

> **MODÈLE:** — Ça va dans votre nouvelle université?   — J'aimais mieux celle où j'étais l'année dernière.

1. Ça va, votre nouveau camarade de chambre?
2. Comment vont les cours que vous suivez maintenant?
3. Ils sont bien, les profs que vous avez ce semestre?
4. Vous aimez l'emploi du temps que vous avez maintenant?
5. Que dites-vous de notre équipe de football cette année?
6. Et les repas au restaurant universitaire, ça va?

E. Ça n'a pas du tout marché pour votre ami(e), mais vous, vous avez eu de la chance.

> **MODÈLE:** — Le film que j'ai vu cette semaine était déprimant. **(superbe)**   — Moi, non. Celui que j'ai vu était superbe.

1. — Le restaurant où j'ai mangé était bien médiocre.
   — Ça, c'est dommage! (excellent)
2. — Le livre que j'ai lu était ennuyeux.
   — Ça, c'est embêtant! (passionnant)
3. — Les amis que j'ai rencontrés étaient plutôt bêtes.
   — Ça, c'est ennuyeux! (plutôt intelligents)
4. — Le voyage que j'ai fait était un désastre.
   — Vraiment? (parfait)
5. — L'hôtel où je suis resté était bruyant.
   — Ça, c'est embêtant! (tranquille)
6. — D'ailleurs, le propriétaire qui m'a accueilli était désagréable.
   — Tu n'as vraiment pas de chance! (sympa)
7. — Le séjour que j'ai fait a été une catastrophe.
   — Ce n'est pas possible! (merveilleux)

B

On y mange bien?

MISE EN SCÈNE

Le Prince de Liège

votre rendez-vous gastronomique à Gembloux,

menu de Dégustation
2.900 F

un enchaînement de délicieuses créations judicieusement concoctées
toutes en harmonie, d'une exquise saveur. Un enchantement!...

Le pot-au-feu de magret de canard et foie d'oie
aux jeunes légumes
L'oursin aux œufs brouillés et caviar de saumon
Le homard baby au beurre de basilic, pousses d'épinard
Le bar fumé minute, meunière d'artichauts,
vinaigrette au citron vert
Les raviolis de ris de veau au pourprier
Les médaillons d'agneau, flan de courgettes,
crème de champignons et tomates
La papillote de chèvre, frais, à l'estragon
La poire farcie de glace à la canelle

La gastronomie n'a pas de frontières. Voici une carte typique d'un restaurant de haute qualité en Belgique.

MISE EN MARCHE

Qu'est-ce qui se passe?

Deux jeunes étudiants, un Américain, Bill, et un Français, Jean-Pierre, discutent. Celui-ci vient de passer deux mois de vacances aux États-Unis.

Bill	Alors, tu es content de ton voyage?
Jean-Pierre	Oui, formidable. Quel pays!
Bill	C'était la première fois que tu allais aux États-Unis?
Jean-Pierre	Oui, la première fois.
Bill	Alors, quelles sont tes impressions?
Jean-Pierre	Oh, j'en ai beaucoup. D'abord, on n'y mange pas tellement bien. Les steaks, d'accord, les glaces, ça va, mais le reste...
Bill	Pour les Américains, c'est peut-être moins important que pour vous, la nourriture.
Jean-Pierre	Et partout on ne voit que le fast-food. J'ai l'impression qu'on n'y dîne plus, on mange.
Bill	C'est qu'on est pressé...
Jean-Pierre	J'ai aussi été frappé par la taille de tout.
Bill	La taille? Qu'est-ce que tu veux dire par là?
Jean-Pierre	Eh bien, oui, pour un Français, tout est grand là-bas: les steaks, les oiseaux, les glaces, les tours, les autoroutes, évidemment, même les chats sont plus grands qu'ici.
Bill	Tiens, c'est bizarre, je n'y avais jamais pensé... au fond, tu as peut-être raison.
Jean-Pierre	Oh oui, et les gens aussi: plus grands et plus gros.
Bill	Ah non, là, tu exagères, il ne faut quand même pas généraliser.
Jean-Pierre	Par ailleurs, j'ai enfin compris le sens de l'expression « le Nouveau Monde ». C'est vraiment un pays moderne avec un passé récent. Pas de vieilles maisons, pas de vieilles cathédrales, pas de petites rues sympathiques. C'est neuf, c'est droit, c'est fonctionnel. On n'y est pas habitué, quoi!

À propos **Le fast-food.** Il y a toujours eu en France le « prêt à manger », les frites vendues dans la rue, les crêpes et les croque-monsieur (faits de pain, de fromage et de jambon). Cependant, le « fast-food » est autre chose. Ce sont les grandes chaînes de restaurants qui visent une grande consommation d'un produit standardisé. L'expression est passée dans la langue comme la chose est passée dans la culture.

Vous dites ça comment?

Cherchez les expressions synonymes.

1. On ne mange pas très bien en Amérique.
2. Ce qui m'a fait une grande impression, c'est...
3. Je n'y avais jamais fait attention.

4. d'ailleurs
5. On n'en a pas l'habitude.

IMITEZ LA PRONONCIATION

1. Pour les Américains, c'est peut-être moins important que pour vous, la nourriture.
2. C'est qu'on est pressé.
3. Par ailleurs, j'ai été frappé par la taille de tout.
4. Ah non, là, tu exagères!
5. On n'y est pas habitué, quoi!

VÉRIFIEZ

Montrez que vous êtes d'accord.

1. — On ne mange pas bien aux États-Unis.
   — Oui, c'est vrai,...
2. — La taille des choses m'a fait une grande impression.
   — Eh bien, moi aussi, j'ai...
3. — Aux États-Unis, il n'y a rien de vraiment ancien.
   — Oui, c'est vrai...

4. — Je n'avais pas l'habitude de ces villes immenses.
   — On...
5. — Partout, il n'y a que des fast-food.
   — C'est...

Parlons un peu

RÉPONDEZ

Choisissez la réponse convenable.

1. Est-ce qu'on mange bien aux États-Unis?
   • Les gens conduisent comme des fous.
   • J'ai l'impression qu'on y mange plutôt mal.
   • Les villes sont anarchiques.

2. J'ai été frappé(e) par la taille de tout.
   • Moi aussi, j'ai trouvé que tout est grand là-bas.
   • La nourriture, c'est pas ça, quoi!
   • C'est un pays avec un passé récent.

3. On n'y est pas habitué!
   • Oui, c'est comme chez nous.
   • Oui, on connaît tout ça.
   • Ça n'est pas commun chez nous.

4. Partout, il n'y a que des fast-food.
   • C'est un pays nouveau.
   • C'est qu'on est pressé.
   • Tout est grand là-bas.

5. Mêmes les chats sont plus gros.
   - Il ne faut pas exagérer.
   - C'est un pays récent.
   - Non, la politique ne m'intéresse pas du tout.

6. Ce qui m'a semblé bizarre, c'est les gens.
   - Ils étaient comment, les chiens?
   - Comment? Ils sont comme tout le monde.
   - Oui, c'est ça, la nourriture est moins importante pour les Américains.

À vous, maintenant...

Vous avez voyagé? Aux États-Unis? À l'étranger? Qu'est-ce qui vous a frappé? Qu'est-ce que vous avez remarqué de différent? Qu'est-ce qui vous a semblé bizarre? Parlez avec vos camarades de leurs voyages. Qu'est-ce qui les a frappés? Qu'est-ce qui leur a semblé bizarre? Qu'est-ce qu'ils ont remarqué de différent dans la nourriture? Chez les habitants? Dans les villes? Comme d'habitude, écrivez quelques lignes pour raconter ce que vos camarades ont dit.

VOCABULAIRE AU CHOIX

La nourriture m'a semblé différent(e)(s).
Les gens   m'ont   bizarre(s).
Les villes   extraordinaire(s).
Les animaux   fascinant(e)(s).

Les villes donnent l'impression d'être plus   anciennes/modernes   que chez nous.
                                      moins   propres/sales
                                      aussi   surpeuplées/dépeuplées
                                              animées/mortes, désertes
                                              anarchiques

Les gens m'ont paru plus   serviables que chez nous.
                   moins   accueillants/fermés
                   aussi   hospitaliers/inhospitaliers

Les gens conduisent comme des fous.
                    trop vite.
                    trop lentement.
                    très prudemment.
                    plus (moins) vite que chez nous.

La nourriture (la cuisine)? Je l'ai trouvée délicieuse.
                                            bizarre.
                                            différente de chez nous.
                                            assez médiocre.
                                            franchement immangeable.
                                            meilleure que chez nous.
                                            moins bonne que chez nous.

L'art   est plus   important(e) pour les Français que pour les Américains.
La nourriture   moins
Le confort matériel
Le progrès technologique
La propreté des villes

UN PAS
DE PLUS

Qu'est-ce qui se passe?

Mlle Christine Desmoulins, Parisienne en visite aux États-Unis, nous accorde une interview pour parler de la cuisine française.

— *À quoi vous attendez-vous dans un restaurant élégant?*

— Quand je vais dans un restaurant élégant, je m'attends à ce que tout soit impeccable. L'accueil, la décoration, la manière dont les tables sont apprêtées, le service, la cuisine, tout a une importance.

Je m'attends à être conduite vers une table bien mise, à recevoir des mains du serveur un menu et à faire mon choix en prenant mon temps. Je cherche une atmosphère qui va me permettre de profiter agréablement des personnes qui m'accompagnent.

— *Et un dîner élégant se déroule comment?*

— Eh bien, on peut commencer par un apéritif pour amorcer la conversation et ouvrir l'appétit.

En ce qui concerne le repas proprement dit, les hors-d'œuvre arrivent en premier, ou on peut choisir un potage, suivis d'un plat de viande ou de poisson accompagné de légumes. Ensuite, une salade, qui rafraîchit après un plat assez lourd, puis une variété de fromages et avec les fromages un vin rouge pour mieux savourer, et enfin le dessert. Après le dessert viennent le café, des liqueurs peut-être et — pourquoi pas? — un chocolat fin! Les crustacés font de très bons hors-d'œuvre, mais pour moi, le fin du fin, c'est le saumon. Quant à la viande, personnellement, ce que je préfère, c'est le gigot piqué d'ail avec légumes verts. Les fromages? Je fonds pour le roquefort et le camembert un peu coulant. Pour finir un repas copieux, je prends un simple sorbet au citron.

— *Qu'est-ce qui peut vous décevoir dans un repas?*

— Un repas au restaurant me déçoit quand le service est mauvais ou quand la nourriture n'est pas ce que j'attendais.

Si le serveur s'impatiente quand il prend ma commande ou qu'il manque de complaisance à m'expliquer la composition d'un plat, je suis déçue. De même, si le serveur m'apporte tiède un plat que j'attendais chaud, que la viande est trop cuite, que la sauce manque de saveur, ou que le brie ressemble à du plâtre, ou que le vin rouge n'est pas chambré...

— *Chambré?*

— Oui, servi à la température de la pièce.

— *Quelles sont vos réactions aux restaurants fast-food en Amérique et en France?*

— Les fast-food se répandent de plus en plus en France. C'est pratique quand on est pressé, et c'est beaucoup moins cher qu'un restaurant traditionnel. J'y vais de temps en temps quand je suis pressée. Pour moi, c'est une façon de manger rapide et bon marché dans la journée.

Ce que je reproche aux fast-food, c'est leur lumière et leur musique trop forte. J'ai l'impression que c'est fait pour qu'on reparte vite et qu'on laisse la place à quelqu'un d'autre.

Le fast-food, vous savez, c'est tout le contraire d'un dîner à la française, où on prend son temps, on reste à table deux ou trois heures, on n'est pas pressé par les serveurs, qui sont néanmoins attentifs à votre plaisir, on parle, on réfléchit. Le dîner, c'est la nourriture et la présentation, mais c'est aussi la conversation.

À propos **Le menu.** Vous avez le choix entre des plats à la carte et des menus à prix fixes. Si vous choisissez à la carte, vous pouvez composer votre repas comme vous le désirez. Par exemple, vous pouvez choisir de ne manger qu'une entrée, ou uniquement un plat principal. Si vous choisissez un menu, vous avez une série de plats qui se suivent. Souvent, dans un restaurant modeste, vous avez le choix entre une soupe et une entrée, puis un plat principal et puis le choix entre un dessert et du fromage. Parfois, le vin est compris dans le prix unique. Dans un restaurant élégant, les plats sont plus nombreux et parfois un vin différent est choisi pour accompagner chaque plat.

une table bien mise

Vous dites ça comment?

Cherchez les expressions synonymes.

1. Qu'est-ce que vous comptez trouver dans un restaurant?
2. Tout doit être parfait.
3. faire mon choix sans être pressée
4. Un dîner élégant se passe comment?
5. mettre en train la conversation
6. donner de l'appétit
7. Quant au repas...
8. Le meilleur hors-d'œuvre, c'est le saumon.
9. un grand repas
10. Si le serveur perd patience...
11. Ce que je trouve désagréable dans les fast-food...

Montrez que vous êtes d'accord.

1. — Moi, vous savez, quand je vais dans un restaurant élégant, je m'attends à ce que le service soit parfait.
   — D'accord, le service doit être...
2. — Quand je fais mon choix, je n'aime pas être pressé(e).
   — Moi aussi, j'aime faire mon choix en...
3. — J'aime prendre un apéritif d'abord pour amorcer la conversation.
   — Et puis, l'apéritif... appétit aussi.
4. — Je dois dire que j'adore le saumon comme hors-d'œuvre.
   — Pour moi aussi, le saumon, c'est...
5. — Le serveur ne doit pas perdre patience.
   — Oui, c'est ça, il ne doit pas...
6. — Je prends un dessert léger après un grand repas.
   — Oui, c'est mon choix aussi. Je n'aime pas un dessert trop lourd après un repas...

Parlons-en

Parlons de la cuisine en France.

1. Est-ce qu'on sert chaque plat séparément ou bien tout le repas à la fois?
2. Est-ce qu'on sert la salade avant ou après l'entrée?
3. Est-ce que le service est plus important ou moins important que les plats? Ou aussi important?
4. Est-ce que le dîner se déroule lentement ou rapidement?
5. Qu'est-ce qui vous a frappé dans cette façon de dîner?

Écoutez la conversation, prenez des notes, et puis écrivez un compte-rendu de ce que vous entendez.

À vous, maintenant...

Quelles sont vos idées sur la cuisine et l'importance de la cuisine? Est-ce que vous aimez les cuisines ethniques? Lesquelles? Est-ce que vous avez l'habitude de manger vite? Est-ce que vous allez souvent dans les fast-food? Qu'est-ce que vous faites avec le temps que vous épargnez en mangeant vite? Voilà des idées à discuter avec votre partenaire.

Écrivez un petit paragraphe pour résumer votre conversation.

VOCABULAIRE AU CHOIX

Quand on dîne en ville, on peut choisir la cuisine américaine.
italienne.
chinoise.
mexicaine.
japonaise.
grecque.
libanaise.
juive.
vietnamienne.
allemande.
indienne.
thaïlandaise.

le service
Le serveur/la serveuse doit être attentif (-ive) à notre plaisir.
ne doit pas nous presser.

la cuisine
L'apéritif doit ouvrir l'appétit.
La viande ne doit pas être trop cuite.
Les légumes ne doivent pas être trop cuits.
Le vin doit être servi à la bonne température.
Les fromages doivent être servis avec un vin rouge.

l'ambiance
L'ambiance doit favoriser la conversation.
La décoration doit être de bon goût.

FAISONS LE POINT

1. Le comparatif et le superlatif: adjectifs (grammaire 2.6.4)

	Comparatif	Superlatif
Égalité	**aussi... que**	
	Ma sœur est **aussi grande que** moi.	
Infériorité	**moins...que**	**le (la, les) moins... de...**
	Je suis **moins âgé qu'**elle.	Je suis **le moins âgé de** la famille.
Supériorité	**plus... que**	**le (la, les) plus... de**
	Ma sœur Hélène est **plus âgée que** moi.	Hélène est **la plus âgée de** mes sœurs.

Notez que les comparatifs et superlatifs de **bon** et de **mauvais** sont irréguliers.

bon (bonne)	**meilleur(e) que**	**le (la) meilleur(e) de**
Son nouveau film est **bon**.	Il est **meilleur que** son film de l'année dernière.	C'est **le meilleur de** ses films.

mauvais(e)	**pire/plus mauvais(e) que**	**le (la) pire/le (la) plus mauvais(e) de**
Son nouveau roman est vraiment **mauvais**.	Il est **pire que** son premier. **plus mauvais**	C'est **le pire** de ses romans. **le plus mauvais**

2. Le comparatif et le superlatif: adverbes (grammaire 5.4)

affirmatif

> Il lit **rapidement**.

comparatif

> Il lit **aussi rapidement que** sa sœur
> > **moins**
> > **plus**

superlatif

> Elle lit **le plus rapidement**.
> Il lit **le moins rapidement**.

A. Voici les résultats d'un sondage sur « les conditions du bonheur » selon les Français (1973 et 1983). La question: « Qu'est-ce que le bonheur pour vous? »

	1973	1983
1. Sécurité matérielle (travail, argent)	43%	49%
2. La santé	60	34
3. La famille (avoir une famille heureuse)	38	31
4. La liberté (pouvoir faire ce qu'on veut)	7	12

Discutez ces résultats.

MODÈLE: Comparez la liberté et la sécurité matérielle en 1973.
— En 1973, la liberté était moins importante que la sécurité matérielle.

Et la santé en 1973?
— La santé était la valeur la plus importante.

1. Comparez la famille et la sécurité matérielle en 1973.
2. Et en 1983?
3. Comparez la liberté et la famille en 1973.
4. Et en 1983?
5. Est-ce que la famille était plus importante ou moins importante en 1973?
6. Et la santé?
7. Pour vous, laquelle est la plus importante, la santé ou la sécurité matérielle?
8. Une vie de famille heureuse ou la sécurité matérielle?
9. La liberté ou la santé?

B. Voici les résultats d'un sondage sur les loisirs préférés des Français. La question: « Quels sont vos loisirs préférés? »

La lecture	43%	Le cinéma	23%
La télévision	36%	Le jardinage	21%
Le sport	30%	La musique	20%
Les voyages	29%	La pêche	9%
Le bricolage	24%	Le théâtre	6%
(petits projets à la maison)			

Discutez ces résultats. Qu'est-ce que les Français font plus souvent...

MODÈLE: — aller au cinéma ou faire du bricolage?
— Ils font plus souvent du bricolage.

1. lire ou regarder la télé?
2. pratiquer un sport ou faire des voyages?
3. bricoler ou aller au ciné?
4. faire du jardinage ou écouter de la musique?
5. aller à la pêche ou au théâtre?

Faites votre propre sondage pour votre classe et comparez les résultats.

C. Évidemment, vous avez vos préférences. Pour chaque paire d'activités, de lieux ou de personnes, exprimez votre préférence et donnez deux raisons (comparatives) pour votre choix.

> **MODÈLE :** — Quelle ville préférez-vous, Paris ou New York ?
> — Moi, je pense que je préfère Paris. C'est une ville plus intéressante et moins grande.

1. Comme matière à étudier, préférez-vous le cours de français ou le cours de mathématiques ?
2. Comme animal à la maison, qu'est-ce que vous préférez, un chien, un chat ou un poisson rouge ?
3. Comme ambiance d'étude, est-ce que vous aimez mieux, votre lycée ou votre université ?
4. Comme habitat, quelle ville préférez-vous, la ville où vous êtes né(e) ou la ville où vous habitez maintenant ?
5. Qu'est-ce que vous préférez comme cuisine, la cuisine française ou la cuisine américaine ?
6. Qu'est-ce que vous aimez mieux comme amusement, aller au cinéma ou aller à un match de football ?

OBSERVEZ

3. Le passif (grammaire 4.15)

Voix active	*Voix passive*
La taille de tout m'a frappé(e).	J'ai été frappé(e) par la taille de tout.
On doit servir les fromages avec un vin rouge.	Les fromages doivent être servis avec un vin rouge.

Le sens de la phrase reste le même, mais la phrase active met l'accent sur *l'agent.* La phrase passive met en valeur *l'action.* Quand l'agent est indiqué à la voix passive, il est présenté par la préposition **par.**

Aux temps composés, le passif se forme à l'aide de l'auxiliaire **être** + le participe passé. Notez qu'au passif (qui emploie le verbe **être**) le participe passé s'accorde en genre et en nombre avec le sujet.

Son retard a été **justifié.**	Elle a été **prise** dans des embouteillages.
Son absence a été **justifiée.**	Il a été **pris** dans des embouteillages.
Ses erreurs n'ont pas été **justifiées.**	

MISE EN PRATIQUE

Quelle catastrophe que ce week-end ! Pendant l'absence de vos parents, alors que vous conduisiez la voiture de votre père, une autre voiture vous a embouti(e) et voilà ! — vous avez démoli la voiture de votre père. On ne peut pas la réparer. À la maison, vous avez laissé une fenêtre ouverte, des cambrioleurs ont visité la maison, ils ont volé tous les bijoux de maman. Il faut informer vos parents, mais il est évident que vous n'avez pas intérêt à insister sur votre rôle. Vous pouvez donc voir l'utilité du passif. Répondez au téléphone aux questions qu'on vous pose.

> **MODÈLE :** — D'abord, la voiture. Qu'est-ce qui s'est passé ?
> — La voiture a été emboutie.

1. — Est-ce que la voiture peut toujours fonctionner ?
— Euh, pas encore. Elle... réparée.

2. — Et puis alors? C'est réparable?

— À vrai dire, non, la voiture… démolie.

3. — Et la maison, qu'est-ce qui est arrivé?

— Eh bien, la maison… cambrioleurs.

4. — Et les bijoux de maman, ils sont toujours là?

— Eh bien, non, les bijoux…

5. — Mais comment ont-ils pu entrer? La porte était fermée à clé, j'espère.

— Naturellement, mais malheureusement une fenêtre…

4. *Il y a, depuis, voici, voilà* + le présent   (grammaire 4.6.4)

Il y a avec *le passé composé* indique le moment de l'action.

Christophe Colomb a découvert le Nouveau Monde il y a 500 ans.

Il y a, depuis, voici, voilà avec *le présent* indiquent une action qui a commencé dans le passé et qui n'est pas achevée au moment présent.

Il a commencé à pleuvoir à 6 h. Il est 7 h et il pleut toujours. =
Il **pleut depuis** une heure.
Voici (Voilà) une heure **qu**'il **pleut.**
Il y a une heure **qu**'il **pleut.**

J'ai commencé à t'attendre il y a une heure et je t'attends toujours. =
Voilà une heure que je t'**attends.**
Je t'**attends depuis** une heure.

J'ai commencé à aimer Beaubourg le premier jour et je l'aime toujours. =
… Beaubourg, que j'**aime depuis** le premier jour…

MISE EN PRATIQUE

A. Pour faire connaissance, vous parlez de choses et d'autres.

> **MODÈLE:** — Il y a longtemps que vous étudiez le français? **(un an)**
> — Non, je l'étudie depuis un an.

Il y a longtemps que…
1. vous avez cette jolie voiture? (un mois)
2. vous habitez cette ville? (deux ans)
3. vous jouez au tennis? (des années)
4. vous faites du camping? (quelques années)
5. vous lisez l'espagnol? (cinq ans)
6. vous êtes à cette université? (quelque temps)

B. On peut donner les mêmes renseignements en variant la forme de la réponse. Répondez selon le modèle.

> **MODÈLE:** — Il y a longtemps que vous suivez ce cours de français?   **(un an)**
> — Je l'ai commencé il y a un an.

Il y a longtemps que…
1. vous avez cette jolie voiture?
   — Eh bien, je l'ai achetée… un mois.
2. vous habitez cette ville?
   — Non, j'y suis arrivé(e)… deux ans.
3. vous jouez au tennis?
   — Non, pas beaucoup, j'ai appris… un an.
4. vous faites du camping?
   — Oui, j'ai commencé… longtemps.

5. vous lisez l'espagnol?
   — J'ai commencé à le lire... cinq ans.
6. vous êtes à cette université?
   — J'y suis venu(e)... deux mois.

7. — Quand avez-vous acheté cette jolie voiture?
   — Eh bien je... un an.
8. — Quand êtes-vous arrivé(e) dans cette ville?
   — ...deux ans.

C. Chez le médecin. Avant de vous faire soigner, il faut répondre à des questions personnelles. Imaginez que vous êtes malade et que vous consultez un médecin. Faites ces exercices avec votre partenaire.

> **MODÈLE:** tousser/deux jours
> — Depuis quand toussez-vous?
> — Eh bien, depuis deux jours.

	docteur	*patient*
1.	avoir mal à la tête	hier
2.	prendre de l'aspirine	ce matin
3.	ne pas dormir bien	lundi
4.	se sentir déprimé(e)	quelques mois
5.	habiter dans cette ville	un an

D. Vous travaillez à la banque. Un(e) client(e) voudrait une carte de crédit. Posez-lui les questions qui vous permettent de savoir

1. son nom
2. son adresse
3. depuis quand il/elle habite là
4. s'il/si elle est étudiant(e)
5. depuis quand

6. s'il/si elle travaille
7. où
8. s'il/si elle est marié(e), depuis quand
9. son salaire

5. *Venir de* + infinitif (grammaire 4.17)

Venir de + infinitif exprime une action dans le passé récent.

Le train part à 9 h 10. Il est 9 h 11. = Le train **vient de partir.**
Jean-Pierre **vient de passer** deux mois de vacances aux États-Unis. = Il a tout récemment passé deux mois...

MISE EN PRATIQUE

Vous avez bien profité de votre temps. Entre cinq heures et six heures, vous avez lu le journal, fait vos devoirs, bu quelque chose, mangé un sandwich, regardé un programme à la télé, téléphoné à vos parents et donné à manger à votre chien. Votre ami vous propose plusieurs activités, mais vous venez de les faire.

> **MODÈLE:** — Tu veux prendre un pot?
> — Non, merci, je viens de boire quelque chose.

1. — Tu veux dîner en ville ce soir?
   — Non, merci...
2. — Tu veux regarder quelque chose à la télé?
   — Non, merci...
3. — Quand est-ce que tu vas faire tes devoirs?
   — Eh bien, je...

4. — Tu as lu ton journal? Je peux le regarder?
   — Oui, bien sûr, je...
5. — Ton chien a l'air d'avoir bien faim.
   — Tiens! Ça, c'est bizarre! Je...
6. — Est-ce que tu as déjà téléphoné à tes parents?
   — Oui, en effet, je...

 Faites les exercices de vocabulaire et de structure dans le cahier d'exercices avant de lire ce passage.

...et bon appétit!

copyright © Michelin

Le Guide Michelin: L'Outil indispensable du touriste avisé

Lisez ce passage trois fois —

1. d'abord pour identifier tous les mots que vous connaissez et pour dire de quoi il s'agit,
2. pour répondre aux questions après le passage,
3. pour faire des projets de voyage.

46, avenue de Breteuil.

C'est l'adresse parisienne du quartier général de Michelin et Cie, grande manufacture de pneus. C'est de là que sort chaque année le célèbre guide rouge utilisé par des milliers de touristes en quête d'un bon hôtel ou d'un bon restaurant en France.

M. Dryansky, du magazine *Traveler*, a obtenu un rare entretien avec M. Bernard Naegellen, le directeur du *Guide Michelin*, et lui a posé des questions sur l'organisation Michelin.

Le guide, vieux de quatre-vingt-huit ans, est représenté par le bonhomme Michelin: c'est Bibendum (« buvons », en latin): un gros monsieur affable fabriqué en pneus. La réputation du Guide n'est plus à faire. On en vend chaque année plus de 650.000 copies et cela, sans de trop gros efforts publicitaires. Et le guide ne couvre pas seulement la France, Il existe aussi des guides sur la Grande Bretagne, l'Irlande, l'Italie, le Bénélux et l'Allemagne.

Michelin utilise un système d'étoiles: une pour un bon restaurant, deux pour un restaurant qui vaut un détour, et trois pour un restaurant qui vaut un voyage spécial et qui propose une nourriture superbe, des vins délicieux, un service impeccable et une atmosphère élégante.

Et qui décide quel restaurant aura l'honneur d'être cité dans cette bible du gourmet? « Avant d'attribuer une étoile à un restaurant, un inspecteur de Michelin y fait de nombreuses visites pour évaluer la qualité des mets, l'environnement, l'accueil et l'amabilité des propriétaires, et bien sûr, pour vérifier si ce qui est servi correspond bien à ce qui est indiqué sur la carte... un problème qui se présente parfois », explique M. Naegellen. « Oui, Michelin a la réputation d'être lent à accorder la première étoile à un restaurant », ajoute-t-il, « mais Michelin a sa réputation à garder. Nous existons depuis 1900, et nous ne voulons pas nous tromper. Nous préférons prendre notre temps, et nous avons les ressources financières nécessaires pour envoyer nos inspecteurs manger dans un restaurant plusieurs fois plutôt que de faire erreur. »

Comment Michelin est-il au courant de l'ouverture d'un bon restaurant ou de l'arrivée d'un nouveau chef? « Nous recevons 30.000 lettres plus ou moins par an; nous jetons les lettres anonymes et répondons à toutes les autres. Nous regardons aussi les journaux et écoutons les commentaires de nos amis. L'ouverture d'un bon resto ne passe jamais inaperçue. Ensuite, nous envoyons nos inspecteurs », dit M. Naegellen.

Et quelle formation ont ces inspecteurs? « Nous cherchons des gens qui ont au moins trente ans et qui ont une certaine expérience hôtelière. Un des critères principaux est d'aimer manger et aussi d'être résistant. En effet, une fois choisi, il faut être capable d'avaler deux gros repas par jour, de voyager fréquemment et d'être disponible les 225 jours ouvrables de l'année de travail française. Nous avons beaucoup d'inspecteurs. En effet, ils sont chargés d'évaluer environ quatorze mille établissements par an. Il y a du pain sur la planche... C'est le cas de le dire! » déclare M. Naegellen.

Il est très avantageux pour un restaurateur de recevoir au moins une étoile. Souvent, cela implique une augmentation importante au niveau de la clientèle. Par contre, lorsque Michelin retire une étoile à un restaurant, cela a souvent des résultats catastrophiques. « C'est l'épée de Damoclès suspendue au-dessus de nos têtes. Nous pouvons tout perdre », dit Alain Senderens, chef du Lucas-Carton, un restaurant trois étoiles à Paris. On pense à l'histoire tragique du propriétaire du Relais de Porquerolles, à Paris, qui s'est donné la mort dans les années soixante, après avoir perdu son unique étoile au Michelin... Une histoire qui laisse à réfléchir, quand même!

Eh oui, comme quoi que ça soit, il y a des risques dans chaque métier!

1. Pourriez-vous expliquer à un(e) camarade l'organisation du *Guide Michelin*: Qu'est-ce que c'est? À qui est-il destiné? Qui l'achète?

2. Pourquoi un restaurateur désire-t-il être dans le Michelin? Pourriez-vous expliquer les avantages d'être repris dans un guide gastronomique? Y-a-t-il des désavantages?

3. En sortant de l'université, pourriez-vous poser votre candidature chez Michelin pour devenir inspecteur?

4. Connaissez-vous d'autres guides gastronomiques en France? Et aux États-Unis? Si vous en connaissez, lequel recommanderiez-vous à un touriste qui visite votre région?

5. Y-a-t-il d'autres possibilités pour se renseigner sur les restos, les hôtels, les curiosités à voir dans votre région? Vous le savez peut-être, il existe un ministère des loisirs et du tourisme en France. Existe-t-il un organisme similaire aux États-Unis?

6. Regardez cette page du *Guide Michelin*. Imaginez que vous êtes un touriste en France. Avec un camarade, discutez des hôtels qui sont dans votre budget (remarquez que les prix sont indiqués ainsi: **Prieuré**–300/475 = 300-475 F) et qui vous intéressent. Lequel choisiriez-vous? Pourquoi?

BOURG-EN-BRESSE Ⓟ 01000 Ain 🗺 ③ G. Bourgogne – 43 675 h.

Voir Église de Brou★★ : tombeaux★★★, chapelles et oratoires★★★ BZ B – Monastère★ : musée de Brou★ BZ E – Stalles★ de l'église N.-Dame BY K.

🛈 Office de Tourisme 6 av. Alsace-Lorraine ☎ 74 22 49 40 et 168 ter bd de Brou (fin juin-début sept.) ☎ 74 22 27 76 – A.C. 15 av. Alsace-Lorraine ☎ 74 22 43 11.

Paris 425 ⑦ – Annecy 112 ④ – ◆Besançon 148 ② – Bourges 269 ⑦ – Chambéry 108 ④ – ◆Clermont-Fd 222 ⑤ – ◆Dijon 156 ⑦ – ◆Genève 111 ④ – ◆Lyon 62 ⑤ – Roanne 118 ⑥.

🏛 **Prieuré** Ⓜ 🦢 sans rest, 49 bd Brou ☎ 74 22 44 60, « Bel aménagement intérieur », 🌳 – 🛗 ☎ Ⓟ. 💳 ⓞ Ⓔ 🆅🆂🅰   BZ **a**
☑ 36 – **14 ch** 300/475.

🏛 **Le Logis de Brou** sans rest, 132 bd Brou ☎ 74 22 11 55 – 🛗 📺 ☎ 🚗 Ⓟ – 🛠   BZ **k**
50. 💳 ⓞ Ⓔ 🆅🆂🅰
☑ 25 – **30 ch** 170/260.

🏛 **Terminus** sans rest, 19 av. A. Baudin ☎ 74 21 01 21, Télex 380844, « parc » – 🛗 ☎ 🚗 – 🛠 30. 💳 ⓞ Ⓔ 🆅🆂🅰   AZ **t**
☑ 30 – **50 ch** 155/295 – ½ P 270/390.

🏛 **Ariane** Ⓜ, bd Kennedy ☎ 74 22 50 88, Télex 305801, 🌳, 🏊, 🌳, 💥 – 🛗 📺 Ⓟ   BY **s**
🔥 🚗 Ⓟ – 🛠 30. Ⓔ 🆅🆂🅰
R (fermé dim. et fériés) 100/220 – ☑ 28 – **40 ch** 250/280.

🏛 **Chantecler** Ⓜ, 10 av. Bad-Kreuznach, rte Strasbourg par ② ☎ 74 22 44 88, Télex 380468, 🌳, 🌳 – 📺 ☎ Ⓟ – 🛠 50. 💳 ⓞ Ⓔ 💥 rest
R 110/280 ⭐, enf. 50 – ☑ 30 – **28 ch** 230/280 – ½ P 252/357.

🏛 **Ibis** Ⓜ, bd Ch. de Gaulle ☎ 74 22 52 66, Télex 900471 – 🛗 📺 ☎ 🔥 Ⓟ – 🛠 40. 💳 Ⓔ 🆅🆂🅰   BZ **d**
R carte 80 à 120 ⭐, enf. 35 – ☑ 26 – **63 ch** 230/280.

XXXX ✿ **Auberge Bressane** (Vullin), face église de Brou ☎ 74 22 22 68, 🌳 – Ⓟ. 💳 ⓞ Ⓔ 🆅🆂🅰   BZ **f**
fermé lundi soir et mardi – **R** 140/380, enf. 100
Spéc. Homard rôti sauce Choron, Gâteau de foies de volaille sauce homardine, Volaille de Bresse à la crème aux morilles. Vins Montagnieu, Seyssel.

XXX ✿ **Jacques Guy**, 19 pl. Bernard ☎ 74 45 29 11 – 💳 ⓞ Ⓔ 🆅🆂🅰   BY **g**
fermé dim. soir et lundi – **R** 110/280, enf. 70
Spéc. Foie gras de canard en croûte, Saumon à la badiane, Volaille de Bresse pochée à l'estragon.

212

Adjectifs

ancien(ne)	former, old
audacieux (-ieuse)	bold
bon marché	cheap
conservateur (-trice)	conservative
copieux (-ieuse)	big, abundant
cuit(e)	cooked
dépeuplé(e)	decimated, underpopulated
discutable	controversial
étonnant(e)	astonishing
immangeable	inedible
inhospitalier (-ière)	inhospitable
nul(le)	nil, worthless
partagé(e)	divided
propre	clean
remarquable	unusual, remarkable
rénové(e)	renovated, renewed
sale	dirty
sensationnel(le)	sensational
tiède	lukewarm
vif, vive	lively, bright

Noms

le bâtiment	building
le bruit	noise
la carte routière	road map
le centre-ville	downtown area
la clé	key
la commande	order
le confort matériel	material comfort
le début	beginning
le disque	record
l'emploi du temps m	schedule
l'équipe f	team
le gigot	leg of lamb
l'horreur f	monstrosity, horrible thing
le liqueur	liqueur, after-dinner drink
le mélange	mixture
la merveille	marvel, wonder
le plat	dish, course (of a dinner)
la polémique	controversy
le potage	soup
la puissance	power
la réalisation	achievement
le saumon	salmon
une table bien mise	a well-set table

la taille	size
la tour	tower, skyscraper

Verbes

accorder	to grant
s'attendre à	to expect
attirer	to attract, draw toward
décevoir	to disappoint, deceive
se dérouler	to take place
épargner	to save, spare
fabriquer	to make, manufacture
favoriser	to favor, encourage
fondre	to melt
s'impatienter	to get impatient
manquer	to lack
rafraîchir	to refresh
réfléchir à	to reflect upon, think about
reprocher	to criticize
réserver	to reserve
savourer	to savor
soulever	to raise, cause

Adverbes

entièrement	entirely
fermement	firmly
finalement	after all is said and done
là-dedans	inside there
néanmoins	nevertheless
nettement	clearly
par ailleurs	moreover

Prépositions

au milieu de	in the middle of
quant à	as for

Expressions

avoir tendance	to have a tendency
d'un autre côté	on the other hand
d'un côté	on the one hand
en ce qui concerne	as for
faire place	to make room
ouvrir l'appétit	to arouse the appetite
prendre son temps	to take one's time
remporter un succès	to succeed

LEÇON • 12

QUE FAUT-IL QUE JE FASSE?

This lesson is about problems and advice, first on the
personal level and then on the political or national
level. In earlier lessons you learned ways of making
requests, stating possibilities, giving advice, and
expressing obligation by means of the imperative form
and the modal verbs **pouvoir, devoir,** and **vouloir.** In
this lesson you will increase the range of your ability
to express these meanings by means of a new verb
form, the subjunctive. Remember, as a first step in this
lesson, you should do the vocabulary preparation
exercises in **Le Français chez vous.**

FUNCTIONS

describing problems
telling what needs to be done
urging others to do something
giving advice
expressing doubt or hesitation
    about advice
expressing fears and misgivings

STRUCTURES

le présent du subjonctif;
    expressions de volonté, de
    nécessité, d'émotion, de
    doute
formes du subjonctif
le subjonctif avec conjonctions
le subjonctif et l'incertitude

A
S.O.S. Amitié

MISE EN SCÈNE

Négocions !

J'ai divorcé l'année dernière, et mon fils Julien, qui vient d'avoir huit ans, ne voit son père qu'à l'occasion des vacances scolaires. Depuis Pâques, tout a changé : il veut rester avec son père. J'imagine que mon ex-époux l'a dressé contre moi. Faut-il expliquer à Julien pourqu... nous sommes sé... croira-t-il ? S...

Dévancer le bonheur

Je vais me marier dans très peu de temps avec un garçon que j'adore. Nous nous entendons très bien sur tous les plans. Je suis heureuse, mais je ne peux pas m'empêcher de me poser des questions, surtout lorsque je vois ma sœur et mon beau-frère qui n'arrêtent pas de se disputer et parlent même de divorcer. Est-ce inévitable d'en arriver là ? ou bien notre amour t-il toujours aussi premier jour... cons...

La femme de ma vie...

Je m'appelle Jean-Loup, et j'ai vingt-trois ans. Pas si moche que ça, pas si bête. Seulement, je m'ennuie à Limoges. J'ai l'impression que les filles m'évitent. Je me suis inscrit dans un club de loisirs, mais je ne m'y suis fai... des copains Le vide femr...

Embrouille à l'horizon

Je suis âgée de dix-neuf ans et j'ai un sérieux problème de poids. En effet, depuis que mon copain m'a quittée, il y a un an, je compense en mangeant et j'ai pris 16 kg. Cependant, je me suis reprise en main et je viens d'en perdre 8. J'ai besoin de vos cons... car je crois être amo... d'un garçon avec tends m...

Besoin de passion

J'ai seize ans et je ne peux aimer que passionnément, est-ce normal à mon âge ?
Papoue.

Si, à seize ans, on aimait sans passion, où irions-nous ? Sans doute faites-vous partie de ces jeunes filles que la tranquillité affective ennuie, vous n'avez pas tort. Votre signe doit être le feu, et vous avez sans arrêt de vibrer par

À vos marques...

Rien ne me sourit dans la vie. Ni l'argent ni les sentiments. Rien ne me réussit. Aucune fille ne veut de moi. Elles ne me trouvent pas assez agréable à regarder. Pourtant, je suis soigneux, et même coquet. Ma timidité doit sûrement jouer un rôle dans ces Côté finances, mon est de savoir à boucler vingt-vos

Oui, tout le monde a ses problèmes, ses chagrins. À qui les conter? À un ami ou une amie, bien sûr, mais parfois au courrier du cœur, en France comme aux États-Unis.

MISE EN MARCHE

Qu'est-ce qui se passe?

Frédéric essaie de conseiller son ami Jean-Paul.

Frédéric	Qu'est-ce que tu as?
Jean-Paul	Oh là là! que je suis malheureux! J'ai des tas de problèmes!
Frédéric	Quel genre de problèmes? Financiers? Familiaux? Les études?
Jean-Paul	Non, non, mon vieux, des problèmes sérieux, des problèmes personnels, un gros chagrin d'amour.
Frédéric	Tu me racontes?
Jean-Paul	Chantal me quitte. Oh, mon Dieu, que je suis malheureux! Qu'est-ce que je vais devenir? Que faut-il que je fasse?
Frédéric	Ah, je vois, des problèmes de cœur. Eh bien alors, dans ce cas-là, il faut que tu oublies cette femme.
Jean-Paul	L'oublier? C'est facile à dire! Mais une femme comme Chantal, on ne l'oublie pas si facilement!
Frédéric	Mais si, pour commencer tu vas voir un bon film comique.
Jean-Paul	*(silence)* Ça ne me dit absolument rien.
Frédéric	Alors, il faut que tu fasses de nouvelles connaissances.
Jean-Paul	*(silence)* Il existe d'autres femmes, bien sûr, mais je n'ai absolument pas envie de les connaître. Oh, que je suis triste!
Frédéric	Écoute, tu veux un conseil? Tu achètes deux bonnes bouteilles, et ça va passer.
Jean-Paul	Tu sais bien que je ne bois pas.
Frédéric	Enfin, tu es vraiment certain de l'aimer, cette Chantal?
Jean-Paul	Oui, certain. Je sais que c'est le véritable amour parce que sans elle, ma vie n'a plus de sens.
Frédéric	*(silence)* Oui, tu as raison. Je crois que tu as vraiment des problèmes.

À propos **S.O.S. Amitié.** S.O.S., c'est le signal de détresse que lancent les marins en cas de danger. « S.O.S. Amitié », c'est un numéro de téléphone où 24 heures sur 24 quelqu'un vous écoute et vous répond si vous avez des problèmes, des difficultés, du mal à vivre.

Vous dites ça comment?

RELISEZ

Cherchez les expressions synonymes.

1. J'ai beaucoup de problèmes.
2. Quelle sorte de…?
3. Qu'est-ce qui va m'arriver?
4. Qu'est-ce que je dois faire?

5. Ça ne m'intéresse pas du tout.
6. Tu dois rencontrer d'autres personnes.
7. Il y a d'autres femmes…
8. … Je ne désire pas les connaître.

IMITEZ LA PRONONCIATION

1. J'ai des tas de problèmes.
2. Quel genre de problèmes?
3. Que faut-il que je fasse?

4. Il faut que tu fasses de nouvelles connaissances.
5. Qu'est-ce que je vais devenir?

VÉRIFIEZ

Répondez avec une paraphrase ou un synonyme.

1. — Vous avez beaucoup de problèmes?
   — Oui, j'ai…
2. — C'est un problème de cœur?
   — Oui, c'est un…
3. — Il y a d'autres femmes dans le monde.
   — Oui, je sais…

4. — Vous ne désirez pas les connaître?
   — Non, je…
5. — Ça ne vous intéresse pas?
   — Non, ça ne…

Parlons un peu

📼 RÉPONDEZ

Choisissez la réponse convenable.

1. Qu'est-ce que tu as?
   - Oh, j'ai des problèmes, des problèmes sérieux!
   - Non, non, impossible!
   - Oui, c'est un bon conseil!

2. Oh, je vois, tu as des problèmes. Quel genre de problèmes?
   - C'est un bon conseil.
   - J'ai un gros chagrin d'amour.
   - Je sais qu'il existe d'autres femmes dans le monde.

3. Que faut-il que je fasse?
   - C'est un bon conseil.
   - Eh bien, il faut que tu oublies cette femme/cet homme.
   - Je ne bois pas d'alcool.

4. Tu es certain(e) de l'aimer?
   - Oh, ça ne me dit rien, tu sais.
   - Comme tu as l'air malheureux (-euse)!
   - Oui, c'est le véritable amour.

5. Qu'est-ce que je dois faire pour oublier cette femme?
   - Tes problèmes sont imaginaires.
   - C'est vraiment une femme extraordinaire.
   - Il faut que tu fasses de nouvelles connaissances.

6. Que faut-il que je fasse? J'ai des problèmes à l'université.
   - Je suis si triste quand elle n'est pas là.
   - Il faut faire des économies.
   - C'est très simple. Il faut que tu travailles un peu plus!

À vous, maintenant...

Si vous êtes comme tout le monde, vous avez des problèmes, soit des grands, soit des petits. Racontez un de vos problèmes, réel ou imaginaire, à votre partenaire et demandez-lui conseil. À son tour, votre partenaire va vous demander conseil pour un de ses problèmes.

Écrivez quelques lignes pour décrire ce problème.

VOCABULAIRE AU CHOIX

condition   **conseil**

Si tu as   des problèmes financiers, il faut   dépenser moins d'argent.
   vous avez   tu dois   faire des économies.
                           vous devez gagner plus d'argent.
                                emprunter de l'argent à la banque.

Si vous avez des problèmes avec les études, il faut travailler tous les jours.
                                   aller moins souvent au cinéma.
                                chercher de l'aide.
                                quitter l'université.

Si vous avez des problèmes de cœur, il faut oublier cet homme/cette femme.
                               faire de nouvelles connaissances.
                               faire du jogging tous les matins.
                               vous plonger dans le travail.

Si vous avez des problèmes familiaux, il faut discuter ensemble.
                               chercher à se comprendre mieux.
                               respecter les idées des autres.
                               parler franchement.
                                 discrètement.

UN PAS DE PLUS

Qu'est-ce qui se passe?

LISEZ ET ÉCOUTEZ

Dans plusieurs journaux et magazines français on trouve le « courrier du cœur », c'est-à-dire, les questions des lecteurs et lectrices sur des problèmes personnels et les réponses données par une « spécialiste » (c'est presque toujours une femme). Comparez les lettres suivantes avec les lettres que vous pourriez trouver dans un journal américain. Est-ce que les thèmes sont les mêmes? Et les réponses? Et les perspectives culturelles? Préparez vos réactions en vue de participer à une discussion en classe.

J'ai vingt et un ans, lui vingt-quatre. Il m'a proposé le mariage, mais ses parents se sont opposés. Il semble découragé, mais me dit qu'il faut attendre et qu'un jour il arrivera à convaincre ses parents. Cependant, je constate qu'il devient don Juan. Il court après toutes les filles. Pensez-vous que s'il m'aimait il ferait cela? Est-ce qu'un tel homme est capable de fonder un foyer un jour? Comment expliquez-vous sa conduite?

G. K.

Par celle de ses parents. Ils lui ont, sans doute, fait entendre qu'il existe d'autres filles; qu'il serait bon qu'il les rencontre avant de fixer son choix. Apparemment, ce choix n'est pas fixé, puisqu'il continue de courir d'une fille à l'autre. Vous conservez donc une chance de le voir revenir vers vous. S'il peut fonder un foyer un jour? Certainement. Le jour où il aura cessé de dépendre — matériellement et moralement — de papa-maman.

RELISEZ

Cherchez les expressions synonymes.

1. Ses parents n'ont pas voulu...
2. Un jour il va pouvoir persuader...
3. Ils lui ont dit...
4. Il n'a pas fait son choix.
5. Il continue à fréquenter d'autres filles.
6. commencer une famille

PARLONS-EN

1. Parlons de ce jeune homme. Est-il fidèle à une seule femme ou est-ce qu'il en fréquente plusieurs?
2. Quel est le problème, à votre avis?
3. Quelle est la solution proposée? Êtes-vous d'accord?

📼 Vingt ans de mariage, un mari très intelligent mais presque aussi égoïste, trois beaux enfants, grands maintenant. Bientôt, je ne leur serai plus nécessaire, aussi je voudrais vous demander quel doit être mon but dans la vie, ou plutôt de me dire très franchement quel est votre but dans la vie aujourd'hui.

Une vraie ratée

Vivre. Voir, entendre, respirer, aller, venir, boire, manger, dormir, aimer, servir si je peux. C'est prosaïque? Peut-être, mais ceux qui ont vu la mort de tout près, les maladies et les infirmités, me comprendront. Les autres me refuseront sans doute leur estime, mais mon but, dans la vie, n'est pas d'être décorée de la Légion d'honneur.

RELISEZ

Cherchez les expressions synonymes.

1. Il ne pense qu'à lui-même.
2. Ils ne vont plus avoir besoin de moi.
3. … quel est mon objectif…
4. ceux qui savent ce que c'est que la mort
5. Ils ne vont pas avoir une très bonne opinion de moi.

PARLONS-EN

1. Que dites-vous de la réponse? C'est réaliste ou idéaliste?
2. Vous avez peut-être un autre but dans la vie? Lequel?

📼 Je suis sortie deux fois avec un garçon que j'aime de tout mon cœur, mais hélas! j'apprends qu'il est marié. Dois-je attendre?

Triste à mourir

Attendre quoi? Le déluge (de larmes, les vôtres). Si ce garçon est marié, son cœur est pris ailleurs, et même s'il s'amuse à vous faire la cour — car, pour lui, il ne s'agit que d'un amusement — vous n'avez absolument rien de sérieux à attendre de lui, bien au contraire. Il est malhonnête et profite de votre jeune âge pour se moquer de vous. Rompez vite! Sortez avec d'autres garçons, mais avant d'en tomber amoureuse, renseignez-vous sur leur situation de famille.

RELISEZ

Cherchez les expressions synonymes.

1. Son cœur n'est plus libre.
2. flirter avec vous
3. Il n'est ni sérieux ni honnête.

PARLONS-EN

1. Comment voyez-vous cette jeune fille? Est-elle naïve ou sophistiquée?
2. Et le jeune homme, est-il fidèle ou frivole?
3. Le conseil, est-il réaliste ou sentimental?

📼 Il a trois ans de plus que moi, mais il se trouve trop jeune pour le mariage.

Amour au désespoir

La maturité n'a jamais été une question d'âge, mais une question de caractère et d'état d'esprit. Si ce garçon n'est pas mûr pour le mariage, il fera un piètre époux. Donc, soit vous attendez, soit vous tournez vos yeux vers d'autres horizons.

353
Leçon 12.A

Cherchez les expressions synonymes.

1. S'il n'est pas prêt pour...   2. un bien médiocre mari   3. rencontrez d'autres hommes

PARLONS-EN

1. Quel est le problème, selon vous?
2. Quels sont les choix possibles?

J'ai quatorze ans et demi, et je tombe amoureuse toutes les semaines, est-ce normal?

Inquiète

Absolument normal et tout à fait classique! La maturité amoureuse ne vient (et encore pas chez toutes les femmes) qu'au cours des années. Vous avez donc le temps de vous passionner pour les yeux de Paul, de fondre devant le sourire de Jean-Luc, d'admirer les cheveux de Marc et de rêver de danser avec François.

RELISEZ

Cherchez les expressions synonymes.

1. On ne se connaît en amour qu'avec le temps.
2. aimer les yeux de Paul
3. ... de vous attendrir devant le sourire...

PARLONS-EN

1. Vous trouvez ça normal, vous, de tomber amoureux toutes les semaines?
2. Ce n'est pas le véritable amour quand on admire les cheveux de quelqu'un? quand on fond devant son sourire? quand on se passionne pour ses yeux?

ÉCOUTEZ ET ÉCRIVEZ

Écoutez la conversation, prenez des notes, et puis écrivez un compte-rendu de ce que vous entendez.

À vous, maintenant...

Vous avez une certaine expérience avec la vie, n'est-ce pas? Et vous êtes certainement capable de donner de bons conseils à vos amis. Avec votre partenaire, jouez le rôle de correspondant(e) et conseiller (-ère). Inventez un problème et proposez-le à votre partenaire, qui fera de même. Rédigez votre problème et votre réponse. Révisez les textes dans cette section et la section précédente pour trouver le vocabulaire convenable.

FAISONS LE POINT

1. Le présent du subjonctif (grammaire 4.11.1, 4.11.2)

Le mode indicatif considère l'action comme un fait.

    Il sort.   Tu es prête.   Le journal est à gauche.

Le mode subjonctif sert à marquer l'attitude subjective de celui qui parle, son interprétation des faits, les possibilités de réalisation ou la nécessité de l'action exprimée. L'action est envisagée à travers une émotion, une incertitude ou un acte de volonté.

    Je veux qu'il sorte.
    Il faut que tu sois prête.
    Croyez-vous que le journal soit à gauche?

Le subjonctif s'emploie dans une proposition subordonnée.

Indicatif	Subjonctif	
un fait	**un acte de volonté ou de désir**	
Vous **êtes** présent(e)	Le chef veut désire ordonne demande préfère aime mieux suggère	que vous **soyez** présent(e).
	la nécessité	
Nous **sommes** à l'heure.	Il faut Il est nécessaire indispensable obligatoire	que nous **soyons** à l'heure.
	une émotion	
Tu **es** présent(e).	Je suis heureux (-euse) content(e)	que tu **sois** présent(e).
Tu **es** absent(e).	Je suis étonné(e) Je regrette Je m'étonne	que tu **sois** absent(e).

le doute ou l'incertitude		
Elles **sont** capables de tout.	On doute	qu'elles **soient** capables de tout.
	Il est douteux	
	peu probable	
	Il n'est pas certain	
	sûr	
	Il est possible	
	impossible	
	rare	

2. Formes du subjonctif (grammaire 4.11.1)

Le subjonctif pour la plupart des verbes se forme sur le radical de la troisième personne au pluriel (« ils ») de l'indicatif en ajoutant ces terminaisons: **-e, -es, -e, -ions, -iez, -ent.**

	Indicatif	Subjonctif
1er groupe (-er)		
chanter	ils/elles **chant**ent	ils/elles **chant**ent
	je chante	il faut que je **chante**
	tu chantes	que tu **chantes**
	il/elle/on chante	qu'il/elle/on **chante**
	nous chantons	que nous **chantions**
	vous chantez	que vous **chantiez**
2ème groupe		
finir	ils/elles **finiss**ent	ils/elles **finiss**ent
	je finis	il faut que je **finisse**
	tu finis	que tu **finisses**
	il/elle/on finit	qu'il/elle/on **finisse**
	nous finissons	que nous **finissions**
	vous finissez	que vous **finissiez**
mettre	ils/elles **mett**ent	ils/elles **mett**ent
	je mets	il faut que je **mette**
	tu mets	que tu **mettes**
	il/elle met	qu'il/elle **mette**
	nous mettons	que nous **mettions**
	vous mettez	que vous **mettiez**

Notez que les formes **vous** et **nous** sont identiques pour ces deux groupes de verbes à l'imparfait de l'indicatif et au présent du subjonctif: **nous chantions, vous chantiez, nous mettions, vous mettiez.**

Quelques verbes ont un radical irrégulier, mais ils suivent néanmoins le même modèle de conjugaison.

faire	pouvoir
on est content qu'ils/elles **fassent**	il faut qu'ils/elles **puissent**
que je **fasse**	que je **puisse**
que tu **fasses**	que tu **puisses**
qu'il/elle/on **fasse**	qu'il/elle/on **puisse**
que nous **fassions**	que nous **puissions**
que vous **fassiez**	que vous **puissiez**

Les verbes qui ont trois radicaux au présent de l'indicatif ont deux radicaux au subjonctif, l'un tiré de la forme **ils** et l'autre de la forme **nous**.

	Indicatif	Subjonctif
3ème groupe		
venir	1 ils/elles **vienn**ent	il est douteux qu'ils/elles **viennent**
	2 je **viens**	que je **vienne**
	tu viens	que tu **viennes**
	il/elle/on vient	qu'il/elle/on **vienne**
	3 nous **ven**ons	que nous **venions**
	vous venez	que vous **veniez**
recevoir	1 ils/elles **reçoivent**	il est douteux qu'ils/elles **reçoivent**
	2 je **reçois**	que je **reçoive**
	tu reçois	que tu **reçoives**
	il/elle/on reçoit	qu'il/elle/on **reçoive**
	3 nous **recev**ons	que nous **recevions**
	vous recevez	que vous **receviez**

Voici la conjugaison de quelques verbes irréguliers au subjonctif.

être	avoir	aller	savoir
je **sois**	j'**aie**	j'**aille**	je **sache**
tu **sois**	tu **aies**	tu **ailles**	tu **saches**
il/elle/on **soit**	il/elle/on **ait**	il/elle/on **aille**	il/elle/on **sache**
ils/elles **soient**	ils/elles **aient**	ils/elles **aillent**	ils/elles **sachent**
nous **soyons**	nous **ayons**	nous **allions**	nous **sachions**
vous **soyez**	vous **ayez**	vous **alliez**	vous **sachiez**

A. Quand on a des problèmes d'argent, quelles sont les solutions possibles?

faire des économies

mener une vie plus simple

dépenser moins

être économe

gagner davantage

Vous et votre camarade de chambre avez des problèmes d'argent. Écoutez les conseils, et montrez que vous êtes d'accord.

1. — Vous pourriez faire des économies.

— Vous avez raison. Il faut que nous...

2. — Vous devriez mener une vie plus simple.

— Oui, vous avez raison. Il faut que nous...

3. — Vous pourriez dépenser moins.

— Oui, c'est ça. Il est vraiment nécessaire que...

4. — Vous pourriez être économes.

— Oui, en effet, il est indispensable que...

5. — Vous devriez gagner d'avantage.

— Oh, ça, vous avez raison. Il faut vraiment que...

B. On vous parle des qualités que vous désirez chez l'homme ou la femme de votre vie. Répondez selon le modèle.

MODÈLE: — Il est comment, votre partenaire idéal? Est-ce qu'il doit être riche?

— Non, il n'est pas indispensable qu'il soit riche.

D'abord, Monsieur.

1. — Comment est-elle, votre partenaire idéale? Est-ce qu'elle doit être intelligente?

— Oui, il faut...

2. — Est-elle travailleuse?

— Oui, il faut...

3. — Doit-elle être plus jeune que vous?

— Non, pas forcément, il n'est pas indispensable...

4. — Est-ce qu'elle doit avoir les yeux bleus?

— Ça m'est égal, il n'est pas nécessaire...

5. — Est-ce qu'elle doit avoir un diplôme?

— Non, il n'est pas indispensable...

6. — Vous la voulez intellectuelle?

— Absolument, il faut...

7. — Elle aime la musique?

— Oui, il faut...

8. — Doit-elle savoir jouer du piano?

— Non, il n'est pas indispensable...

9. — Vous avez peut-être quelques petits défauts. Doit-elle avoir beaucoup de patience?

— C'est évident, il est indispensable...

10. — Doit-elle savoir parler français?

— Oh, ça, oui. Le français, c'est ma passion. Il est indispensable...

11. — Si elle ne sait pas parler français, elle doit l'apprendre?

— Bien entendu, il faut...

Maintenant à vous, Mademoiselle.

1. — Il doit être comment, l'homme de votre vie? Il doit être riche?
   — Ça m'est égal, il n'est pas nécessaire...
2. — Il doit être plus grand que vous?
   — Ça n'a pas beaucoup d'importance, mais je préfère...
3. — Il doit être intelligent?
   — Ça va sans dire. Il est indispensable qu'il...
4. — Il doit avoir une belle moustache?
   — Ça n'a pas beaucoup d'importance, mais je préfère...
5. — Il sait parler une langue étrangère?
   — Ça, c'est important. Il faut qu'il... parler une langue étrangère.
6. — Doit-il avoir une voiture?
   — Ça n'est pas indispensable, mais il est préférable...
7. — Est-ce que vous le voulez idéaliste?
   — Oh ça, oui, il est indispensable...
8. — Est-ce qu'il doit lire beaucoup?
   — Ça dépend, mais je voudrais quand même qu'il...
9. — Doit-il écrire de la poésie?
   — Ça n'est pas indispensable, mais je voudrais...

C. Reprenons un peu le thème de la cuisine. Dans un restaurant élégant...

Le service doit être impeccable.
La décoration est de bon goût.
Le serveur doit nous conduire à une table bien mise.
Nous faisons notre choix sans être pressés.
L'atmosphère nous permet de parler à notre aise.
Le serveur est attentif à notre plaisir.
Nous prenons notre temps à savourer les plats.
La viande n'est pas trop cuite.
On sert le vin à la bonne température.
La salade nous rafraîchit.
Le dessert n'est pas trop lourd.

Alors, si nous dînons dans un restaurant élégant, nous pouvons nous attendre à ce que...

    MODÈLE: ... le service soit impeccable.

1. la décoration... de bon goût.
2. le serveur nous... à une table bien mise.
3. nous... notre choix sans être pressés.
4. l'atmosphère nous... de parler à notre aise.
5. le serveur... attentif à notre plaisir.
6. nous... notre temps à savourer les plats.
7. la viande... trop cuite.
8. on... le vin à la bonne température.
9. la salade nous...
10. le dessert... trop lourd.

D. Quelles sont vos attitudes sur les petits aspects de la vie quotidienne? En répondant à ces questions, employez une de ces phrases selon votre orientation.

Je suis content(e) que…
       mécontent(e) que…
       surpris(e) que…
       heureux (-euse) que…
Je regrette que…
Je suis fâché(e) que…
J'ai peur que…

> **MODÈLE:** — Il y a des restaurants McDonald's à Paris.
> — Oui, et je regrette qu'il y ait des restaurants McDonald's à Paris.

1. On dit que vous êtes excessivement intelligent(e).
2. Je peux étudier à cette université.
3. On dit que votre prof de français est si gentil(le).
4. On m'a dit que vous n'êtes pas marié(e).
5. On a inventé la bombe atomique.
6. Henry Ford a inventé la voiture.
7. Le français est si difficile.
8. Il paraît que vous recevez une bonne note en français.

E. Maintenant, parlons d'autre chose. Étudiez le passage à la page suivante.

Les magazines en français

La presse française est extrêmement variée. Il y a de tout et pour tout le monde. Pour ne parler que des magazines, il y a des hebdomadaires d'information (des magazines qui paraissent toutes les semaines) comme *Le Point, L'Express, Le Nouvel Observateur* ou *Paris-Match.* Il y a des hebdomadaires spécialisés, comme *Elle,* un magazine de mode qui existe maintenant en version anglaise, ou encore *Télérama* ou *Télé 7 jours* où l'on trouve les programmes de télévision pour la semaine.

D'autre part, vous pouvez aussi acheter des magazines mensuels ou bimensuels tels que *Rock and Folk,* qui traite de musique moderne française et étrangère; *L'AutoJournal,* où l'on trouve toutes sortes de renseignements sur les voitures; *Que Choisir,* un magazine qui s'occupe de la défense des consommateurs; *Cosmopolitan, Marie-Claire* et *Marie-France,* qui sont des magazines de mode; et aussi des magazines comme *Geo,* qui correspond plus ou moins à *National Geographic; Historia,* qui est un magazine d'histoire; ou encore *Recherche,* qui est un magazine scientifique.

De nombreux magazines en français sont aussi publiés en Afrique et au Québec. Un des magazines africains les plus connus s'appelle *Jeune Afrique.* Vous y trouvez des articles concernant les pays africains. Le point de vue de ces journalistes est souvent très différent du point de vue des journalistes de la France métropolitaine, et cela rend leur lecture intéressante.

F. Donnez-moi des conseils. Quel journal faut-il que j'achète en France?

    MODÈLE: — Si je m'intéresse aux voitures…?
                         — Il faut que vous lisiez (achetiez, consultiez) *L'AutoJournal.*

1. — Je voudrais consulter un magazine de mode.
   — Dans ce cas-là, il faut que vous…
2. — Et pour quelque chose de scientifique?
   — Pour cela, il faut que vous…
3. — Je m'intéresse au monde francophone. Qu'est-ce que je dois acheter?
   — Bien entendu, il faut que vous…
4. — Si je veux des informations sur un produit que je voudrais acheter?
   — Dans ce cas-là, il faut que vous…
5. — La géographie m'intéresse aussi.
   — Évidemment, il faut que vous…
6. — Et pour avoir des nouvelles de ce qui se passe dans le monde?
   — Alors, il faut que vous…

G. Supposons maintenant qu'un visiteur français vous pose des questions sur la presse américaine.

    MODÈLE: — Je voudrais quelque chose sur les programmes à la télé.
                         — Pour cela il faut que vous achetiez le *TV Guide.*

1. — Quel est un bon hebdomadaire d'informations?
   — Pour cela il faut que vous…
2. — Et si je m'intéresse aux voitures?
   — C'est facile. Il faut que vous…

3. — Et pour la géographie?
   — Il faut que vous…
4. — Et si je veux m'informer sur un produit que je voudrais acheter?
   — Pour cela, évidemment, il faut que vous…

À droite, puis à gauche

MISE EN SCÈNE

LA FRANCE UNIE POUR LA PAIX ET LE PROGRÈS

François Mitterand

NOUS IRONS PLUS LOIN ENSEMBLE.

Jacques Chirac

Quant aux problèmes politiques et sociaux, tout le monde ne les voit pas de la même façon, mais tout le monde en parle au moment des élections. Les problèmes paraissent changer de face de la droite à la gauche.

MISE EN MARCHE

Qu'est-ce qui se passe?

LISEZ ET ÉCOUTEZ

L'usage des termes « droite » et « gauche » remonte à la Révolution française, où, en 1792, dans l'Assemblée constituante, les défenseurs du pouvoir monarchique se sont placés à la droite du président et les anti-monarchistes à sa gauche. Depuis, la « droite » comprend traditionnellement les partis de tendances conservatrices, et la « gauche » désigne ceux qui sont partisans d'un changement. Depuis presque deux siècles, l'opposition droite-gauche domine l'histoire politique française, et l'emploi de ces deux termes est passé dans le vocabulaire politique de tous les pays modernes. Et, alors, pour qui voter?

Au premier tour, le 24 avril 1988, lorsque les Français avaient à choisir deux candidats principaux parmi toute une série de candidats très divers, plusieurs opinions très opposées étaient représentées: ainsi, Jean-Marie Le Pen de l'extrême droite recommandait de mettre à la porte les immigrés de France comme solution au chômage et proposait la réinstitution de la peine de mort pour régler le problème des trafiquants de drogue et des assassins. Raymond Barre, autre candidat de droite, parlait d'une France où « le chômage continue de frapper » et d'une économie « qui ne crée plus d'emplois ». Il proposait de « faire de la France un pays solide... à monnaie forte. Son ambition, c'était « une France forte dans une Europe puissante » en 1992.

Pour Jacques Chirac la situation était difficile. Les années 1986 à 1988 étaient celles de la « cohabitation, » c'est-à-dire, l'administration par un président de gauche (François Mitterrand, socialiste) et une assemblée et un premier ministre (Jacques Chirac) de droite. Quand Chirac pose sa candidature, voit-il des problèmes ou des accomplissements? Et comment peut-on se faire élire s'il n'y a rien à changer? Quels sont les problèmes qu'il voit et les solutions qu'il propose?

Françaises, Français,

Depuis deux ans, nous avons bien travaillé ensemble. Le Gouvernement que j'ai dirigé a pris les mesures qu'exigeait l'état de la France. Vous avez consenti les efforts nécessaires. Nous avons ensemble commencé à redresser la situation de notre pays.

Aujourd'hui la sécurité des personnes et des biens est mieux assurée qu'au début de 1986; le chômage est stabilisé, celui des jeunes recule, la France ne perd plus d'emplois; la solidarité envers les familles, les personnes âgées, les handicapés est plus grande; les entreprises et l'économie française sont plus fortes qu'il y a deux ans.

Il nous reste, bien sûr, beaucoup à faire. Les 24 avril et 8 mai prochains, c'est à vous de décider si nous irons plus loin ensemble. Je tiens à ce que vous puissiez choisir en toute clarté.

Ma plus grande ambition, c'est que nous fassions de la France la nation la plus dynamique d'Europe. Pour y parvenir, voici ce que je suggère:

Il faut que nous rajeunissions notre économie. Il faut que nous encouragions la création de nouvelles entreprises et que nous diminuions les charges qui pèsent sur elles.

Il est indispensable que nous assurions à chaque citoyen plus de liberté dans sa vie quotidienne et que nous ayons une politique familiale ambitieuse.

Il est nécessaire que nous nous unissions pour combattre la solitude sous toutes ses formes, celle des personnes âgées, celle des chômeurs de longue durée, celle des jeunes à la recherche d'un premier emploi.

Il faut que nous réformions notre système éducatif pour arriver à ces buts.

Françaises, Français,

J'ai confiance en votre bon sens.

Si vous le décidez, je sais que nous irons plus loin ensemble.

Jacques Chirac

À propos **Le 25 avril et le 8 mai.** Aux élections, il y a deux tours de scrutin (c'est-à-dire, on vote deux fois) si aucun candidat n'obtient 50% des suffrages exprimés au premier tour. Au premier tour, il y a ordinairement beaucoup de candidats Au second tour, il n'y en a que deux.

En France, le président est élu pour sept ans au suffrage universel. Les députés qui siègent à l'Assemblée nationale sont élus, eux aussi, au suffrage universel, mais pour quatre ans. Ils ont un rôle essentiel: ils votent les lois. Les sénateurs sont élus pour sept ans par les maires et autres représentants des municipalités. Leur rôle est moindre. Ils peuvent s'opposer à certaines lois mais pas de manière définitive. C'est une chambre de « sages », de notables.

Vous dites ça comment?

RELISEZ

Cherchez les expressions synonymes.

1. Vous avez approuvé les efforts nécessaires.
2. Nous avons commencé à réparer la situation.
3. Nous avons encore beaucoup à faire.
4. Je veux que vous puissiez...
5. Pour atteindre ce but...
6. ... que nous diminuions les responsabilités qu'elles ont.
7. des jeunes qui cherchent un premier emploi

Cherchez le verbe pour chaque expression.

> **MODÈLE:** **redresser** la situation de notre pays

1. … la liberté à chaque citoyen
2. … une politique familiale ambitieuse
3. … la création de nouveaux emplois
4. … l'économie
5. … le système éducatif

📟 **IMITEZ LA PRONONCIATION**

1. Il faut que nous réformions le système éducatif.
2. Il est nécessaire que nous rajeunissions l'économie.
3. Il est indispensable que nous combattions la solitude.
4. Mon ambition est que notre pays soit le plus grand.
5. Il est urgent que nous fassions attention à la pollution.

VÉRIFIEZ

Répondez en qualité de candidat(e).

1. — Que dites-vous de la liberté?
   — Il faut que nous…
2. — Que dites-vous de la famille?
   — Il est indispensable que nous…
3. — Et à propos des nouveaux emplois?
   — Il faut que nous…
4. — Que dites-vous de notre économie?
   — Il faut que nous…
5. — Et le système éducatif?
   — Il est indispensable que nous…

Parlons un peu

📟 **RÉPONDEZ**

Choisissez la réponse convenable.

1. Est-ce que la politique vous intéresse?

   • Franchement, le fast-food est une catastrophe.
   • Oui, bien sûr, la politique, c'est ma passion.
   • Ce n'était pas comme maintenant.

2. Qu'est-ce que vous proposez pour le système éducatif?

   • Il faut que nous le réformions.
   • La presse est importante, oui, certainement.
   • Vous avez tout à fait raison.

3. Avez-vous des idées sur notre économie?

   • La cuisine française fait la gloire de la France.
   • Les voyages coûtent trop cher pour les étudiants.
   • Je propose que nous la rajeunissions.

4. Mais que faut-il faire pour rajeunir l'économie?
   - C'est triste, mais nos routes se sont séparées.
   - Pour cela, il faut que nous favorisions la création de nouveaux emplois.
   - Il faut que nous fassions très attention à la pollution.

5. Est-ce que la liberté individuelle est en danger?
   - Le chômage est général.
   - Il faut que nous réformions le système éducatif.
   - Il est urgent que nous assurions la liberté à chacun.

6. Quelle est votre ambition pour notre pays?
   - Mon désir est qu'il soit le plus dynamique et le plus beau.
   - J'ai été très impressionné(e) par la cuisine.
   - Ça va vous étonner peut-être, mais il est devenu professeur.

7. Quelles sont vos idées sur la famille?
   - Il faut que nous ayons une politique ambitieuse de la famille.
   - Il fallait tout laver à la main.
   - Son père est mort quand elle avait trois ans.

8. Que voulez-vous que je fasse pour vous aider?
   - Elle a fait son droit et elle est avocate.
   - On sert la salade après la viande.
   - Je veux que vous votiez pour moi.

À vous, maintenant...

Est-ce que vous pourriez parler de vos idées politiques avec un Français? Essayez d'abord d'en parler avec votre partenaire. Écrivez un résumé de la conversation, comme d'habitude.

VOCABULAIRE AU CHOIX

On peut être conservateur/conservatrice.
        libéral(e).
        centriste.
        indépendant(e).
        anarchiste.
        abstentionniste.

Un parti peut représenter la grande bourgeoisie.   Il peut combattre pour une révolution sociale.
        favoriser   les gens riches.   une société libre.
                    les travailleurs.   les droits civiques.
                    les femmes.   les intérêts des possédants.
                    les étudiants opprimés.

Tous les partis peuvent se prétendre   partisans de l'égalité entre les hommes et les femmes.
           se présenter comme   des droits individuels.
                             de la véritable gauche/droite.
                             de la vraie France.

UN PAS
DE PLUS

Qu'est-ce qui se passe?

Maintenant la parole est à la gauche, à François Mitterrand, socialiste et président de la République depuis 1981. Dans un pamphlet publicitaire il s'adresse aux Français.

En sept ans, nous avons appris à nous connaître, à travailler ensemble. Je n'ai pas besoin de multiplier les promesses. Vous pouvez me juger sur mes actes. À la tête de l'État, j'ai eu le souci d'assurer le fonctionnement régulier de nos institutions, de veiller à l'unité et à la sécurité de la France dont j'étais le premier responsable, de fixer les orientations économiques, sociales et culturelles.

Pendant ce temps, deux majorités se sont succédé à l'Assemblée nationale. En mars 1986, j'ai respecté, comme je le devais, le choix du suffrage universel, et je crois avoir évité au pays une crise inutile et peut-être dangereuse.

Socialiste, je suis fidèle aux valeurs de la République, car il n'y a pas de liberté sans justice ni de démocratie sans tolérance. Je me suis donc attaché à surmonter les conflits qui pouvaient déchirer la Nation.

Vous le savez, rien ne peut être obtenu sans effort; encore faut-il que cet effort soit équitablement partagé. À trop donner à ceux qui ont déjà beaucoup, on décourage la grande masse de ceux qui ont besoin de recevoir une plus juste part de notre richesse commune. Sans cohésion sociale, pas de solidarité nationale.

Rien ne sera possible non plus si nous laissons quelques-uns s'emparer de l'État et établir leur puissance à tous les points stratégiques de l'industrie, de la finance ou de l'information.

Je souhaite construire avec vous l'Europe de la prospérité et de la paix. Il faut qu'avec nos partenaires de la Communauté, nous arrivions en bon état au rendez-vous du grand marché européen, ou bien les plus grandes puissances, États-Unis, Union soviétique, Japon, nous dicteront notre manière de vivre.

Tout en maintenant la capacité de dissuasion de la France, qui garantit notre sécurité, encourageons le désarmement pour préserver la paix.

J'appelle les Françaises et les Français à se rassembler. Nous devons donner la priorité à un effort de recherche et de formation sans précédent, moderniser notre économie, industrie comme agriculture, épanouir toutes les capacités de notre peuple.

Mobilisons nos énergies, les forces du travail, de la jeunesse et de la création; nul ne sera de trop.

Seul compte à mes yeux l'avenir de notre patrie. J'ai conscience de pouvoir la servir et je vous demande de m'y aider.

À propos **Au rendez-vous du grand marché européen.** Comme vous le savez, le premier janvier 1993 c'est la date prévue pour l'abolition de toutes les barrières commerciales en Europe.

Vous dites ça comment?

RELISEZ

Cherchez les expressions synonymes.

1. J'ai eu la responsabilité d'assurer…
2. de sauvegarder l'unité et la sécurité
3. de déterminer les orientations économiques
4. Je crois que j'ai évité…
5. … surmonter les conflits qui pouvaient diviser la Nation
6. On ne peut rien obtenir sans effort.
7. Si l'on donne trop à ceux qui ont déjà beaucoup…
8. J'appelle les Françaises et les Français à s'unir.
9. Nous avons besoin de tout le monde.

VÉRIFIEZ

Cherchez le verbe pour chaque expression.

1. Le président de la République doit
   … les orientations économiques.
   … le fonctionnement régulier de l'État.
   … à l'unité et à la sécurité de la France.
   … le choix des électeurs.
2. Pour faire cela il doit
   … les conflits.
   … des crises inutiles.

3. Avec les Françaises et Français il tient à
   … au grand rendez-vous européen en 1993.
   … l'Europe de la prospérité et de la paix.
   … la priorité à un effort de recherche.
   … l'économie.
   … le désarmement.
   … les énergies de la Nation.

Parlons-en

CONSTATONS

1. M. Mitterrand demande-t-il d'être jugé selon ses promesses ou selon ses actes?
2. Quand une majorité de droite a été élue à l'Assemblée, Mitterrand a-t-il causé ou évité la crise?
3. Veut-il paraître à gauche, à droite ou au centre?
4. Est-il français ou européen? Peut-on être les deux?
5. Insiste-t-il plus sur le parti socialiste ou sur la patrie? Cherchez des expressions qui mentionnent le parti et celles qui mentionnent la patrie.

ÉCOUTEZ ET ÉCRIVEZ

Écoutez la conversation, prenez des notes, et puis écrivez un compte-rendu de ce que vous entendez.

À vous, maintenant...

Si l'on organisait des élections? En groupes de quatre ou cinq, formez plusieurs partis. Chaque parti doit choisir son nom et son orientation (de droite ou de gauche). Comme membre de votre parti, vous devez préparer un petit discours à prononcer devant le public (la classe) pour expliquer les positions de votre parti. Limitez votre discours à une minute au maximum.

VOCABULAIRE AU CHOIX

Les candidats de droite ont tendance à vouloir maintenir la stabilité financière.
insister sur l'ordre social.
dire « Non » à l'aventure financière.
rehausser la gloire de la France.
rétablir les valeurs traditionnelles.

Les candidats de gauche veillent aux intérêts des travailleurs.
des classes opprimées.

Ils proposent surtout à améliorer les conditions de travail.
augmenter les salaires.
égaliser les conditions sociales.

Tous les candidats peuvent promettre de relancer l'économie.
de moderniser
de rajeunir
de créer des emplois.
d'éliminer le chômage.
d'augmenter les salaires.
de bloquer la hausse des prix.
de lutter contre l'inflation.
d'assurer la santé à tous.
de garantir les libertés individuelles.
d'améliorer
de garantir le pouvoir d'achat.

Les candidats peuvent appeler les électeurs à voter pour eux.
convier les électeurs à une grande tâche.
exhorter les électeurs à ne pas relâcher leurs efforts.
faire appel aux sentiments patriotiques des électeurs.
remercier les électeurs de leur confiance.

Les électeurs peuvent tenir le destin du pays entre leurs mains.
rejeter le désordre.
choisir entre le désordre et la stabilité.
penser d'abord à la France.
rassembler un peuple pour construire l'avenir.
créer une France indépendante et respectée.

Une mauvaise politique peut engendrer le désordre.
épuiser les forces du pays.
gâcher les chances pour l'avenir.

FAISONS LE POINT

1. Le subjonctif avec conjonctions (grammaire 4.11.4)

L'emploi du subjonctif est obligatoire après certaines conjonctions.

Sens à l'indicatif	*Subjonctif*
Je suis en retard, mais je t'attendrai.	**Bien que/Quoique** je **sois** en retard, je t'attendrai.
Tu vas venir. Je vais t'attendre.	Je vais t'attendre **jusqu'à ce que** tu **viennes.**
Je ne vais pas partir avant ton arrivée.	Je ne vais pas partir **avant que** tu **(n')arrives.**
Il faut nous presser pour/afin de ne pas être en retard.	Il faut nous presser **pour que/afin que** nous ne **soyons** pas en retard.
Où sont les billets? On ne peut pas partir si tu n'as pas les billets.	On ne peut pas partir **sans que** tu **aies/à moins que** tu **(n')aies** les billets.
Partir où? Cela m'est égal, si c'est en Europe.	Partir où? Cela m'est égal, **pourvu que/à condition que** ce **soit** en Europe.

2. Le subjonctif et l'incertitude (grammaire 4.11.3)

Après les verbes **croire, penser** et **trouver** à l'affirmatif, c'est toujours l'indicatif. Mais après une phrase interrogative ou négative, on utilise soit l'indicatif, soit le subjonctif, selon le degré d'incertitude dans l'esprit de la personne qui parle.

Indicatif	**Subjonctif**
un fait (certitude dans l'esprit de celui qui parle)	**le doute** (incertitude dans l'esprit de celui qui parle)
Vous croyez qu'ils **sont** coupables. Vous pensez Vous trouvez	Croyez-vous qu'ils **soient** coupables? Pensez-vous Trouvez-vous
Croyez-vous qu'ils **sont** coupables? *(Moi, je les crois coupables. Êtes-vous d'accord avec moi?)*	Je ne crois pas qu'ils **soient** coupables. Je ne pense pas
Je ne crois pas qu'il **est** coupable. *(On dit qu'il est coupable, mais moi, je ne le crois pas coupable.)*	Je ne crois pas qu'il **soit** coupable. Je ne pense pas
On aimerait bien partir, mais je ne crois pas qu'on **partira.**	On aimerait bien partir, mais je ne crois pas qu'on **parte.**
On croit que le meurtrier **réfléchit** sur les risques qu'il court.	Croit-on que le meurtrier **réfléchisse** sur les risques qu'il court?

Le subjonctif laisse persister le doute après les superlatifs ou les expressions de négation.

Je connais cet étudiant. C'est le meilleur.	C'est **le meilleur** étudiant que je **connaisse.**
Nous trouvons de bonnes pièces, mais c'est rare.	Il est **rare** que nous **trouvions** de bonnes pièces.
Personne ne peut me consoler.	Il **n'y** a **personne** qui **puisse** me consoler.
Une seule raison peut expliquer sa conduite.	Il **n'y** a **qu'une seule** raison qui **puisse** expliquer sa conduite.

MISE EN PRATIQUE

A. Votre ami(e) vous demande de l'aider avec son travail. Vous n'en avez pas tellement envie, donc vous posez des conditions, selon le modèle.

> **MODÈLE:** — Tu veux m'aider avec mon travail?
> **(s'il ne fait pas mauvais)**
> — Oui, je veux bien à moins qu'il ne fasse mauvais.

demande

1. Veux-tu aller au cinéma?
2. Veux-tu aller au musée demain?
3. Si on jouait au tennis?
4. Si on regardait la télé ce soir?
5. Tu vas ranger ta chambre ce soir?
6. Tu veux faire une promenade ce soir?
7. Est-ce que tu vas sortir ce soir?

condition

si je ne suis pas trop fatigué(e)
si je ne suis pas malade
s'il ne pleut pas
si je ne m'endors pas avant
si je ne vais pas au cinéma
si je ne reste pas à la maison
si mon ami(e) ne vient pas me voir

B. Vous allez faire un voyage. Deux amis veulent vous accompagner. Vous acceptez mais vous posez des conditions.

> **MODÈLE:** — Nous pourrons t'accompagner?
> **(si vous avez assez d'argent)**
> — Bien sûr, à condition que vous ayez assez d'argent.

1. si vous avez votre passeport
2. si vous apportez vos chèques de voyages
3. si vous apprenez le français
4. si vous êtes toujours de bonne humeur
5. si vous ne faites pas de difficultés

C. Un(e) ami(e) français(e) vous demande des conseils sur ce qu'il faut voir quand il/elle vient passer ses vacances chez vous. Dites-lui ce que vous aimeriez qu'on fasse ensemble.

> **MODÈLE:** — On peut visiter le Grand Canyon?
> — Oui, bien sûr, j'aimerais que nous puissions le visiter.

1. — On peut faire du camping là-bas?
   — Oui, justement, j'aimerais que nous...
2. — Et la natation?
   — Oui, il faut que nous...
3. — On peut visiter quelques musées?
   — Oui, moi aussi, j'aimerais que nous...
4. — Et les boîtes de nuit, on peut y aller?
   — C'est évident, tu ne peux pas repartir sans que nous...
5. — On peut visiter Disneyland?
   — Évidemment, une visite aux États-Unis n'est pas complète sans que nous...

D. Maintenant le cas paraît plus douteux. Laissez paraître votre incertitude dans vos réponses.

> **MODÈLE:** — Je voudrais faire un stage de tennis. C'est possible?
> — Je ne pense pas que ce soit possible.

1. — Est-ce qu'on peut faire de l'équitation?
   — Ah, non, je ne crois pas que nous...
2. — Et louer un hélicoptère, c'est possible?
   — Non, je ne crois pas que...
3. — Pouvons-nous faire du rafting?
   — Non, je ne pense pas que nous...

4. — Est-ce qu'on pourrait voir de véritables cow-boys?
   — Franchement, il est très douteux que nous...
5. — Et le Grand Canyon, on pourrait le visiter?
   — C'est très loin. Je ne crois pas que...

REPRISE

A. Votre partenaire se plaint d'un semestre particulièrement difficile. Comme vous avez de bons conseils à donner, vous lui dites ce qu'il faut faire.

> **MODÈLE:** — J'ai eu des ennuis dans mon cours d'espagnol.
> — C'est bien simple. Il faut que tu étudies d'avantage.

problème	*solution possible*
1. pas assez de temps libre	suivre moins de cours
2. pas assez d'argent	faire des économies
3. pas de voiture	aller à pied
4. difficulté avec une matière (ou plusieurs)	étudier davantage
5. problèmes avec les devoirs écrits	écrire un peu tous les jours
6. des ennuis avec mes profs	être gentil(le) et souriant(e)

B. Bavardons de choses et d'autres. Imaginez votre vie dans quinze ans. Vous avez une fille et un garçon. Quels conseils leur donnez-vous pour réussir dans la vie? Donnez-vous des conseils différents au garçon?

> **MODÈLE:** Il est indispensable que tu saches parler plusieurs langues.

Possibilités:

savoir parler plusieurs langues
    taper à la machine
    utiliser l'ordinateur
    quand il faut parler et quand il ne faut pas parler
    que le chef a toujours raison
    dire « oui »
    dire « non »
    dire « oui et non »

faire son devoir
    ses devoirs
    son travail
    de nouvelles connaissances

ne pas faire de pause-café
    de bêtises
    de dettes

être ponctuel(le)
    respectueux (-euse) devant ses supérieurs
    intelligent(e)

C. Votre partenaire a toujours un mot à dire sur n'importe quel sujet. Vous, à votre tour, avez l'esprit un peu contradictoire. Imaginez des conversations sur les sujets suivants où vous exprimez un avis contraire dans chaque situation.

comment avoir de bonnes notes: étudier jour et nuit/flatter le prof
comment avoir de l'argent: travailler/jouer au casino
comment acheter une voiture: choisir la marque la plus chère/trouver une voiture d'occasion
comment voyager en France: établir son itinéraire soigneusement/partir à l'aventure
comment manger bien: manger des légumes/commander toujours un bifteck avec des pommes frites

La Résistance à Paris vers la fin de l'occupation allemande, 1940–1944

 Faites les exercices de vocabulaire et de structure dans le cahier d'exercices avant de lire ce passage.

Le Palais de l'Élysée, résidence officielle du Président de la République

Mitterrand, le personnage aux cent visages

Lisez cet article trois fois.

1. Lisez cet article d'abord pour identifier les personnages, les actions, les dates (qui, quoi, quand). Quelles sont les grandes étapes de la vie de François Mitterrand?
2. Relisez pour trouver le sens du mot « paradoxe ».
3. Lisez une troisième fois en cherchant des détails des activités de Mitterrand en dehors de l'arène politique.

À soixante et onze ans, François Mitterrand a été réélu le 8 mai 1988 à la présidence de la France. Sa décision de poser sa candidature une seconde fois a frappé certains car Mitterrand, ancien adversaire de la cinquième république, s'était, dans le passé, prononcé contre la durée trop longue du mandat présidentiel. D'autres n'ont pas été étonnés qu'il prenne la décision de se représenter. En effet, avec Mitterrand, on peut s'attendre à des volte-face. Il est connu en France comme l'homme des paradoxes, et sa carrière a vu de nombreux rebondissements.

Né à Jarnac dans le sud-ouest de la France, ce fils d'une famille bourgeoise fait ses études dans un collège religieux à Angoulême avant de monter à Paris faire son droit. Quand la guerre éclate en 1939, il se retrouve sergent d'infanterie, et il est blessé lors de l'offensive allemande de mai 1940. Le voilà prisonnier mais pas résigné. Trois fois il tente de s'évader. Il y parvient en décembre 1941 et entre dans la résistance sous le nom de Morland.

À la libération, il est nommé secrétaire général aux Prisonniers de Guerre et Déportés dans le gouvernement provisoire du général de Gaulle. Il est le plus jeune ministre du gouvernement au lendemain de la guerre.

En 1948, il entre dans le parti du centre gauche, l'U.S.D.R., et est élu député. De cette époque à 1957, il occupe onze postes ministériels.

L'année 1958 marque un tournant dans sa carrière politique. Il se fait le porte-parole parfois virulent de l'opposition aux institutions de la Ve République. Pouvait-il imaginer alors qu'il serait un jour le gardien de ces mêmes institutions?

Après avoir formé en 1971 le nouveau parti socialiste, il prône une alliance avec le parti communiste qui n'est pas très bien acceptée par certains secteurs socialistes.

Après des échecs en 1965 et 1971 dans la course à l'Élysée, il accède à la présidence le 10 mai 1981 en battant de justesse son prédécesseur Valéry Giscard d'Estaing. C'était le premier gouvernement de gauche avec une majorité absolue à l'Assemblée Nationale depuis 1936 lorsque le Front populaire, une coalition de socialistes et de communistes présidée par le socialiste Léon Blum, était au pouvoir. Voter à gauche en '81 montrait un désir de changement chez la plupart des Français.

Cependant, sa présidence, de 1981 à 1988, n'a pas toujours été populaire. Il a pris la décision d'accepter dans son gouvernement quatre ministres communistes, ce qui a soulevé d'intenses controverses parmi les socialistes. En 1986, il a mis en place une politique d'austérité, ce qui a désenchanté à peu près tout le monde. La droite a remporté les élections législatives et a obligé le président socialiste à prendre un premier ministre de droite, Jacques Chirac.

Malgré tout, Mitterrand a été réélu en 1988 pour une période de sept ans. Quel parcours pour un homme qu'on a déclaré fini au niveau politique plusieurs fois!

Mais ne décrire que l'homme politique en Mitterrand ne peut faire oublier le reste qui est peut-être l'essentiel de l'homme: sa culture historique et humaniste, son goût de la nature, son amour des arbres et des promenades dans Paris, son culte de l'amitié, ses méditations sur l'âge et la mort, sa passion pour l'architecture et la peinture. Encore faut-il parler de l'écrivain, auteur d'une dizaine d'ouvrages.

On n'en finira jamais de chercher à cerner la personnalité de cet homme secret qui au cours de sa carrière a représenté l'opposition la plus critique des institutions mêmes dont il est aujourd'hui le chef. Avec l'âge, il projette même de nos jours l'image d'un père de la patrie. Nous sommes loin du jeune homme qui s'opposait à la Ve République au temps de de Gaulle.

DISCUTEZ

1. Mitterrand est-il d'origine aristocrate ou bourgeoise? Est-il de droite ou de gauche?
2. Était-il pour ou contre le gouvernement de Charles de Gaulle?
3. Pouvez-vous parler un peu du mot « paradoxe » par rapport avec la carrière de Mitterrand?

Écrivez

Maintenant, c'est à vous de faire le portrait d'une femme ou d'un homme politique connu. Connaissez-vous quelqu'un qui a eu un parcours intéressant ou paradoxal comme Mitterrand? Rédigez votre réponse pour que vous puissiez la discuter en classe.

VOCABULAIRE DE BASE

Adjectifs

amoureux (-euse)	in love
célèbre	famous
découragé(e)	discouraged
étonné(e)	astonished
familial(e)	family
fidèle	faithful
financier (-ière)	financial, money
frivole	fickle
imaginaire	imaginary
indispensable	indispensable
malhonnête	dishonest, devious
mensuel(le)	monthly
mûr(e)	mature, ripe
peu probable	unlikely
piètre	poor, mediocre
prosaïque	prosaic, mundane, ordinary
quotidien(ne)	daily
troublant(e)	troubling
véritable	real, true

Noms

l'accomplissement m	accomplishment
l'alcool m	alcohol
la bouteille	bottle
le but	purpose
la conduite	conduct, behavior
le courrier du cœur	letters to an advice column
le déluge	flood
l'époux, l'épouse	spouse
l'estime f	esteem
l'état d'esprit m	state of mind
l'infirmité f	infirmity, sickness, weakness
la mode	fashion, style
le mode	method, mood
les mœurs f	morals, mores, behavior
les problèmes de cœur m	love problems
le sourire	smile
un tas de	a lot of, a bunch of

Verbes

conserver à	to retain, keep
convaincre	to convince
démontrer	to demonstrate
dominer	to dominate
douter de	to doubt
emprunter	to borrow
exiger	to require
flatter	to flatter
fréquenter	to go out with, frequent
gagner	to earn, gain, win
noyer	to drown
s'opposer à	to oppose
ordonner	to order, request
oublier	to forget
se passionner de	to be keenly interested in
redresser	to straighten out
remonter à	to go back to
résoudre	to resolve
rompre avec	to break off a relationship
servir	to serve
suggérer	to suggest
traiter de	to talk about, deal with
se vanter de	to boast of

Expressions verbales

faire des économies	to save money
se faire élire	to get oneself elected
faire entendre	to give someone to understand
faire la cour	to court
fixer son choix	to make one's choice
fonder un foyer	to establish a family
se prendre au sérieux	to take oneself seriously
prendre les mesures	to take measures

Adverbes

ailleurs	elsewhere
de tout près	up close
matériellement	materially, practically
moralement	morally

Conjonctions

soit... soit	either . . . or
tel(le) que	such as

LEÇON • 13

ON EN PARLERA DEMAIN!

What does the future hold on the personal as well as the national scale? You have had a way to talk about the future (with **aller** + infinitive) since early in the course, and you have learned how to recognize the future tense in reading passages. In this lesson you will increase the range of your expression by learning how to form and use the future tense in speaking and writing. As a first step in this lesson, you should do the vocabulary preparation exercises in **Le Français chez vous.**

FUNCTIONS

making predictions
expressing fantasies and wishful
  thinking
stating intentions
making contingency plans
narrating in the future

STRUCTURES

le futur: verbes réguliers
le futur: verbes irréguliers

A
Qu'est-ce que l'avenir vous réserve?

MISE EN SCÈNE

Que c'est beau,   les rêves de l'avenir!

MISE EN MARCHE

Qu'est-ce qui se passe?

Deux enfants parlent de leur avenir.

Pierre   Qu'est-ce que tu vas faire quand tu seras grand?
Jean   Moi, je veux être pompier ou agent de police, et toi, qu'est-ce que tu veux faire?
Pierre   Moi, je serai explorateur ou peut-être président de la République.
Jean   Oh, dis donc, c'est chouette, ça! Moi aussi alors, je veux être explorateur.
Pierre   Oui, d'accord, mais tu ne peux pas être président, parce que le président, c'est moi, hein?

Deux adolescents parlent de leur avenir.

Jacques   Qu'est-ce que tu vas faire dans la vie, toi?
Richard   Je veux profiter au maximum de la vie. Je ferai de grandes choses. Et toi?
Jacques   Oui, moi aussi, vraiment. L'argent n'a pas d'importance. Je veux réaliser mon rêve et devenir écrivain.
Richard   Et moi, je ferai du cinéma, mais de vrais films.
Jacques   À propos, si on allait au cinéma ce soir?
Richard   Je ne pourrai pas, j'ai du travail.
Jacques   C'est dommage! On dit que c'est un très bon film d'épouvante.
Richard   Eh bien, je devrais travailler, mais je pourrai faire tout ça demain matin. C'est à quelle heure, le film, au fait?

Deux hommes d'âge mûr parlent de leur avenir.

Léon   Alors, qu'est-ce que tu vas faire à la retraite, toi?
Émile   Oh moi, je vais aller à la pêche, tous les jours.
Léon   Oui, moi aussi, je vais me reposer. J'aurai une petite maison à la campagne où je m'occuperai de mon jardin. Bien sûr, j'irai à la pêche de temps en temps.
Émile   On pourra aussi jouer aux boules et nourrir les pigeons dans le parc.
Léon   Eh oui, une bonne petite vie bien tranquille après toutes ces années d'agitation. La belle vie, quoi?

À propos   **La retraite.** Toute sa vie on l'attend, mais beaucoup ont du mal à s'adapter à cette nouvelle vie. Une loi votée en 1982 permet de prendre la retraite à 60 ans si on a travaillé 37 ans. Est-ce que cela fera diminuer le chômage?

La pêche à la ligne. Il y a beaucoup de rivières et de ruisseaux en France... et pas mal de poissons. Alors les Français aiment pêcher. C'est une activité assez calme, excellente, dit-on, pour les nerfs, et qui procure d'inépuisables sujets de conversations. Pêcher, c'est bien, mais raconter ce qu'on a pêché, ou plutôt ce qu'on a failli pêcher est encore mieux.

Vous dites ça comment?

RELISEZ

Cherchez les expressions synonymes.

1. Je vais être explorateur.
2. Je veux avoir toutes les expériences possibles dans la vie.
3. Je veux faire ce que j'ai projeté de faire.
4. Allons au cinéma ce soir.
5. Demain matin, c'est assez tôt pour faire tout ça.
6. Je vais cultiver mon jardin.
7. On va donner à manger aux pigeons.

IMITEZ LA PRONONCIATION

1. Oh, dis donc, c'est chouette, ça!
2. Je veux profiter au maximum de la vie.
3. Je vais réaliser mon rêve et devenir écrivain.
4. Si on allait au cinéma ce soir?
5. Je ne pourrai pas, j'ai du travail.
6. Je devrais travailler, mais je pourrai faire tout ça demain.
7. J'irai à la pêche de temps en temps.

VÉRIFIEZ

Montrez que vous êtes d'accord.

1. — Moi, dans vingt ans, je serai président de la République.
   — C'est chouette, ça! Moi aussi, je...
2. — Je désire avoir toutes les expériences possibles.
   — Moi aussi, je veux...
3. — Je vais aller à la pêche à l'occasion.
   — Tiens! Moi aussi,...
4. — Moi, j'ai du travail, mais je vais attendre jusqu'à demain matin.
   — Eh bien, c'est exactement mon cas aussi. Je...
5. — Tu sais, mon horoscope me dit que dans un mois je serai riche et célèbre.
   — Oh, dis donc... ça!
6. — Moi, tu sais, j'ai envie de devenir auteur.
   — Tiens! Moi aussi, je veux...

Parlons un peu

RÉPONDEZ

Choisissez la réponse convenable.

1. Dites, il y a un très bon film ce soir. Si on y allait?

   - Non, je vais faire mes études en France.
   - Oui, elle était blonde.
   - Je ne pourrai pas, j'ai du travail.

2. Il me semble que vous travaillez beaucoup.

   - Oui, je veux profiter au maximum de mes études.
   - C'est que mon docteur me recommande le repos complet.
   - Elle est devenue dentiste.

3. Mais qu'est-ce que vous allez faire dans la vie?

   - Oui, c'est ça, il faut que nous modernisions notre société.
   - Je veux profiter au maximum de la vie.
   - Malheureusement, ça n'a pas marché.

4. Vous avez des projets en tête?

   - Je vais réaliser mon rêve et devenir écrivain.
   - Vous pouvez me juger par mes actes.
   - Leurs routes se sont séparées.

5. Il vaut mieux que vous preniez un peu de temps pour vous reposer…

   - Ses parents n'ont pas voulu qu'elle parte.
   - Le plus grand problème, c'est l'inflation.
   - Oui, d'accord, je devrais travailler, mais je pourrai faire tout ça demain.

6. Mais qu'est-ce que vous comptez faire quand vous serez à la retraite?

   - J'irai à la pêche de temps en temps.
   - Il fera de la recherche médicale.
   - Il faut que vous votiez pour moi.

7. Vous n'avez pas d'autres projets en tête?

   - Le plus grand problème, c'est mon beau-frère qui est au chômage.
   - Si, je vais voyager.
   - À vrai dire, la politique ne m'intéresse pas beaucoup.

À vous, maintenant...

Comment voyez-vous l'avenir, votre avenir? Vous rêvez sans doute de votre profession, de vos possessions futures (vous n'êtes pas matérialiste, mais vous aimez sans doute avoir certaines choses), votre style de vie, et l'homme ou la femme de votre vie. Écrivez quelque chose à propos de votre avenir avec **je serai** et **j'aurai.** Votre partenaire va vous interviewer.

Ensuite, interviewez votre partenaire. Demandez-lui de prédire son avenir.

VOCABULAIRE AU CHOIX

aujourd'hui

Je **suis** etudiant(e).
célibataire.
pauvre.

J'**ai** une petite chambre à la cité universitaire.
une bicyclette.
un poisson rouge.

dans dix ans

Je **serai** philosophe.
marié(e).
riche.

J'**aurai** une belle maison.
une grande voiture.
cinq enfants.

381
Leçon 13.A

les rêves et l'avenir

— Qu'est-ce que tu **veux faire** dans la vie? = Qu'est-ce que tu **feras**...?
               vas faire

— Moi, je **serai**   pilote.
      vais être astronaute.
             philosophe.
             cinéaste.
             écrivain.
             explorateur/exploratrice.
             poète.
             avocat(e).
             professeur.
             pickpocket.
             agent de police.

François Truffaut, un des plus grand cinéastes du XXᵉ siècle

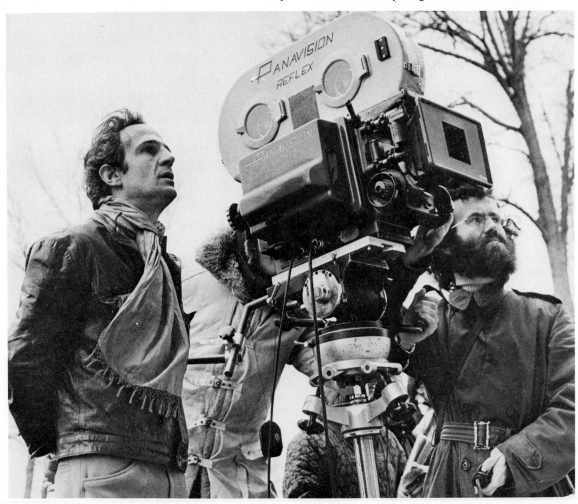

UN PAS DE PLUS

Qu'est-ce qui se passe?

— Tiens! Qu'est-ce que tu lis là?
— Eh bien, je consulte mon horoscope.
— Tu y crois vraiment, aux horoscopes?
— Non, pas du tout, mais je les lis comme tout le monde.

Voici les signes du zodiaque. Étudiez l'horoscope. Pour chaque signe, rangez les activités selon

1. ce qui est prédit;
2. ce qu'il faut faire;
3. ce qu'il faut éviter.

Bélier   21 mars–20 avril

Vie sociale: Vous allez travailler beaucoup pour obtenir des résultats médiocres et peu satisfaisants. Le climat n'est pas favorable pour entreprendre des projets nouveaux. Soyez prudent. **Cœur:** Ne jouez pas avec le cœur des autres, la vengeance sera cruelle. Ne négligez pas vos amitiés anciennes. **Santé:** Suivez un bon régime, prenez vos repas à heures fixes et dans le calme. Vous aurez besoin de repos.

Cherchez les expressions synonymes (Bélier).

1. Vous n'allez pas aimer les résultats de vos efforts.
2. Ce n'est pas le moment pour entreprendre quelque chose de nouveau.
3. Faites attention.
4. Ne soyez pas frivoles dans vos amours.
5. Mangez au même moment chaque jour.

Taureau   21 avril–21 mai

Vie sociale: Quelques incertitudes dans votre travail. Évitez tout effort excessif ou trop prolongé. **Cœur:** Vous commencerez à vous lasser des soins de l'être cher. Préparez-vous à une rupture. Acceptez vos malheurs avec patience. Soyez plutôt passif qu'actif. **Santé:** Ne vous tuez pas au travail. Mangez raisonnablement.

Cherchez les expressions synonymes (Taureau).

1. Ne travaillez pas trop.   2. la personne que vous aimez   3. Suivez un bon régime.

Gémeaux   22 mai–21 juin

Vie sociale: Vous aurez de bonnes idées et de la bonne volonté, mais vous aurez aussi des contretemps — il ne faut pas les prendre au sérieux. Vous serez brillant et convaincant. Vous pouvez donc attaquer des projets difficiles. **Cœur:** Semaine heureuse en amour, mais gardez les pieds sur terre. **Santé:** Ne vous agitez pas inutilement.

Cherchez les expressions synonymes (Gémeaux)).

1. Vous allez avoir des obstacles et des problèmes.   3. Ne faites rien si ce n'est pas nécessaire.
2. En amour, soyez prudent.

Cancer   22 juin–22 juillet

Vie sociale: Coups de chance et des circonstances favorables vous permettront de réussir cette journée. **Cœur:** Après quelques journées agréables et tranquilles, un orage risque de souffler dans votre vie. Parlez en toute sincérité. **Santé:** Vous n'avez rien à craindre. Essayez de vous distraire mais sans vous fatiguer.

Cherchez les expressions synonymes (Cancer).

1. Vous allez avoir du succès aujourd'hui.   3. Cherchez des distractions, mais ne vous
2. Votre vie affective va être tumultueuse.   fatiguez pas.

Lion   23 juillet–23 août

Vie sociale: Tout va bien, vous n'avez qu'à bien organiser votre travail. Insistez sur la clarté des termes si vous devez signer un contrat. **Cœur:** La journée sera propice pour resserrer et renouveler des liens affectifs. Il ne faut pas tomber dans le pessimisme. Manifestez vos sentiments avec enthousiasme. **Santé:** Organisez-vous de façon à ne pas faire des repas copieux plusieurs jours de suite. Trop d'agitation peut faire du mal à votre système circulatoire.

Cherchez les expressions synonymes (Lion).

1. La journée va être favorable pour   2. Évitez de devenir pessimiste.
   raffermir vos amitiés et vos amours.   3. Mangez raisonnablement.

Vierge   24 août–22 septembre

Vie sociale: Si vous êtes sensible aux influences lunaires, vous risquez d'être instable. Confiez-vous donc à des intermédiaires si vous avez une affaire importante. **Cœur:** Soyez prudent, mais ne renoncez pas à des expériences enrichissantes. **Santé:** Ne vous inquiétez pas de votre santé.

Cherchez les expressions synonymes (Vierge).

1. Demandez à d'autres personnes de vous aider...   3. N'évitez pas des expériences enrichissantes.
2. Ne vous souciez pas de...

Balance   23 septembre–23 octobre

Vie sociale: Un événement inattendu vous posera des problèmes sérieux, mais vous serez assez énergique pour surmonter tous les obstacles. Agissez avec circonspection dans le secteur professionnel. **Cœur:** Charme, succès. Une rencontre imprévue sera lourde de conséquences. Vous mènerez au cours du week-end une vie sociale intense. Soyez discret. **Santé:** Tout va bien.

Cherchez les expressions synonymes (Balance).

1. Soyez prudent...   2. Une rencontre inattendue va être importante.   3. Vous allez vous amuser ce week-end.

Scorpion   24 octobre–22 novembre

Vie sociale: C'est le moment pour améliorer votre situation. Vous nagerez en pleine bonne humeur et en plein bonheur. Attaquez votre travail avec détermination. **Cœur:** Il y a de quoi espérer des satisfactions amoureuses ou même de la passion. Vous passerez à cet égard un superbe mois. Vous risquez cependant d'être particulièrement nerveux. **Santé:** Calmez-vous. Surtout pas de vin.

Cherchez les expressions synonymes (Scorpion).

1. Vous allez être heureux et de bonne humeur.   2. Vous avez des raisons pour espérer...

Sagittaire   23 novembre–21 décembre

Vie sociale: Quelques bonnes surprises ou une lettre vous feront plaisir. Vous résoudrez des problèmes d'argent, et ensuite vous serez libre pour prévoir un voyage ou une distraction particulièrement agréable. **Cœur:** Ne troublez pas la sérénité de votre vie affective par vos folies coutumières. **Santé:** Surveillez davantage votre santé. Si vous êtes sensible de la gorge ou des pieds, soyez prudent. Ne menez pas une vie trop active.

Cherchez les expressions synonymes (Sagittaire).

1. Vos problèmes ne seront pas impossibles.   2. Soyez sage et prudent — ne vous compliquez pas la vie.

Capricorne   22 décembre–20 janvier

Vie sociale: La vie professionnelle et sociale vous posera des problèmes. Vous aurez besoin du conseil d'un ami sympathique ou peut-être d'un avocat. **Cœur:** Attention à la tentation négativiste et autodestructrice. En famille, agissez avec votre diplomatie coutumière. Vous méritez le succès. Il va bientôt surgir à l'horizon. **Santé:** Vous êtes épuisé. Cherchez des distractions tranquilles et reposantes.

Cherchez les expressions synonymes (Capricorne).

1. Vous allez avoir des ennuis dans votre vie professionnelle et sociale.
2. Vous êtes digne du succès.
3. Vous allez bientôt voir apparaître le succès.

Verseau   21 janvier–18 février

Vie sociale: Faites confiance à votre intuition. Elle ne vous trompera pas. Avec son aide vous sortirez d'une situation personnelle difficile. **Cœur:** L'inquiétude règne dans la vie sentimentale, mais prenez patience, vous allez bientôt vous tirer d'affaire. Agissez avec confiance et optimisme. **Santé:** Sport, marche ou gymnastique vous feront beaucoup de bien.

Cherchez les expressions synonymes (Verseau).

1. Votre intuition va vous dire la vérité.
2. Vous allez bientôt résoudre vos problèmes.

Poissons   19 février–20 mars

Vie sociale: Soyez généreux avec vos amis. Acceptez les invitations. **Cœur:** Une certaine confusion régnera dans votre vie sentimentale; montrez-vous donc compréhensif avec l'être aimé. Vous allez bénéficier de rêves richement symboliques. **Santé:** Prenez garde aux rhumatismes. Ne menez pas une vie trop sédentaire.

Cherchez les expressions synonymes (Poissons).

1. Attention aux rhumatismes.
2. Faites de l'exercice physique de temps en temps.

Parlons-en

1. Si vous êtes bélier, pouvez-vous vous permettre des aventures amoureuses, ou faut-il être sincère?
2. Si vous êtes taureau, faut-il prévoir que vous serez heureux (-euse) ou malheureux (-euse)?
3. Si vous êtes gémeaux, aurez-vous des obstacles ou plutôt une journée sans obstacles?
4. Si vous êtes cancer, faut-il rechercher ou éviter des distractions?
5. Qu'est-ce qui est prédit pour les lions? En amour, est-ce que la journée sera favorable ou défavorable? Que faut-il éviter?
6. Si votre signe est la vierge, qu'est-ce que la journée vous réserve? Quant au cœur, est-ce que ce sera une journée de solitude ou d'expériences enrichissantes?
7. Si vous êtes balance, à quoi faut-il vous attendre? Que faut-il éviter? Qu'est-ce qu'il faut faire?
8. Est-ce que ce sera une journée favorable ou défavorable pour les scorpions? Au travail, vaut-il mieux que vous soyez actif (-ive) ou passif (-ive)?
9. Faut-il prévoir une journée agréable ou désagréable pour les sagittaires? Une journée avec des problèmes ou sans problèmes?

10. Si vous êtes capricorne, faut-il s'attendre à une journée facile ou difficile? Et pour vous distraire, allez-vous boire et danser dans des boîtes de nuit ou bien lire un roman chez vous?
11. Si vous êtes verseau, est-il préférable que vous meniez une vie plutôt active ou plutôt passive? Que vous soyez plutôt optimiste ou prudent(e)?
12. Eh bien, poissons, quelles précautions allez-vous prendre aujourd'hui?
13. Consultez la liste que vous avez faite en lisant les horoscopes. Quels conseils pouvez-vous donner aux amoureux? Aux timides? Aux paresseux? Aux impulsifs?

ÉCOUTEZ ET ÉCRIVEZ

Écoutez la conversation, prenez des notes, et puis écrivez un compte-rendu de ce que vous entendez.

À vous, maintenant...

Avant de venir en classe, écrivez un résumé de votre horoscope. Dites ce qui est prédit, ce qu'il faut faire, et ce qu'il faut éviter. En classe, vous et votre partenaire discuterez vos horoscopes. Invitez votre partenaire à dîner avec vous, aller à un concert de jazz, faire un voyage, vous prêter de l'argent. Il/Elle dira ce que son horoscope permet, déconseille, ou recommande, et ce qu'il/elle a l'intention de faire.

VOCABULAIRE AU CHOIX

Mon horoscope me déconseille le vin.
tout effort excessif.
les repas copieux.
les voyages fatigants.

Mon horoscope me recommande de ne pas négliger mes amitiés.
me conseille d'éviter le vin.
une cuisine trop riche.
mes folies coutumières.
de prendre garde aux rhumatismes.
d'accepter mes malheurs.
de ne pas troubler ma vie affective.
d'être prudent(e), vigilant(e).

Mon horoscope m'avertit que je serai instable.
sensible aux influences lunaires.
j'aurai des difficultés au travail.
des ennuis financiers.
des problèmes de cœur.

387
Leçon 13.A

FAISONS LE POINT

Le futur: verbes réguliers (grammaire 4.8)

Le futur est facile. Les terminaisons rappellent le présent du verbe **avoir: -ai, -as, -a, -ons, -ez, -ont.** On ajoute ces terminaisons à l'infinitif.

chercher	Je	chercherai	le journal.
	Tu	chercheras	la voiture.
	Il/Elle/On	cherchera	la clé.
	Nous	chercherons	nos billets.
	Vous	chercherez	votre carte de crédit.
	Ils/Elles	chercheront	le bonheur.
finir	Je	finirai	mes devoirs.
	Tu	finiras	ton journal.
	Il/Elle/On	finira	à temps.
	Nous	finirons	en retard.
	Vous	finirez	ce soir.
	Ils/Elles	finiront	demain matin.
prendre	Je	prendrai	mon parapluie.
	Tu	prendras	ta voiture.
	Il/Elle/On	prendra	patience.
	Nous	prendrons	notre déjeuner.
	Vous	prendrez	votre chien.
	Ils/Elles	prendront	leur temps.

À noter

On élimine le **-e** pour le radical: pren**dre** → pren**dr-**.

MISE EN PRATIQUE

A. Penser à l'avenir, c'est le moyen de changer sa vie. On peut faire de beaux projets, comme au Jour de l'an (le premier janvier). Pensons d'abord à notre santé. Qu'est-ce qu'il faut faire pour l'améliorer?

Il faut suivre un bon régime.
    boire moins.
    manger moins.

Il faut marcher davantage.
    dormir davantage.
    s'amuser moins.

Alors, vous avez pris votre décision? Oui, vous dites « Je changerai ».

Je suivrai un bon régime.
Je boirai moins.
Je... moins.

Je... davantage.
Je... davantage...
... et je... beaucoup moins!

B. Et votre vie à l'université, ça ne va pas toujours bien? Eh bien, pour mieux réussir à l'université

il faut étudier davantage.
    sortir moins souvent.
    visiter la bibliothèque de temps en temps.

il faut organiser mieux son temps.
    penser davantage.
    s'amuser beaucoup moins.

Alors, vous avez encore une fois pris votre décision?

J'étudierai davantage.
Je... moins souvent.
Je... la bibliothèque de temps en temps.

J'... mieux mon temps.
Je... davantage.
Je... beaucoup moins!

C. Pour être plus heureux,

il faut se contenter plus de ce qu'on a.
    passer plus de temps avec sa famille.
    accepter ses malheurs avec patience.

il ne faut pas se compliquer la vie.
    se tuer au travail.

Alors, quelles sont vos décisions pour l'avenir?

Je ne me compliquerai pas la vie.
Je me... de ce que j'ai.
Je... plus de temps avec ma famille.
J'... mes malheurs avec patience.
Je ne me... pas à l'école...
... et je m'amuserai beaucoup plus!!

D. Parlons de votre vie maintenant et dans dix ans. (Repassez le vocabulaire des leçons 7 et 8.)

    EXEMPLE: — Quand je voyage...

Je n'ai pas beaucoup d'argent. Je dois donc rouler à bicyclette.
                dormir dans des hôtels médiocres.
                boire de l'eau.

Quand je serai riche, je voyagerai en avion.
                dormirai dans des hôtels très chics.
                boirai des vins très fins ou de l'eau minérale.

Qu'est-ce que vous ferez quand vous aurez beaucoup d'argent?
                quand vous partirez en vacances la prochaine fois?
                après vos études cette année?

MISE EN SCÈNE

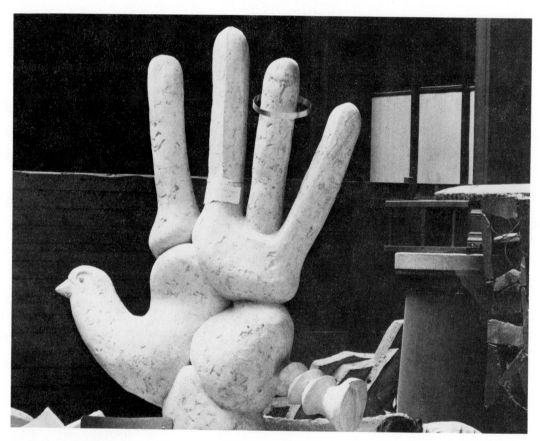

Qui est sérieux comme le Danois? Rigolo comme le Belge, discipliné comme l'Allemand, discret comme le Luxembourgeois, hospitalier comme le Grec, chic comme l'Anglais, galant comme le Français, calme comme le Hollandais, prolifique comme l'Irlandais, viril comme l'Italien? ... C'est l'Européen.

Wolinski s'adresse ici d'une façon très satirique aux problèmes d'identité nationale qu'une Europe unie présentera.

MISE EN MARCHE

Qu'est-ce qui se passe?

1992. L'Europe, c'est bien connu, est un ensemble de pays séparés non seulement par des barrières géographiques mais aussi linguistiques, culturelles et économiques. Même dans un petit pays comme la Belgique, qui ne couvre que la surface de l'état du Delaware, on parle trois langues: le français, le néerlandais et l'allemand. Les diplômes obtenus dans la partie francophone du pays ne sont pas automatiquement reconnus dans la partie flamande et vice versa... Ne parlons même pas de traverser une frontière et d'essayer d'obtenir un permis de travail en France ou en Suisse. Non, depuis des siècles, ces pays sont séparés par des traditions et des lois ancestrales.

Or, voici une quinzaine d'années que ces pays s'unissent de plus en plus et que l'on parle d'Europe unie. Bien sûr, il y a des pressions économiques de plus en plus grandes. Il est important de faire face aux superpuissances et ce n'est pas étonnant que les premières unions européennes se soient faites au niveau économique. Aujourd'hui, douze pays font partie de la C.E.E. (Communauté économique européenne), qui a son siège à Bruxelles.

RELISEZ

Cherchez les expressions synonymes.

1. Tout le monde sait que l'Europe est un ensemble de...
2. On n'accepte pas automatiquement les diplômes obtenus dans la partie francophone...
3. Il ne faut même pas parler de traverser...
4. Il est important de réagir aux superpuissances.
5. Douze pays sont membres de la...

Comme les réformes ne se font pas sans mal, il n'est pas rare de voir des fermiers italiens venir protester contre les nouvelles taxes sur la Grand-Place à Bruxelles ou la semaine suivante de voir des vignerons français se plaindre du fait que l'on permettra de vendre moins cher le vin portugais et espagnol en France et dans les autres pays de la Communauté que les vins français.

Mais petit à petit, l'idée de communauté s'installe. Le Parlement européen est établi à Strasbourg en France et la Cour de justice se trouve à La Haye (Den Haag) aux Pays-Bas. On parle aujourd'hui de la plus grande campagne d'unification politique de l'Europe depuis Napoléon Bonaparte...

Après 1992, les frontières politiques n'existeront plus. Il ne sera désormais plus nécessaire de montrer ses papiers d'identité entre l'Espagne et la France, par exemple. D'ailleurs, il n'y aura plus de postes-frontière ni de douaniers. Les diplômes et les études seront reconnus d'un pays à l'autre et on pourra désormais aller étudier l'astrophysique à Paris même si on est grec ou la littérature anglaise dans le pays de Shakespeare si on est français. On sera sûr que les diplômes seront valables au retour au pays.

Les changements les plus importants seront certainement d'ordre économique. Ces changements créeront le plus grand marché mondial de consommateurs, qui, avec ses 320 millions, dépassera le marché américain d'un tiers. On prévoit que plus de cinq millions d'emplois seront créés en 1992.

La plupart des Européens sont enthousiastes. Il reste à voir, bien sûr, si les siècles de traditions et de valeurs pourront se transformer aussi vite. Les plus sceptiques disent que oui, cela se passera mais qu'il faudra probablement attendre le tournant du siècle pour voir l'avènement de l'Europe unie. Mais, attention, l'Europe sera au rendez-vous, comme le disent les slogans... de cela, presque tous les Européens en sont sûrs et certains.

Vous dites ça comment?

RELISEZ

Cherchez les expressions synonymes.

1. Les réformes ne se font pas sans difficulté...
2. ... entrer dans la capitale belge...
3. ... pour protester contre le fait que...

IMITEZ LA PRONONCIATION

1. C'est bien connu.
2. Ce n'est pas étonnant.
3. N'en parlons même pas.
4. Il faut y faire face.
5. Les réformes ne se font pas sans mal.
6. Il ne faut pas se plaindre.
7. Cela reste à voir.
8. C'est bien sûr, tout cela?
9. Je ne serai pas au rendez-vous.

VÉRIFIEZ

Montrez que vous êtes d'accord, que vous acceptez les idées de la personne qui vous parle.

1. — Tout le monde sait que l'Europe a beaucoup de problèmes.
   — Oui, c'est...
2. — L'Europe a toujours été divisée. Elle a donc des problèmes économiques.
   — Ce n'est pas...
3. — Et puis il y a aussi les barrières nationales et linguistiques.
   — N'en... pas!
4. — Mais ces problèmes, il faut les résoudre.
   — Oui, il faut...
5. — Ce ne sera pas une tâche facile.
   — D'accord, les réformes ne... mal.

Maintenant, montrez que vous êtes sceptique ou abstentionniste.

6. — Oui, à partir de 1992 il y aura une Europe unie.
   — Peut-être, mais...
7. — Les Européens accepteront facilement une monnaie commune.
   — C'est...?
8. — L'Europe fera face aux superpuissances sans aucune difficulté.
   — Peut-être, mais cela...
9. — Pour cela, il faudra faire de grands efforts.
   — Alors, excusez-moi, je...

Parlons-en

RÉPONDEZ

Donnez des réponses personnelles, comme vous voudrez.

1. Quel âge aurez-vous dans dix ans?
2. Est-ce que la vie sera plus simple ou plus compliquée à ce moment-là?
3. Est-ce que vous serez marié(e) ou célibataire?
4. Aurez-vous une profession?
5. Est-ce que les Américains seront plus prospères ou moins prospères?
6. Les problèmes de la nation seront-ils d'ordre social, économique, ou militaire?
7. À quels changements — académiques, politiques ou économiques — pourrez-vous vous atttendre en Europe d'ici dix ans?
8. Est-ce que le monde sera en paix ou en guerre?

À vous, maintenant...

Tous les grands personnages ont des idées sur l'avenir qui ont un intérêt pour la presse. À votre arrivée en France un reporter (votre partenaire) vous demande le privilège de vous interviewer. Ensuite, vous changerez de rôles. Prenez des notes et écrivez un résumé.

VOCABULAIRE AU CHOIX

— Comment voyez-vous l'avenir?

— On verra   de grands changements économiques.
  Il y aura   politiques.
  Il faut prévoir

           des problèmes difficiles.
           de nouvelles technologies.
           de nouveaux problèmes d'ordre économique.
                                          politique.
                                          social.
                                          technologique.

— Est-ce que nous pourrons faire face à ces problèmes?
                          éliminer le chômage?
                                  le racisme?
                                  le sexisme?

— Dans dix ans la vie sera comment, à votre avis?

— La vie sera stable.
        plus simple.
        plus compliquée.

Tout le monde sera prospère.
        heureux.
        malheureux.
        marxiste.
        capitaliste.
        abstentionniste.
        anarchiste.

Nous verrons un monde plus humain.
        plus beau.
        moins violent.
        moins égoïste.

— Et la guerre? Est-ce que nous aurons la guerre?

— Il y aura des   guerres locales.
Il n'y aura plus de   civiles.
        mondiales.

UN PAS DE PLUS

Qu'est-ce qui se passe?

LISEZ ET ÉCOUTEZ

T.G.V.: le métro européen. Paris-Amsterdam en trois heures trente; Londres en trois heures à peine; l'Allemagne en cent quatre-vingts minutes. C'est officiel. Dès 1993, le T.G.V.-Nord, lancé le 26 octobre 88 par cinq gouvernements — français, allemand, britannique, belge et néerlandais — reliera, à 300 km/h, les principales métropoles de l'Europe du Nord.

Il aura fallu vingt ans pour en arriver là. L'aventure commence en 1974: la ligne de train Paris-Lyon était saturée. Le gouvernement français, séduit par les performances du Tokaïdo au Japon, décide de construire une autoroute ferroviaire pour un « Train de Très Grande Vitesse » qui relie, presqu'en ligne droite, la banlieue parisienne et celle de Lyon. Le projet a remporté un succès énorme. Il n'est pas beaucoup plus cher de prendre le T.G.V. plutôt qu'un train « normal », et les voyageurs peuvent bénéficier de tous les tarifs réduits proposés par la S.N.C.F., tels que les cartes de familles nombreuses et autres réductions. De plus, les voitures orange du T.G.V. climatisées et silencieuses sont bien plus confortables que celles des autres trains.

Qui construira ces nouveaux trains? Pour le moment, seuls les Français sont équipés pour les construire dans les délais établis. Il faudra en effet que les ingénieurs français soient prêts à livrer la commande en 1993, notamment pour relier la France à la Grande Bretagne dès que le tunnel sous la Manche (l'Eurotunnel) sera terminé. Pour la première fois dans l'histoire, l'Angleterre aura perdu son statut d'île.

Le projet sera-t-il rentable? Ici aussi, les Français affichent beaucoup d'enthousiasme. Le T.G.V.-Nord sera remboursé en 2005 et transportera 40 millions de passagers, dont la moitié passeront par la France, dans le triangle d'or Londres-Paris-Bruxelles.

Y aura-t-il un jour un réseau européen? Puisqu'on parle de Paris-Londres en trois heures d'ici l'an 2000, peut-on concevoir Paris-Rome en neuf heures? Ici aussi l'optimisme règne parmi les scientifiques français. C'est un enjeu, et il n'est pas sûr que la France obtienne tous les contrats, comme pour le T.G.V.-Nord. Les Suisses, les Italiens et les Allemands préparent, eux aussi, des lignes de trains à grande vitesse, comme le Diretissima (300 km/h) prévu pour 1990 entre Florence et Rome et le Transrapid allemand (400 km/h) prévu pour 1991. Mais de plus en plus, on peut parler d'un réseau de métro européen.

Le T.G.V.: Métro du futur

RELISEZ

Cherchez les expressions synonymes.

1. pour obtenir ces résultats
2. Le gouvernement français, fasciné par les performances…
3. Le projet a bien réussi.
4. Les voyageurs peuvent profiter de…
5. L'Angleterre ne sera plus une île…
6. Est-ce que le projet sera faisable sur le plan financier?
7. Les Français montrent beaucoup d'enthousiasme.
8. Peut-on imaginer Paris-Rome en neuf heures?
9. Les scientifiques français sont optimistes.

IMITEZ LA PRONONCIATION

1. On est séduit par cette idée.
2. Le projet a remporté un succès énorme.
3. Il n'est pas beaucoup plus cher.
4. L'optimisme règne.

Parlons-en

1. Le T.G.V.-Nord, est-ce une entreprise française ou européenne?
2. Le premier T.G.V. au monde, il était français ou japonais? Et le premier T.G.V. en Europe?
3. Quels sont les avantages du T.G.V. sur les autres trains?
4. Quels autres T.G.V. sont prévus?
5. Non seulement les frontières tombent, mais les distances deviennent moins longues. On ne mesure plus les distances en kilomètres mais en heures. Si vous prenez l'avion, combien de temps vous faut-il pour aller de chez vous à New York? À Chicago? À San Francisco? Et si vous prenez le train?
6. Dans le domaine des transports, quelles sont les réalisations qui vous semblent les plus spectaculaires? Les plus utiles? Est-il préférable de construire de nouvelles autoroutes pour se transporter en voiture ou de refaire les chemins de fer selon le modèle japonais ou européen?

ÉCOUTEZ ET ÉCRIVEZ

Écoutez la conversation, prenez des notes, et puis écrivez un compte-rendu de ce que vous entendez.

À vous, maintenant...

Comment vous déplacerez-vous dans dix ans? Faut-il s'attendre à de grands changements? Est-ce que vous dépendrez plus de l'automobile ou moins que maintenant? Parlez-en un peu avec votre partenaire. Comme d'habitude, écrivez quelques lignes pour résumer votre conversation.

VOCABULAIRE AU CHOIX

Pour se déplacer on peut aller à pied.

rouler à bicyclette.

prendre la voiture.

prendre le bus. (en ville)

prendre le car. (entre villes)

prendre le train.

prendre l'avion.

De tous ces moyens, le plus   sûr,   c'est...

moins cher,

commode,

Dans l'avenir il faudra de plus en plus prendre le... à cause de la pollution.

du prix.

des distances.

FAISONS LE POINT

Le Futur: verbes irréguliers (grammaire 4.2)

Quelques verbes ont des irréguliers au futur.

aller	ir-	j'**irai**, nous **irons**, etc.
être	ser-	je **serai**, nous **serons**, etc.
faire	fer-	je **ferai**, nous **ferons**, etc.
avoir	aur-	j'**aurai**, nous **aurons**, etc.
pouvoir	pourr-	je **pourrai**, nous **pourrons**, etc.
savoir	saur-	je **saurai**, nous **saurons**, etc.
voir	verr-	je **verrai**, nous **verrons**, etc.
devoir	devr-	je **devrai**, nous **devrons**, etc.
venir	viendr-	je **viendrai**, nous **viendrons**, etc.
vouloir	voudr-	je **voudrai**, nous **voudrons**, etc.

Quand deux phrases se rapportent à une condition future, le verbe dans toutes les deux est au futur.

> Qu'est-ce que tu **feras** quand tu **seras** grand?
> Vous me **téléphonerez** quand vous **aurez** le temps.

MISE EN PRATIQUE

A. D'ici dix ans votre vie changera. Parlons-en. Apprenez d'abord cette série.

Je voudrai voyager en Europe et en Asie.
Je devrai faire des économies avant, mais j'aurai un bon travail.
J'irai un peu partout.
Je pourrai prendre le Concorde pour aller à Paris.
Je saurai parler français parfaitement.
Je verrai tous les monuments.
Je reviendrai quand je n'aurai plus d'argent.

Vos amis feront sans doute la même chose que vous. Parlez de leur vie dans dix ans.

Ils voudront voyager en Europe et en Asie.
Ils... faire des économies avant, mais ils... un bon travail.
Ils... un peu partout.
Ils... prendre le Concorde.
Ils... parler français parfaitement.
Ils... tous les monuments.
Ils... quand ils n'... plus d'argent.

B. Oui, ça va changer, vous verrez! Répondez selon votre idée de l'avenir.

1. — Vous êtes étudiant(e) maintenant, n'est-ce pas?
   — Oui, mais dans 10 ans,...
2. — Vous allez à l'université?
   — Oui, mais...
3. — Vous travaillez en ce moment?
   — Oui, mais...
4. — Vous êtes marié(e)?
   — ...
5. — Vous habitez... ?
   — ...
6. — Vous voyagez souvent?
   — ...
7. — Et le sport? Faites-vous du sport?
   — ...

C. De temps en temps vous êtes vraiment pessimiste! Répondez aux remarques de votre ami(e) par une prédiction pessimiste de l'avenir.

MODÈLE: — J'aimerais bien que nous partions en vacances... — Mais je sais que nous n'aurons pas le temps.

1. — J'aimerais bien que le prof remette l'examen...
   — Mais je sais bien...
2. — Je voudrais que tout le monde vienne chez moi ce soir...
   — Mais...
3. — Il est possible que vous réussissiez à cet examen...
   — Mais je crois plutôt que...
4. — Il se peut que vous soyez plus heureux (-euse) demain...
   — Mais il est plus probable que...

D. Après les conjonctions **bien que** et **quoique**, c'est le subjonctif. Mais, quand vos intentions sont claires, c'est le futur. Vous savez ce qu'il faut faire, mais vous préférez faire autrement quand même! Répondez donc selon le modèle.

MODÈLE: — Si on allait au cinéma ce soir? Tu as vu le film? — Bien que j'aie vu le film, j'irai bien avec toi.

1. — Allons boire un pot, tu veux? Tu n'as pas trop de devoirs?
   — Bien que j'... beaucoup de devoirs, je...
2. — Je vais faire une promenade. Tu n'es pas trop fatigué(e)... ?
   — Quoique je... fatigué(e),...
3. — Allons manger un hamburger au McDo, tu veux?
   — Quoique je vienne de manger,...
4. — On va faire de l'alpinisme ce week-end. Tu veux venir avec nous?
   — Bien que ce soit dangereux, je...

E. Évidemment, vous êtes épuisé(e), car vous avez toujours trop de travail. Remettez donc votre travail jusqu'à une autre fois, selon le modèle.

MODÈLE: — Tu devrais faire le ménage un peu dans ton appartement, tu sais.
— Oui, je sais, mais je ferai tout ça demain.

1. — Tu n'as pas payé tes factures? Mais il faut les payer ce soir!
   — Oui, je sais, mais... demain.
2. — Ton chien me paraît bien malade. Tu devrais l'emmener chez le vétérinaire.
   — Oui, je sais, mais... la semaine prochaine.
3. — Nous avons ce misérable examen dans deux jours. Il faudrait que nous étudiions ce soir.
   — Oui, c'est juste, mais... demain soir.
4. — Tu n'as pas téléphoné à tes parents cette semaine? Tu devrais leur donner un coup de fil tout de suite!
   — Oui, tu as raison, mais... dimanche prochain.

LES CHOSES DE LA VIE

 Faites les exercices de vocabulaire et de structure dans le cahier d'exercices avant de lire ces chansons.

Attention Futur

Statu Quo en fait, c'est bien le mot
D'un monde entre deux eaux
Entre ancien et nouveau

Nostalgie, eh oui, où sont les lits
Adolescents grandis
Papa maman partis

Attention futur les nostalgies ont la vie dure
Attention futur
Faites gaffe c'est sûr les rêves sont gravés sur la figure
Attention futur

L'autre monde a mal, c'est pas normal
Pour eux aussi, cavalent
Le soleil les étoiles

Égoïsme, à l'aise, où sont les hommes
Après New York et Rome
L'Occident se dégomme

Attention les inégalités ont la vie dure
Attention futur
Faites gaffe pour sûr les rêves cognent contre les murs
Attention futur

Solitude glacée où est le chaud
Fraternité tchao
La vie est un solo

Statu Quo en fait c'est bien le mot
D'un monde entre deux eaux
Entre ancien et nouveau

Attention futur les solitudes ont la vie dure
Attention futur
Faites gaffe c'est sûr les rêves se cassent la figure
Attention futur.

Yves Simon

Ces paroles, qui évoquent le grand malaise existentiel d'un jeune homme face à l'avenir, peuvent se comprendre aussi dans un sens plus large et s'étendre à une vision de notre monde qui désire être résolument moderne mais est encore tellement ancré dans le passé. Entre un monde ancien, dépassé, et le monde nouveau, à venir, il y a un vide. Les inégalités entre les pays riches (Rome, New York) et « l'autre monde » (le tiers monde) s'accentuent. Les valeurs anciennes n'ont plus cours et les nouvelles valeurs ne sont pas encore en place. Mais attention! Le futur est déjà là, où les rêves ancrés dans un passé qui a disparu se détruisent. Le futur ne se fabrique pas avec les nostalgies, avec le regard vers le passé, mais avec un réalisme qui nous permettra de traverser le vide idéologique et philosophique entre ces deux mondes.

DISCUTEZ

1. Et vous, comment voyez-vous l'avenir? Êtes-vous plutôt optimiste ou pessimiste? Pourquoi? Pouvez-vous vous imaginer dans vingt ans?
2. Et le monde de vos enfants et petits-enfants, comment l'imaginez-vous?

Serez-vous bionique or organique dans dix ans?

La chanson suivante est chantée par Georges Moustaki. Georges Moustaki est un chanteur français d'origine grecque qui est très connu en France, surtout pour avoir été le parolier de chanteuses telles qu'Édith Piaf, une des plus grandes chanteuses populaires en France. Dans les années soixante et soixante-dix, il s'est mis à chanter à son tour et est surtout célèbre pour ses chansons douces et tendres dans lesquelles il chante la joie de vivre, le bonheur d'aimer et d'être aimé, la beauté de la nature.

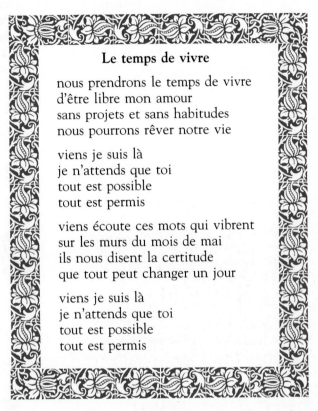

Le temps de vivre

nous prendrons le temps de vivre
d'être libre mon amour
sans projets et sans habitudes
nous pourrons rêver notre vie

viens je suis là
je n'attends que toi
tout est possible
tout est permis

viens écoute ces mots qui vibrent
sur les murs du mois de mai
ils nous disent la certitude
que tout peut changer un jour

viens je suis là
je n'attends que toi
tout est possible
tout est permis

Dans cette chanson, Moustaki exprime un optimisme illimité dans l'avenir. Tout est possible, nous dit-il. Il faut dire que cette chanson date des années 60, d'où la référence au mois de mai. Il s'agit, bien sûr, de mai 68, date du grand mouvement estudiantin à Paris, lorsque tous les étudiants de Paris et puis du reste de la France, dissatisfaits de la crise économique qui sévissait et des institutions archaïques qui existaient encore dans les universités, se sont mis en grève. Un de leurs cris de ralliement était « Sous les pavés, la plage! » Sous les pavés des rues de Paris (que de nombreux étudiants déterraient pour les jeter sur les policiers), il y avait certainement l'espoir d'un monde nouveau et meilleur.

DISCUTEZ

Entre Moustaki et Simon, il y a une grande différence de ton. Avec qui êtes-vous d'accord? Et la plupart des jeunes? Demandez à vos voisins ce qu'ils en pensent.

Adjectifs

convaincant(e)	*convincing*
coutumier (-ière)	*usual, customary*
cruel(le)	*cruel*
discret (-ète)	*discreet*
enrichissant(e)	*enriching*
excessif (-ive)	*excessive*
imprévu(e)	*unforeseen*
inattendu(e)	*unexpected*
lunaire	*lunar, of the moon*
poli(e)	*polite*
prolongé(e)	*prolonged*
propice	*propitious*

Noms

l'amitié *f*	*friendship*
l'astronaute *m/f*	*astronaut*
le/la cinéaste	*filmmaker*
le contretemps	*obstacle, disappointment*
la diplomatie	*diplomacy, tact*
l'écrivain *m/f*	*writer*
la folie	*folly*
les heures fixes *f*	*regular hours*
les liens affectifs *m*	*emotional bonds*
l'orage *m*	*storm*
le/la pilote	*pilot*
le pompier	*fireman*
le régime	*diet*
la retraite	*retirement*
la rupture	*breaking off*
le soin	*care*
la vengeance	*retribution*
la vie affective	*emotional life*

Verbes

améliorer	*to improve*
se confier à	*to confide in*
se distraire	*to enjoy oneself*
se lasser de	*to get tired of*
négliger	*to neglect*
permettre de	*to allow, enable to*
prévoir	*to foresee, predict*
renoncer à	*to stop, renounce*
renouveler	*to renew*

resserrer	*to tighten*
réussir à	*to succeed*
risquer de	*to run the risk of*
souffler	*to breathe*
surmonter	*to overcome*
surveiller	*to oversee, direct*
tromper	*to deceive*
tuer	*to kill*

Expressions verbales

faire confiance	*to trust someone*
faire du mal	*to harm, injure*
garder les pieds sur terre	*to keep one's feet on the ground*
mener une vie sociale intense	*to lead a heavy social life*
mener une vie trop sédentaire	*to lead an excessively sedentary life*
prendre patience	*to be patient*
réussir sa journée	*to have a successful day*
surgir à l'horizon	*to appear on the horizon*
se tirer d'affaire	*to get out of difficulty*

Adverbes

plutôt	*rather*
raisonnablement	*moderately*

Expressions

à cet égard	*in this respect*
le coup de chance	*stroke of luck*
d'âge mûr	*mature, middle-aged*
en pleine bonne humeur	*in a good mood*
l'être cher	*loved one*
il y a de quoi	*there is reason for*
lourd(e) de conséquences	*heavy with consequences*
peu satisfaisant(e)	*unsatisfying*
plusieurs jours de suite	*several days in a row*

LEÇON • 14

LE MEILLEUR DES MONDES POSSIBLES

In this lesson we will talk about what the future is likely to be on a personal as well as on a national scale, about how we would like it to be, about what is likely to happen and what would happen if...

The key to being able to talk about hypothetical situations — those we imagine but which don't exist — is the *conditional* form of the verb, which you have met before with the modal verbs as a way of making an indirect statement or request (**Je voudrais... ; Pourriez-vous... ?**). As a first step in this lesson, you should do the vocabulary preparation exercises in **Le Français chez vous**.

FUNCTIONS

expressing wishes and fantasies
expressing what you would like
   to do and what you will
   have to do
expressing hypotheses and
   conjectures
indicating cause and effect

STRUCTURES

le conditionnel: verbes réguliers
le conditionnel: verbes
   irréguliers

A
Qu'est-ce que je ferais dans ce cas-là?

MISE EN SCÈNE

MISE EN MARCHE

Qu'est-ce qui se passe?

M. et Mme Pradel s'apprêtent à sortir le soir pour aller au théâtre.

M. Pradel	Tu es prête, ma chérie? J'aimerais bien que nous soyons à l'heure.
Mme Pradel	Oui, oui, presque. Je dois encore prendre ma douche.
M. Pradel	(*après quelques minutes*) Mais il faudrait vraiment nous dépêcher un peu, tu sais. On n'a que vingt minutes.
Mme Pradel	Attends, attends, je dois encore me brosser les dents.
M. Pradel	(*quelques moments plus tard*) Tu ne pourrais pas te presser un peu? Il est presque huit heures.
Mme Pradel	Tu ferais bien de te calmer un peu, mon chéri, ça irait mieux. Je dois juste me brosser les cheveux.
M. Pradel	(*encore une minute*) Tu ne veux vraiment pas te dépêcher? Ça va commencer dans dix minutes.
Mme Pradel	Il ne faut pas t'énerver, mon cœur.
M. Pradel	Allons, allons, presse-toi.
Mme Pradel	Oh, minute, je ne peux pas aller plus vite que la musique. Un coup de peigne et ça y est!
M. Pradel	(*après quelques moments*) Mais, grouille-toi, nom d'un petit bonhomme!
Mme Pradel	Oh, avec toi, il faut toujours courir... Eh bien, ça y est. Je suis prête. Tu as les billets?
M. Pradel	Ah, oui, en effet, les billets, où est-ce qu'ils seraient?
Mme Pradel	Tu n'as pas les billets?
M Pradel	Attends un peu, je dois les chercher...

À propos   **Grouille-toi**. Style familier. Le style poli et indirect se reconnaît à l'usage du conditionnel (« Il faudrait... Tu pourrais... ? » etc.). À mesure qu'on perd patience, le langage devient moins poli, plus direct et plus familier.

Vous dites ça comment?

Cherchez les expressions synonymes.

1. Je ne veux pas que nous soyons en retard.
2. Nous devrions nous dépêcher.
3. Nous avons seulement vingt minutes.

4. Dépêche-toi, s'il te plaît.
5. Du calme, mon chéri, je t'en prie.
6. Mais calme-toi, mon chéri.

IMITEZ LA PRONONCIATION

1. Il faudrait vraiment nous dépêcher un peu, tu sais.
2. Il ne faut pas t'énerver, voyons.
3. Tu ne pourrais pas te presser un peu?
4. Tu ferais bien de te calmer un peu, mon cœur, ça irait mieux.

5. Allons, allons, presse-toi!
6. Oh, minute, je ne peux pas aller plus vite que la musique.
7. Oh, avec toi, il faut toujours courir.

VÉRIFIEZ

Répondez d'une façon diplomate et polie.

MODÈLE: — Veux-tu bien attendre un peu? Je dois prendre ma douche.
— Oui, mais tu ne pourrais pas te dépêcher un peu, s'il te plaît?

1. — Un petit instant, je dois me brosser les dents.
— Oui, mais il… te presser un peu, n'est-ce pas?
2. — Il ne faut pas t'impatienter.
— Oui, d'accord, mais tu… bien de te dépêcher.

3. — Oh, minute, je ne peux pas aller plus vite que la musique.
— Oui, d'accord, mais est-ce que tu… pas te presser?

Maintenant, répondez convenablement à la personne qui vous parle.

4. — Tu ne veux pas te dépêcher un peu?
— Oh, minute, je… que la musique.
5. — J'aimerais bien que nous soyons à l'heure.
— Tu… bien de te calmer, tu sais.

6. — Mais, grouille-toi, nom d'un petit bonhomme!
— Oh, avec toi… courir.

Parlons un peu

RÉPONDEZ

Choisissez la réponse convenable.

1. Est-ce qu'on peut partir maintenant?

   • Non, je ne suis pas encore prêt(e).
   • Oui, oui, énervez-vous!
   • Oui, oui, je me brosse les dents.

2. Tu dois encore prendre ta douche?

   • Oui, me voilà prête.
   • Oui, et après je dois me brosser les cheveux.
   • Non, je n'ai pas les billets, moi!

3. Presse-toi un peu, je t'en prie.

   - D'accord, je vais me dépêcher.
   - Inquiète-toi un peu.
   - Tu n'as pas les billets?

4. Mais, nos amis nous attendent. Il faut nous dépêcher!

   - Tu ferais bien de te calmer un peu.
   - Non, c'est très urgent, tu sais.
   - Non, je n'ai pas les billets, moi.

5. Je n'aimerais pas que nous soyons en retard.

   - À mon avis, il faut moderniser la ville.
   - Oui, c'est ça, j'ai raté mon train.
   - Oh, avec toi, il faut toujours courir.

6. Tu as les billets, j'espère.

   - Et de plus, il faudrait rajeunir l'économie.
   - Ah, oui, en effet, les billets, où est-ce qu'ils sont?
   - Ma voiture n'a pas voulu démarrer.

À vous, maintenant...

Que faut-il faire quand vous voulez sortir le soir? Est-ce que c'est vite fait ou, au contraire, vous faut-il beaucoup de temps? Est-ce que vos préparatifs sont simples ou plutôt compliqués? Faites un jeu de rôle — vous allez sortir, mais votre partenaire a beaucoup de préparatifs à faire. Dites-lui le plus poliment possible de se dépêcher. À son tour, votre partenaire essaie de vous calmer. Par exemple, « Tu ne pourrais pas te dépêcher un peu? » « Attends, je dois prendre ma douche. »

Comme d'habitude, écrivez un résumé de votre conversation.

VOCABULAIRE AU CHOIX

— Ne pourrais-tu pas   te dépêcher un tout petit peu?
  Tu ne voudrais pas te presser
  Tu ne pourrais pas
  Tu ne voudrais pas

— Il faudrait   te calmer.
  Tu ferais bien de

— Je dois prendre ma douche/mon bain.
        me sécher les cheveux.
        me peigner ou me brosser les cheveux.
        me brosser les dents.
        m'habiller.
        chercher mon sac/mon portefeuille.
        trouver mes clés.

— Ne t'inquiète pas.
  Ne t'énerve pas.
  Ne t'en fais pas.
  Du calme, je t'en prie.

UN PAS DE PLUS

Qu'est-ce qui se passe?

Marie-Noëlle: vingt-quatre ans, institutrice à Lanneau — 223 habitants. Josianne: vingt-cinq ans, son amie, esthéticienne à Paris, qui lui rend visite.

Josianne	Alors, tu te plais dans ce trou?
Marie-Noëlle	Bof! Pas tellement, mais… Si je pouvais, je partirais bien dans une ville plus grande.
Josianne	Dans ce cas, pourquoi tu restes?
Marie-Noëlle	Tu sais, dans l'administration, c'est comme ça. Je suis nommée ici; un point, c'est tout.

Deux amis, Paul et François, discutent dans un café à la sortie de l'usine.

Paul	Et cette année, où est-ce que vous allez partir en vacances?
François	On aimerait bien partir, mais je ne crois pas qu'on partira; je dois repeindre toute la maison. Ah, si j'avais deux mois de congé, il n'y aurait pas de problème!
Paul	Tu rêves! Ça, c'est pas encore pour demain, les congés de deux mois!

Deux amies, Jeanne et Véronique, se rencontrent. Véronique vient d'apprendre une nouvelle étonnante.

Véronique	Jeanne, tu sais ce que je viens d'apprendre?
Jeanne	Ben non, évidemment. Dis-moi vite…
Véronique	Eh bien, tu sais, ma vieille tante que est morte le mois dernier, elle me laisse 300.000 F.
Jeanne	300.000 F! Eh ben, dis donc!
Véronique	Oui, mais je suis bien embêtée… Je ne sais pas trop quoi en faire.
Jeanne	Moi, à ta place, je mettrais 50.000 F à la caisse d'épargne, j'achèterais une voiture, je partirais en croisière pendant trois mois, et puis, s'il restait quelque chose, je verrais bien.
Véronique	Non, ça me paraît idiot. 300.000 F, il faut en faire quelque chose de sérieux.
Jeanne	Dans ce cas-là, tu devrais acheter un appartement. Tu n'aurais plus de loyer à payer, tu te rends compte? Je ne vois vraiment que ça.

À propos ... **dans l'administration**. La réalité dans le cas de Marie-Noëlle est fixée par le système éducatif français. Comme c'est un système centralisé, tout vient de Paris, tout est décidé à Paris. C'est l'administration centrale du gouvernement qui l'engage et qui la nomme à son poste. Son choix est très limité.

... **congés de deux mois**. On en parle au moment des élections, et on a réellement augmenté les congés payés de quatre semaines à cinq semaines, mais les congés de deux mois, les Français y rêvent toujours.

Vous dites ça comment?

RELISEZ

Cherchez les expressions synonymes.

1. ... ce petit village...
2. Il n'y a plus rien à discuter.
3. Je veux partir, mais cela m'est impossible.

4. On veut partir, mais on ne va pas partir.
5. Je n'ai pas deux mois de congé, et c'est un problème.

VÉRIFIEZ

Répondez à ces invitations en invoquant des difficultés.

MODÈLE: — Voulez-vous aller au cinéma avec nous?
— J'aimerais bien aller avec vous, mais je ne suis pas libre.

1. — Voulez-vous passer un week-end à la campagne avec nous?
   — Oui... mais je n'ai pas le temps.
2. — Pourquoi est-ce que vous n'achetez pas de voiture?
   — Eh bien,... mais je n'ai pas assez d'argent.
3. — Si on partait en croisière la semaine prochaine?
   — Ah!... mais je ne suis pas libre.
4. — Eh bien, pendant nos vacances, si on faisait le tour du monde?
   — Oui... mais je n'ai pas deux mois de congé.

Maintenant, répondez en donnant des explications.

MODÈLE: — Voulez-vous venir au cinéma avec nous?
— Non, merci, je ne suis pas libre, mais si j'étais libre je viendrais bien.

1. — Voulez-vous partir à la campagne avec nous pendant le week-end?
   — Non, merci, je n'ai pas le temps, mais...
2. — Vous n'avez pas envie d'acheter une voiture?
   — Malheureusement, je n'ai pas assez d'argent, mais...
3. — J'ai une idée! Si nous partions en croisière la semaine prochaine?
   — Malheureusement, je ne suis pas libre, mais...
4. — Si on faisait le tour du monde pendant deux mois?
   — J'ai seulement un mois de congé, mais...

1. Parlons de Marie-Noëlle. Elle n'aime pas tellement sa situation.
   Pourquoi est-ce qu'elle ne part pas?
2. Et François, qui voudrait partir mais qui ne partira pas — qu'est-ce qui lui manque?
   Qu'est-ce qu'il lui faudrait afin de partir?
3. Pour Véronique, l'argent n'est plus un problème. Cependant, elle hésite, elle ne
   fait pas encore un choix. Pourquoi? Qu'est-ce qu'il lui faudrait pour qu'elle prenne
   une décision?
4. Des obligations, des devoirs, des responsabilités, tout le monde en a. Parlez un
   peu, s'il vous plaît, de ce que vous êtes obligé(e) de faire (Par exemple, devez-vous
   travailler pour payer vos études? Pour aider votre famille ou vos amis? Pour réparer
   votre voiture?).
5. Qu'est-ce qui vous manque pour vivre comme vous voudriez? Du temps? De
   l'argent? La connaissance?
6. Alors, qu'est-ce que vous feriez si vous aviez assez de temps? Assez d'argent? Si
   vous saviez ce qu'il faut faire?

ÉCOUTEZ ET ÉCRIVEZ

Écoutez la conversation, prenez des notes, et puis écrivez un compte-rendu de ce
que vous entendez.

À vous, maintenant...

Oui, la vie est dure pour les étudiants — on a trop de travail, on n'a jamais assez de temps,
souvent il y a de petits problèmes d'argent. Parlez avec votre partenaire de la vie que vous
auriez si vous aviez le temps et si l'argent n'était pas un problème. Comme d'habitude,
écrivez un résumé de votre conversation.

VOCABULAIRE AU CHOIX

Je pourrais me reposer.
J'aimerais acheter une maison à la montagne.
Je voudrais   près d'un lac.
                                 à la campagne.
         faire le tour du monde.
         faire un tour gastronomique en France.
         partir en croisière.
         aller à la pêche tous les jours.
         continuer à faire ce que je fais maintenant.

FAISONS LE POINT

Le conditionnel: verbes réguliers   (grammaire 4.3)

Comme vous le savez déjà, on emploie le conditionnel pour être poli ou pour faire une demande d'une façon indirecte.

> Je **voudrais** vous parler, s'il vous plaît.
> **Pourriez**-vous me prêter cinq francs?
> Pardon, Monsieur, **auriez**-vous cinq francs, s'il vous plaît?
> Tu ne **pourrais** pas te presser?

Le verbe au conditionnel peut exprimer aussi la conséquence d'une condition imaginaire. Cette condition est souvent présentée par **si** + l'imparfait.

> **Si** j'**étais** plus jeune, je **partirais**. (*Mais je ne suis pas assez jeune, et je ne partirai donc pas.*)
> **Si** j'**avais** 300.000 F, je les **mettrais** à la caisse d'épargne. (*Mais je n'ai pas 300.000 F, et je ne les mettrai donc pas à la caisse d'épargne.*)

La conjugaison du conditionnel est facile. Elle se fait à l'aide des terminaisons de l'imparfait ajoutées au radical du futur.

Terminaisons

je	… **ais**	nous	… **ions**
tu	… **ais**	vous	… **iez**
il/elle/on	… **ait**	ils/elles	… **aient**

Infinitif	Futur	Conditionnel
chanter	je chante**rai**	je chante**rais**
finir	tu fini**ras**	tu fini**rais**
répondre	il/elle/on répond**ra**	il/elle/on répond**rait**
boire	nous boi**rons**	nous boi**rions**
mettre	vous mett**rez**	vous mett**riez**
préparer	ils/elles prépare**ront**	ils/elles prépare**raient**

A. Faisons d'abord une révision du vocabulaire dont vous aurez besoin pour vous repérer en ville. Vous êtes à Paris et vous avez besoin de renseignements. Demandez selon le modèle.

> **MODÈLE:** **Vous voulez savoir où se trouve le musée Rodin.**
> — Pourriez-vous me dire où se trouve le musée Rodin?

1. Vous voulez savoir le nom d'un hôtel pas trop cher.
2. Vous voulez savoir le prix.
3. Vous voulez savoir si le petit déjeuner est compris.
4. Vous voulez savoir quand il faut partir.
5. Vous voulez savoir s'il y a un bureau de change dans le quartier.
6. Vous voulez savoir quel métro il faut prendre pour aller au Louvre.

B. Parlons de la routine de Christophe. Il a l'habitude de

se réveiller à 7 h.	s'habiller vite.
se lever tout de suite.	préparer son petit déjeuner.
prendre sa douche.	boire sa tasse de café.
se peigner les cheveux.	manger son croissant.
se brosser les dents.	quitter la maison à 8 h.

Ce matin, Christophe est malade. Donc, il ne se réveillera pas à 7 h, il ne se lèvera pas, etc. Mais s'il n'était pas malade, qu'est-ce qu'il ferait?

Il se réveillerait à 7 h.	Il... vite.
Il se lèverait...	Il... son petit déjeuner.
Il... sa douche.	Il... sa tasse de café.
Il... les cheveux.	Il... son croissant.
Il... les dents.	Il... la maison à 8 h.

C. Parlons de vos préférences.

> **MODÈLE:** — Si vous aviez le choix, que feriez-vous — voyager en France ou en Italie?
> — Si j'avais le choix, je voyagerais en Italie.

Si vous aviez le choix, que feriez-vous —
1. habiter dans une grande ville ou à la campagne?
2. acheter un vélo ou une voiture?
3. regarder un match de base-ball ou de football?
4. jouer au tennis ou au golf?
5. étudier les langues ou les sciences?
6. manger dans un restaurant ou chez des amis?

D. Vous voyez les choses comme elles sont. Votre partenaire se permet de rêver. Mais, vous êtes réaliste, vous. Continuez la conversation.

> **MODÈLE:** — Si j'avais deux mois de congé, je partirais en vacances.
> — Oui, mais tu n'as pas deux mois, alors tu ne partiras pas.

1. Si je n'avais pas d'examen demain, je sortirais ce soir.
2. Si j'avais de l'argent, je ne chercherais pas de travail cet été.

3. Si je pouvais payer le loyer, je louerais un appartement.
4. Si j'aimais les sports, je jouerais au tennis avec toi.
5. Si j'aimais les vacances mouvementées, j'irais faire du ski dans les Alpes.

E. Vous avez envie de donner quelques conseils? Eh bien, allez-y. Mettez-vous à la place de la personne qui parle.

> **MODÈLE:** — Moi, tu sais, je suis toujours fatigué(e). (**dormir plus**)
> — À ta place, je dormirais plus.

1. Mon frère est vraiment trop gros, le pauvre! (manger moins)
2. Moi, j'ai souvent mal à la tête. (prendre deux aspirines)
3. C'est ennuyeux, mon travail ne m'intéresse plus. (donner sa démission)
4. Ma sœur n'a jamais assez d'argent. (dépenser moins)
5. Jean-Pierre dit que Chantal le quitte et que tout est perdu. (oublier cette femme)
6. Oh, que j'ai mal aux dents! (se brosser les dents de temps en temps)
7. Oh, que j'ai faim! (manger quelque chose)
8. Et puis, je n'ai pas dormi cette nuit et j'ai très sommeil. (se coucher)
9. Je m'ennuie dans ce trou. J'ai envie de partir. (partir)

À propos   **Deux fois par semaine, 7 millions de Français jouent au tiercé.** Pour cinq francs, on peut gagner… beaucoup. Le jeu consiste, pour une course de chevaux, à deviner les trois premiers. Simple, n'est-ce pas? Récemment, par exemple, pour le Prix d'Amérique, on a joué 187.000.000 de francs!

Le Loto, lui, plus récent, n'a même pas de prétexte sportif. Le hasard seul! Chaque semaine, 6 millions de joueurs au moins suivent avec angoisse l'itinéraire de la petite boule qui va se poser sur des numéros. Celui qui a choisi les six numéros exacts peut gagner jusqu'à 8.000.000 de francs… pour un investissement de huit francs. Hasard, certes, mais pas pour tous. L'État ne perd jamais. Il récolte, sous forme d'impôt, 40% des sommes pariées. Mais l'État, c'est nous, n'est-ce pas? Alors, pourquoi se plaindre?

Pour avoir de l'argent on peut le gagner en travaillant.
> le demander à ses parents.
> l'emprunter à ses amis (s'ils veulent le prêter).
> cambrioler une banque.
> parier sur les chevaux.
> jouer dans un casino.
> participer aux jeux de hasard.

F. Si vous aviez des problèmes d'argent, que feriez-vous? Lesquels des moyens de la liste ci-dessus choisiriez-vous? Expliquez vos raisons.

> **MODÈLE:** Je ne cambriolerais pas une banque, parce que (je suis timide, c'est contre la loi, etc.).

1. Les chevaux?
2. Vos parents?
3. Un casino?
4. Le Loto?

5. Vos amis?
6. Le poker?
7. Le travail?

Ah, si le monde était mieux fait!

MISE EN SCÈNE

Moi, je dis « non » au nucléaire.

MISE EN MARCHE

Qu'est-ce qui se passe?

« Plus ça change, plus c'est la même chose. » C'est un vieux dicton français. Mais s'il fallait changer la vie en profondeur? La voix la plus radicale en France est peut-être celle du parti Écologiste, qu'on appelle aussi les « Verts ». Reprenons d'abord le thème de sa campagne politique de 1981, tel qu'il paraît dans un pamphlet de propagande.

Le Défi écologiste

Ne regardons pas l'avenir dans le rétroviseur!

Les recettes du passé, que les grands partis continuent de proposer, nous mènent à la faillite. On ne sort pas d'une crise par les méthodes qui l'ont engendrée. Fini de jouer avec la planète. Fini de jouer avec nos vies, notre santé, notre temps. Tout cela est bien terminé aujourd'hui.

Il est illusoire de rechercher dans la croissance de la production industrielle les solutions aux problèmes de la société moderne: chômage, menaces de guerre, destruction du patrimoine naturel, famine chronique dans le tiers monde, crise de civilisation, inégalités sociales, isolement des individus.

RELISEZ

Cherchez les expressions synonymes.

1. le miroir (d'une voiture)
2. ... nous mènent à la ruine
3. ... par les méthodes qui l'ont créée
4. rechercher dans l'augmentation de la production...

CONSTATONS

Est-ce bien vrai que le monde entre dans une période de crise? Quelle conditions nous obligent de faire un choix?

Grâce à l'évolution des sciences et des techniques, nous sommes à la croisée des chemins:

- Plutôt que d'appauvrir irrémédiablement notre Terre et de détruire la nature, il est possible aujourd'hui d'utiliser plus habilement les ressources naturelles.
- Plutôt que de construire des monstres comme les centrales nucléaires, il est possible aujourd'hui de vivre mieux en consommant moins d'énergie et de matières premières.
- Plutôt que d'avoir côte-à-côte des travailleurs épuisés et des chômeurs découragés, il est possible aujourd'hui de partager l'emploi et de réduire fortement la durée du travail.

• Plutôt que de soumettre les citoyens à un système technocratique centralisé, il est possible aujourd'hui de décentraliser notre pays et d'accentuer la participation de tous aux décisions.

RELISEZ

Cherchez les expressions synonymes.

1. à cause de l'évolution
2. Nous sommes dans une situation où il faut faire un choix.

3. employer d'une façon plus intelligente
4. au lieu d'appauvrir la Terre
5. Il est possible de travailler beaucoup moins.

CONSTATONS

1. Est-ce vrai ou faux, selon ce document?
   a. Il faut produire davantage afin de vivre mieux.
   b. On a trouvé des moyens meilleurs pour utiliser nos ressources naturelles.
   c. On peut donner du travail à tout le monde en donnant moins de travail à chacun.
2. Complétez les phrases selon le point de vue des écologistes.
   a. Pour éviter la destruction de la nature, il faut…
   b. Pour éviter la construction de centrales nucléaires, il faut…
   c. Pour éviter l'épuisement des travailleurs et le chômage, il faut…
   d. Pour éviter la soumission à une technocratie centralisée, il faut…

N'utilisons pas le progrès à reculons. Sachons l'orienter pour construire une société fondée sur le respect de l'être humain et de la nature, sur le temps de vivre, sur les relations personnelles, sur la sauvegarde de la santé et du cadre de vie.

C'est ce que nous appelons le pouvoir de vivre. Tel est le sens de la candidature écologiste dans cette élection.

Il est temps de changer. Il est temps de voter écologiste. Les écologistes ne donneront aucune consigne de vote pour le second tour. À chaque citoyen de se déterminer librement.

Le moment de faire un choix est venu.

RELISEZ

Cherchez les expressions synonymes.

1. Voilà la position de la candidature écologiste.
2. Le moment de voter écologiste est venu.

CONSTATONS

Choisissez les réponses que vous pouvez justifier par le texte.

1. Le candidat du mouvement écologiste est
   a. à gauche.
   b. à droite.
   c. au centre.
   d. contre tout le monde.
   e. pour tout le monde.

2. Les écologistes proposent de changer
   a. la vie politique.
   b. la vie économique.
   c. la vie culturelle.
   d. la vie sociale et psychologique.

À propos **Les Verts** forment un mouvement politique dans la plupart des pays européens. En France, ils ont été représentés par Antoine Waechter aux élections de 1988. Ils recommandent la sauvegarde de la nature, s'opposent à l'armement inutile des nations et privilégient la vie en général.

Le second tour. Au premier tour des élections, il y a plusieurs partis qui représentent toute la gamme de l'opinion politique. Il est rare qu'un seul parti remporte la majorité des voix au premier tour. Les partis extrémistes voient donc le premier tour comme une occasion où le public peut exprimer son opinion sur les questions d'actualité.

À vous, maintenant...

Votre partenaire a sans doute des idées sur les grands problèmes de la vie moderne. Posez-lui des questions pour savoir ce qui l'intéresse réellement. Ensuite, vous répondrez à ses questions aussi.

Écrivez quelques lignes pour résumer votre conversation.

Ariane, la fusée française à la base spatiale de Kourou en Guyane

VOCABULAIRE AU CHOIX

— Que pensez-vous de la pollution atmosphérique?
           des toxines qui entrent dans notre nourriture?
           de l'énergie nucléaire?
           du chômage?
           du style de vie moderne?

— Pour moi,   c'est un problème urgent.
  Selon moi,   une question délicate.
  À mon avis, le problème n'existe pas en réalité.

— Je suis d'avis qu'il faut y faire face.
                qu'il faut y porter remède.

— Je n'y pense pas souvent.

— Que pensez-vous du programme des Verts?

réaliste	peu pratique	intelligent
utopique	très souhaitable	rêveur
nécessaire	réactionnaire	responsable
inévitable	progressiste	

Si Christophe Colombe vivait aujourd'hui, où voyagerait-il?

UN PAS
DE PLUS

Qu'est-ce qui se passe?

Voici un article tiré du magazine hebdomadaire *L'Express*.

Chaque incident, dans le nucléaire civil, conduit à la même question: à quel moment les risques deviennent-ils insupportables? Un an après la catastrophe de Tchernobyl, les accidents de Pierrelatte et de Creys-Malville confirment la même réponse: les risques sont insupportables dès lors qu'il n'est plus nécessaire de les courir.

La décision d'engager la France dans la maîtrise totale du cycle du combustible et dans son équipement en centrales nucléaires atomiques fut, à l'origine, fondamentalement politique: il fallait assurer l'indépendance énergique du pays. Non pas pour se préserver d'une hausse du prix du pétrole, mais pour s'assurer que la nation, en toute circonstance, continuerait à disposer d'une quantité suffisante de ce nerf de la guerre qu'est l'énergie.

À propos **Pierrelatte et Creys-Malville**. Deux accidents dans ces centrales nucléaires françaises, pas si dramatique que celui de Tchernobyl, mais qui ont laissé leur marque dans les souvenirs des Français.

La maîtrise totale du cycle du combustible. La France a pris la décision pendant les années 70 de s'équiper en centrales nucléaires et cela sans réelle opposition de la part de la population. Résultat: aujourd'hui plus de 70% de l'électricité en France provient des centrales.

RELISEZ

Cherchez les expressions synonymes.

1. Chaque incident soulève la même question.
2. Les risques sont intolérables.
3. à partir du moment
4. Au fond, il s'agit d'une décision politique.
5. Non pas pour éviter une augmentation du prix de pétrole, mais...

CONSTATONS

1. La décision d'engager la France dans le nucléaire, c'était au fond politique ou économique?
2. Est-ce qu'il faut éviter toutes les situations où il y a des risques?

Aujourd'hui, le nucléaire fournit plus de 70% de notre électricité... la France sait enrichir l'uranium, fabriquer et faire fonctionner des réacteurs et des surgénérateurs, retraiter les déchets. Notre indépendance énergique est suffisament garantie. Parce que, d'une part, le nucléaire nous met relativement à l'abri d'une pénurie touchant d'autres sources; parce que, d'autre part, en cas d'interruption de fourniture d'uranium, nous connaissons bien la filière de surgénérateurs qui produisent, eux, plus de plutonium qu'ils n'en consomment.

L'indépendance énergique conquise, persister dans l'effort nucléaire pourrait répondre à une autre justification, économique par exemple. Mais... celle-ci ne mérite pas en tout cas que nous fassions peser le moindre danger sur nos populations. Et ceux qui prétendent que le nucléaire, *en France*, ne renferme pas de risques doivent comprendre que personne ne peut confondre la radioactivité avec de l'eau sucrée...

RELISEZ

Cherchez les expressions synonymes.

1. d'un côté... d'un autre côté...
2. Nous connaissons la technique pour faire des surgénérateurs.
3. ... que nous exposions nos populations au moindre danger
4. Et ceux qui déclarent que le nucléaire ne comporte pas de risques...
5. Personne ne peut prendre la radioactivité pour de l'eau sucrée.

CONSTATONS

1. Est-ce que la France a beaucoup de pétrole ou peu de pétrole?
2. Continuer et maintenir l'effort nucléaire de nos jours, est-ce une nécessité ou un luxe, selon le texte?
3. Est-ce que la France devrait augmenter sa compétence nucléaire?

Rendre plus fiable ce qui existe déjà dans le parc nucléaire national, en considérant que ce parc est largement suffisant: tel devrait être dorénavant l'objectif de notre politique... Une conclusion apparaît clairement: notre argent serait mieux dépensé en sécurité de la production qu'en augmentation — inutile — de cette même production. Pour des raisons de santé publique, évidemment. Mais aussi pour ne pas remettre en question, par des coupures, des arrêts techniques peut-être longs, l'objectif initial de l'indépendance nationale. Bien comprise, cette fois.

RELISEZ

Cherchez les expressions synonymes.

1. digne de confiance   2. désormais   3. par des interruptions

---

PARLONS-EN

1. Quel est le sens du paragraphe?
   a. Il faut augmenter la production nucléaire.   b. Il faut augmenter la sécurité des systèmes nucléaires.
2. Que pensez-vous de la position de l'auteur de cet article? Est-ce que c'est une position réaliste? Visionnaire? Raisonnable? Déraisonnable?
3. Quelles autres sources d'énergie pourrions-nous utiliser au lieu de l'énergie nucléaire?
4. Où se trouvent les grands sites nucléaires ici aux États-Unis?
5. Quels accidents nucléaires pourriez-vous citer?

À propos **La santé publique.** En Belgique, après l'accident de Tchernobyl, la panique a été telle que le gouvernement flamand (le nord du pays) a recommandé aux fermiers de garder leurs vaches à l'intérieur pour qu'elles ne broutent pas l'herbe contaminée dans les champs alors que le gouvernement wallon (le sud du pays) a permis aux fermiers de laisser sortir leurs animaux. Situation cocasse quand on pense que la Belgique couvre à peu près la même superficie que le Delaware. La pollution s'arrête-t-elle aux frontières?

ÉCOUTEZ ET ÉCRIVEZ

Écoutez la conversation, prenez des notes, et puis écrivez un compte-rendu de ce que vous entendez.

À vous, maintenant...

Étudiez les résultats de ce sondage chez les Français à propos du nucléaire. Posez ces mêmes questions à votre partenaire par rapport à la situation nucléaire aux États-Unis. À son tour votre partenaire vous interrogera, et vous lui répondrez.

Écrivez un résumé de la conversation. Ensuite, faites le sondage pour toute la classe. Est-ce que les pourcentages sont les mêmes aux États-Unis qu'en France?

Faut-il-continuer à construire des centrales nucléaires?

	Avril '87	Avril '86
Oui	37%	37%
Non	58	52
n.s.p.	5	11

Les dangers sont-ils acceptables?
Voici trois opinions au sujet des centrales nucléaires. Laquelle est la plus proche de la vôtre?

	Avril '87	Avril '86
Ça vaut le coup	43%	43%
C'est sans intérêt	4	7
Cela représente des dangers inacceptables	49	42
n.s.p.	4	8

Un Tchernobyl est-il possible en France?
Pensez-vous qu'un accident du type de celui de Tchernobyl pourrait arriver en France?

	Avril '87	Avril '86
Oui	76%	68%
Non	19	24
n.s.p.	5	8

Vous a-t-on dit la vérité?

Pensez-vous qu'on vous a dit la vérité sur les incidents survenus dans les centrales en France?

	Près d'une centrale	Ensemble
Oui	43%	37%
Non	51	56
n.s.p.	6	7

Sommes-nous protégés?

Selon vous, les autorités françaises ont-elles pris les mesures nécessaires pour assurer efficacement les populations au cas où un accident se produirait dans une centrale nucléaire en France ou dans un pays voisin?

	Près d'une centrale	Ensemble
Oui	42%	32%
Non	52	57
n.s.p.	6	11

L'énergie solaire, est-elle la réponse à nos questions sur l'énergie du futur?

FAISONS LE POINT

Le conditionnel: verbes irréguliers (grammaire 4.7)

Pour la plupart des verbes, le radical pour la conjugaison du conditionnel, c'est tout simplement l'infinitif. Cependant, un petit nombre de verbes ont un radical irrégulier au futur et au conditionnel. Les voici.

Infinitif	Futur	Conditionnel
être	nous **ser**ons	nous **ser**ions
avoir	nous **aur**ons	nous **aur**ions
faire	nous **fer**ons	nous **fer**ions
aller	nous **ir**ons	nous **ir**ions
venir	nous **viendr**ons	nous **viendr**ions
recevoir	nous **recevr**ons	nous **recevr**ions
voir	nous **verr**ons	nous **verr**ions
savoir	nous **saur**ons	nous **saur**ions
pouvoir	nous **pourr**ons	nous **pourr**ions
devoir	nous **devr**ons	nous **devr**ions
vouloir	nous **voudr**ons	nous **voudr**ions
falloir	il **faudr**a	il **faudr**ait

MISE EN PRATIQUE

A. Vous avez retrouvé des amis qui vous invitent à toutes sortes d'activités. Évidemment, vous ne voulez pas ou ne pouvez pas accepter toutes les invitations qu'on vous donne. Refusez donc le plus poliment possible.

> **MODÈLE:** — Tu veux aller au cinéma?
> — Ça me ferait très plaisir, mais je ne peux pas. Je dois étudier.
> *ou*
> — Ce serait gentil, mais...

1. — Tu voudrais dîner chez nos amis?
   — Ça... mais... pas libre.
2. — Est-ce que tu aurais le temps de faire une promenade cet après-midi?
   — Ça... mais... trop occupé(e).
3. — Si on allait à San Francisco ce week-end?
   — Ce... mais... pas assez d'argent.

4. — Est-ce que tu aurais envie d'aller au concert avec nous ce soir?
   — Ce... mais... un peu malade.
5. — Est-ce que tu voudrais aller danser demain soir dans une discothèque?
   — Ça... mais... étudier.

B. Connaissez-vous de bons étudiants? Comment sont-ils?

Les bons étudiants doivent avoir de bonnes habitudes.

> être ponctuels.
> aller souvent à la bibliothèque.
> faire leurs devoirs à temps.
> recevoir de bonnes notes.
> venir en classe tous les jours.

Chez Jean-Michel — hélas! — c'est tout le contraire. Comment est-il?

Il n'a pas de bonnes habitudes.   Il... jamais ses devoirs à temps.
Il n'est pas ponctuel.   Il... pas de bonnes notes.
Il... pas souvent à la bibliothèque.   Il... pas en classe tous les jours.

Mais s'il prenait ses études au sérieux, qu'est-ce qu'il ferait?

Il aurait de bonnes habitudes.   Il... ses devoirs à temps.
Il... ponctuel.   Il... de bonnes notes.
Il... souvent à la bibliothèque.   Il... en classe tous les jours.

De temps en temps, nous aussi, nous sommes un peu fautifs. Si nous prenions les études toujours au sérieux, que ferions-nous?

Nous aurions de bonnes habitudes.   Nous... nos devoirs à temps.
Nous... ponctuels.   Nous... de bonnes notes.
Nous... souvent à la bibliothèque.   Nous... en classe tous les jours.

C. Maintenant, suivez votre imagination. Dites ce que vous feriez dans ces circonstances.

> **MODÈLE:** — Que feriez-vous si on vous invitait à dîner au restaurant de
> votre choix? (**aller chez Maxim's? commander du filet de
> sole bonne femme?**)
> — J'irais chez Maxim's et je commanderais du filet de sole
> bonne femme.

Que feriez-vous si
1. vous terminiez vos études demain? (partir en vacances? chercher un emploi?)
2. vous pouviez acheter n'importe quoi? (une Porsche? un appartement à Paris?)
3. vous deviez changer de spécialisation? (choisir la chimie? les langues? la
   philosophie?)
4. vous étiez professeur pour une journée? (donner un examen épouvantable? annuler
   la classe? montrer vos photos de vacances de l'année dernière?)
5. vous étiez président pour une journée? (faire un discours à la télé? inviter vos amis
   à la Maison-Blanche?)

 Faites les exercices de vocabulaire et de structure dans le cahier d'exercices avant de lire cette chanson.

Détenir le pouvoir de tout changer, c'est un rêve que nous avons tous fait. Gérard Lenorman, le chanteur bien connu, a fait ce rêve, lui aussi. Il nous le fait voir dans cette chanson.

François Mitterrand,
Président de la
République

Si j'étais président...

Cherchez les réponses à ces questions.

1. Qui serait le ministre de l'Écologie? De la Justice?
2. Quelle serait sa politique extérieure?
3. Quel serait son programme social?

Il était une fois à l'entrée des artistes
Un petit garçon blond au regard un peu triste
Il attendait de moi une phrase magique
Je lui dis simplement, « Si j'étais président...

Si j'étais président de la République
Jamais plus un enfant n'aurait de pensée triste
Je nommerais, bien sûr, Mickey[0] premier ministre   *Mickey Mouse*
De mon gouvernement, si j'étais président
Simplet[0] à la culture me semble une évidence,   *Dopey*
Tintin[0] à la police, Picsou[0] aux Finances,   *personnages des bandes dessinées*
Zorro à la Justice, Minnie à la danse
Est-ce que tu serais content si j'étais président?

Tarzan serait ministre de l'Écologie
Becassine[0] au Commerce, Maya[0] à l'Industrie   *personnages des bandes dessinées*
Je déclarerais publiques toutes les pâtisseries
Opposition néant si j'étais président.[0]   *Il n'y aurait aucune opposition*

Si j'étais président de la République
J'écrirais mes discours en vers et en musique
Et les jours de Conseil on irait en pique-nique
On ferait des trucs marrants si j'étais président.

Je recevrais la nuit le corps diplomatique
Dans une super disco à l'ambiance atomique
On se ferait la guerre à grands coups de rythmique   *i.e. danse rythmique*
Rien ne serait comme avant si j'étais président.

Aux bornes des fontaines coulerait de l'orangeade
Coluche[0] notre ministre de la Rigolade   *acteur comique*
Imposerait des manèges sur toutes les esplanades.
On s'éclaterait vraiment si j'étais président.

Si tu étais président de la République
Pour nous, tes petits copains, ce serait super pratique.
On pourrait rigoler et chahuter sans risque
Ce serait le bon temps si tu étais président.

Je ne serai jamais président de la République
Vous, les petits malins, vous êtes bien sympathiques.
Mais ne comptez pas sur moi pour faire de la politique
Pas besoin d'être président pour aimer les enfants. »

Gérard Lenorman

DISCUTONS

1. Est-ce que vous approuvez son choix de ministres pour son gouvernement? Son programme social? Sa politique extérieure?
2. Quelles qualités utiles au gouvernement voyez-vous chez ces ministres?
3. Auriez-vous d'autres candidats à proposer?
4. Évidemment, ce président voit sa présidence à sa manière. Et vous, que feriez-vous si vous étiez président?

Adjectifs

cocasse	*comical*
conquis(e)	*overcome, conquered*
embêté(e)	*annoyed, perplexed*
fiable	*dependable*
illusoire	*illusory*
inévitable	*inevitable*
peu pratique	*impractical*
progressif (-ive)	*progressive*
réactionnaire	*reactionary*
responsable	*responsible*
rêveur (-euse)	*unrealistic*
souhaitable	*desirable*
utopique	*utopian*

Noms

la centrale	*nuclear reactor*
les congés payés *m*	*paid vacation*
la consigne	*advice, instructions*
la croisée des chemins	*crossroads*
la croissance	*growth, increase*
la durée	*length, duration*
l'esthéticien (-ne)	*beautician*
la faillite	*bankruptcy*
le fermier, la fermière	*farmer*
la filière	*network*
le gros lot	*grand prize*
la hausse	*rise*
l'inégalité sociale *f*	*social inequality*
l'investissement *m*	*investment*
le jeu de hasard	*game of chance*
le loyer	*rent*
la marque	*brand*
les matières premières *f*	*raw materials*
le pamphlet de propagande	*campaign literature*
le patrimoine	*heritage, inheritance*
la pénurie	*poverty*
le/la politique	*politician*
la recette	*recipe*
le rétroviseur	*rearview mirror*
la salive	*saliva*
la sauvegarde	*safeguard*
le surgénérateur	*breeder reactor*
le tiers-monde	*Third World*
le tirage	*drawing*
le tour du monde	*trip around the world*
le tour gastronomique	*gastronomical trip*
le trou	*hole*

Verbes

appauvrir	*to impoverish*
s'assurer	*to be assured, reassured*
confondre	*to confuse*
déconseiller	*to advise against*
deviner	*to guess*
s'énerver	*to get upset*
engendrer	*to cause, engender*
s'enrichir	*to get rich*
se grouiller *fam*	*to hurry up*
nommer	*to be appointed, placed*
parier sur	*to bet on, wager*
participer	*to take part in, participate in*
peser	*to weigh*
se poser	*to ask oneself*
prétendre	*to claim, maintain*
se rassurer	*to be reassured*
récolter	*to harvest, gather in*
se reconnaître	*to recognize oneself*
réduire	*to reduce*
remettre	*to give to, give over to*
renfermer	*to contain, enclose*
repeindre	*to repaint*
soumettre	*to submit*
tatouer	*to tattoo*

Expressions verbales

courir en risque	*to run a risk*
partir en croisière	*to go on a cruise*

Adverbes

à reculons	*backward*
côte à côte	*side by side*
dorénavant	*henceforth*

Conjonction

dès lors (que)	*from that time forward*

Expressions

à l'abri de	*protected, sheltered from*
en toute circonstance	*in all circumstances*

LEÇON ▪ 15

L'ÉTRANGER EN FRANCE ET LA FRANCE À L'ÉTRANGER

You have learned two tenses for talking about the past — the **passé composé** and the **imparfait**. This lesson will build on what you know in order to give you the means of expressing yourself more fluently in the past. You will, therefore, find much familiar material but with contemporary subject matter giving you insight into the French-speaking world. Remember, as a first step in this lesson, you should do the vocabulary preparation exercises in **Le Français chez vous**.

FUNCTIONS

narrating the past
talking about what might have
    been
expressing conjecture about the
    future

STRUCTURES

le plus-que-parfait
le passé du conditionnel
le futur antérieur

A
Les Populations en mouvement

MISE EN MARCHE

Qu'est-ce qui se passe?

LISEZ ET ÉCOUTEZ

Le monde est plus petit et on se déplace plus facilement. Des millions d'hommes quittent leur village, leur ville, leur région, leur pays même.

Pourtant, les grandes migrations qui ont peuplé les États-Unis, le Canada, l'Australie, sont finies. Les migrants d'aujourd'hui sont d'une autre nature: réfugiés politiques fuyant un régime qui les persécute, travailleurs cherchant à gagner leur vie dans un pays industrialisé où ils viennent souvent seuls, sans leur famille, à qui ils envoient chaque mois de l'argent.

La France est traditionnellement une terre d'asile, et les réfugiés de tous bords y sont nombreux. De plus, le développement économique, à partir des années 50, a exigé la présence de plus en plus importante de travailleurs immigrés.

Mais tout cela ne va pas sans problèmes. Les concentrations d'étrangers dans certains quartiers, dans certaines villes, créent des sortes de « ghettos ». Le racisme n'est pas toujours absent chez les Français, surtout quand la situation économique se dégrade, ce qui est le cas depuis 1974. Paris, à certaines heures, présente un étrange visage, qui sort tout à fait de l'image traditionnelle.

Mais mesure-t-on vraiment le choc culturel que reçoivent tous ces immigrés, leur effroyable solitude, le drame que représente l'abandon de leurs traditions, de leur famille, de leur pays? Un jeune journaliste raconte l'histoire vécue d'un travailleur émigré.

Fernando est arrivé à Paris il y a six mois; le train, venant de Lisbonne via Bordeaux, l'avait déposé ce matin-là dans la capitale française, son ultime destination. Le ciel était gris et il pleuvait; Fernando, portant une vieille valise entourée de ficelle, était sorti péniblement de la gare de Lyon. Il s'était mis à suivre la foule qui l'avait directement déversé dans la station de métro de la gare. C'était un lundi à 8 heures du matin, et prisonnier dans une queue de gens pressés, il n'était pas question de faire demi-tour. Puis, il avait acheté un billet de métro comme les autres. Jusqu'à ce point, tout s'était déroulé sans heurts.

RELISEZ

Cherchez les expressions synonymes.

1. Il avait quitté la gare avec difficulté.
2. Il avait commencé par suivre la foule.
3. Il lui était impossible de faire demi-tour.
4. Tout s'était passé sans problèmes.

CONSTATONS

Racontez les événements de ce passage au présent, e.g., « Il arrive; il sort,... »

Les difficultés étaient survenues au moment où il avait tapoté timidement l'épaule d'un Parisien pour lui demander un renseignement sur l'adresse qu'on lui avait indiquée à Lisbonne. Quelques mots griffonnés sur un papier sale donnaient une vague adresse dans une banlieue éloignée — un emploi de maçon sur un chantier de construction que Fernando avait trouvé grâce à une agence d'emploi international. Le Parisien qui, comme bien de ses concitoyens, s'était levé du mauvais pied était très pressé et, de toute manière, il « ne comprenait pas l'arabe ». De passant en passant, Fernando avait finalement rassemblé quelques informations sur la localité après une bonne heure d'enquête qui ressemblait presque à de la mendicité. Mais il s'en était sorti. Le métro, puis le train de banlieue, l'avaient conduit à bon port et ce n'est qu'à la tombée du jour qu'il avait découvert ce qui serait sa résidence pendant au moins un an: un minuscule studio à partager avec d'autres compatriotes et un Algérien.

RELISEZ

Cherchez les expressions synonymes.

1. Les problèmes avaient commencé…
2. quelques mots mal écrits sur un papier
3. comme beaucoup d'autres Parisiens
4. au moyen d'une agence d'emploi
5. à la fin de la journée

CONSTATONS

Continuez à raconter les événements, e.g., « Il tapote l'épaule d'un Parisien. Le Parisien lui dit,... »

Le lendemain Fernando commencerait son travail sur le chantier. Pas de temps à perdre: le plus vite le travail commencé, le plus vite la paye envoyée à la famille. En fait, Fernando avait vite compris quel « miroir aux alouettes » tout cela était. La pression, puis la dépression, l'avaient progressivement gagné. Il rêvait maintenant de revenir au pays. Partir sans le sou? Oui, c'était normal, mais revenir sans le sou? Non! Ça n'était pas possible. Le contrat n'était pas rempli, sa famille, en plus des mensualités, espérait une toute petite maison familiale. Non! Il ne pouvait pas laisser tout tomber égoïstement.

Ceci n'est pas un mélodrame gratuit. C'est véritablement la tragédie des émigrés qui travaillent chez nous dans l'indigence et l'amertume. Un jour, leur pays sera assez prospère pour leur assurer un emploi. Mais en attendant…

RELISEZ

Cherchez les expressions synonymes.

1. Peu à peu, il avait succombé à la dépression.
2. Partir sans argent?
3. en plus de son salaire chaque mois
4. Il n'était pas question de tout abandonner.

CONSTATONS

Continuez à résumer les actions, e.g., « Il commence son travail. Il... »

Parlons-en

1. C'est vrai ou c'est faux?
   a. Fernando est de nationalité portugaise.
   b. Son arrivée à Paris est comme on pourrait souhaiter.
   c. La personne qu'il a interrogée était aimable et hospitalière.
   d. Son nouveau logement était spacieux mais très cher.
   e. Fernando se rend compte bientôt que sa situation s'améliore.
   f. La famille comptait sur l'argent que Fernando enverrait pour acheter une maison.
2. Faites un résumé de la situation des travailleurs émigrés telle qu'elle apparaît dans ces textes. Commentez

   • les raisons qu'ils avaient de quitter leur pays.
   • les conditions qu'ils rencontrent en France (l'accueil, le logement, le choc culturel).
   • les problèmes sociaux qu'ils rencontrent (par exemple, le racisme, le chômage).

3. Quelle est l'orientation du journaliste à l'égard des immigrés? Relevez les détails qui révèlent ses sympathies.

À vous, maintenant...

Simplifier la vie en diminuant la consommation, c'était le programme du parti écologiste (Leçon 14). Encourager la consommation pour faire marcher l'économie, c'est ce que proposent beaucoup de gens. Qui a raison, selon vous?

Les problèmes des travailleurs immigrés sont étroitement liés à ceux de la production industrielle, car si les immigrés ne trouvent pas de travail, ils vivent dans la misère (la pauvreté) et sont à la charge de l'État. Si donc on diminue la consommation et la production industrielle pour simplifier la vie, que doit-on faire de toutes ces populations immigrées (aux États-Unis comme en France) qui dépendent de la production et de la croissance industrielles pour gagner leur vie? Peut-on limiter l'immigration? Devrait-on augmenter la production pour éliminer le chômage? Peut-on renvoyer les immigrés chez eux?

Préparez un petit exposé de votre point de vue pour en discuter avec vos amis dans la classe.

VOCABULAIRE AU CHOIX

Il est très clair que le problème est facile à resoudre,
Il va de soi que   difficile
Évidemment,
Il saute aux yeux que

        car, grâce à la technologie, on peut créer de nouveaux emplois.
       à cause de   augmenter l'aide aux infortunés.
                on n'a plus besoin de main-d'œuvre.
                les sociétés deviennent plus complexes.

UN PAS DE PLUS

Qu'est-ce qui se passe?

Ceux qui viennent vivre en France gardent leur propre culture tout en acquérant la culture française. C'est le moment du choc culturel quand les deux cultures se heurtent.

Voici deux poèmes de Léopold Senghor (« Joal ») et de Léon Damas (« Solde ») qui traitent tous les deux des difficultés qu'ont ces deux auteurs, l'un sénégalais, l'autre guyanais, à vivre selon des normes et des coutumes imposées par une culture qui n'est pas la leur.

Léopold Sédar Senghor (1906–   ) est né à Joal, au Sénégal. Il a fait ses études primaires en Afrique coloniale, puis est venu en France comme boursier. Après avoir terminé ses études à la Sorbonne, il est devenu professeur de latin, de grec et de français. Pendant la guerre, il a combattu dans les rangs de l'armée française et a été prisonnier dans les camps de concentration en Allemagne pendant deux ans. Ensuite, commence sa longue carrière politique qui culminera lorsqu'il se retrouve président du Sénégal en 1960. Il a occupé ce poste jusqu'en 1981.

Senghor n'est pas seulement un homme politique, il est aussi et avant tout poète et écrivain. Parmi ses œuvres, on compte de nombreux recueils de poèmes tels que: « Chants d'ombre », «Éthiopiques», « Nocturnes ». Il chante la beauté de l'Afrique et de la culture noire. Avec un groupe d'intellectuels noirs, il a créé vers 1935 le mouvement de la négritude qui, selon la définition que Senghor en donne, regroupe le patrimoine culturel, les valeurs et surtout l'esprit de la civilisation négro-africaine.

JOAL

Joal!
Je me rappelle,

Je me rappelle les signares⁰ à l'ombre verte des vérandas   *dames da la haute société*
Les signares aux yeux surréels comme un clair de lune sur la grève⁰.   *la plage*

Je me rappelle le faste du Couchant
Où Koumba N'Dofène voulait faire tailler son manteau royal.

Je me rappelle les festins funèbres fumant du sang des troupeaux égorgés
Du bruit des querelles, des rhapsodies des griots⁰.   *poètes-musiciens*

Je me rappelle les voix païennes rythmant le *Tantum Ergo*,
Et les processions et les palmes et les arcs de triomphe.

Je me rappelle la danse des fille nubiles
Les chœurs de lutte — oh! la danse finale des jeunes hommes, buste
Penché élancé, et le pur cri d'amour des femmes
—*Kor Siga!*   *cri d'encouragement*

Je me rappelle, je me rappelle…
Ma tête rythmant
Quelle marche lasse le long des jours d'Europe où parfois,
Comme un arbre étique[0],   *desséché, squelettique*
Apparaît un jazz orphelin qui sanglote, sanglote, sanglote.

L.S. Senghor, « Joal », *Chants d'ombre*, © Éditions du Seuil, 1945.

RELISEZ

Cherchez les expressions synonymes.

1. Je me souviens de…
2. la magnificence du coucher de soleil
3. les chants des musiciens

PARLONS-EN

Constatons

1. Le poème de Senghor s'est fait de souvenirs.
   De qui se souvient-il (personnes)? De
   quoi se souvient-il (lieux, actions)?
2. Identifiez les éléments européens du poème.
3. Identifiez les éléments africains.
4. Quels détails marquent le fait que le poète est
   en fait le produit de deux cultures?
5. Laquelle de ces deux cultures ressent-il le plus
   profondément?

Léopold Senghor

Léon Gontran Damas (1912–   ) est né à Cayenne en Guyane française. Comme Senghor, après avoir fait ses études dans les Antilles, il est envoyé à Paris où il fait du droit, des langues orientales et de l'ethnologie. Homme politique, il est élu à l'Assemblée nationale comme député de la Guyane. Il a écrit plusieurs recueils de poèmes où il décrit les difficultés de vivre sous une culture dominante et où il condamne le racisme et proclame la dignité de la race noire.

SOLDE

J'ai l'impression d'être ridicule
dans leurs souliers dans leur smoking
dans leur plastron dans leur faux col
dans leur monocle dans leur melon

J'ai l'impression d'être ridicule
avec mes orteils qui ne sont pas faits pour
transpirer du matin jusqu'au soir qui déshabille
avec l'emmaillotage qui m'affaiblit les membres
et enlève à mon corps sa beauté de cache-sexe

J'ai l'impression d'être ridicule
avec mon cou en cheminée d'usine
avec ces maux de tête qui cessent
chaque fois que je salue quelqu'un

J'ai l'impression d'être ridicule
dans leurs salons dans leurs manières
dans leurs courbettes dans leurs formules
dans leur multiple besoin de singeries

J'ai l'impression d'être ridicule
avec tout ce qu'ils racontent
jusqu'à ce qu'ils vous servent l'après-midi un peu d'eau chaude
et des gâteaux enrhumés

J'ai l'impression d'être ridicule
avec les théories qu'ils assaisonnent
au goût de leurs besoins de leurs passions
de leurs instincts ouverts la nuit en forme de paillasson.

J'ai l'impression d'être ridicule
parmi eux complice parmi eux souteneur
parmi eux égorgeur les mains effroyablement rouges
du sang de leur civilisation.

« Solde » tiré de *Pigments* (Présence Africaine, Paris, 1962).

Cherchez des exemples

1. de vêtements.
2. d'usages sociaux.
3. de couleurs.

PARLONS-EN

Constatons

1. C'est un poème qui se fait de contradictions. Quelles contradictions pouvez-vous relever dans le poème? Par exemple, « Il y a une contradiction entre... et ... ».
2. Tout le poids du poème tombe sur le mot « civilisation ». En quoi consiste la « civilisation », selon le poème? Quelle conclusion peut-on tirer du poème à propos de la « civilisation »?

ÉCOUTEZ ET ÉCRIVEZ

Écoutez la conversation, prenez des notes, et puis écrivez un compte-rendu de ce que vous entendez.

À vous, maintenant...

Pourriez-vous raconter (en prose ou en vers) un souvenir ou une série de souvenirs d'enfance qui vous ont marqué(e)? Utilisant la technique de Damas, décrivez un état d'esprit en commençant une série par « J'ai l'impression d'être ridicule... » et puis en donnant des exemples concrets dans chaque strophe. Préparez cet exercice par écrit avant de venir en classe, où vous lirez votre composition à un petit groupe ou devant la classe. Révisez les listes de vocabulaire dans les leçons précédentes pour trouver les expressions dont vous aurez besoin.

FAISONS LE POINT

Le plus-que-parfait (grammaire 4.7)

Le plus-que-parfait représente une action comme achevée (complète) avant un moment spécifié ou supposé dans le passé. Le plus-que-parfait se forme à l'aide du verbe auxiliaire (**avoir** ou **être**) à l'imparfait et d'un participe passé. Notez l'usage du passé composé et du plus-que-parfait dans les exemples suivants.

> Le secrétaire **a annoncé** (*hier soir*) que 493 grévistes **avaient repris** le travail (*avant hier soir*).
> Julie m'**a dit** (*le mois dernier*) que ma lettre l'**avait** beaucoup **amusée** (*avant le mois dernier*).
> Je **suis arrivé** à 20 h. Elles **étaient** déjà **parties** (*donc, avant 20 h*).

MISE EN PRATIQUE

A. Parlons de votre routine.

Tous les jours je me réveille à 7 h.
   Ensuite, je me lève.
   Je prends une douche.
   Je fais ma toilette.
   Je m'habille.
   Je vais à la cuisine.
   Je prends mon petit déjeuner.
   Je quitte la maison à 8 h moins le quart.

Il est maintenant 10 h. Donc, à 8 h...

   Je m'étais déjà réveillé(e).
   Je... déjà levé(e).
   J'... déjà... une douche.
   J'... déjà... ma toilette.
   Je... déjà... habillé(e).
   J'... déjà... à la cuisine.
   J'... déjà... mon petit déjeuner.
   Et avant 8 h... déjà... la maison.

B. Eh bien, hier a été une journée comme les autres. Vous avez fait vos devoirs dans l'après-midi, vous êtes allé(e) à la bibliothèque vers 5 h, vous avez regardé les actualités à la télé, vous avez dîné vers 7 h, et puis vous vous êtes endormi(e) à 9 h. Aujourd'hui un(e) ami(e) vous en parle.

MODÈLE: — J'ai essayé de te téléphoner hier soir à 10 h, mais personne
n'a répondu.
— C'est normal. Je m'étais déjà endormi(e).

1. — J'allais proposer de faire nos devoirs ensemble.
 — C'est gentil, mais je...
2. — Je voulais savoir si tu voulais aller manger de la pizza.
 — En tout cas, c'était trop tard, j'...
3. — Évidemment, j'allais aussi proposer d'aller à la bibliothèque après avoir mangé.
 — Alors, ce n'était pas la peine de me téléphoner, j'y...
4. — Et puis j'allais proposer de regarder les actualités à 10 h.
 — C'était trop tard. Je... à 6 h.

C. Tout le monde sait que vous étiez un enfant précoce. Vous avez tout fait, tout appris avant les autres. Parlez sans fausse modestie de votre jeunesse, selon le modèle.

MODÈLE: — Quand vous aviez quinze ans, vous appreniez le français, je crois.
— Non, je l'avais déjà appris.

1. — C'est à quinze ans que vous avez commencé à travailler, non?
 — Non, je...
2. — À l'âge de dix-sept ans vous avez voyagé en Europe, n'est-ce pas?
 — Non, à dix-sept ans, j'y...
3. — Et c'est en 1989 que vous avez fait le tour du monde?
 — Non, non, j'... bien avant cela.
4. — On m'a dit que c'est au lycée que vous avez fait la connaissance du président de la République.
 — Non, ce n'est pas tout à fait exact. J'... sa connaissance.
5. — C'est à l'université que vous avez formulé la théorie de la relativité, je crois.
 — J'y pensais, mais M. Einstein...

D. Maintenant, reprenons un thème de cette leçon. Racontez l'arrivée de Fernando à Paris. En voici les événements.

arriver à la gare
sortir de la gare
suivre la foule
acheter un billet de métro
demander des renseignements
prendre le train jusqu'à la banlieue
comprendre les difficultés de sa situation
se laisser gagner par la dépression

Commencez votre paragraphe en disant «À la tombée du jour il a trouvé son nouveau domicile. Avant ce moment il était arrivé... ».

B
Le Français dans le monde

MISE EN SCÈNE

Richesses culturelle du monde francophone: des pays arabes...

...à l'Afrique noire.

MISE EN MARCHE

Qu'est-ce qui se passe?

Si le XIXe siècle a été le siècle de la colonisation de beaucoup de pays africains et orientaux par les nations européennes, le XXe siècle et surtout la période d'après-guerre, à partir de 1945, a été et est celui de la décolonisation.

La décolonisation. Elle n'a pas toujours été facile. La guerre d'Algérie, par exemple, a fait rage jusqu'en 1962 et a été spécialement sanglante. Mais à son départ, la France a donné le droit d'immigration aux citoyens des anciennes colonies, et beaucoup en ont profité pour s'installer en France. D'autre part, la France maintient encore des rapports privilégiés avec ses anciennes colonies.

Qu'est-ce qui reste de la colonisation française? Le monde francophone, comme nous l'explique un article dans le journal, *France-Amérique*:

C'est le géographe Onéisme Relus qui a employé pour la première fois au XIXe siècle le terme « francophonie ».

Le mot a été oublié, il a ressurgi quand, après les soubresauts et les fièvres de la décolonisation, tous les pays qui avaient accédé à la souveraineté, se sont retrouvé dans les années 60, un point commun: la langue française.

Simultanément, le Québec manifestait au sein de la fédération canadienne sa personnalité propre, c'est-à-dire, francophone.

RELISEZ

Cherchez les expressions synonymes.

1. tous les pays qui étaient devenus indépendants
2. Le mot est redevenu courant.
3. Le Québec manifestait, à l'intérieur de la fédération...

CONSTATONS

1. Vrai ou faux? On parle de la « francophonie » depuis le XIXe siècle.
2. Le Québec a été important dans le développement de la francophonie moderne.

L'expansion de la langue française est due à une double pénétration: l'évangélisation et la colonisation. Le XIXe siècle a été considéré en France comme le siècle des Missions et a vu la création ou le réveil de nombreuses fondations.

L'enseignement s'est organisé dans tous les pays de la francophonie d'aujourd'hui, en français, car les langues nationales étaient trop nombreuses, et la plupart, parlées et non écrites. Les langues écrites d'Afrique sont rares encore, hormis l'arabe. C'est pourquoi le français est pour la plupart des pays africains de l'Afrique occidentale ou équatoriale, langue de culture, langue officielle, langue d'administration et d'enseignement. C'est le ciment de l'unité nationale.

RELISEZ

Cherchez les expressions synonymes.

1. L'expansion de la langue française a été effectuée par...
2. À l'exception de l'arabe.

CONSTATONS

1. Vrai ou faux? Le français a été propagé par l'effort missionnaire des églises.
2. Le français a contribué à l'unification des pays multilingues.

📼 Pour la commodité des classements on distingue donc dans la francophonie:

- *Les pays ou les populations dont le français est la langue maternelle* comme la France et ses prolongements insulaires des Caraïbes (Guadeloupe, Martinique, Guyane), de l'océan Indien (La Réunion) ou de l'océan Pacifique (Nouvelle-Calédonie, Wallis et Futuna); la Belgique dans sa partie wallone et Bruxelles; la Suisse romande et notamment le canton du Jura; le Val d'Aoste au nord-ouest de l'Italie; le Canada pays bilingue et le Québec, où le français est la langue officielle; les Acadiens des Provinces maritimes du Canada; les communautés francophones du nord-est des États-Unis et la Louisiane.
- *Les pays où le français est langue officielle* comme le Bénin, le Burkina Faso, le Mali, le Sénégal, le Togo, la République centrafricaine, le Zaïre ou le Cameroun (qui a une seconde langue officielle).
- *Les pays où le français est largement utilisé comme langue d'enseignement, de culture,* comme le Viêt-nam, le Laos et le Cambodge, ainsi que le Liban. Ce ne sont là que des exemples, et la liste n'est pas exhaustive. Par exemple, l'arabe est langue nationale en Tunisie, en Algérie et au Maroc, mais le français y tient toujours une large place dans l'enseignement.

À propos **L'évangélisation,** c'est l'œuvre missionnaire de la part des églises chrétiennes pour convertir les non-chrétiens au christianisme. Les missionnaires ont souvent établi des écoles et des hôpitaux.

RELISEZ

Cherchez les expressions synonymes.

1. Ici on cite seulement quelques exemples.
2. La liste n'est pas complète.

1. La colonisation est souvent vue comme l'exploitation économique. Y a-t-il d'autres effets, par exemple dans l'enseignement?
2. Si chaque langue est le véhicule d'une culture, les pays multilingues doivent être aussi multiculturels, non? Que faut-il entendre, alors, par « le français, langue d'enseignement et de culture »?
3. Que faut-il entendre par la métaphore « le ciment de l'unité nationale »?

À vous, maintenant...

Parlez un peu avec votre partenaire. Demandez-lui pourquoi il/elle étudie le français. Écrivez sa réponse. Ensuite, demandez-lui si sa réponse serait différente s'il/si elle vivait dans un pays du tiers-monde, africain, par exemple.

VOCABULAIRE AU CHOIX

— Pourquoi étudiez-vous le français?

— C'est amusant.
        obligatoire.
        utile pour les voyages.
        important pour les affaires.
        une façon de passer son temps.
Mes amis suivent le même cours.
J'adore la France.
J'ai des parents en France.
Mes ancêtres parlaient français.
Je compte faire des études en France.
J'espère travailler pour une firme internationale.

Raisons possibles au tiers-monde

Le français est une langue d'enseignement.
    Il faut le savoir pour faire des études.
Le français est une/la langue officielle. Il faut le
    savoir pour travailler dans le gouvernement.
Le français donne accès à la technologie moderne.
Dans les conflits politiques et culturels du monde
    contemporain, le français présente une
    alternative entre l'anglais et le russe.
Il y a des raisons économiques — le français est
    le point commun de la communauté francophone.

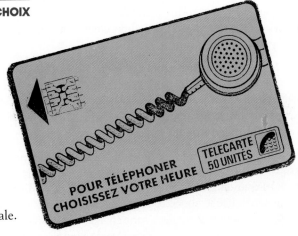

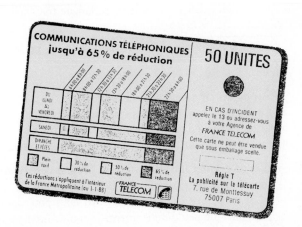

UN PAS
DE PLUS

Qu'est-ce qui se passe?

Le Québec et la francophonie. Le Québec prend sa place partout dans le monde. Pour mieux défendre ses intérêts, la seule province francophone du Canada a établi un réseau de 25 « délégations » réparties sur les cinq continents. Que ce soit à New York, à Paris, Mexico, Rome ou Bangkok, la diplomatie québécoise est à l'œuvre, créant patiemment des liens avec l'étranger pour mieux promouvoir ses intérêts économiques et culturels et favoriser le développement de nouveaux marchés.

Ici, Monsieur le Délégué général du Québec à New York, M. Léo Paré, accepte d'expliquer la situation québécoise.

— *M. le Délégué général, quel est le rôle de la Délégation du Québec à New York?*
— Faire la promotion des intérêts du Québec. L'expression semble un peu banale, mais elle cache une réalité bien concrète pour nous. Car, faut-il savoir, la région que nous desservons — le Moyen-Atlantique et le District de Columbia — a une importance exceptionnelle pour notre économie.

— *Le Québec se contente-t-il alors de relations économiques avec New York?*
— Au contraire. Pas moins de cinq ministères sont représentés à la Délégation générale. La section économique est certes la plus imposante. Mais nous avons également le tourisme, qui amène chaque année des retombées économiques de quelques milliards de dollars au Québec. D'autres conseillers sont chargés plus particulièrement des relations avec les États et les institutions. Le ministère de l'immigration a également ses bureaux. Sans oublier la culture, probablement un de nos meilleurs vendeurs. Vous le savez sans doute aussi bien que moi, la culture de langue française jouit d'un accueil très favorable aux États-Unis.

RELISEZ

Cherchez les expressions synonymes.

1. Au moins cinq ministères...
2. La section économique est certainement la plus importante.
3. D'autres conseillers ont la responsabilité de...
4. La culture de langue française est très bien vue aux États-Unis.

— *À vous écouter, on pourrait être porté à penser que le Québec ne se préoccupe, en terre américaine, que de ses liens économiques...*
— Vous n'avez pas complètement tort, mais pour deux raisons qui font que la question se pose quelque peu différemment. D'abord, nous ne faisons pas que de l'économique, loin

de là. Mais ce que nous faisons, à peu de choses près, comporte une dimension écono-mique. En second lieu, l'épanouissement d'un État doit s'appuyer sur une économie dy-namique. Nos liens avec nos voisins du Sud, comme nous appelons les Américains, touchent à toutes ces dimensions sociales, culturelles, politiques et économiques. Ces liens remontent presqu'au début de la Nouvelle-France [au XVIe siècle] alors que nos coureurs des bois ouvraient ce vaste continent.

RELISEZ

Cherchez les expressions synonymes.

1. Le développement d'un pays doit être basé sur une économie dynamique.
2. Ces relations datent du commencement de la Nouvelle-France.

🔲 — *Diriez-vous que, dans ses rapports avec l'étranger, le Québec privilégie d'abord et avant tout ses liens avec les États-Unis d'Amérique?*
— Pour des raisons géopolitiques évidentes pour tous ceux qui connaissent le Québec, nos relations internationales s'inspirent de deux grandes priorités permanentes: Les États-Unis, d'une part, la France derrière laquelle se profilent deux prolongements, l'Europe et l'ensemble de la francophonie, d'autre part. Et nous sommes présents sur tous les continents. C'est notre réalité propre de peuple francophone sur le continent nord-américain qui dicte ces choix et qui fait, à la surprise de plusieurs, que nous soyons si favorables au libre-échange.

RELISEZ

Cherchez les expressions synonymes.

1. accorde des privilèges
2. Notre politique extérieure dérive de deux priorités permanentes.
3. Nous devons faire ces choix parce que nous sommes un peuple francophone sur le continent nord-américain.

🔲 — *Vous revenez souvent sur la notion de survie. C'est important pour le Québec?*
— C'est au cœur même de toute notre histoire. C'est un défi inhérent à notre situation. Nous sommes francophones. Nous tenons à le demeurer. Depuis que nous nous sommes établis dans cette partie de l'Amérique du Nord, nous nous battons pour conserver notre langue et notre culture. Dès le départ nous avons appris à résister au conquérant. Rien n'est jamais acquis. Mais nous savons aujourd'hui que nous ne survivrons qu'en nous épanouissant. C'est pourquoi nous ne travaillons plus tant à « conserver » notre langue, notre culture, mais à les affirmer, à les développer, nous ne demandons plus tant d'être protégés des forces économiques que d'y avoir accès, de les maîtriser et d'en jouer avec les autres.

RELISEZ

Cherchez les expressions synonymes.

1. Nous voulons rester francophones.
2. Nous faisons tous nos efforts pour conserver notre langue.
3. Nous ne survivrons pas si nous ne nous développons pas.

1. D'abord, faisons un petit test de vos connaissances historiques. De quelle époque date la présence française au Canada? Et à propos, de quelle époque date la présence anglaise en Amérique? Et la présence espagnole?
2. Avez-vous l'impression que les Québécois s'intéressent seulement aux relations économiques avec « les voisins du Sud »? Qu'est-ce qui est plus important, l'économie ou la culture? Pourriez-vous citer quelques exemples pour appuyer votre opinion?
3. Avez-vous l'impression que les Québécois se sentent minoritaires?
4. On parle des liens avec « le monde francophone ». À quels autres pays pourrait-il penser, à part la France et les États-Unis?

ÉCOUTEZ ET ÉCRIVEZ

Écoutez la conversation, prenez des notes, et puis écrivez un compte-rendu de ce que vous entendez.

Plaisirs hivernaux devant la château Frontenac à Québec

Exploitations forestières et la tradition catholique, typiques à Québec

FAISONS LE POINT

1. Le passé du conditionnel (grammaire 4.9)

Le passé du conditionnel représente une action comme hypothétique ou non vérifiée par rapport à un moment du passé. Il se forme avec l'auxiliaire (**avoir** ou **être**) au conditionnel simple et un participe passé.

Moment présent

	présent	futur
Réalite	Je n'**ai** pas 50.000 F. Donc je n'**achèterai** pas de nouvelle voiture.	

	imparfait	conditionnel
Hypothèse	Si j'**avais** 50.000 F, j'**achèterais** une nouvelle voiture.	

Un moment du passé

	imparfait	passé composé
Réalité	Je n'**avais** pas 50.000 F. Donc je n'**ai** pas **acheté** de nouvelle voiture.	

	plus-que-parfait	conditionnel
Hypothèse	Si j'**avais eu** 50.000 F, j'**aurais acheté** une nouvelle voiture.	

	conditionnel
Présent	Tu **pourrais** me téléphoner, tu sais.

	conditionnel passé
Passé	Tu **aurais pu** me téléphoner, tu sais.

	conditionnel
Présent	Je vais rater mon train. Je **devrais** partir.

	conditionnel passé
Passé	J'ai raté mon train. J'**aurais dû** partir plus tôt.

A. Faisons une révision du conditionnel.

Il est 7 h. Je me réveille. Je suis très malade. Je ne me lèverai donc pas, je ne ferai pas ma toilette, etc. Mais, si je n'étais pas malade…

1. je me lèverais.
2. je… une douche.
3. je… ma toilette.
4. je… les cheveux.

5. je… les dents.
6. j'… à la cuisine.
7. je… mon petit déjeuner.
8. Et à 8 h je… la maison.

Maintenant, il est 10 h. Je ne me suis pas réveillé(e), je ne me suis pas levé(e), etc. Mais si je n'avais pas été malade…

9. je me serais réveillé(e) à 7 h.
10. je me serais levé(e).
11. j'… une douche.
12. j'… ma toilette.

13. je… les dents.
14. j'… à la cuisine.
15. j'… mon petit déjeuner.
16. Et à 8 h je… la maison.

B. Les vacances ratées, nous savons ce que c'est: les pannes de voiture, les prix exorbitants, la pollution, les cambrioleurs, les embouteillages au moment du départ ou de la rentrée. Et nous savons ce qu'il faut faire.

Si la voiture ne marche pas,	il faut prendre le train.
Si l'hôtel coûte cent dollars la nuit,	chercher un hôtel moins cher.
Si la plage est polluée,	aller à la montagne.
S'il n'y a pas de restaurant à l'hôtel,	dîner ailleurs.
Si les cambrioleurs visitent souvent cet hôtel,	éviter cet hôtel.
Si les autres rentrent tous en même temps,	rentrer avant les autres.

Dites à votre ami(e) ce qu'il/elle aurait dû faire.

> **MODÈLE:** — Ma voiture est tombée en panne.
> — Dans ce cas-là, tu aurais dû prendre le train.

1. — C'était embêtant! Notre voiture n'a pas cessé de tomber en panne.
   — Dans ce cas-là, tu…
2. — Et puis, l'hôtel nous a coûté les yeux de la tête.
   — Eh bien, tu…
3. — La plage était polluée au possible.
   — Dans ce cas, tu…
4. — Et il n'y avait même pas de restaurant à l'hôtel.
   — C'est bien simple! Tu…
5. — Ce qui est pire, c'est que des cambrioleurs ont visité ma chambre.
   — Eh bien, tu…
6. — Et des embouteillages! Tout le monde rentrait en même temps.
   — Dans ce cas-là, tu…

C. Changeons de point de vue. Maintenant c'est vous qui expliquez ce que vous auriez fait si vous aviez su auparavant ce qui devait arriver.

> **MODÈLE:** — Il paraît que tout le monde rentrait de vacances au même moment.
> — Oui, et si nous avions su (ce qui allait arriver), nous serions rentrés avant les autres.

1. — Alors, il paraît que votre voiture est tombée en panne.
   — Oui, et si nous avions su, nous...
2. — Et l'hôtel a dû être cher, non?
   — Et comment! Oui, et si nous avions su, nous...
3. — On dit que la pollution à la plage a été affreuse.
   — Oui, c'est exact, et si nous avions su, nous...
4. — Cela a dû être embêtant s'il n'y avait pas de restaurant à l'hôtel.
   — Oui, et si nous avions su, nous...
5. — On m'a dit que des cambrioleurs ont visité votre chambre.
   — Oui, et si nous avions su, nous...

D. Demandez des clarifications.

> **MODÈLE:** — Hier, il a fait mauvais, alors nous ne sommes pas partis à la campagne.
> — Voulez-vous dire que s'il avait fait beau, vous seriez partis?

1. Ce semestre, je n'ai pas eu beaucoup de temps, alors je ne suis pas souvent sorti(e).
2. Hier, mon ami(e) m'a demandé de l'aider dans son travail; alors je n'ai pas pu aller te voir.
3. Cette année, je me suis cassé une jambe; alors je n'ai pas joué au basket.
4. L'été dernier, j'ai travaillé tous les jours; alors je n'ai pas pris de vacances.

E. Imaginez une vie différente dans les conditions indiquées.

1. Si vous aviez choisi une autre université...
2. Si vous aviez eu plus de temps libre ce semestre...
3. Si vous étiez né(e) à Paris...
4. Si vous aviez habité une autre ville pendant votre jeunesse...
5. Si vous n'aviez pas rencontré votre meilleur(e) ami(e)...

OBSERVEZ

2. Le futur antérieur   (grammaire 4.8)

Le *futur antérieur* (**avoir** ou **être** au futur + participe passé) représente une action comme achevée (complète) avant un moment spécifié ou supposé du futur.

Présent	**Futur antérieur**	**Futur**
(le 5 mars)		(le 14 avril)

Je pense à payer mes impôts.	Avant le 15 avril j'**aurai payé** mes impôts.	Je **paierai** mes impôts.

Futur antérieur	**Futur**

Quand on **aura interrogé** les survivants, les causes de l'accident **seront** claires.

A. Reprenons la série « Ce qu'on fait le matin ».

À 7 h je me réveille et à 8 h je quitte la maison.
Il est 6 h du matin. Donc, avant 8 h...

1. je me serai réveillé(e).
2. je me serai levé(e).
3. j'... une douche.
4. j'... ma toilette.
5. je... les dents.

6. je... habillé(e).
7. je... à la cuisine.
8. j'... mon petit déjeuner.
9. Et à 8 h je... la maison.

B. Parlons de vos projets pour le week-end. Vous avez plusieurs idées en tête, mais vous avez beaucoup à faire auparavant. Il faut faire vos devoirs, chercher la voiture au garage, promener le chien, payer vos factures, vous reposer, mettre de l'ordre dans votre appartement.

> **MODÈLE:** — Est-ce que vous sortirez vendredi soir?
> — Oui, mais après que j'aurai fini mes devoirs.

1. — Vous irez chez vos amis?
   — Oui, lorsque... la voiture au garage.
2. — Vous partirez avant 8 h?
   — Oui, mais après que... le chien.
3. — Et l'après-midi, vous jouerez au golf peut-être?
   — Oui,... mes factures.
4. — Et le soir, vous dînerez au restaurant?
   — Oui,... reposer.
5. — Et dimanche vous allez passer la matinée à lire le journal, je suppose.
   — Oui, après que... dans mon appartement.

C. Quelle sera votre vie dans dix ans? Qu'est-ce que vous espérez accomplir d'ici là?

> **MODÈLE:** — Vous comptez certainement terminer vos études dans dix ans?
> — Oui, d'ici dix ans, j'aurai terminé mes études.

1. — Vous allez vous marier ou pas?
   — Oui,...
2. — Vous allez avoir plusieurs enfants?
   — Nous... plusieurs enfants.
3. — Vous visiterez Tahiti?
   — D'ici dix ans...
4. — Vous espérez trouver un travail?
   — Oui, j'... un travail.
5. — Vous allez apprendre le français?
   — Oui,...
6. — Vous déciderez de prendre votre retraite?
   — C'est bien simple. J'...

L E S C H O S E S D E L A V I E

 Faites les exercices de vocabulaire et de structure dans le cahier d'exercices avant de lire ce passage.

Harlem Désir

Touche pas à mon pote

Lisez ce passage trois fois pour trouver les réponses à ces questions.

1. Que signifient « les petites mains » ?
2. Pourquoi est-ce qu'on lui a donné le nom Harlem ?
3. Qu'est-ce que c'est que le racisme, selon Harlem Désir ?

     Harlem Désir est un jeune homme parisien qui, un soir d'octobre 1984, scandalisé par la montée du racisme en France au cours des dernières années, décide avec des copains (des « potes ») de créer un mouvement: S.O.S.-Racisme, qui rassemblerait en France tous ceux que le racisme indigne. Cette organisation, qui prend de l'ampleur chaque jour, organise des manifestations, des conférences, des concerts pour proclamer l'indignation de ces jeunes et moins jeunes devant le racisme. S.O.S.-Racisme a choisi pour emblème un badge représentant une petite main qui dit « Touche pas à mon pote!, » indiquant ainsi que nous avons tous le droit dans cette société d'être différents et d'en être fiers et que nous devons tous veiller à ce que les droits des autres soient respectés.

S.O.S.-Racisme est une organisation de plus en plus importante en France et à l'étranger, et aujourd'hui, personne n'ignore le nom de Harlem Désir qui en est le porte-parole le plus en vue.

Cet entretien à la télévision avec Anne Sinclair se passa en juin 1985, juste après un immense concert gratuit organisé place de la Concorde pour protester contre le racisme. C'est une émission de *Sept sur Sept* (comme *20/20* à la télévision américaine).

A.S.: Bonsoir. Environ un million de petites mains rouges, vertes, jaunes, noires accrochées depuis des mois aux chemises, aux robes, tout cela justifie bien la venue à *Sept sur Sept* d'Harlem Désir, président de S.O.S.-Racisme. [...] Alors, comme tout ce qui marche d'une manière foudroyante, vous n'allez pas forcément échapper aux modes et il y a une mode « Touche pas à mon pote » et tout le monde a porté ce badge. Est-ce que vous croyez que vous pourrez résister à la mode qui se démode toujours en fin de compte?

H.D.: Eh bien, ce matin encore, il y avait des gens qui venaient au local de S.O.S.-Racisme pour demander des petites mains [des badges]. Je crois que si ça n'était qu'une mode et un phénomène médiatique, suspendu comme ça dans le vide, on n'aurait pas pu assister à la très forte mobilisation… et à ce rassemblement aussi nombreux hier soir place de la Concorde, parce qu'il y a déjà eu des concerts à cet endroit avec des plateaux prestigieux et pourtant, il n'y avait pas autant de monde. Je crois que les gens sont aussi venus parce que ça avait un sens et parce que c'était nécessaire à un moment de non seulement dire sa joie de vivre avec des potes qui sont les uns des juifs de Clermont-Ferrand, les autres des Beurs de Bourgogne, des Bretons de Montparnasse, etc…. et qu'on est fier de ça, qu'on le revendique et qu'à un moment, il faut le dire de façon gigantesque, monumentale comme hier soir…

A.S.: Alors, votre nom, Harlem Désir, c'est un nom magique. D'où ça vous vient, ce nom-là? Harlem, pourquoi Harlem?

H.D.: Oui, parce que Désir, je n'y suis pour rien, personne n'y est pour rien: c'est un nom de famille.

Harlem, c'est un choix de mes parents qui correspond à l'état d'esprit de mon père au moment où je suis né. Lui, était dans le contingent en Algérie. C'était un drame parce que, quand on est antillais et qu'on doit faire la guerre contre des gens qui — quelque part — nous ressemblent un peu, qui revendiquent le droit à leur culture, et qu'on ne peut même pas assister à la naissance de son fils, eh bien, on a une tendance à s'associer à d'autres noirs, qui, eux, luttent aussi pour leur identité, qui sont les noirs américains, les noirs de Harlem, qui veulent sortir de leur ghetto mais en même temps qui veulent aussi garder ce qui fait leur spécificité.

A.S.: Vous avez vous-même rencontré le racisme? Du fait de votre nom, de votre physique, est-ce que vous avez rencontré le racisme?

H.D.: Mais ce serait comme une gageure de dire que je ne l'ai pas rencontré parce qu'il y a un moment où l'on croise des gens qui voient en vous le noir avant de voir en vous la personne, qui regardent la couleur de votre peau avant de vous regarder dans le fond des yeux. Et puis, il y a parfois des choses — je dirais — plus heurtantes encore parce qu'elles touchent la vie quotidienne. Lorsque je téléphone pour avoir un logement, comme je n'ai pas l'accent antillais, je suis né dans la région parisienne, j'ai grandi là, il n'y a pas de problèmes. Puis, quand j'arrive à l'agence, il arrive qu'il n'y avait pas de place pour moi, alors qu'un copain qui se pointe un peu après, eh bien, lui, il trouvera des logements vides.

A.S.: Un dernier mot sur ce thème: Qu'est-ce que vous pensez de ceux qui disent qu'un antiracisme trop militant, ça réveille parfois des attitudes racistes chez les autres. C'est un argument, vous le savez.

H.D.: Oui, c'est un argument qui dit, en gros, qu'il n'y a pas de fumée sans feu, que s'il y a de l'antisémitisme, c'est parce que les juifs en font un peu trop, que s'il y a du racisme antimaghrébin, c'est bien que les Arabes en ont une part de responsabilité, que si les antiracistes s'affichent de trop, eh bien, ils vont finir par cristalliser et par exciter encore un peu plus les positions racistes. Mais je crois que malheureusement, le racisme est arrivé d'une façon très provocante sur le devant de l'actualité, il y a quelques années parce qu'il y a eu une série de crimes, parce qu'on s'est aperçu que ce n'était pas simplement des bêtises racontées sur le comptoir des bistrots, mais que c'est aussi le coup de fusil.

A.S.: Donc, il vaut mieux en parler pour éliminer.

H.D.: Eh bien, je crois qu'il était temps que les antiracistes qui, à mon avis, sont quand même plus nombreux dans le pays, parce qu'il y plus de gens qui ont envie de vivre dans l'amitié que de gens qui ont envie de vivre dans la logique de haine qu'est le racisme, osent à nouveau s'afficher et reprendre l'initiative.

DISCUTEZ

1. Quand vous entendez la phrase « combattre le racisme », à quoi pensez-vous ? À l'action politique ? À des manifestations ? Ou à autre chose ?
2. Et selon Harlem Désir, quel serait le moyen le plus efficace pour combattre le racisme ? Pourriez-vous décrire son moyen à lui ?
3. Dégagez, s'il vous plaît, la définition du racisme, selon Harlem Désir. Faut-il modifier cette définition, à votre avis ?
4. Pourrait-on adapter la stratégie d'Harlem Désir à la situation dans votre pays ? Qu'est-ce qu'il faudrait changer ?

VOCABULAIRE DE BASE

Adjectifs

entouré(e)	wrapped around
fier (-ière)	proud
foudroyant(e)	overwhelming
gigantesque	huge
heurtant(e)	shocking, hurtful
provocant(e)	provocative
scandalisé(e)	shocked
suspendu(e)	suspended
ultime	ultimate

Noms

l' actualité f	news, current situation
l' amertume f	bitterness
la banlieue	suburb
le/la Beur fam	person born in France of North African parents
le chantier	work site
le/la compatriote	fellow citizen
le contingent	military contingent
le devant	front of
la dictature	dictatorship
le droit	right
l' émigré, l'émigrée	emigrant
la ficelle	string
la fumée	smoke
la gageure	bet, wager, impossible task
l' indigence f	poverty
le juif, la juive	Jew
le local	offices, headquarters
le maçon	bricklayer, mason
la main-d'œuvre	manual labor
la manifestation	demonstration
la mendicité	begging
la mensualité	monthly pay
la misère	poverty
la montée	increase
la pauvreté	poverty
la paye	salary, pay
la peau	skin
le porte-parole	spokesperson
le pote	buddy
le racisme	racism
le sort	fate, lot
la spécificité	personal identity
la tombée	end, fall

Verbes

s' afficher	to show off, flaunt oneself
croiser	to encounter, meet
se démoder	to go out of fashion
déposer	to leave, set down
évoquer	to evoke, allude to
exciter	to stimulate, arouse
fuir	to flee
grandir	to grow up, increase
griffonner	to scribble
ignorer	to be unaware of
indigner	to outrage
se mettre à	to begin
rassembler	to unite, rally together
remplir	to fill, fulfill
renvoyer	to send back
revendiquer	to claim, demand
survenir	to come, arrive
tapoter	to tap
veiller à	to see to it that, take care

Expressions verbales

faire demi-tour	to turn around, do an about-face
gagner leur vie	to earn their living
laisser tout tomber	to let everything go
prendre de l'ampleur	to grow
venir en aide	to come to the aid of

Adverbes

égoïstement	selfishly
forcément	necessarily
péniblement	painfully, with difficulty
volontiers	willingly

Expressions

en attendant	in the meantime
grâce à	thanks to
la joie de vivre	happiness, joy in being alive
on les fait venir	they bring them
le phénomène médiatique	media event
sans heurts	without difficulty
sans le sou	broke

LEXIQUE
FRANÇAIS-ANGLAIS

This vocabulary contains all the French words used in *Ça marche!* except for numerals and most identical cognates. English equivalents are given to explain the meanings that the words have in the book, not for every possible use the words may have in other contexts.

1. Noun genders are indicated by an article (**le, la**) or by the abbreviation *m* or *f*.

le **beurre**   la **bibliothèque**

l'**ange** *m*   l'**aptitude** *f*

2. For nouns that refer to living beings, if a noun changes its ending, the feminine ending is shown in parentheses, in one of two forms, depending on whether the ending is added to the masculine form, or replaces part of it.

président(e)   **citoyen(ne)**   **acteur (-trice)**

3. For nouns that refer to living beings, if the masculine and feminine forms are identical, the word is marked *mf*. If the masculine and feminine forms differ, the word is marked *m(f)*.

l'**artiste** *mf*   l'**ami**(e) *m(f)*   l'**acteur** (-trice) *m(f)*

2. The feminine form of adjectives is shown with the same system. If the masculine and feminine forms are identical, no parentheses are used.

correct(e)   **coquet(te)**   **actif(ive)**   **ordinaire**

3. If a noun or adjective is irregular in the plural, the plural is given between parentheses.

jeu(x)   **journal (-aux)**

amical (e, -aux)

4. Verbs are listed by the infinitive.

arriver   to arrive

However, in the case of an irregular past participle, the infinitive is given in parentheses.

élu(e)   (<**élire**)   elected

5. The stems for second- and third-root conjugations in the present tense are given in parentheses.

connaître (connai-, connaiss-)   to know, to be acquainted with

tenir (tien-, ten-, tienn-)   to hold

6. Phrases and idiomatic expressions are usually listed twice, according to their most significant word and according to their first word, unless the first word is a definite article.

à part ça (under **part** and **à**)

le jour au lendemain (under **jour**)

7. The following abbreviations are used.

adj	adjective	*m*	masculine
adv	adverb	*n*	noun
f	feminine	*pl*	plural
fam	familiar	*pron*	pronoun
irr	irregular		

- A -

à (*see also* **au, aux**) in, at, to; **à bientôt, j'**espère see you soon, I hope; **à bon port** safely, intact; **a cause de** because of; **à cette égard** in this respect; **a cette époque** at that time; **à condition que** on the condition that **à côté de** beside, at the side of; **à court de** short of; **à demain** see you tomorrow; **à deux pas** right near; **à domicile** to people's houses; **à droite** to the right; **à gauche** to the left; **à grands coups de danses rhythmiques** through strong rhythmic dancing; **à grands pas** with haste, in a hurry; **à l'abri** sheltered, protected against; **à l'aide de** with the help of; **à l'écrit** in writing; **à l'étranger** abroad; **à l'excès** excessively; **à l'extérieur** on the outside; **à l'heure** on time; **à l'image de** in the image of; **à l'occasion** occasionally; **à la fin** finally, ultimately; **à la fois** at the same time; **à la main** by hand; **à la mode** popular, fashionable; **à la prochaine** see you around; **à la réflexion** upon reflection; **à la suite de** as a consequence of; **à mi-temps** half-time; **à moins que** unless; **à mon avis** in my opinion; **à nouveau** again; **à part ça** with the exception that; **à partir de** starting with; **à peine** scarcely, hardly; **à peu près** almost, pretty much; **à pied** on foot; **à portée de la main** within reach; **à propos** by the way, opportune, timely, pertinent; **à propos de** concerning, with regard to; **à reculons** (to go) backward; **à temps** on time; **à tout jamais** forever; **à toute vitesse** quickly, in a hurry, at top speed; **à verse** pouring down; **à votre disposition** at your disposal; **à vrai dire** to tell the truth

abandonner to abandon, to let drop
abattre (**abat-, abatt-**) to kill, to strike down
l'**abomination** *f* abomination
aboutir (**abouti-, aboutiss-**) to end up at
abréger to shorten
abri: à l'abri sheltered, protected against
s'**absenter** to decide not to come
absolument absolutely
abuser de to take advantage of
académique academic
accéder to reach, to get to, to accede to
l'**accent** *m* accent; **mettre l'accent sur** to emphasize
accentuer to emphasize, to accentuate
l'**accès** *m* access; **avoir accès à** to have access to
s'**accorder avec** to agree with
accroché(e) fastened onto, pinned onto
s'**accroître** to grow, to increase
l'**accueil** *m* reception
accueillant(e) open, receptive, friendly
l'**achat** *m* purchase
acheter to buy
achevé(e) complete, finished
achever to complete

l'**acquéreur** *m* buyer, purchaser
acquis acquired
l'**acteur** (**-trice** *m(f)* actor (actress)
actif (**-ive**) active
l'**actualité** *f* present state of things; *pl* news, present happenings; **le devant de l'actualité** front stage, on the current scene
actuel(le) present-day
actuellement at the present time
s'**adapter** to adapt to, to get used to
adieu *interjection* farewell, goodbye forever
l'**administration** *f* office, civil service, administration
l'**adolescent(e)** *m(f)* teenager
adresser to address, to send; **adresser la parole** to speak; **s'adresser** to speak; to address oneself
l'**aéroport** *m* airport
affaiblir (**affaibli-, affaibliss-**) to weaken
les **affaires** *f, pl* business, incident, affair; **avoir affaire à** to have to do with
affectif (**-ive**) emotional, affective
affectueux (**-euse**) affectionate
l'**affiche** *f* poster
s'**afficher** become visible, become prominent, show off
afficher to display
affirmatif (**-ive**) affirmative, positive
affirmer to affirm, to say
affreux (**-euse**) awful, terrible
afin de in order to; **afin que** in order that
africain(e) African; *n, m(f)* **Africain(e)** African person
l'**âge** *m* age; **il a quel âge?** how old is he?; **d'âge mûr** mature, middle-aged
agé(e) aged, old
l'**agence** *f* **de voyage** travel agency
l'**agent** *m* agent; **agent de police** police officer
aggraver to become worse
agir (**agi-, agiss-**) to act; **s'agir** to be a question of; **de quoi s'agit-il ?** what's it about?; **il s'agit de** it's a question of
s'**agiter** to stir about
agréable pleasant, easy to get along with
l'**agression** act of aggression
l'**agriculteur** (**-trice**) *m(f)* farmer
ah oh; **ah, bon** oh, yes; **ah, ça oui** that, sure; **ah, mon pauvre vieux** my poor fellow; **ah, ne m'en parlez pas** don't talk to me about it
l'**aide** *f* help, assistance; **à l'aide de** with the help of
aider to help
ailleurs elsewhere; **d'ailleurs** moreover, furthermore; **par ailleurs** moreover
aimable friendly, kind, nice; **vous êtes bien aimable** you're very kind
aimer mieux to prefer, to like better
aimer to love, to like; **aimer bien** to like
ainsi que as well as

l'air *m* air; **avoir l'air d'aller** to appear to be going all right; **avoir l'air de** to look like; **avoir l'air malheureux** to look unhappy; **ça a l'air d'aller** it looks as if things are going well

l'aise *f* ease, comfort

ajouter to add

l'alcool *m* alcohol

l'alcoolique *n, mf* alcoholic

alentours: aux alentours de at about, around

l'Allemagne *f* Germany

allemand(e) German; **Allemand(e)** *n, m(f)* German person

aller *irr* to go; **aller bien** to be fine; **allons!** come on!, come, come!; **ça va toujours** it's alright, I guess; **ça va ?** how are you? how's it going?; **il va de soi** it's obvious; **s'en aller** to leave

allergique allergic

allô hello (on phone)

alors then, well, so; **ça alors** so! well! can you beat that?

alors que while

l'alpinisme *m* mountain climbing

l'amateur *m* amateur, non-professional; **amateur de musique** music lover

l'ambiance *f* setting, environment; **à l'ambiance atomique** in an atomic setting

l'ambition *f* ambition

l'amélioration *f* improvement

améliorer to improve

aménagé(e) furnished, appointed, arranged

amener to lead to, to bring up

américain(e) American; **Américain(e)** *n, m(f)* American person

l'Amérique *f* America

l'amertume *f* bitterness

l'ami(e) *m(f)* friend; **ma petite amie** my girlfriend; **mon petit ami** my boy friend

amical(e, -aux) friendly

l'amitié *f* friendship

amorcer to stimulate, to open

l'amour *m* love

amoureux (-euse) love, amorous; **tomber amoureux** to fall in love; **tomber amoureux (-euse)** to fall in love

l'amoureux (-euse) *m(f)* lover

l'amphithéâtre *m* lecture hall

l'ampleur *m* size; **prendre de l'ampleur** to grow

amusant(e) funny, amusing

l'amusement *m* amusement

s'amuser to have a good time, to enjoy oneself

l'an *m* year

l'analyse *f* analysis

anarchique anarchical

ancien(ne) old, former, ancient

l'ange *m* angel

anglais(e) English; **Anglais(e)** *n, m(f)* English person

l'Angleterre *f* England

l'angoisse *f* anxiety

l'animation *f* life, liveliness, animation, excitement

animé(e) lively, full of life

l'année *f* year

l'anniversaire birthday

l'annonce *f* announcement; **petites announces** classified ads

annoncer to announce, to make known

annuler la classe to cancel the classe

l'antécédent *m* antecedent (previous word which the pronoun replaces)

l'anthropologie *f* anthropology

l'anthropologue *mf* anthropologist

anti-maghrébin anti-Arab

anti-tabac anti-tobacco

l'anxiété anxiety

l'août August

apercevoir (apperçoi-, appercev-, apperçoiv-) to perceive, to notice

l'aperçu *m* overview

apparaître (apparai-, app{r}aiss-) to appear

l'appareil *m* machine, apparatus

apparemment apparently

l'apparition *f* appearance

l'appartement *m* apartment; **appartement trois pièces** three-room apartment

appartenir (apparteni-, apparten- appartienn-) to belong

appauvrir (appauvri-, appauvriss-) to impoverish, to make poor; **s'appauvrir** to grow poorer

l'appel *m* call; **faire appel à** to call for, to appeal to

appeler to call; **s'appeler** to be called; **je m'appelle...** my name is...

applaudir: s'applaudir to congratulate oneself

l'applaudissement *m* applause

apporter to bring

apprécier to appreciate, to evaluate

apprendre (apprend-, appren-, apprenn-) to learn; **apprendre par cœur** to learn by heart

l'apprentissage *m* learning

s'apprêter to get ready

approfondir to go deeper into

approprié(e) appropriate

approuver to approve of

approximativement approximately

l'appui *m* support; **prendre appui** to lean on

appuyer to support, to press; **s'appuyer** to be based on

après after

l'après-guerre *m* postwar period

l'après-midi *m* afternoon

l'aptitude *f* aptitude

arbitraire arbitrary

l'arbre *m* tree

l'arc *(m)* de triomphe triumphal arch

archaïque archaic, old

les archives archives, library

l'argent *m* money, silver; argent de poche pocket
money, change

argentin(e) Argentine

l'arrêt *m* stop; arrêt de l'autobus busstop; arrêts techniques technical difficulties

arrêter to stop, to arrest; s'arrêter to stop

arrière: en arrière behind, rear, backwards

l'arrivée *f* arrival

arriver to arrive, to happen; il m'arrive... it happens
that I . . . ; l'heure *(f)* d'arriver arrival time

l'art *m* art; arts martiaux martial arts

l'article *m* article; article défini definite article
(le, la, les); article indéfini indefinite article
(un, une)

l'ascenseur *m* elevator

asiatique Asiatic, Oriental

l'Asie *f* Asia

l'asile *f* asylum

l'aspect *m* aspect, appearance

l'aspirateur *m* vacuum cleaner

l'assaisonment *m* seasoning

l'assassin *m* killer

assaut: prendre d'assaut to take by assault

l'assemblée *f* assembly

s'asseoir *irr* to sit down

assez enough, quite, very; assez de enough

l'assiette *f* plate; je ne suis pas dans mon assiette
I don't feel well; assise : la cour d'assisse court,
criminal court

assister à to attend, to help, to assist

assumer to take on the responsibility for

l'assurance santé *f* health insurance

assuré(e) sure

assurer to maintain, to provide

l'astronaute *mf* astronaut

astronomique astronomical

l'atelier *m* workshop

l'atmosphère *f* atmosphere

atomique atomic; à l'ambiance atomique in an atomic
setting

l'attaché(e) *m(f)* militaire military attaché

attacher to attach

attaquer to attack, to undertake

atteindre (attein-, atteign-) to reach, to attain

attendant: en attendant meantime

attendre (attend-, attend-) to wait for, to expect;
s'attendre à to expect (something); je t'attends depuis une heure I have been waiting for you for an
hour

attendu(e) (>attendre) expected

l'attente *f* expectation, hope; en attente de waiting for

l'attention *f* attention; Attention à la différence! Notice the difference!; Attention! Be careful!; faire attention to be careful

atténué(e) modified, attenuated

attirer to attract, to draw

attraper to catch

au (*contraction* à + le); au bord de on the edge of;
au bord de la mer on the seashore; au bout de at
the end of; au contraire on the contrary; au courant de aware of; au cours de in the course of,
during; au delà beyond; au dessus de above; au
fait say, by the way; au fond at bottom, after all;
au juste exactly; au lieu de instead of; au long de
all along, the length of; au maximum to the fullest;
au milieu de in the middle of; au moins at least;
au moment de at the time of; au moment où at
the moment when; au moyen de by means of; au
pays in one's home region; au plus tard at the
latest; au point que to the point that, so much that;
au profit de for the benefit of; au revoir good-bye;
au secours ! help!; au sein de in the midst of,
within; au sujet de concerning, with regard to

l'aube *f* dawn

l'auberge *f* inn; auberge de jeunesse youth hostel

aucun(e) no, none

audacieux (-euse) bold, daring

l'augmentation *f* increase

augmenter to go up, to increase

aujourd'hui today

auparavant before, previously

auprès de next to, with, close to

aussi also, too, therefore; aussi... que as . . . as

autant... que as much as

l'auteur *m* author

l'autocar *m* bus (between cities)

l'autodéfense *f* self-defense

autodestructeur (-trice) self-destructive

l'automne *f* autumn

autonome autonomous

autoritaire authoritarian

l'autorité *f* authority, personal presence

l'autoroute *f* freeway; autoroute ferroviaire freeway on
rails

l'auto-stop *m* hitchhiking; faire de l'autostop to hitchhike

autour de around, surrounding

autre other; autre chose another thing, something
else; l'autre *mf* the other

l'Autriche *f* Austria

aux (*contraction of* à + les); aux alentours de at
about, around; aux barricades to the barricades; aux
bornes des at the limits of; aux heures fixes at
regular times

l'auxiliaire *m* auxiliary verb, helping verb

avaler to swallow

avancé(e)   advanced

avant   before; **avant que**   before

l'**avantage** m   advantage

avantageux (-euse)   advantageous

avare   miserly, avaricious

avec   with

l'**avènement** m   advent, arrival, coming

l'**avenir** m   future

l'**aventure** f   adventure

l'**averse** m   downpour

avertir   to warn, to alert

l'**avion** m   airplane

l'**avis** m   opinion; **à mon avis**   in my opinion; **changer d'avis**   to change one's mind

l'**avocat(e)** m(f)   lawyer

avoir irr   to have; **avoir accès à**   to have access to; **avoir affaire à**   to have to do with; **avoir besoin**   to need, to have need; **avoir de l'instruction**   to get some schooling; **avoir de la chance**   to be lucky; **avoir des nausées**   to get nauseated; **avoir du mal à**   to have difficulty in; **avoir envie de**   to want, to want to do; **avoir faim**   to be hungry; **avoir froid**   to feel (be) cold; **avoir horreur de**   to dislike, to loathe; **avoir intérêt à**   to be in one's interests; **vous n'avez pas intérêt à**   it is not in your interests; **avoir l'air d'aller**   to appear to be going all right; **avoir l'air de**   to look like; **avoir l'impression (que)**   to have the impression (that); **avoir la belle vie**   to have it good; **avoir lieu**   to take place; **avoir mal**   to hurt, to be in pain; **avoir mal à la gorge**   to have a sore throat; **avoir mauvaise (bonne) mine**   to look awful (great); **avoir peur**   to be afraid; **avoir quelque chose en tête**   to have something in mind; **avoir raison**   to be right; **avoir soif**   to be thirsty; **avoir sommeil**   to be sleepy; **avoir tendance à**   to have a tendency to; **avoir tort**   to be wrong

avouer   to confess

l'**avril**   April

- B -

la **baguette**   loaf of French bread

se **baigner**   to bathe, to swim

bailler   to yawn

le **bain**   bath; **bain de soleil**   sun bath

baiser   kiss

la **baisse**   lowering; **en baisse**   falling

baisser   to go down, to fall, to decline

la **balance**   Virgo (horoscope)

banal   banal

la **banane**   banana

le **banc**   bench

la **bande dessinée**   cartoon

la **bande magnétique**   tape (magnetic)

la **banlieue**   suburb

barbant(e)   boring

baroque   baroque

le **barrage**   barrier, roadblock, dam

barricade: aux barricades   to the barricades

bas(se)   low; **en bas**   downstairs

le **base-ball**   baseball

le **basket**   basketball

le **bassin**   basin

le **bateau**   boat

le **bâtiment**   building

bâtir (bâti-, bâtiss-)   to build

battre (bat-, batt-)   to beat

battu(e) (<battre)   beaten

bavarder   to chat, to visit

beau (bel, belle, beaux, belles)   beautiful, fine, good-looking; **le beau temps**   good weather; **il fait beau (temps)**   the weather is good

le **beau-frère**   brother-in-law

beaucoup de   much, many, a lot of; **beaucoup de monde**   a crowd, a lot of people

la **beauté**   beauty

les **beaux arts** m, pl   fine arts

les **beaux-parents** m, pl   parents-in-law

belge   Belgian; **Belge** n, mf   Belgian person

la **Belgique**   Belgium

le **bélier**   Aries (horoscope)

la **belle-sœur**   sister-in-law

bénéficier   to benefit

bénévole   free, without asking for payment

la **besogne**   chores, task

besoin: avoir besoin   to need, to have need

bête   dumb, stupid

la **bête noir**   obsession

la **bêtise**   a stupid action, a dumb trick, silly stories; **faire des bétises**   to make stupid mistakes

le **Beur**   Arab

le **beurre**   butter

bi-mensuel   bi-monthly

le **biberon**   baby bottle

la **bibliothèque**   library

la **bicyclette**   bicycle; **faire de la bicyclette**   to go bicycling

le **bien**   good; pl goods

bien   well, very; **bien comprise**   let it be perfectly clear; **bien connu**   well-known; **bien des**   many, a lot of; **bien entendu**   naturally, of course; **bien que**   although; **bien sûr**   of course, naturally; **bien vue**   looked on favorably; **ça va bien**   everything's fine; **merci bien**   thanks a lot

bientôt   soon; **à bientôt, j'espère**   see you soon, I hope

bienveillant(e)   kindly, benevolent

la **bière**   beer

le **biftek**   beefsteak

le **bijou**   jewel

le **bilan**   appraisal, final assessment; **faire le bilan**   to draw up or settle accounts

bilingue   bi-lingual

le **billet**   ticket

la **biologie**   biology

biologique   biological

biologiste *n, mf*   biologist

la **bise**   kiss of greeting

bizarre   strange

la **blague**   joke

blanc (blanche)   white

la **blanc**   blank

blasé(e)   blasé

blessé(e) *n, m(f)*   an injured person

blesser   to wound, to injure

la **blessure**   injury, wound

bleu(e)   blue

blond(e)   blond, light

bloquer   to block

bluff: coup *m* **de bluff**   bluff

le **bœuf**   ox, beef

bof!   oh, well!

boire (boi-, buv-, boiv-)   to drink

le **bois**   wood; *pl* woods; **le courreur des bois**   frontier scout, explorer

la **boisson**   beverage

la **boîte de nuit**   nightclub

la **bombe atomique**   the atomic bomb

bon (bonne)   good, correct; **bon enfant**   naive; **bon marché**   cheap, cheaply, inexpensively; **bonne chance**   good luck; **bonne journée**   have a nice day!; **bonne maman**   momma (term of endearment); **bonne nuit**   good night; **bons baisers des U.S.A.**   love and kisses from America; **bon soir**   good evening; **de bonne heure**   early

le **bon**   coupon

le **bonheur**   happiness; **en plein bonheur**   completely happy

bonjour   hello

la **bonne**   maid

le **bord**   the edge of; **au bord de**   on the edge of; **au bord de la mer**   on the seashore; **de tous bords**   from everywhere, all directions

borne: aux bornes des   at the limits of

les **bottes de cuir** *f, pl*   leather boots

le **boucher**   butcher

la **boucherie**   butcher shop

le **bouchon**   cork; traffic jam

bouger   to move

la **bougie**   candle

la **boulangerie**   bakery

la **boule**   ball; **boules**   lawn bowling (game)

bouleversement   upheaval, disruption

bouleverser   to overturn, to disrupt

boursier (-ière) *n, m(f)*   someone who holds a scholarship

le **bout**   the end; **au bout de**   at the end of

la **bouteille**   bottle

la **boutique**   shop

brancher   to plug in

le **bras**   arm

bref (brève)   short, brief; **en bref**   in short

la **Bretagne**   Brittany

breton(ne)   Breton, from Brittany

bricoler   to do repairs and handiwork

brillant(e)   brilliant

briser   to break

bronzer   to tan; **se faire bronzer**   to get a tan

brosser   to brush; **se brosser les dents**   to brush one's teeth

brouter   to graze

broyer   to crush

le **bruit**   noise, rumor

brûler   to burn

brune   brown; **elle est brune**   she's a brunette

brutal(e, -aux)   brutal

bruyant(e)   noisy

le **bulletin**   bulletin, report card; **bulletin de vote**   ballot

le **bureau**   office, desk; **bureau de poste**   the post office; **bureau de tabac**   tobacco shop

la **bureaucratie**   bureaucracy

le **bus**   bus (within cities)

le **buste**   bust

le **but**   objective

- C -

la **C.E.E. (Communauté économique européenne)**   Common Market (European Economic Community)

ça   that; **ça a l'air d'aller**   it looks as if things are going well; **ça alors**   so! well! can you beat that?; **ça c'est dommage**   that's too bad; **ça m'est égal**   it's all the same to me. **ça m'est indifférent**   I don't care, it's all the same; **ça marche?**   OK? is everything alright?; **ça ne me dit rien**   that is unappealing; **ça suffit**   that's enough; **ça te plaît?**   do you like it?; **ça va?**   how are you? how is it going?; **ça va toujours**   it's alright, I guess; **ça vaut le coup**   it's worth the effort; **ça vient**   it's coming; **ça y est!**   there it is! now you've got it! there! I've finished!

le **cabinet**   doctor's consulting room, W.C.

le **cache-sexe**   G-string, loin cloth

cacher   to hide

le **cadeau**   gift, present

le **cadre de vie**   surroundings

le **cadre**   executive, manager

le **café**   coffee, the café

le **cahier**   notebook

la **caisse d'épargne** savings bank
caissier (-ière) *n, m(f)* cashier
calculer to calculate
la **calculette** calculator
le **calme** calm, quiet; **du calme!** don't get upset!
se **calmer** to calm down
le **Cambodge** Cambodia, Kampuchea
cambrioler to hold up, to burglarize
le **camembert** a French cheese
le **caméra vidéo** video camera
le **camion** truck
la **campagne** country, countryside, campaign
camping: faire du camping to go camping
canadien(ne) Canadian
le **canard** duck
candidat(e) *n, m(f)* candidate
la **candidature** candidacy; **poser sa candidature** to submit one's application
le **canton** governmental division in Switzerland
la **capacité** capability
la **capitale** capital
la **capitulation** capitulation, surrender
capituler to capitulate
capricieux (-euse) capricious
le **capricorne** Capricorn (horoscope)
le **car** bus (between cities)
car for, because
le **caractère** characteristics, nature of, character
caraïbe *n, mf* Caribbean
la **caravane** camping trailer
cardïaque heart, cardiac
le **carnet** notebook
la **carrière** career
la **carte** card, map, menu; **carte de crédit** credit card; **carte postale** postcard
le **cas** case; **dans ce cas-là** in that case; **en tout cas** in any case
la **cascade** waterfall
casser to break
la **catastrophe** catastrophe
la **cathédrale** cathedral
le **cauchemar** nightmare
la **cause** cause; **à cause de** because of
causer to chat
la **caution** caution, hesitation
ce (cet, cette) this, that; **c'est-à-dire** that is to say
ce this, that; **ce que** that which, what; **ce qui** that which, what
célèbre famous
célébrer to celebrate
célibataire unmarried
celui (celle) that, the one; **celui-ci** the latter; **celui-là** the former
la **centaine** about a hundred
la **centrale nucléaire** nuclear power plant

la **centralisation** centralization
centralisé(e) centralized
le **centre** center; **centre commercial** shopping center
cependant however, nevertheless, in the meantime
certain(e) certain
certainement certainly
certes certainly, of course
le **certificat** certificate
la **cessation** cessation
cesser to stop
ceux (celles) these, those, the ones
chacun(e) *adj* each; *pron* each person; **chacun à son goût** each one to his own taste (to each, his own)
le **chagrin** distress, grief, disappointment; **chagrin d'amour** love problem
chahuter to create a commotion
la **chaine de télévision** television channel
la **chaise** chair
la **chaleur** heat
la **chambre** room, bedroom, chamber
chambré(e) at room temperature
le **champ** field; **champs de neige** ski slopes
champion(ne) *n, m(f)* champion
la **chance** luck; **tu as de la chance !** you're lucky!; **avoir de la chance** to be lucky; **bonne chance** good luck; **le coup de chance** stroke of luck
le **chandail** sweater
le **changement** change
changer to change; **changer d'avis** to change one's mind
la **chanson** song; **chanson d'amour** love song
le **chansonnier** cabaret singer
le **chant** chant, song; **chants d'ombre** songs of the darkness
chanter to sing
chanteur (-euse) *n, m(f)* singer
le **chantier** construction site
le **chapeau** hat; **chapeau melon** bowler hat
la **chapelle** chapel
chaque each, every
la **charcuterie** butcher shop (pork)
la **charge** obligation, responsibility; **se charger de** to take charge of, to be given the responsibility
chargé(e) to have the responsibility for
charmant(e) charming
la **chasse** hunting; **aller à la chasse** to go hunting
chat(te) *n, m(f)* cat
le **chateau** the castle
le **châtiment** punishment
chaud(e) warm, hot
le **chauffage** heating
chauffé(e) heated
chauffer to heat
le **chauffeur** driver
la **chaussette** stocking

la **chaussure** shoe
chauve bald
le **chef** chief, boss, director, head person; **chef de cuisine** chef
le **chef-d'œuvre** masterpiece
le **chemin** road, way; **demander son chemin** to ask one's way; **la croisée des chemins** the crossroads
la **chemise** shirt
le **chèque** check
cher (-ère) dear, expensive
chercher to look for, to seek; **chercher des excuses** make up excuses
chéri(e) n, m(f) honey, darling, sweetheart, dearest; **ma chérie, mon chéri** darling, sweetheart
le **cheval (-aux)** horse
chevet: de chevet bedside
les **cheveux** m, pl hair
chez at the house of, place of business of; **ce que j'aime chez vous** what I like about you; **chez des copains** at some friends' place; **chez le docteur** at the doctor's office; **comme chez soi** to feel at home
chic stylish, attractive, smart
le **chien** dog; **il fait un temps de chien** it's beastly weather; **promener le chien** to walk the dog
le **chiffre** figure
la **chimie** chemistry
chimiste n, m(f) chemist
la **Chine** China
chinois(e) Chinese
le **choc** shock; **choc culturel** cultural shock
le **chocolat** chocolate
le **chœur** choir; **chœurs de lutte** funeral chorus
choisir (choisi-, choisiss-) to choose
le **choix** choice
le **chomage** unemployment
chômeur (-euse) n, m(f) unemployed worker
la **chose** thing; **autre chose** pron something else
chouette cute, nice, great
chronique chronic
ci-joint(e) enclosed, attached
le **ciment** cement
cinéaste n, m(f) film maker
le **cinéclub** movie club
cinéma movies, movie theater; **faire du cinéma** to make films
la **circonspection** care, prudence, circumspection, wariness
les **circonstances** f, pl circumstances
le **circuit** tour
la **circulation** traffic
circulatoire circulatory
citadin(e) n, m(f) city dweller
la **cité universitaire** university residence, dormitory
citer to cite
citoyen(ne) n, m(f) citizen
le **clair de lune** moonlight

clair(e) clear; **voir clair** to see clearly
clairement clearly
la **clarté** clarity, preciseness; **en toute clarté** in all clarity
le **classement** classification
classique classical
clé: fermer la porte à clé to lock the door
la **clef** key; **fermer la porte à clef** to lock the door
le **climat** climate
climatisé(e) air-conditioned
cocasse funny, droll, unexpected
cocher to check (off)
cochon(ne) n, m(f) pig
le **cœur** heart; **apprendre par cœur** to learn by heart; **le courrier du cœur** letters to an advice column; **les problèmes de cœur** love problems
le **coin** corner
coincer to block, to wedge, to get stuck
la **coïncidence** coincidence
la **colère** anger; **être en colère** to be angry
le **collège** secondary school (junior high level)
collègue n, mf colleague; **collègues de travail** business associates, co-workers
la **collision** collision
la **colonie** colony
la **colonisation** colonization
Coluche character in the funny papers
combattre (combat- combatt-) to fight, to combat
combien how many, how much
combiner to combine, to join
le **combustible** fuel
comique funny, comical, amusing
la **commande** order
commander to order, to ask for
comme like, how, as; **comme d'habitude** as usual
le **commencement** beginning
commencer to start
comment how; **comment allez-vous?** how are you?; **comment ça va?** how is it going?; **comment est ta sœur?** what does your sister look like?; **comment vous appelez-vous?** what is your name?
le **commentaire** commentary
commenter to comment upon, react to
commerçant(e) n, m(f) shopkeeper
commercial(e, -aux) commercial
commettre (commet-, commett-) to commit
commis (<commettre) committed
commode convenient
la **commodité** convenience
commun(e) common, ordinary, usual; **en commun** in common
la **communauté** community
la **compagnie** company
la **comparaison** comparison
le **comparatif** comparative
compatriote n, mf fellow citizen, countryman

compenser to compensate, to recompense

la **compétence** competency, talents

la **complaisance** desire to please

le **complément** complement (word which completes)

complet (-ète) full, complete, no more room

compléter to complete

complexe complex

complice *n, mf* accomplice

compliqué(e) complicated

le **comportement** conduct, behavior

comporter to entail

composer to consist of, to be composed of

compréhensif (-ive) understanding

comprendre (comprend-, compren-, comprenn-) to understand, to include; **je ne comprends pas** I don't understand

compris(e) (<comprendre) understood

le **compromis** compromise

la **comptabilité** accounting

le **comptable** accountant

le **compte** account; **compte rendu** the summary; **en fin de compte** when all is said and done

compter to count

le **comptoir** the counter

concerne: en ce qui concerne as for

concerné(e) par concerned with

concevoir to think, to imagine, to conceive of

concilier to reconcile, to maintain a balance between

concitoyen(ne) *n, m(f)* fellow citizen

la **conclusion** conclusion

le **concours** contest, competition

concurrence: faire concurrence à to compete with

concurrent(e) *n, m(f)* competitor

condamner to condemn

condition: à condition que on the condition that

conduire (condui-, conduis-) to drive (a car); to behave, to conduct oneself

la **conduite** auto driving

la **conférence** lecture; **conférence de rédaction** editorial meeting

la **confiance** confidence; **faire confiance à** to have faith in; **faire confiance à** to have confidence in

confier to give to, to extend; **se confier à** to confide in, to entrust oneself to

le **conflit** conflict

confondre (confond-) to confuse, to take one thing for another

confondu(e) astonished, confounded, confused; **demeurer confondu(e)** to remain baffled

la **confusion** confusion

le **congé** leave, vacation; **prendre congé de** to take leave, to say good-bye

la **conjecture** conjecture, guess

conjoint(e) *n, m(f)* spouse

la **conjonction** conjunction (word that joins two words, phrases)

la **conjoncture** situation

la **conjugaison** conjugation (set of verbs)

conjugal(e) conjugal

la **conjugalité** marriage, married state

conjuguer to conjugate (recite the forms of a verb)

connaissance knowledge, acquaintance; **faire connaissance** to get acquainted; **faire de nouvelles connaissances** to meet new people

connaître (connai-, connaiss-) to know, to be acquainted with

connu(e) (<connaître) known; **bien connu(e)** well-known

conquérant(e) *n, m(f)* conqueror

conquis(e) conquered

consacrer to devote; **se consacrer** to devote oneself to

conscient(e) conscious

le **conseil** advice

conseiller (-ère) *n, m(f)* counselor

conseiller to give advice, to counsel

consentir to grant

la **conséquence** consequence, result

conservateur (-trice) conservative

conserver to retain

le **consigne** orders, deposit, advice, endorsement

consister en to consist of

consommateur (-trice) *n, m(f)* consumer

consommer to consume

constamment constantly

le **constat** verification, certified report

constater to verify, to realize, to notice, to certify

constituer set up, establish; **se constituer** to be constituted

construire to construct

le **contact** contact; **prendre contact avec** to make contact with

contemporain(e) contemporary

contentir (conteni-, conten-, contienn-) to contain

se **contenter de** to be satisfied with

contester to dispute

contracter to contract; **se contracter** to contract, to be contracted

contradictoire contradictory

le **contraire** opposite; **au contraire** on the contrary

contrairement contrary to

le **contrat** contract

la **contravention** violation; **en contravention** in violation

contre against; **par contre** conversely, on the other hand

la **contre-vérité** untruth

le **contretemps** obstacle, hitch, complication

controversé(e) controversial

convaincant(e) convincing

convaincre *irr* to convince

convaincu(e) (<convaincre) convinced

convenable appropriate, all right, good, suitable, fitting

convenir (convien-, conven-, convienn-) à to be suited to, to be appropriate

convier to invite

le copain, la copine friend, buddy

copieux (-euse) large, copious

le coq rooster

coquet(te) smart, cute, attractive

la corbeille à papier wastepaper basket

le corps body; corps diplomatique diplomatic corps

correct(e) appropriate, what is needed

corrélatif (-ive) corollary

correspondant(e) *adj* corresponding; *n, m(f)* correspondent

correspondre (correspond-, correspond-) to correspond

corriger to correct

cosmopolite cosmopolitan

le costume suit

la côte coast; la Côte d'Argent the Riviera

le côté side; côté-à-côté side by side; d'un côté on one hand; d'un autre côté on the other hand; à côté de beside, at the side of; de son côté on his side

le cou neck

le couchant sunset

la couche diaper

le coucher de soleil sunset

coulant(e) soft, flowing, runny

couler to flow, to run

le coup blow, stroke; à grands coups de danses rythmiques through strong rhythmic dancing; ça vaut le coup it's worth the effort; coup de bluff bluff; coup de chance stroke of luck; coup de fusil rifle shot; coup d'œil glance; un coup de peigne et ça y est! a touch with the comb and I'm ready!

coupable guilty

couper to cut, to turn off

le couple couple

la coupure cut, interruption

la cour d'assise court, criminal court; faire la cour to court, to flirt with

le courage courage; tu as du courage you've got a lot of courage

couramment fluently, currently

courant(e) current; au courant de aware of

courir (cour-, cour-) to run, to be at large

le courreur des bois frontier scout, explorer

le courrier du cour letters to an advice column

le cours course, class; cours magistral large lecture class; au cours de in the course of, during

la course de chevaux horse race; faire les courses to do errands

court(e) short; à court de short of

cousin(e) *n, m(f)* cousin

le couteau knife

coûter to cost; coûter les yeux de la tête to cost an arm and a leg

coutumier (-ère) customary

couvrir to cover

la craie chalk

craindre (crain-, craign-) to fear

la crainte fear; par crainte que for fear that, lest

craintif (-ive) fearful

les crampes (*f, pl*) d'estomac stomach cramps, stomachache

craquer to crack up, to go under, to lose it

la cravate tie

créateur (-trice) creative

la crèche cradle

crédit: la carte de crédit credit card

créer to create

la crème cream

la crémerie dairy

crevé(e) exhausted

le cri cry

la crise crisis; en pleine crise to be in the midst of a crisis

cristalliser to crystalize

le critère criterion critique *n, mf* critic

croire to believe

la croisée des chemins the crossroads

la croisière cruise

la croissance growth

cru(e) (<croire) believed

cruel(le) cruel, painful

le crustacé shellfish

la cuisine cooking, kitchen

cuisinier (-ière) *n, m(f)* cook

culminer to culminate

culpabilisant(e) guilt-producing

le culte church service (Protestant)

cultivé(e) cultivated

cultiver to cultivate

culturel(le) cultural

la cure treatment, therapy

- D -

la dame lady

dans in; dans ce cas in that case

la danse dance

danser to dance

davantage more

de (d', du, des) of, from; d'abord first (of all); d'accord I agree, O.K.; d'âge mûr middle aged, mature; d'ailleurs moreover, furthermore; d'après-guerre the post-war period; d'autre part elsewhere; d'autres others; de bonne (mauvaise) humeur in a good (bad) mood; **d'en haut** from above **de façon à** in such a way as to; **d'habitude** usually; **de la part de** on behalf of; **de manière à** in such a way as to; **de même** the same, just so; **de moins en moins** less and less; **de nos jours** in our times; **de nouveau** again, once more; **de plus** moreover, what's more; **de retour** returned; **de sa part** on his (her) part, behalf **de son côté** on his (her) side; **de suite** consecutively, in a row; **de temps en temps** from time to time; **de tous bords** from everywhere, all directions; **de toute manière** in any case; **du calme** be calm; **du moins** at least; **d'un autre côté** on the other hand; **d'une part** on one hand; **d'un tiers** a third, a third party; **être de retour** to have returned; **je ne suis pas d'accord** I disagree

le **débarquement** landing

débarrasser de to get rid of

le **débat** debate

débattre (débat-, débatt-) to debate

débiter to utter, to produce

debout up, standing up

débrouillard(e) resourceful

débrouiller to get along, to get out of difficulty; **se débrouiller** to manage

le **début** beginning

débutant(e) *n, m(f)* beginner

décédé(e) deceased

décéder to die

le **décembre** December

la **décennie** decade

la **décentralisation** decentralization

la **déception** disappointment

décerner to give out, to distribute

le **décès** death

décevoir (déçoi, décev-, déçoiv-) to disappoint

déchirer to tear, to rend

décidément decidedly, it's plain (to see) that

décider to decide

décision: prendre une décision to make a decision

déclarer to break out, to declare

la **décolonisation** decolonization

décomposé(e) decomposed

déconcertant(e) disconcerting

déconseiller to advise against

décontracté(e) relaxed, casual

décontracter to relax, to unwind

le **décors** scenery, setting, decoration

découler to follow from

décourageant(e) discouraging

décourager to discourage

la **découverte** discovery

découvrir *irr* to discover, to reveal

décréter to decree

décrire (décri-, décriv-) to describe

la **défaite** defeat

le **défaut** defect

défavorable unfavorable

le **défense** defense; **défense de fumer** smoking is forbidden

défenseur (-euse) *n, m(f)* defender

le **défi** challenge

le **défilement** passing of the film through the projector

défiler to parade, march

défini(e) defined; definite; l'**article défini** *m* definite article **(le, la, les)**

définitivement definitively

la **déformation** degeneration

déformer degenerate

défrayer to pay one's expenses

le **dégagement** clearing, disengagement

dégager to pick out, to identify

dégager to remove, to bring out

les **dégats** damage

dégénérer to degenerate

la **dégradation** degeneration

degradé(e) degraded

dégrader to deteriorate, to become degraded

le **degré** degree

déjà already

le **déjeuner** lunch; **la petit-déjeuner** breakfast

déjeuner to have lunch

delà: au delà beyond

les **délais établis** *m, pl* established time limits

délasser to relax

délégué(e) *n, m(f)* delegate, representative

délicat(e) delicate

la **délicatesse** delicacy

délicieux (-euse) delicious

le **délire** delirium

le **délit** offense, crime

demain tomorrow; **demain soir, ça marche?** tomorrow night, O.K.?; **à demain** *(see)* you tomorrow; **pour demain** for tomorrow

la **demande** a request; **la lettre de demande** letter of application

demander to ask for, request, require; **demander son chemin** to ask one's way

démarrer to start, to work

déménager to move out

la **demeure** residence

demeurer to live, to remain; **demeurer confondu(e)** to remain baffled

demi(e) half

demi-tour: faire demi-tour to turn around

la **démission** resignation

la **démocratie** democracy

démocratique democratic

démoder to go out of fashion

démolir (démoli-, démoliss-) to demolish

démonstratif: le pronom démonstratif demonstrative pronoun la **démonstration** demonstration, proof

démonter to take down, to dismantle

dénombrer to count, to number

dénoncer to expose, to denounce

dense heavy

la **dent** tooth; **se brosser les dents,** to brush one's teeth

le **départ** departure

dépassé(e) over, finished

dépasser to overtake, to exceed

dépassionner to cool down

dépêcher to send; **se dépêcher** to hurry (up)

dépendre (dépend-, dépend-) to depend

dépenser to spend

les **dépenses** *f, pl* expenses

dépensier (-ière) extravagant

dépeuplé(e) depopulated

dépit: en dépit de in spite of

le **déplacement** moving, shifting, displacement

déplacer to be moved, to be displaced; **se déplacer** to move, to shift

déplorer to deplore

déplu(e) displeased

déporter to deport

déposer to deposit, put down

dépourvu(e) in want, in need

la **dépression** depression

déprimant(e) depressing

déprimé(e) depressed

depuis for, since; **je t'attends depuis une heure** I have been waiting for you for an hour

le **député** deputy

la **déraison** madness, hysteria

déraisonnable crazy, unreasonable

déranger to disturb

dernier (-ère) last, latest

dérouler to take place, to happen

derrière behind, in back of

des (*contraction of* **de** + **les**) *see* **de**

dès starting at, with; **dès lors** from that time; **dès que** as soon as, from this moment on

désagreable unpleasant

désarmement disarmament

désastreux (-euse) disastrous

le **désatre** disaster

descendant(e) falling

descendre (descend-, descend-) come down, go down; **descendre à l'hôtel** to stay at the hotel

désert(e) deserted

désertique desert

désespéré(e) desperate

désespérer to dispair

désespoir: en désespoir de cause as a last resort

déshabiller to undress, to strip

désigner to designate

la **désintoxication** drying out, sobering up

le **désir** desire

désirer to desire, to want to

désolé(e) sorry

désordonné(e) disorganized

le **désordre** disorder

désorganisé(e) disorganized

désorienté(e) disoriented

désormais henceforth

desservi(e) (<desservir) served

le **dessin** drawing

dessiné: la bande dessinée cartoon

dessus: au dessus de above; **...et vous tombez dessus** . . . and you're right there

destiné(e) à intended for

la **destinée** fate; **les destinées** fate

destiner à to have as one's objective

le **détail** detail

se **détendre** to relax, to unwind, to loosen up

détenir (détenir-, déten-, détienn-) to hold, to be in possession of, to put in prison

la **détention à perpetuité** life imprisonment

le **déterminant** determiner

la **détermination** determination

déterminer to make one's own choice

détestable detestable

détester to detest

le **détour** detour

détruire (détrui-, détruis-) to destroy

détruit(e) (détruire) destroyed

la **dette** debt

le **deuil** mourning

deux both (of them); **à deux pas** right near; **deux les deux** both

devancer to anticipate

le **devant** front; **devant de l'actualité** front stage, on the current scene

devant before, in front of, in face of; **le respect devant ses supérieurs** respect for one's superiors

le **développement** development; **en voie de développement** developing, in the process of development

développer to develop

devenir (devien-, deven-, devienn-) to become; **Qu'est-ce que je vais devenir?** What's going to happen to me?; **Qu'est qu'elle est devenue?** What has become of her?

déverser to pay out, to pour out, to discharge

dévié(e) diverted

dévier to detour

deviner to guess

le **devoir** duty; **les devoirs** homework; **faire les devoirs** to do one's homework

devoir (doi-, dev-, doiv-) to have to, to be obligated to; must, should; to owe; **je devrais travailler** I ought to work

le **dévouement** devotion
dévoyé(e) delinquent
la **dictature** dictatorship
dicter dictate
le **dictionnaire** dictionary
le **dicton** saying
le **Dieu** God; **mon Dieu!** good heavens!
la **diffamation** slander
la **différence** difference
différencier to differentiate
différent(e) different
difficile difficult, hard
le **digestif** a digestive
digne worthy
la **dignité** dignity, worth
le **dimanche** Sunday
diminuer to diminish, to get smaller
le **dîner** dinner
dîner to dine
diplomate diplomatic
la **diplomatie** diplomacy
le **diplôme** diploma, degree
dire *irr* to tell, to say; **à vrai dire** to tell the truth; **ça ne me dit rien** that doesn't appeal to me at all; **c'est-à-dire** that is to say; **dis donc** say!; **dis-moi** tell me, say; **vouloir dire** to mean
directeur (-trice) *n, m(f)* director
la **direction** management
dirigeant(e) *n, m(f)* leader, director
le **discours** speech
discret (-ète) discreet
discrètement discreetly
la **discrétion** discretion
la **discrimination sexuel** sexual discrimination
discuter to discuss, to chat, to contest
disperser to disperse
disponible available
disposer de to have at one's disposal
disposition : à votre disposition at your disposal
la **dissertation** paper, essay
dissuader to dissuade
la **dissuasion** disuasion
distant(e) distant, aloof
distinguer to distinguish
la **distraction** distraction, amusement, diversion
distraire to distract; **se distraire** to amuse oneself
distribuer to distribute
dit(e) (<dire) said
divers(e) diverse, various
la **diversité** diversity
divisé(e) divided
divorcé(e) divorced
dix ten
le **docteur** doctor
le **document** document

les **DOM (Départements d'outre-Mer)** *m, pl* overseas departments of France
le **domicile** residence; **à domicile** to people's houses
domicilié(e) residing
dominante dominant
dominer to dominate
le **dommage** a pity; **ça, ç'est vraiment dommage** that's really too bad
donc therefore, so
donné(e) specified
la **donnée** the given, datum
donner to give; **donner à manger** to feed
dont of which, of whom, whose
dorénavant henceforth, from now on
dormir (dor-, dorm-) to sleep
le **dortoir** the dormitory
le **dos** the back; **dos à dos** back to back
le **dossier** dossier
douanier (-ière) *n, m(f)* customs official
la **douche** shower
doute: il ne fait pas de doute there is no doubt; **mettre en doute** to cast into doubt
doux (douce) sweet, mild-mannered, mild
dramatiquement dramatically
dramaturge *n, mf* dramatist
le **drame** drama
dresser contre to stand up for
la **drogue** drugs
le **droit** the law, right; **droit de grève** the right to strike
droit(e) straight, upright, honest; **à droite** to the right; **tout droit** straight ahead
la **droite** right, the (political) right
drôle funny, amusing
du (*contraction of* **de** + **le**) *see* **de**
dur(e) hard
durable lasting, permanent
durant during
la **durée** duration
durer to last
dynamique dynamic, progressive

- E -

l'**eau** *f* water
l'**échange** *m* exchange, change
échapper to escape
l'**écharpe** *f* scarf
les **échecs** *m, pl* chess
l'**échelle** *f* ladder, scale
l'**échelle** (*f*) **numérique** numerical scale
éclairé(e) enlightened
éclectique electric
l'**école** *f* school
économe thrifty

économie: faire des économies to economize, to save; **les économies** f, pl savings
économiser to save money
écouter to listen to
écraser to be crushed
écrire (écri-, écriv-) to write; **écrire en sténo** to take shorthand
écrit: à l'écrit in writing
l'écrivain m, f writer
l'éditorial (-aux) editorial
éducatif (-ive) educational
effacer to erase, to rub out
effectivement really, indeed, actually
effectuer to bring about
l'effet m effects, results; **en effet** in fact, indeed, so, actually
efficace efficient, effective
efficacement effectively
effroyable frightful, awful
effroyablement awfully
égal equal; **ça m'est égal** I don't care, it doesn't matter
également also, equally
égaliser to equalise
l'égalité f equality
égard: à cet égard in this respect
l'église f church
égoïste self-centered
égoïstement egotistically
eh bien well; **eh bien voilà** well, that's it; so there you have it
l'élan m momentum, surge, burst of enthusiasm
élancé(e) slender
électeur (-trice) n, m(f) voter
l'élection f election
l'électricité f electricity
électrique electric
élégant(e) elegant
l'élève m, f pupil (high school and below)
élevé(e) high
élire (éli-, élis-) to elect
elle she, it; her
elles they; them
éloigné(e) distant, far away
éloigner to put away, to distance
élu(e) (<élire) elected
l'Élysée m official residence of the President of the Republic
embarrasser to create difficulties, to embarrass
embêtant(e) annoying, awkward
embêté(e) annoyed, perplexed
l'embouteillage m traffic jam; **être pris dans un embouteillage** to be caught in a traffic jam
l'embrigadement m recruitment
émettre (émet-, émett-) to emit, to give out, to express

l'émigré(e) m, f emigrant
l'émission f broadcast
l'emmaillotage m wrappings
emmener to take, to lead
empêcher to prevent, to stop
l'emplacement m site, location
l'emploi m use, usage, uses, job
employé(e) n, m(f) employee
employer to use, to employ; **se employer** to be used
emprisonner to imprison
l'emprunt m loan, borrowed money
emprunter to borrow
emprunteur (-euse) n, m(f) borrower
en prep in, at, on, while; pron of it, of that, about it; **en arrière** behind, rear, backwards; **en attendant** meantime; **en attente de** waiting for; **en baisse** falling; **en bref** in short; **en cas d'interruption** in case of interruption; **en cas d'interruption** in case of interruption; **en ce moment** right now; **en ce qui concerne** as for; **en ce temps-là** at that time; **en colère** angry; **en contravention** in violation; **en dépit de** in spite of; **en désespoir de cause** as a last resort; **en effet** in fact, indeed, so, actually; **en face de** opposite, facing; **en fin de compte** when all is said and done, finally; **en fonction de** because of; **en forgeant** in forging; **en forme** in shape; **en grande partie** in large measure; **en gros** broadly speaking; **en haus** rising; **en même temps** at the same time; **en mesure de** capable of; **en partant de** starting with; **en plein bonheur** completely happy; **en pleine crise d'identite** having a full-blown identity crisis; **en plus** extra; **en premier** first class; **en principe** in principle; **en profondeur** in depth; **en renfort** as reinforcements; **en résumé** in short; **en retard** late; **en revanche** on the other hand; **en superforme** in top condition; **en supplément** supplementary; **en tant que** in the capacity of, as; **en tête à tête** privately (alone together) **en tête de** at the head of; **en tête** in mind; **en tout cas** in any case; **en toute circonstance** in any case; **en toute franchise** quite frankly; **en train de** in the process of; **en vain** in vain; **en vertu de** by virtue of; **en vieillissant** while growing older; **en voie de** in the process of; **en voie de développement** developing; **en vue de** for the purpose of; **je vous en prie** if you please; **s'en aller** to leave
l'encadrement m management
enchanté(e) pleased to meet you
encore yet, still; **encore que** even though; **encore une fois** once more; **pas encore** not yet
endormir (endor-, endorm-) to put to sleep; **s'endormir** to go or fall asleep
l'endroit m place
l'énergie (f) **nucléaire pacifique** peaceful nuclear energy

énergique energetic
énerver to get excited, to get irritated
l'enfance *f* childhood
l'enfant *m*, *f* child; **bon enfant** naive
enfin finally, to sum it up, at last
engagé(e) busy, engaged in
engager to hire, to encourage
engendrer to generate, to create
l'enjeu *m* stakes
enlever to take off, to kidnap
enneigé(e) snow covered
ennemi(e) *n*, *m(f)* enemy
l'ennui *m* boredom, irritation, problems
ennuyer to be bored
ennuyeux (-euse) boring, tedious
énorme enormous
énormément greatly
l'enquête *f* survey, study, investigation; le **questionnaire
    d'enquête** survey
enquêteur (-euse) *n*, *m(f)* one who conducts surveys
enregistrer to record, to register
enrhumé(e) sick with a cold; **enrhumé(e)s** rum-
    soaked
s'enrichir (enrichi-, enrichiss-) to be enriched, to get
    rich
enrichissant(e) enriching
l'enrichissement *m* enrichment
l'enseignant (e) *n*, *m(f)* teacher
l'enseignement *m* education, curriculum, teaching,
    teaching profession
enseigner to teach
l'ensemble *m* total number, the totality, the whole
ensemble together
ensuite next, then
entamer to start, to begin
entendre (entend-, entend-) to hear, to understand; **en-
    tendre avec** to get along with; **entendre parler de**
    to hear tell of; **faire entendre** to give to understand,
    to declare
entendu(e) agreed; **bien entendu** naturally, of course
entériner to ratify, to confirm
l'enthousiasme *m* enthusiasm
entouré(e) surrounded, wrapped around
entourer to surround
s'entraîner to entail, to train; to practice, to get training
l'entrée *f* entrance
entreprendre (entreprend-, entrepren-, entreprenn-) to
    undertake
l'entreprise *f* company, enterprise
entrer to enter, to come in; **entrer en collision** to
    collide
entretemps in the meantime
l'entretien *m* interview, conversation
envahir to invade
envahissant(e) all around us

envie: avoir envie de to want, to want to do
environ about, approximately
l'environnement *m* environment
les environs *m*, *pl* the neighborhood
envisager to consider
l'envoi *f* sending
envoyer to send
épanouir to bloom; to beam
l'épanouissement development, unfolding
l'épargne *f* savings
épargne: la caisse d'épargne savings bank
épargner to spare, to save
l'épaule *f* shoulder
épeler to spell
l'épidémie epidemic
épique epic, huge
l'époque *f* time, period of time; **à cette époque** at that
    time
l'épouse *f* wife
épouser to marry
épouvantable awful, horrible
l'épouvante *f* **horreur**; le **film d'épouvante** horror
    movie
l'époux *m* husband
l'épreuve *f* test, trial
épuisé(e) exhausted
l'épuisement *m* exhaustion
épuiser to exhaust
équatorial(e) equatorial
équilibrer to balance oneself
l'équilibriste *mf* tight-rope walker
l'équipe *f* team
équipé(e) equipped
l'équipement *m* equipment
équitablement fairly
l'équitation *f* horseback riding; **faire de l'équitation** to
    go horseback riding
équivalent(e) equivalent
l'ère *f* era, period
l'erreur *f* mistake
erroné(e) erroneous
l'escalier *m* stairs
l'esclave *m* slave
l'espace *m* space, room
l'espagnol *(m)* Spanish; **Espagnol(e)** *m(f)* Spaniard
l'espèce *f* kind
espérer to hope
l'espion(ne) *n*, *m(f)* spy
l'espionnage *m* spy work, espionage
l'espoir *m* hope
l'esprit *m* mind, spirit
l'essai *m* attempt, essay
essayer de to try, to attempt
l'essence *f* essence, gasoline
l'essentiel *m* the essence

essuyer   to wipe off, to dust
l'est *m*   east
esthéticien(ne) *n, m(f)*   beautician
estimer   to believe, to esteem, estimate
estomac: les crampes *(f, pl)* d'estomac   stomach cramps, stomachache
et   and; et alors?   and then? so what?; et... et   both ... and
établir   to establish
l'étage *m*   story (in a building)
l'étape *f*   stage, step, stopping point
l'état *m*   state; état civil   civil status; état d'esprit   state of mind
les États-Unis *m, pl*   the United States
été (<être)   been
l'été *m*   summer
étique   dried out, skeletal
étonnant (e)   astonishing, surprising
étonner   to astonish; s'étonner de   to be surprised at
étrange   strange
l'étranger (-ère) *n, m(f)*   foreigner, stranger; à l'étranger   abroad
être *irr*   to be; ça y est!   there it is! now you've got it! there! I've finished!; être à la remorque   to follow, to be led by; être debout   standing; être de mauvaise humeur   to be in a bad mood; être en train de   to be in the process of; être porté à   to be inclined to; il est   there is, there are; je suis bien d'accord   I agree
l'être *m*   individual, person, being; être aimé   loved one; être cher   the significant other; être humain   a human being; étroitement   closely
l'étude *f*   study, investigation; études   studies; études primaires   elementary school(ing); mener une étude   to conduct a study
étudiant(e) *n, m(f)*   student
étudier   to study
eux   they, them
l'évangélisation *f*   proselyting, Christianising of non-Christian nations
l'événement *m*   event, happening
éventuel(-le)   future
évidemment   of course, obviously
évidence: mettre en évidence   to focus on something
évident(e)   obvious
éviter   to avoid
évoluer   to change, to mature
l'évolution *f*   development
évoqué(e)   alluded to
évoquer   to evoke
exactement   exactly
exagérer   to exaggerate
l'examen *m*   examination, exam, test; réussir à l'examen   to pass the test
examiner   to examine

exaspérant(e)   exasperating
excéder   exceed
l'excès *m*   excess; à l'excès   excessively
excessif (-ive)   excessive
excessivement   excessively
exciter   to excite
l'excuse   excuse; chercher des excuses   to make up excuses
excuser   to excuse oneself, to apologize; excuse-moi   excuse me
exécuté(e)   executed
exercer un métier   to work in a trade
exhaustive   thorough
exiger   to require
l'existence *f*   existence, life
exotique   exotic
l'expansion *f*   expansion
expédier   to send, to expedite
l'expédition   expédition
l'expérience *f*   experience
l'expérimentation *f*   experimentation
expier   to atone for, to pay for
l'explication *f*   explanation
expliquer   to explain, to explicate
exploitant(e) *n, m(f)*   farmer; developer
explorateur (-trice) *n, m(f)*   explorer
exposer   to describe
l'exposition *f*   exhibition, show, display
exprimer   to express
extérieur: à l'extérieur   on the outside
l'extrait *m*   extract
extravagant(e)   extravagant
extrêmement   extremely

- F -

la fabrication *f*   manufacturing
fabriquer   to make, manufacture
face: en face de   opposite, facing; face à   with regard to; faire face à   to face, to confront, to resist, to square off against
fâché(e)   angry, out of sorts
facile   easy
facilement   easily
la façon   way; de façon à   in such a way as to; d'une façon indirect   in an indirect way
le facteur   mailman
facultatif (-ive)   optional
la faculté   department or division (of a university)
faible   weak
la faiblesse   weakness
faillir   to come near to; ce qu'on a failli pêcher   that which one almost caught
la faillite   bankruptcy

la **faim** hunger; **avoir faim** to be hungry

faire *irr* to do, to make; **faire à** to get used to; **faire appel à** to call for, to appeal to; **faire attention** to be careful; **faire beau temps** to be good weather; **faire concurrence à** to compete with; **faire confiance à** to have confidence in; **faire connaissance** to get acquainted; **faire de l'autostop** to hitchhike; **faire de l'équitation** to go horseback riding; **faire de la bicyclette** to go bicycling; **faire de la luge** to go sledding; **faire de la moto** to go motorcycling; **faire de la planche à voile** to go wind surfing; **faire de la voile** to go sailing; **faire de nouvelles connaissances** to meet new people; **faire demi-tour** to turn around; **faire des bêtises** to make stupid mistakes; **faire des économies** to economize, to make savings; **faire du camping** to go camping; **faire du cinéma** to make films; **faire du mal** to injure, do harm; **faire du mal** to do harm; **faire du ski alpin** to go downhill skiing; **faire du ski de fond** to go cross-country skiing; **faire entendre** to give to understand, to declare; **faire face** to face, to confront; **faire face à** to resist, to square off against; **faire froid** to be cold; **faire horreur** to horrify; **faire la cour** to court, to flirt with; **faire la grasse matinée** to sleep in; **faire la queue** to stand in line; **faire le bilan** to draw up or settle accounts; **faire le ménage** to do the housework; **faire des projets** to make plans; **faire le tour de monde** to go around the world; **faire les courses** to do errands; **faire les devoirs** to do one's homework; **faire les magasins** to go shopping; **faire les poches** to pick someone's pockets; **faire mal à** to harm; **faire mieux** to do better; **faire part** to announce (death, marriage, etc.); **faire partie de** to belong to; **faire plaisir** to give or bring pleasure; **faire rage** to rage; **faire remarquer** to point out; **faire ressortir** to bring out; **faire savoir** to tell, to inform, to make known; **faire signe** to let someone know, to give a signal; **faire une promenade à pied** to take a walk; **faire une promenade en voiture** to go for a drive; **faire un mort** to cause a death; **faire venir** to send for; **faire vite** to act quickly; **faire voir** to show; **faites vos jeux** place you bets; **il fait beau (temps)** the weather is good; **il fait du vent** it's windy; **il fait frais** it's chilly; **il fait froid** it's cold; **il fait mauvais temps** the weather is bad; **il fait un temps de chien** the weather is beastly; **s'en faire** to worry; **ne vous en faites pas** don't worry; **se faire bronzer** to get a tan

le **fait** fact; **au fait** by the way; **fait divers** news item; **au fait** say, by the way

falloir to be necessary; **il faut** it is necessary, one must; **il me faut un docteur** I need a doctor; **il ne faut pas** you must not; **l'homme qu'il nous faut** the man we need; **vous faut-il beaucoup de temps?** do you need a lot of time?

fameux (-euse) famous

familial(e, -aux) family

la **familiarité** *f* familiarity, closeness

la **famille** family

le **famine** famine

fantastique wonderful, fantastic

fascinant(e) fascinating

fascinar to fascinate

fatigant(e) tiring

fatigué(e) tired

fatiguer to tire

fauché(e) broke

la **faute** mistake

faute de for lack of

fautif(-ive) guilty, delinquent

faux, fausse false

le **faux col** stiff collar

favoriser to favor

favorit(e) favorite

la **fédération** federation

féminin(e) feminine

la **féminisation** feminising

la **femme** woman, wife; **femme d'affaire** businesswoman; **femme de chambre** maid

la **fenêtre** window

le **fer** iron

la **ferme** farm

ferme firm, solid

fermé(e) closed, distant, unfriendly

fermer to close; **fermer la porte à clef (à clé)** to lock the door

la **fermeté** firmness

la **fermeture** closing

fermier(-ière) *n, m(f)* farmer

le **festin** holiday, celebration

le **festival** (*pl* les **festivals**) festival

la **fête** holiday, party; **fête nationale** national holiday

le **feu** fire; **ouvrir le feu** to fire upon

la **feuille** leaf

le **feuilleton** serial, TV soap opera

le **février** February

fiable dependable

fiancé(e) *n, m(f)* fiancé(e)

la **ficelle** string

fictif(-ive) fictional

fier(-ière) proud

la **fièvre** fever

la **figure** face

filer to spin

la **filière** techniques; **filière administrative** bureaucratic channels

la **fille** girl, daughter; **fille unique** only child, only daughter

le **film** film, movie; **film d'épouvante** horror movie

le **fils** son; **fils unique** only child, only son

la **fin**   end; **à la fin**   finally, ultimately; **en fin de compte**   when all is said and done, finally; **mettre fin à**   to put an end to

fin(e)   fine

finalement   in the end, finally, really

financier (-ère)   financial

finir (fini-, finiss-)   to end up, to finish; **finir par**   to end up by

fixe   regular, fixed; **aux heures fixes**   at regular times

fixé(e)   defined

flamand(e)   Flemish

la **fleur**   flower

fleuri(e)   in bloom, in blossom, flowery

la **flore**   flora

flotter   to float, to wave

la **foi**   faith

la **fois**   occasion, time; **une fois que**   once that; **à la fois**   at the same time

la **folie**   madness, folly, extravagance

folklorique   folk

la **folle**   crazy woman

fonction: en fonction de   because of

fonctionnaire n, mf   bureaucrat, official

le **fonctionnement**   functioning

fonctionner   to function, to work

le **fond**   bottom, depth, substance; **au fond**   at bottom, after all; **au fond des yeux**   directly in the eyes

fondamentalement   fundamentally

fondateur (-trice) n, m(f)   founder

fonder   to found

fondre (fond-, fond-)   to melt

le **fonds**   fund; **les fonds**   capital

la **fontaine**   fountain

le **football**   soccer

le **footing**   jogging

la **force**   force, strength; **forces de police**   the police force

forcément   necessarily

forcer   to force open

la **forêt**   forest

forgeant: en forgeant   in forging

forger   to forge

le **forgeron**   blacksmith

la **formation**   formation, education

la **forme**   form; **en forme**   in shape

former   to form, to train, to shape; **se former**   to be formed

formidable   great, wonderful

la **formule**   formula; **formule de vacances**   vacation schedule

formuler   to formulate

fort(e)   strong, very; **mettre à la forte**   to send away, to kick out

fou (fol, folle) f   crazy, mad, extravagant

le **fou**   madman, crazy man

foudroyant(e)   dramatic, overwhelming

la **foule**   crowd

fournir (fourni-, fourniss-)   to furnish

fourré(e)   fur-lined

le **foyer**   family household

frais (fraîche)   cool, chilly; **il fait frais**   it's chilly

les **frais** m, pl   expenses; **les frais d'inscription**   tuition and fees

franc(-che)   frank

le **franc**   franc (monetary unit)

le **français**   French (language)

français(e)   French; **Français(e)** n, m(f)   Frenchman (Frenchwoman)

franchement   frankly

la **franchise**   frankness; **en toute franchise**   in all frankness; **en toute franchise**   quite frankly

francophile n, mf   lover of things French

francophobe n, mf   one who dislikes things French

francophone   French-speaking

le **franglais**   mixture of French and English

frapper   to strike, to impress

freiner   to put on the brakes, to slow down

frémir (frémi-, frémiss-)   to shudder

frénétique   frenetic, frantic

fréquemment   frequently

la **fréquence**   frequency

fréquent(e)   frequent

le **frère**   brother; le **beau-frère**   brother-in-law

le **frigo**   fridge

les **frites** f, pl   French-fries

le **froid de canard**   bitter cold; **avoir froid**   to feel (be) cold; **faire froid**   to be cold; **il fait froid**   it's cold

froid(e)   cold

froidement   coldly

froisser   to offend

le **fromage**   cheese

la **frontières**

fructifier   to be productive, to yield fruit

fuir (fui-, fuy-)   to flee

fumant(e)   smoking

fumé(e)   smoked, dark

la **fumée**   smoke

fumer   to smoke

funèbre   gloomy, funereal

fusil: le coup de fusil   rifle shot

le **futur**   the future tense

fuyant(e)   fleeing

- G -

gâcher   to spoil, to ruin

gageure (-euse)   attempting the impossible

gagnant(e) n, m(f)   winner

gagner   to earn, to win, to overcome; to come over; **gagner sa vie**   to earn one's living gai(e)   cheerful

la **gamme**   range, scale

le **gangster**   criminal

la **garantie**   guarantee

garantir (garanti-, garantiss-)   to guarantee

le **garçon**   boy; **garçon de café**   waiter

le **Garde des Sceaux**   minister of justice

garde: prendre garde   to be careful, to pay attention to

garder   to keep; **garder son sang froid**   to keep cool, to remain calm

la **gare**   railroad station

gastronomique   gastronomical

le **gâteau**   cake

gauche   left; **à gauche**   to the left

la **gauche**   the (political) left

le **gaz**   gas

geler   to freeze

le **gémeaux**   Gemini (horoscope)

gênant(e)   irritating, awkward

le **gendarme**   police officer

généralement   generally

généraliser   to generalise

généreux (-euse)   generous

le **génie**   genius

le **genre**   gender; kind, sort

les **gens** *mf*   the people

gentil(le)   nice, friendly

la **gentillesse**   kindness

le **géographe**   geographer

la **géographie**   geography

géographique   geographical

la **géologie**   geology

le **géoloque**   geologist

géometrique   geometrical

gérant(e) *n, m(f)*   manager

gigantesque   gigantic

girondin(e)   from the region of La Gironde

la **glace**   ice cream

la **glisser**   to slip

global(e, -aux)   total, overall

glorieux(-euse)   glorious

le **golf**   golf, golf course

la **gorge**   throat; **avoir mal à la gorge**   to have a sore throat

gosse *n, mf*   kid

le **gothique**   Gothic architecture

le **gourmet**   lover of fine cuisine

le **goût**   taste, likes; **à mon goût**   for my taste; **chacun à son goût**   to each, his own; **le mauvais goût**   poor taste

le **gouvernement**   government

le **gouverneur**   governor

grâce à   thanks to, because of

grand(e)   big, large, tall, grown-up; **à grands pas**   with haste, in a hurry

grand-chose: pas grand-chose   not much

la **grandeur**   largeness, bigness

grandir (grandi-, grandiss-)   to grow up; se **grandir**   to grow, to become larger

la **grand-mère**   grandmother

le **grand-père**   grandfather

gras(se): faire la grasse matinée   to sleep in; la **grasse matinée**   sleeping late

gratuit(e)   free, gratuitous

grave   serious

la **grenouille**   frog

grève: le droit de grève   the right to strike

le **grief**   complaint, grievance

grièvement   seriously

griffonné(e)   scribbled

griffonner   to scribble

grincer   to grate

griot(te) *n, m(f)*   folk poet

le **grippe-sou**   miserly person

gris(e)   gray

gros(se)   large, fat, stout; **en gros**   broadly speaking

se **grouiller**   to hurry up, to get a move on

le **groupe**   group

la **guerre**   war; **Deuxième Guerre mondiale**   World War II; **guerre de sécession**   U.S. Civil War; **l'après guerre**   postwar period

le **guide**   guide, guide book

la **guitare**   guitar

guyannais(e)   from Guinea

la **gymnastique**   exercise, gymnastic

- H -

habile   clever

habilement   cleverly, ably

habillé(e)   dressed

s'**habiller**   to get dressed

habitant(e) *n, m(f)*   inhabitant

habiter   to live

l'**habitude** *f*   habit; **comme d'habitude**   as usual

habituel(le)   usual

habituer   to get used to

la **haine**   hate, hatred

handicapé(e) mental(e, -aux) *n, m(f)*   mentally handicapped person

le **hasard**   chance; **hasard seul**   mere chance

haus: en haus   rising

la **hausse**   rise, increase; **hausse des prix**   price increase

haut(e)   high, great; **de plus haute importance**   of the greatest importance; **la haute société**   high society

l'**hebdomadaire** *m*   weekly magazine

hebdomadaire   weekly

le **hectare**   measure of land (about two acres)

hein?   eh? all right?

hélas! alas!

l'herbe *f* grass, lawn

hériter to inherit

l'heure *f* hour, time; **à l'heure** on time; **aux heures fixes** at regular times; **de bonne heure** early; **heure d'arriver** arrival time; **quelle heure est-il?** what time is it?

heureusement fortunately

heureux (-euse) happy, fortunate

le **heurt** bump, shock, collision

l'hexagone *m* six-sided figure; le **Hexagone** continental France

hièrarchisé(e) prioritized

l'histoire *f* history, story; **j'adore les histoires** I like hearing excuses

l'hiver *m* winter; **les sports d'hiver** winter sports

l'hommage *m* tribute

l'homme *m* man; **homme d'affaires** *m* businessman; **homme politique** politician

honnête honest, decent, honorable

l'honneur *m* honor; la **légion d'honneur** Legion of Honor

l'hôpital (-aux) *m* hospital

l'horaire *m* timetable

hormis except

l'horreur *f* horror; **avoir horreur de** to dislike, to loathe; **faire horreur** to horrify; **horreur!** it's ghastly, awful

hospitalier (-ière) hospitable

l'hôte *m* host, guest

l'hôtel *m* hotel

l'hôtesse *f* hostess; **hôtesse de l'air** stewardess, flight attendant

humain(e) human

l'humanité *f* humanity, humaneness

l'humeur *f* mood; **de bonne (mauvaise) humeur** in a good (bad) mood

le **hurlement** scream

l'hypocrisie *f* hypocrisy

l'hypothèse *f* hypothesis

hypothétique hypothetical

- I -

ici here

l'idéal (-aux) *m* ideal

l'idée *f* idea; suggestion

identique identical

l'identité *f* identity

l'idéologie *f* ideology

idiot(e) dumb, idiotic

ignorer to be unaware of, to ignore

il he, it; him; **il fait (beau,** etc.) see **faire**

ils they; them

il y a there is, there are (indicating existence); ago; **il n'y a pas de quoi,** you're welcome ("there is nothing to thank me for"); **il y a de quoi** there is good reason to; **il y a dix minutes** ten minutes ago

illégal(e, -aux) illegal

l'illégalité *f* illegality

illusoire illusory, deceptive

l'image *f* picture, image; **à l'image de** in the image of

imaginaire imaginary

imaginer to imagine

immangeable inedible, uneatable

immédiat(e) immediate

immédiatement immediately

immigré(e) *n, m(f)* immigrants

l'immobilisme *m* immobility

l'imparfait *m* imperfect verb tense

l'imper *m* raincoat

l'impératif *m* imperative verb mood

impérativement absolutely, by necessity

l'imperméable *m* raincoat

impersonnel(le) impersonal

impertinent(e) impertinent, sassy

imposer to impose; **s'imposer** to be imposed

l'impôt *m* tax

l'impression *f* impression; **avoir l'impression (que)** to have the impression (that)

impressionnant(e) impressive

imprévisible unforeseeable

imprévu(e) unforeseen, unexpected

l'imprudence *f* act of carelessness

inachevé(e) incomplete

inaperçu(e) unnoticed

inattendu(e) unexpected

l'incendie *m* fire

l'incertitude *f* uncertainty

l'incompétence *f* incompetence

incompréhensible incomprehensible

inconnu(e) *adj* unknown; *n, m(f)* unidentified person

l'incrédulité *f* unbelief, disbelief

incroyable unbelievable

indécis(e) indecisive

indéfini(e) indefinite; **l'article indéfini** *m* indefinite article **(un, une)**

l'indépendance *f* independence

indéterminé(e) indefinite, unspecified, undetermined

indien(ne) Indian

l'indienne *f* printed calico

indifféremment indifferently, either . . . or

indifférent(e) indifferent; **ça m'est indifférent** it's all the same to me

l'indigence *f* poverty, destitution

indigner to offend; **s'indigner** to become indignant

indiquer to indicate, to point to

l'indiscrétion *f* indiscretion

l'individu *m* individual
industrialisé(e) industrialized
industriel(le) industrial
inéluctable inescapable
inépuisable inexhaustible
inévitable unavoidable
inexplicable inexplicable
infect(e) revolting
inférieur(e) inferior, lower
l'infériorité *f* inferiority
l'infinitif *m* infinitive (unconjugated verb)
l'infirmier (-ière) *n*, *m(f)* nurse
infligé(e) inflicted
infliger to inflict
l'information *f* information, news, report, bit of information
informer to ask about, to find out about
l'infraction *f* infraction, violation
l'ingénieur *m* engineer
ingénieux (-euse) ingenious, inventive
inhabituel(e) unusual
inhospitalier(-ière) inhospitable
l'initiative *f* attempt, initiative, instigation; le **syndicat d'initiative** chamber of commerce
initier to initiate
l'injure *f* insult
innocenter to render or prove innocent
inquiétant(e) worrisome
inquiéter to worry, to get upset, to cause concern
l'inquiétude *f* worry, concern
l'insensibilité *f* insensitivity
insérer to insert
insouciant(e) carefree
inspecteur (-trice) *n*, *m(f)* inspector
l'inspection *f* de sécurité security check at airport
instable unstable
installer to move into, to get situated, to get settled
l'instauration *f* institution of, establishment
instaurer to institute, to set up
l'institut *m* institute; **institut de sondage** public opinion institute
instituteur (-trice) *n*, *m(f)* teacher (grade school)
l'instruction *f* schooling; **avoir de l'instruction** to get some schooling
insulaire island
insupportable intolerable
intégrer to be integrated, to take one's place in
intensif (-ive) intensive
l'interdiction *f* prohibition
interdire (interdi-, interdis-) to forbid
interdit : il est interdit it is forbidden; **il est interdit de fumer** smoking is not allowed
intéressant(e) interesting
l'intéréssé(e) *n*, *m(f)* the interested party
intéresser to interest; s'**intéresser** to be interested

l'intérêt *m* interest; **avoir intérêt à** to be in one's interests; **vous n'avez pas intérêt à** it is not in your interests to
l'intérieur *f* inner, interior
l'intermédiaire *n*, *mf* go-between
interplanétaire interplanetary
interrogatif (-ive) question, interrogative
interroger to question, to wonder to ask
interrompre to interrupt
intime intimate, close
intimidé(e) intimidated
intitulé(e) titled, called
intolérable unbearable
introduire (introdui-, introduis-) to introduce, to bring into
inutile useless
inutilement uselessly
l'inverse *f* opposite;
l'investissement *m* investment
l'invité(e) *n*, *m(f)* guest
irréfutable irrefutable
irrégulier (-ière) irregular
irrémédiablement irremediably
irréparable irreparable
isolé(e) isolated
l'isolement *m* isolation
l'issue *f* outcome
italien(ne) Italian
l'itinéraire *m* course, itinerary

- J -

jamais never; **à tout jamais** forever
la jambe leg
le janvier January
le japonais the Japanese language; **japonais(e)** Japanese; **Japonais(e)** Japanese person
le jardin garden
le jardinage gardening
je I; **je vous en prie** if you please
jeter to be thrown; **jeter un coup d'œil** to cast a glance
le jeu(x) game; **faites vos jeux** place your bets; **jeu de hasard** game of chance; **jeu de rôle** role play
le jeudi Thursday
jeune young
la jeunesse youth
le jogging jogging; **faire du jogging** to go jogging
la joie joy; **joie de vivre** happiness at being alive
joindre (join-, joign-) to join, to combine; **joindre à** to join with
joli(e) pretty, attractive
joué(e) played, performed

jouer to play, to bet, to gamble; **jouer aux boules** to play lawn bowling **jouer de la clarinette** to play the clarinette

jouir (joui-, jouiss-) to enjoy

le **jour** day; **de nos jours** in our times; le **jour de l'an** New Year's Day; le **jour au lendemain** from one day to the next

le **journal (-aux)** newspaper

le **journalisme** journalism

journaliste n, mf reporter, journalist

la **journée** day; **bonne journée** Have a nice day!; **réussir sa journée** to have a successful day

le **juge** judge

le **jugement** judgment

juger to judge

le **juillet** July

le **juin** June

juridique judicial

le **jury** board of examiners

jusqu'à until, as far as, up to, all the way to

juste right, correct; **au juste** exactly

justement precisely, exactly, rightly, just

la **justice** justice, the courts

justifier to justify, to explain

- K -

kidnapper to kidnap

le **kilo** kilo, kilogram

le **kilomètre** kilometer (⅗ths of a mile)

- L -

la **la** see **le**

là there

là-bas there, over there, down there

le **laboratoire** laboratory

là-dedans there, in there

là-dessus on it, about it

laisser to leave; **se laisser** to allow oneself to

lamentable pitiful

la **lampe** lamp

lancer to issue, to throw

la **langue** language **langue étrangère** foreign language; **langue maternelle** mother language; **langue vivante** modern (spoken) language

le **lapin** rabbit

laquel see **lequel**

las(se) weary

lasser to tire

laver to wash; la **machine à laver** washing machine

le **(la, l', les)** article the; pron him (her, they); **l'après-midi** afternoon; **le lundi** on Monday

le **lèche-vitrines** window shopping

la **leçon** lesson

la **lecture** reading

légal(e, -aux) legal

légende veut que according to what people say

léger (-ère) light

légèrement slightly, lightly

la **légion** legion; **Légion d'honneur** Legion of Honor; **Légion étrangère** Foreign Legion

le **légume** vegetable

le **lendemain** the next day

lent(e) slow

lentement slowly

lequel (laquel, lesquels, lesquelles) which, which one(s), who, whom, that

les see **le**

la **lessive** the wash, laundry

la **lettre** letter; **lettre de demande** letter of application, request; les **lettres** literature

leur (leurs) adj their; pron to them

lever to get up; **lever du mauvais pied, lever du pied gauche** to get up on the wrong side of the bed

la **lexique** word list, lexicon

le **Liban** Lebanon

libanais(e) Lebanese

la **librairie** bookstore

libre free

le **libre-échange** free trade

librement freely

la **licence** degree, corresponding roughly to MA level

les **liens** m relationships; bonds

lier to bind, to connect

le **lieu** place; **au lieu de** instead of; **avoir lieu** to take place

limité(e) limited

linguiste n, mf linguist

la **linguistique** linguistics

lion(ne) n, m(f) lion

lire (li-, lis-) to read

littéraire: la série littéraire literature track or specialization in a lycée

littéralement literally

la **littérature** literature

le **livre** book; **livre à succès** successful book

livrer to give oneself over to, to engage in, to devote oneself; to deliver

le **local (-aux)** office

la **locution** phrase, expression

le **logement** lodging

la **loi** law

loin far

long(ue) long; **au long de** all along, the length of; le **long de** all along, the length of

longtemps a long time

lors de at the time of

lorsque when, while

la **loterie** lottery

le **Loto** French national lottery

la **louange** praise

louer to praise; to rent

lourd(e) heavy; **lourde de conséquences** very significant

le **loyer** rent

lu(e) (<lire) read

luge: faire de la luge to go sledding

lui *pron* to him, to her

la **lumière** light

lunaire pertaining to the moon

le **lundi** Monday

les **lunettes** *f, pl* eyeglasses

la **lutte** struggle, wrestle; **les chœurs de lutte** funeral chorus

lutter to struggle, to wrestle

le **lycée** high school (secondary school)

lycéen(ne) *n, m(f)* student (secondary school)

- M -

ma see **mon**

la **machine à écrire** typewriter

la **machine à laver** washing machine

le **maçon** mason

madame Mrs., madam

mademoiselle Miss

le **magasin** store, department store; **magasin d'alimentation** grocery store; **faire les magasins** to go shopping

le **magazine** magazine; **magazine d'actualité** news magazine

maghrébin: anti-maghrébin anti-Arab

magique magic

magistral: le cours magistral large lecture class

le **magnétoscope** video recorder

la **magnificence** magnificence

magnifier to magnify

magnifique magnificent

le **mai** May

la **main** hand; **à la main** by hand; **reprendre en main** to get a hold of

la **main-d'œuvre** day labor

maintenant now; **à vous maintenant !** your turn, now!

maintenir (maintien-, mainten, maintienn-) to maintain

le **maintien** the maintenance

le **maire** mayor

mais but; **mais si** oh yes (affirmative response to negative statement)

la **maison** house; **Maison-Blanche** White House

le **maître** master, teacher

la **maîtresse de maison** lady of the house

la **maîtrise** master's degree

maîtriser to master

la **majorité** the majority

mal *adv* badly, bad

le **mal** evil; **avoir du mal à** to have difficulty in; **avoir mal** to hurt, to be in pain; **faire du mal** to injure, do harm to; **faire mal à** to harm; **mal à la tête** headache; **mal aux pieds** sore feet; **mal à vivre** depression, difficulty in staying alive

malade sick; **tomber malade** to get sick

la **malfaisance** wrongdoing

malgré in spite of

le **malheur** misfortune

malheureusement unfortunately

malheureux (-euse) wretched, unhappy, miserable

malhonnête impolite, rude, dishonest

malin(e) clever

la **maman** mama, mom; **bonne maman** mom (term of endearment)

la **Manche** English Channel

le **manège** merry-go-round

manger to eat

la **manie** mania

la **manière** way, manner; **de manière à** in such a way as to; **de toute manière** in any case

la **manifestation** demonstration

manipuler to handle, manipulate

manisfester to demonstrate

le **manoir** manor

la **manque** lack

manqué(e) missed, unsuccessful

manquer to be lacking; **l'argent me manque** I have no money

le **manteau** coat

marchand(e) de fleurs *n, m(f)* flower merchant

la **marche** march; **marche à pied** walking

le **marché** marketplace; **bon marché** cheap, cheaply, inexpensively; **ça marche ?** OK? is everything alright?; **mettre en marche** to start

marcher to walk, to function, to succeed, to work

le **mardi** Tuesday

le **mari** husband

le **mariage** marriage

le **marié** groom; **les mariés** *m, pl* bride and groom

marié(e) married

la **mariée** the bride

marier to marry; **se marier** to get married

la **marque** mark, brand

marqué(e) visible, obvious

marquer to mark, to indicate

marrant(e) funny, a riot

marron(ne) brown

le **mars** March
martial(le, -aux) martial, warlike
martiaux: les arts martiaux martial arts
masculin(e) masculine
la **masculinisation** masculinization
le **match** game
matérialiste materialistic
materiel(le) material
matériellement physically, monetarily, materially
maternel(le) maternal
les **mathématiques** *f, pl* mathematics
la **matière** subject; **matières premières** raw materials
le **matin** morning
la **matinée** morning
mauvais(e) bad, evil
maximum the fullest; **au maximum** to the fullest
me (m') me, to me
le **mécanicien** mechanic
la **mécanique auto** auto mechanics
le **médecin** doctor
la **médecine** medicine
médiateur (-trice) *n, m(f)* mediator
médical(e, -aux) medical
le **médicament** medicine
médiocre mediocre, unimpressive
le **méfait** crime, misdeed
meilleur(e) better; **les meilleur(e)(s)** the best
se **mêler de** to get mixed up with, to meddle
le **mélodrame** melodrama, soap opera
le **membre** member
même same, even; **de même** the same, just so; **en même temps** at the same time; **les mêmes goûtes** the same tastes; **même si on ne part pas** even if we don't leave
le **mémoire** paper, study; *pl* mémoires
la **mémoire** memory
la **menace** threat
menacer to threaten
le **ménage** household; **faire le ménage** to do the housework
la **mendicité** begging
mener to lead; **mener une étude** to conduct a study
la **mensualité** monthly payment
menteur (-euse) *n, m(f)* liar
mentionné(e) mentioned
mentir (men-, ment-) to lie
le **menu** menu
méprisant(e) scornful
la **mer** sea; **au bord de la mer** on the seashore
merci thank you; **merci beaucoup** thanks a lot
le **mercredi** Wednesday
la **mère** mother
le **mérite** merit, worth
mériter to deserve
la **merveille** marvel

merveilleux (-euse) marvelous
mes see mon
mesdames *f, pl* ladies
mesdemoiselles *f, pl* (young) ladies
le **message** message
la **messe de sépulture** funeral mass
messieurs *m, pl* gentlemen
la **mesure** measure; **en mesure de** capable of
mesurer to measure
la **métaphore** metaphor
la **méthode** method
le **métier** trade, work, job
le **mètre** meter (measurement)
le **métro** subway
mettre (met-, mett-,) to put, place; **mettre l'accent sur** to emphasize; **mettre à la forte** to send away, to kick out; **mettre à la poste** to mail; **mettre de l'ordre dans** to arrange, to straighten up; **mettre en doute** to cast into doubt; **mettre en évidence** to focus on something; **mettre en marche** to start; **mettre en pièces** to demolish; **mettre en prison** to imprison; **mettre en relief** to emphasize, to focus on; **mettre en valeur** to emphasize; **mettre fin à** to put an end to; **se mettre à** to start; **se mettre à table** to sit up to the table
le **meuble** piece of furniture; **les meubles** furniture
mexicain(e) Mexican; **Mexicain(e)** Mexican person
le **Mexique** Mexico
magnétique: la bande magnétique tape (magnetic)
le **midi** noon; **l'après-midi** *m* afternoon; **le Midi** southern France
mieux better; best; **aimer mieux** to prefer, to like better; **faire mieux** to do better
mignon(ne) cute
la **migraine** migraine headache
migrant(e) *n, m(f)* migrant
le **milieu** milieu, environment; **au milieu de** in the middle of
militaire military
le **milliard** billion
mince thin
la **mine** mine; appearance; **avoir mauvaise (bonne) mine** to look awful (great); **mais quelle mine tu as!** you look awful!
miniscule tiny
le **ministère** ministry (government); **ministre de Rigolade** ministry of jokes and pranks
minoritaire in the minority
le **miroir aux alouettes** trap
mis(e) (<mettre) put, placed; **mis(e) à part** set aside, except; **une table bien mise** a well-set table
la **misère** poverty
la **mi-temps** half-time; **à mi-temps** half-time
mobile moving, mobile
mobiliser to mobilize

la **mobilité** mobility
le **mode** mode; mood (of verbs)
la **mode** way, manner; **à la mode** popular, fashionable
le **modèle** model, paradigm
moderne modern
moderniser to modernize
le **modernisme** modernism
modeste sparsely furnished, unimpressive
la **modestie** modesty
la **modification** modification
modifier to re-arrange, to modify
les **mœurs** f morals, customs
moi me; **moi aussi** me, too
moindre less important
moins less; **à moins que** unless; **au moins** at least; **de moins en moins** less and less; **huit heures moins dix** ten to eight; **le moins** the least; **moins... moins...** the less . . . the less; **moins... que** less than
le **mois** month
la **moisson** harvest
la **moitié** half
le **moment** moment, instant; **au moment de** at the time of; **au moment où** at the moment when; **en ce moment** right now
mon (ma, mes) my; **mon Dieu!** good heavens, for Heaven's sake, my goodness!; **mon petit rat** honey, sweetest (term of endearment: "my little rat"); **mon vieux** old man, old fellow
monarchique monarchial
le **monde** the world; **beaucoup de monde** a crowd, a lot of people
mondial(e) world-wide
la **monnaie commune** common currency
le **monsieur** man; **et vous, Monsieur?** and you, sir?
le **monstre** monster
le **montant** the total, the sum
montant(e) rising
la **montée** increase, rising tide
monter to go up; **monter à** to go up to; **monter dans** to get into; **monter un spectacle** to produce a show
la **montre** watch
montrer to show, to point out; **se montrer** to show one's self to be
le **monument** monument
moralement morally, emotionally
le **morceau** piece, morsel
la **mort** death; **faire un mort** to cause a death
mort(e) dead; n, m(f) dead person
la **mortalité** mortality, mortality rate
mortel(le) mortal, deadly, terribly boring
le **mot** note, word
motivé(e) motivated
la **moto** motorcycle; **faire de la moto** to go motorcycling
la **mouche** fly
le **mouchoir** handkerchief

mouillé(e) wet
mourir irr to die
la **moustache** mustache
la **moustique** mosquito
mouvementé(e) lively, eventful, animated, full of movement
le **moyen** way, manner, means; **au moyen de** by means of; **les moyens** m, pl means
le **Moyen-Atlantique** central Atlantic
la **moyenne** average
muet(te) mute, silent
multiplier to multiply, to increase; **se multiplier** to be multiplied
municipal(e, -aux) municipal
la **municipalité** municipality, city
mûr(e) ripe, mature
le **musée** museum
musical(e) musical
musicien(ne) n, m(f) musician
la **musique** music; **amateur de musique** music lover
mysterieux (-euse) mysterious

- N -

nager to swim
naguère a while ago
la **naissance** birth
naître (nai-, naiss-) to be born
la **natation** swimming
la **nationalité** nationality
le **naturel** temperament
naturel(le) natural
nausées: avoir des nausées to get nauseated
nautique nautical; **le ski nautique** water skiing
ne: ne... aucun(e) no, none, not any; **ne... jamais** never; **ne... pas** no, not; **ne... personne** no one; **ne... plus** no longer; **ne... point** no, not; **ne... rien** nothing; **ne trouvez-vous pas ?** don't you think?
né(e) (<naître) born
néanmoins nonetheless
nécessaire necessary
la **nécessité** necessity
nécessiter to necessitate
le **néerlandais** Dutch language; **Néerlandais(e)** Dutch person
négativiste negativistic
négliger to neglect
se **négocier** to be sold, to be negotiated
la **neige** snow; **les champs** (m, pl) **de neige** ski slopes
neiger to snow
les **nerfs** m, pl stuff; **nerfs de guerre** war stuffs
nerveux (-euse) nervous
nettement clearly, quite a bit
nettoyer to clean

neuf (neuve)   new
neuf   nine
neutre   neutral
le neveu(x)   nephew
ni... ni   neither . . . nor
la nièce   niece
le niveau   level; niveau de vie   standard of living
nocturne   nocturnal
noir(e)   black, dark
le nom   name, noun; nom d'un petit bonhomme   for His sake
le nombre   number
nombreux (-euse)   numerous, many
nommer   to name, appoint
non   no; moi non plus   me, neither; non plus neither; non seulement   not only; non-vérifié(e) unverified
le nord   north
normal(e)   expected, the right thing to do, normal, usual
notable   n, mf   a well known person, a dignitary
notamment   notably
la note   note, grade
noter   to note, to notice
la notion   idea
notre (nos)   our
nourrir (nourri-, nouriss-)   to feed
la nourriture   food
nous   we
nouveau, nouvelle   new; à nouveau   again; de nouveau again, once more
les nouvelles f, pl   news
novateur (-trice)   innovative
le novembre   November
noyer   to drown
n.s.p. (ne se prononce pas)   (poll) gives no opinion
le nuage   cloud
nubile   nubile
nucléaire   nuclear; la centrale nucléaire   nuclear power plant
la nuit   night
nul(le)   no one, nil, worthless, useless
numérique: l'échelle (f) numerérique   numerical scale
le numéro   number

- O -

obéir (obéi, obéiss-)   to obey
objectif (-ive)   objective
l'objectivité f   objectivity
l'objet m   object; objet direct   direct object
l'obligation f   obligation, duty
obligatoire   required, obligatory, mandatory
obligé(e)   obliged
obscur(e)   obscure

observer   to observe
obtenir (obtien-, obten-, obtienn-)   to obtain
obtenu(e) (<obtenir)   obtained
l'occasion f   opportunity, occasion; à l'occasion occasionally
occidental(e)   western
occupé(e)   busy, occupied
s'occuper de   to take care of
le octobre   October
l'œil m   eye; coup d'œil   glance
œuvre: la main-d'œuvre   day labor
offert(e)   offered
l'offre f   offer
offrir irr   to offer, give (a gift)
l'oiseau(x) m   bird
l'ombre f   shadow, darkness, shade
omettre (omet-, omett-)   to omit
on   I, you, he, she, it, we, they, people, one
l'oncle m   uncle
onéreux (-euse)   costly
l'opéra m   opera
operationnel(le)   in working condition, operational
opposer à   to oppose
oppressif (-ive)   oppressive
optionnel(le)   optional
or   now
l'orage m   a storm
oral(e, -aux)   oral
l'ordinateur m   computer
l'ordre m   order; mettre de l'ordre dans   to arrange, to straighten up
l'organisateur (-trice) n, m(f)   organizer
organiser   to organize
oriental(e, -aux)   oriental, eastern
s'orienter   to get oriented
originaire   native
l'origine f   cause; d'origine française   of French background
orphelin(e)   orphan
les orteils m   toes
l'orthographe f   spelling
oser   to dare
ôter   to take away
où   where
oublier   to forget
l'ouest m   west
oui   yes
outre : les DOM (Départements d'outre-Mer) m, pl French overseas departments
outre-mer adv   overseas
ouvert(e)   open
l'ouverture f   opening
ouvrable   working; le jour ouvrable   working day
l'ouvrier (-ière) n, m(f)   worker
ouvrir irr   to open; ouvrir le feu   to open fire

- P -

le **païen(ne)** pagan
le **pain** bread; **du pain sur la planche** bread on the board
le **paix** peace
la **palme** palm tree
le **pamphlet** satire
paniquer to panic
la **panne** break-down; **panne d'electricité** power cut off; **panne d'essence** empty gas tank; **tomber en panne** to break down
le **pape** Pope
le **papier** paper; **papiers d'identité** identification papers
la **Papouasie** Papua (New Guinea)
la **Pâques** Easter
par by; **par ailleurs** moreover; **par contraste avec** in contrast to; **par contre** on the other hand; **par crainte que** for fear that, lest; **par example** for example; **par ici** this way; **par là** by that, that way; **par la même occasion** at the same time; **par rapport avec (à)** with regard to
par-dessus above, beyond
paraître (parai-, paraiss-) to appear
la **parapente** hang glider
le **parapluie** umbrella
le **parc** park
parce que because
pardon pardon me
pareil(le)(à) the same, alike, similar (to)
les **parents** m, pl parents, relatives
parasseux (-euse) lazy
parfait(e) perfect
parfois sometimes, occasionally
parier to bet, to wager
parisien(ne) Parisian
le **parking** parking lot
parler to speak, to talk about; **parler de la pluie et du beau temps** to make small talk
parmi among
la **parole** word, language; **adresser la parole** to speak
la **part** part; **à part ça** with the exception that; **c'est de la part de qui?** who's calling? (telephone); **de la part de** on behalf of; **de sa part** on his (her) behalf; **faire part** to announce (death, marriage, etc.)
le **partage** share, lot
partager to share
partant: en partant de starting with
le **parti** party
le **participe passé** past participle of verb
le **participe présent** present participle of verb
participer à to play, to participate in
particulier (-ière) n, m(f) individual
particulièrement especially
partie: en grande partie in large measure; **faire partie de** to belong to

partiel(le) partial
partir (par-, part-) to leave; **à partir de** starting with; **partir en croisière** to go on a cruise; **partir en vacances** to go on vacation
partisan(e) n, m(f) partisan, advocate
partout everywhere
paru(e) (paraître) appeared
parvenir (parvien-, parven-, parvienn-) to manage to, to reach, to get to
pas step; adv/not; **pas cher** inexpensive; **pas du tout** not at all **pas encore** not yet; **pas encore bien, mais ça vient,** not very well yet, but it's coming along; **pas grand-chose** nothing much; **pas mal** not bad, pretty good, quite a bit; **pas mal de** a lot of
passager (-ère) n, m(f) **passenger**
passant(e) n, m(f) **passer-by**
le **passé composé** present perfect (verb tense)
le **passé simple** simple past (verb tense)
le **passé** the past (verb tense)
le **passe-temps** pasttime
passer to pass, to spend (a weekend); **passer dans** to pass into; **passer l'aspirateur** to vacuum; **passer un examen** to take a test; **se passer** to happen, to take place
passif (-ive) passive
le **passif** passive voice of verbs
passionnant(e) terribly interesting, fascinating, gripping
passionné(e) impassioned
passionner to fascinate, to enthrall
la **Patagonie** Patagonia
patiemment patiently
le **patinage** ice skating
la **patrie** country, homeland
le **patrimoine** inheritance, patrimony
patron(ne) n, m(f) boss
le **patronat** management
la **pause-café** coffee break
pauvre poor; **ah, mon pauvre vieux** old man, my poor fellow
paver to pave
la **paye** pay, salary
payer to pay
les **Pays Bas** the Low Countries (Holland)
le **pays** country; **au pays** in one's home region
la **pêche** fishing; peach; **aller à la pêche** to go fishing; **la pêche sous-marine** scuba diving
pêché(e) caught (while fishing)
pêcheur (-euse) n, m(f) fisher, fisherman (-woman)
la **pédagogie** education, teaching
pedagogique teaching, pedagogical
le **peigne** comb
se **peigner** to comb one's hair
la **peine** pain, difficulty; **à peine** scarcely, hardly; **ce n'est pas la peine** it's not worth the trouble
la **peinture** painting, paint

la **pelouse**   lawn, grass
penché(e)   leaning over, bent over
pendant   while, during
pendre   to hang
péniblement   painfully, slowly
la **pensée**   thought
penser   to think; **penser de**   to think about, to have an opinion about
la **pénurie**   penury, poverty
percevoir (perçoi-, percev-, perçoiv-)   to perceive, to see
perdre   to lose
le **père**   father
perforé(e)   perforated
performant(e)   active, successful
la **période**   period of time
périr (péri-, périss-)   to perish
permettre (permet-, permett-): permettre à   to permit, to allow; **se permettre**   to allow oneself to
la **permission**   permission
perpétuité: la détention à perpetuité   life imprisonment
la **persécution**   persecution
persister à   to persist in
la **personnalité**   personality
personne *f*   person, individual; **ne... personne**   no one
personnel(le)   personal
personnellement   personally
la **perte**   loss
pertinant(e)   pertinent
pessimiste   pessimistic
petit(e)   small, little; **petit ami**   boy friend; **petite amie**   girl friend; **petite annonce**   classified ad; **petit à petit**   little by little; **petit déjeuner**   breakfast
le **pétrole**   gasoline
le **peu**   bit, little; *adv*   little, few, not; **à peu près**   nearly, almost, pretty much; **peu de**   little, almost no; **peu de vin**   little wine; **peu important**   unimportant; **peu possédant(e)**   not acquistive; **peu probable**   not very probable, improbable; **peu satisfaisant(e)**   unsatisfactory; **un peu de (vin)**   a little wine
peupler   to populate
la **peur**   fear; **avoir peur**   to be afraid
peut-être   perhaps, maybe
pharmaceutique   pharmaceutical
la **pharmacie**   drugstore
le **phénomène médiatique**   media event
philosophe *n, mf*   philosopher
la **philosophie**   philosophy
la **photo**   photo, picture
la **phrase**   sentence
physique   physical
le **physique**   physical appearance
pianiste *n, mf*   pianist

la **pièce**   room; piece; **appartement trois pièces**   three-room apartment; **mettre en pièces**   to demolish; **pièce de théatre**   play
le **pied**   foot; **à pied**   on foot; **avoir mal au pied**   to have a sore foot; **faire une promenade à pied**   to take a walk; **les pieds sur terre**   feet on the ground
la **pile**   battery
pique-niquer   to picnic
pire   worse; **le(s) pire(s)**   the worst
le **pistolet**   pistol
pittoresque   picturesque
la **place**   place, (town) square
placé(e)   placed
placer   to cross; **se placer**   to be seated, to take one's place
la **plage**   beach
se **plaindre (plain- plaign-)**   to complain
la **plainte**   complaint
plaire (plai-, plais-)   to please; **ça te plaît ?**   do you like it?; **se plaire**   to be pleased; **s'il vous plaît**   if you please
plaisanter   to joke; **vous plaisantez**   you're joking
la **plaisanterie**   joke
le **plaisir**   pleasure; **faire plaisir à**   to please
le **plan**   map
la **planche à voile**   wind surfing
plastifié(e)   plastic-covered
le **plastron**   shirt front
plat : la composition d'un plat   what the course is made up of
le **plateau**   turntable, plate
plein(e)   full; **en plein bonheur**   completely happy, in a very good mood; **en pleine crise**   to be in the midst of a crisis; **plein temps**   full time
pleurer   to cry, to weep
pleuvoir   to rain; **pleuvoir à verse**   to be pouring, raining cats and dogs
la **plongée sous-marine**   scuba diving
plu(e) (<plaire)   pleased
la **pluie**   rain
la **plupart (de)**   most (of)
pluriel   plural
plus   more; **au plus tard**   at the latest; **de plus**   more-over, what's more, in addition; **en plus**   extra; **ne... plus**   no longer, not any more; **plus ou moins**   more or less; **plus... plus**   the more . . . the more; **plus tard**   later
le **plus-que-parfait**   pluperfect (verb tense)
plusieurs   many, several
plutôt   rather
pluvieux (-euse)   rainy
pleuvoir : il pleut   it's raining
le **pneu**   tire
la **pneumonie**   pneumonia

la **poche**   pocket; **faire les poches**   to pick someone's pockets; **l'argent de poche**   pocket money, change

la **poésie**   poetry

poète *n, mf*   poet

le **poids**   weight

le **point**   point; **au point que**   to the point that, so much that; **point de vue**   point of view

le **poisson**   fish; **poisson rouge**   goldfish

poli(e)   polite

police: le agent de police   police officer

policier (-ière)   police; **un roman policier**   a detective novel

le **policier**   police officer

poliment   politely

la **politesse**   politeness, formality

politicien(ne) *n, m(f)*   politician

la **politique**   policy, politics

politique   political

le **pompier**   fireman

la **ponctualité**   punctuality

ponctuel(le)   punctual

le **pont**   bridge

populaire   popular

port: à bon port   safely, intact

la **porte**   door, gate

porté: à portée de la main   within reach

le **portefeuille**   wallet

porter   to carry; **porter l'affaire devant**   to take it to court; **porter plainte**   to complain, to file charges; **porter remède**   to fix things up, find the remedy; **se porter**   to be getting along

la **portière**   car door

le **porte-parole**   spokesperson

le **portrait**   portrait, description

portugais(e)   Portuguese; **Portugais(e)** *n, m(f)*   Portuguese person

poser   to pose; **poser sa candidature**   to submit one's application; **poser sur**   to land on; **poser une question**   to ask a question

positif (-ive)   good, positive, in one's favor

la **position**   job

possédant(e)   wealthy, well-to-do; **peu possédant(e)**   not acquisitive

possédé(e)   possessed

posséder   to own

le **possesseur**   owner

possessif (-ive)   possessive

la **possibilité**   possibility

postale: la carte postale   postcard

le **poste**   position, job

la **poste**   post office; **le bureau de poste**   the post office; **mettre à la poste**   to mail

la **postefrontière**   border checkpoint

la **postérité**   posterity

le **pot**   jar, pot; **boire, prendre un pot**   to have a drink

le **potager**   vegetable garden

le **pote**   buddy

la **poterie**   pottery, pot making

la **poule**   hen

le **poulet**   chicken

pour   for, in order to; **pour demain**   for tomorrow; **pour le moment**   for the time being; **pour moi**   in my opinion, for me; **pour que**   in order to

le **pourcentage**   percentage

pourquoi   why

pourri(e)   spoiled, rotten

la **poursuite triviale**   trival pursuit

poursuivre (poursui-, poursuiv-)   to pursue, to continue

pourtant   however

pourvu que   provided that

pousser   to grow, to push; **pousser un cri**   to utter a cry; **pousser un hurlement**   to scream

le **pouvoir**   power

pouvoir *irr*   to be able to; **il peut**   it's possible

pratiquant(e)   practicing

pratique *n, f*   practice; *adj*   practical

pratiquement   practically

pratiquer   to use, to practice; **se pratiquer**   to be in practice, to be used

la **précaution**   precaution

précéder   to precede, come before

précis(e)   precise, exact, specific

la **précision**   piece of information, detail

précoce   precocious

prédisposé(e)   predisposed

prédit(e)   predicted

prédominer   to predominate

la **préférence**   preference; **de préférence**   preferably

préférer   to prefer

le **préfet**   prefect, magistrate

la **préhistoire**   pre-history

le **préjugé**   prejudice

premier (-ière)   first, premier; **en premier**   first class; **premier ministre**   prime minister

prendre (prend-, pren-, prenn-)   to take; **prendre appui**   to lean on; **prendre au sérieux**   to take seriously; **prendre congé de**   to take leave, to say good-bye; **prendre contact avec**   to make contact; **prendre d'assaut**   to take by assault; **prendre garde**   to be careful, to pay attention to; **prendre sa retraite**   to retire; **prendre une décision**   to make a decision

le **prénom**   first name

la **préoccupation**   preoccupation

se **préoccuper**   to be preoccupied with

les **préparatifs** *m, pl*   preparations

préparer à   to get ready for, to anticipate

près de   near to, close to; **à peu près**   almost, pretty much la **présence** presence

le **présent** present

la **présentation** presentation, personal appearance, introduction

présenter to introduce, to give, to present; **se présenter** to introduce oneself

préserver to preserve

président(e) *n, m(f)* president

presque almost

la **presse** press; **presse de province** regional press

presser to press; **je suis pressé(e)** I'm in a hurry; **presse-toi, je te prie!** hurry, please!; **se presser** to hurry

la **pression** pressure

la **prestation** state benefits paid to the family

prestigieux (-euse) prestigious

prêt(e) ready

prétendre to claim to; **se prétendre** to claim to be

prétendu(e) so-called, alledged

prêter to lend; **prêter attention** to lend an ear to, (to listen); **prêter serment** to take an oath

le **prétexte** pretext

la **preuve** proof

prévenir to warn, inform, to prevent

prévisible predictable

prévoir (prévoi-, prévoy-, prévoi-) to foresee, to anticipate

prévoyant foresightful

prier to pray, to ask; **je vous en prie** you're welcome; if you please

primaire primary; **l'école primaire** grade school

la **prime** free gift

principal(e, -aux) main

principalement principally, mainly

le **principe** principle; **en principe** in principle

le **printemps** spring

prioritaire having priority

la **priorité** prioity, right of way

pris(e): être pris dans un embouteillage to be caught in a traffic jam

la **prise de position** taking a position, a stand

prison: mettre en prison to imprison

privé(e) private

privilégier to accord special status or privilege to

priviligé(e) privileged

le **prix** price, prize; **Prix d'Amérique** horse race like the Kentucky Derby

probable probable; **peu probable** improbable

probablement probably

le **problème** problem; **problèmes de cœur** love problems

le **procédé** procedure, tactic

prochain(e) near, next; **à la prochaine** see you around

proche near (relative), family (member)

proclamer to declare, to make known

produire (produi-, produis-) to produce; **se produire** to happen, to occur

le **produit de beauté** cosmetic

le **professeur: professeur de lettres** professor of literature

la **profession** profession

profit: au profit de for the benefit of

profiter to take advantage of; **profiter au maximum de la vie** to get as much out of life as possible

profondeur: en profondeur in depth

le **programme** program

le **progrès** progress

progressiste progressive

le **projet** project, *pl* plans; **faire des projets** to make plans

projeter to plan, to project

le **prolétariat** working class

la **prolixité** prolixity, proliferation

prolongé(e) prolonged

le **prolongement** extension

prolonger to prolong, to lengthen

la **promenade** walk; **faire une promenade à pied** to take a walk; **faire une promenade en voiture** to go for a drive

promener to walk; **promener le chien** to walk the dog; **se promener** to take a walk

la **promesse** promise

promis(e) (<promettre) promised

promotion: en promotion on special

le **pronom** pronoun; **pronom démonstratif** demonstrative pronoun

la **prononciation** pronunciation

la **propagande** information

propager to spread

propice favorable, propitious

propos: à propos by the way, opportune, timely, pertinent; **à propos de** concerning, with regard to

proposer to propose, to suggest

propre clean; own; **ses propres affaires** her own business

proprement dit properly so called

propriétaire *n, mf* owner

prospère prosperous

protecteur (-trice) protective

protéger to protect

prouver to prove

la **provenance** origin

la **province** province; **la presse de province** the provincial press

provoquant(e) provoking, stimulating

provoquer to cause

prudemment carefully

prudent(e) careful

psychiatre *n, mf* psychiatrist

la **psychologie** psychology; **la psycho** psych (course of study)

psychologue *n, mf* psychologist
publicitaire advertising
la **publicité** advertising, publicity
publié(e) published
publier to publish
puis then, next
puissant(e) powerful
le **pull** sweater, pullover
la **pulsion** drive
pur(e) pure
la **pureté** purity
purifier to be purified, to purify oneself
puriste *n, mf* purist

- Q -

la **qualité** quality, capacity; **en qualité de** in the capacity of
quand when; **quand même** still, nonetheless
quant à as for
la **quantité** quantity
la **quarantaine** about forty
le **quart** quarter; **deux heures et quart** a quarter past two; **deux heures moins le quart** a quarter to two
le **quartier** neighborhood
que what, which, whom; **qu'est-ce que j'ai mal!** How I hurt!; **qu'est-ce qu'il y a?** what's the matter?; **qu'est-ce qui ne va pas?** What's wrong?; **que voulez-vous?** What do you expect?
quel, quelle what, which; **quel portrait!** what a picture!; **quel temps!** what weather!; **quel temps fait-il?** what is the weather like?
quelque some
quelquefois sometime
quelques some, a few, several
quelques-uns (unes) a few, some, several
quelqu'un(e) someone
la **querelle** quarrel
question: poser une question to ask a question
le **questionnaire: questionnaire d'enquête** survey
la **queue** tail, line; **faire la queue** to stand in line
qui who, which, that
quiconque whoever
la **quiétude** quietness
la **quinzaine** about fifteen
quitter to leave; **se quitter** to separate
quoi what; **il y a de quoi** there is reason to; **il n'y a pas de quoi** you're welcome (there is nothing to thank me for); **quoi de neuf?** what's new?
quoique although
le **quotidien** daily newspaper

- R -

le **racisme** racism
raconter to tell, to recount
le **radical** stem (of verb)
raffiné(e) refined
la **raffinerie** refinery
le **rafting** running the river, shooting the rapids
rage: faire rage to rage
la **raison** reason; **avoir raison** to be right
raisonnable reasonable
ralentir (ralenti-, ralentiss-) to slow down
se **rallier à** to join (with)
ramasser to pick, to gather
la **rancune** hatred, bitterness
la **randonnée** hike, drive, walk
la **rang** row, rank
ranger to straighten up
rapidement rapidly, fast
rappeler to recall, to make one think of; **se rappeler** to remember, recall
le **rapport** report, relationship; **les rapports** *m, pl* relationships; **par rapport avec** with regard to
rapporter to report, to bring in; **se rapporter à** to refer to
se **rapprocher** to draw near, to bring together
rarement rarely
ras-le-bol: j'en ai ras = le-bol I'm fed up with it, I've had it
le **rassemblement** gathering, rally
rassembler to gather together, to pick up; **se rassembler** to unite
se **rassurer** to reassure oneself, put one's mind at ease
raté(e) failed, ruined
rater to miss, to fail
rattaché(e) connected
la **réaction** reaction
réalisateur (-trice) *n, m(f)* director
la **réalisation** achievement, fulfillment, production
réaliser to create, to bring about, to fulfill, to achieve, to become aware; **se réaliser** to come about, to be realized
réaliste realistic
rébarbatif (-ive) forbidding, unapproachable
rebâtir (rebât-, rebâtiss-) to rebuild
récemment recently
récent(e) recent
la **récession** recession
recevoir (reçoi-, recev-, reçoiv-) to receive, to get
la **recherche** research
rechercher to look for, to research
réciproque reciprocal, mutual
le **récit** account
réclamer to ask for
récolter to reap, to harvest, to take in

la **récompense**   reward

reconnaissant(e)   grateful

reconnaître (reconnais-, reconnaiss-)   to recognize

reconstruire (reconstrui-, reconstruis-)   to reconstruct

le **record**   record, best performance

le **recours**   resort, recourse; **avoir recours à**   to have recourse to

le **recrutement**   recruiting

recruter   to recruit

le **recueil**   collection

recueillir *irr*   to get, to obtain, to receive

reculer   to draw back, to back down, to withdraw

reculons: à reculons   (to go) backward

la **rédaction**   essay, composition; editorial staff; **la conférence de rédaction**   editorial meeting

rédiger   to write, to draw up

la **réduction**   reduction

réduire (rédui-, réduis-)   to reduce

réduit(e)   reduced

réel(e)   actual

réellement   really, truly

réélu(e) (< réélire)   re-elected

la **référent**   the word a pronoun refers to

réfléchi(e)   reflexive

réfléchir (réfléchi-, réfléchiss-)   to think about, to reflect upon

réfléter   to reflect

la **réflexion**   remark; **à la réflexion**   upon reflection

la **refonte**   complete revision

le **réfrigérateur**   refrigerator

se **refroidir (refroidi-, refroidiss-)**   to get colder, to cool down

réfugié(e) *n, m(f)*   refugee

réfugier   to take refuge

le **refus**   refusal

refuser   to refuse

réfuter   to refute

regarder   to look at; **regarder de travers**   to look askance at

régi(e) (< régir)   governed

le **régime**   diet

régir (régi-, régiss-)   to govern

la **règle**   rule

le **règlement**   resolution

régler   to regulate; **régler ses comptes**   to take care of one's debts

régnant(e)   dominant

régner   to reign, to prevail

regretter   to miss, to be sorry

réhabiliter   to rehabilitate

rehausser   to heighten, enhance, increase

la **reine**   queen

rejeter   to reject

relâché(e)   relaxed, easy

relancer   to throw back, to start up again

relativement   relatively

relaxant(e)   relaxing

relever   to find, to pick out, to note

relief: mettre en relief   to emphasize, to focus on

relier   to connect, to link

relire (reli-, relis-)   to re-read

remarquable   remarkable

la **remarque**   observation

remarquer   to notice, observe; **faire remarquer**   to point out

rembourser   to reimburse

remercier   to thank

remettre (remet-, remett-)   to put off; **remettre en cause**   to challenge; **remettre en question**   to cast into doubt; **se remettre de**   to get over, to recover

remonter   to go back to; **remonter le moral**   to raise one's spirits

le **remplaçant**   replacement

remplacer   to replace

rempli(e)   full (of)

remplir (rempli-, rempliss-)   to fill, to fill out; **se remplir**   to be fulfilled

remporter   to carry off; **remporter un succès**   to be successful; **remporter une victoire**   to win a victory

renaître   to be reborn

la **rencontre**   encounter

rencontrer   to meet, to happen into, to encounter

le **rendez-vous**   appointment, rendez-vous

rendre   to render, to make, to hand in, to hand back; **rendre compte**   to render, write an account of **rendre visite à**   to visit; **se rendre à**   to go to; **se rendre compte de**   to realize, to become aware of

rendu(e): le compte rendu   the summary

le **renfort**   reinforcement; **en renfort**   as reinforcements

renoncer   to renounce

le **renouveau**   renewal

renouveler   to renew

le **renseignement**   information

renseigner   to find out about, to get information

rentable   profitable

la **rentrée**   the beginning of the academic year,

rentrer   to come back, to go home, to get back

renvoyer   to send back

réparer   to repair

réparti(e)   divided among

répartir (répar-, répartiss-)   to divide, to distribute

la **répartition**   distribution, dividing up

le **repas**   meal

repeindre (repein-, repeign-)   repaint

répéter   to repeat

replier   to fold up, to withdraw

répondre   to answer, respond, correspond to

la **réponse**   answer, response

le **reportage**   news story, article, report

le **reporter**   reporter
reporter   to transfer, to put off
le **repos**   rest
reposant(e)   restful, relaxing
reposer   to rest; **se reposer**   to rest
repousser   reject
reprendre (reprend-, repren-, reprenn-)   to take up again; **reprendre en main**   to get a hold of; **reprendre le travail**   to go back to work
le **représentant**   representative
la **représentation**   representation, portrayal
représenter   to represent, to portray
le **reproche**   reproach
reproduire (reprodui-, reproduis-)   to reproduce
réprouver   to disapprove of
républicain(e)   republican
la **république**   public
la **requête**   petition, request (in court)
requis(e)   required
réquisitionné(e)   requisitioned
rescapé(e) n, m(f)   survivor
le **réseau**   network
réservé(e)   reserved
réserver   to reserve
résider   to reside
résistant(e)   resistant
résolu(e) (<résoudre)   resolved
la **résolution**   solution, resolution
résoudre (résou-, résolv-)   to resolve, solve
respectivement   respectively
respectueux (-euse)   respectful
respiratoire   respiratory
respirer   to breathe
la **responsabilité**   responsibility
responsable   responsible; n, mf   leader
ressembler   to resemble, look like
ressentir (ressen-, ressent-)   to feel, experience
resserrer   to tighten
ressortir (ressor-, ressortiss-): ressortir de   to be the result of; **faire ressortir**   to bring out
la **ressource financière**   financial resource
le **restaurant**   restaurant; **restaurant universitaire**   student restaurant
la **restauration**   eating; restaurant business
restaurer   to restore, to eat; **se restaurer**   to have a meal
le **reste**   remainder
rester   to remain, to stay; **s'il nous reste un peu de temps**   if you have a little extra time; **il ne reste personne**   no one is left
la **réstitution**   restitution
le **resto-u**   student restaurant
les **résultats** m, pl   results
le **résumé**   summary; **en résumé**   in short
retaper   to fix up

le **retard**   delay, lateness; **deux heures de retard**   two hours late; **en retard**   late; **être en retard**   to be late
rétardé(e)   delayed
retarder   to slow down
retenir (retien-, reten-, retienn-)   to detain
retirer   to take out, to take off, to withdraw
les **retombées** f, pl   fallout
le **retour**   return; **de retour**   returned; **être de retour**   to have returned
retracer   to retrace, to go back over
la **retraite**   retirement; **retraite anticipée**   early retirement; **prendre sa retraite**   to retire
retraité(e) n, m(f)   retired person
se **retrouver**   to meet, to find oneself
le **rétroviseur**   rear view mirror
réuni(e)   met, reunited
la **réunion**   meeting
réussi(e)   successful
réussir   to succeed, make a success of; **réussir à l'examen**   to pass the test; **réussir sa journée**   to have a successful day
la **réussite**   success
revanche: en revanche   on the other hand
révasser   to daydream
le **rêve**   dream
le **réveil**   alarm clock
se **réveiller**   to wake up
révélateur (-trice)   revealing
se **révéler**   to show oneself to be
la **revendication**   claim, demand
revendiquer   to demand
revenir (revien-, reven-, revienn-)   to come back; **revenir sur**   to go back on
le **revenu**   income
rêver de   to dream about
revoir (revoi-, revoy-, revoi-)   to review, to look at again; **au revoir**   good-bye
révolutionnaire   revolutionary
la **revue**   review, periodical, journal
les **rhumatismes** m, pl   rheumatism
le **rhume**   cold
richement   richly
les **richesses** f, pl   riches, treasures
ridicule   ridiculous
rien   nothing; **rien de nouveau**   nothing new
rigoureusement   rigorously
rire (ri-, ri-)   to laugh
le **risque**   risk; **risques du métier**   risks of the trade
risquer   to run the risk of, to risk, to threaten
la **rivière**   river, stream
la **robe**   dress
le **rock**   rock music
le **roi**   king
le **roman**   novel; **roman policier**   detective novel
romantique   romantic

rompre to break

le **roquefort** French cheese made of sheep's milk

la **roue** wheel; **roue de la fortune** wheel of fortune

rouler to drive, to travel, to roll; **la conversation rou-lait sur** the conversation turned upon; **rouler à 120Km à l'heure** to be going 120km an hour

la **route** highway, road, route, way, path

roux red (hair)

le **Royaume-Uni** United Kingdom

la **rubrique** column

la **rue** street

le **rugby** rugby, American football

la **ruine** ruins

le **ruisseau** stream

la **rupture** break

rythmant(e) creating rhythms, moving rhythmically

- S -

sa see **son**

s'agiter to stir, to move about

saboter to sabotage

le **sac** bag, sack; **sac à dos** backpack

le **sadisme** sadism, cruelty

le **safari** safari

sage well-behaved, wise; *n, mf* wise person

sagement wisely, circumspectly

saisir (saisi-, saisiss-) to seize, to grasp

la **saison** season

le **salaire** salary

salarié(e) *n, m(f)* salaried worker

sale filthy, dirty

la **salle** room, hall; **salle de classe** classroom; **salle de concert** concert hall

le **salon** drawing room

saluer to greet

salut! *fam* hi! hello! good-bye! bye now!

la **salutation** greeting

le **samedi** Saturday

le **sandwich** sandwich

le **sang** blood; **sang froid** one's cool, self-possession

sanglant(e) bloody

sangloter to sob

sans without; **sans blague** no lie! no joking!; **sans cesse** continually; **sans doute** no doubt **sans un sou** broke; **sans que** without, unless

la **santé** health

la **satire** satire

la **satisfaction** satisfaction, gratification

satisfaire *irr* to satisfy

satisfaisant(e) satisfying, satisfactory; **peu satisfaisant(e)** unsatisfactory

saturé(e) at capacity

sauf except

sauter: il saute aux yeux it's clear

sauvage wild

la **sauvegarde** safeguard

sauver to save

savant(e) *n, m(f)* learned person, scientist

savoir (sai-, sav-) to know, to know how to, to be able to; **faire savoir** to tell, to inform, to make known

le **scandale** scandal

scandalisé(e) shocked, scandalized

le **scénario** scenario

sceptique sceptical

sciemment knowingly

la **science** science; **science fiction** science fiction; **sciences économiques** economics; **sciences politiques** political science

scolaire school, academic

scolariser to keep in school

le **scrutin: le ballottour du scrutin** round of an election

la **sculpture** sculpture

se (to) himself, herself, itself, oneself, themselves

sécession: la guerre de sécession U.S. Civil War

le **sèche cheveux** hair dryer

secondaire secondary

secouer to shake

secours: au secours! help!

secrétaire *n, mf* secretary

le **secteur** sector, area, division

sécurité: l'inspection *(f)* **de sécurité** security check at airport

sédantaire sedentary

séduit(e) (<séduire) seduced, persuaded

sein: au sein de in the midst of, within

le **séjour** stay, residence; **séjour familial** family stay

séjourner to stay

selon according to

sembler to seem

le **sénateur** senator

sénégalais(e) Senegalese; **Sénégalais(e)** Senegalese person

le **sens** meaning

sensationnel(le) sensational

la **sensibilité** sensitivity

sensible susceptible, appreciable, notable, sensitive

sensiblement noticeably

la **sensiblerie** exaggerated delicacy

sentimental(e, -aux) emotional

sentir to smell (of), to feel; **ça sent la fumée** it smells of smoke; **se sentir malade** to feel sick

séparer to separate, to come between

le **septembre** September

serein(e) calm, serene

la **sérénité** serenity, calm

la **série** one of the possible tracks of studies (lycée); **série littéraire** literature track

le **sérieux** seriousness

sérieux (-euse) serious; **prendre au sérieux** to take seriously

le **serment** oath; **prêter serment** to take oath of office

serré(e) close

serviable obliging, willing to help

le **service** service; department; **service commercial** marketing department; **service de reseignements** intelligence agency

servir (ser-, serv-) to serve; **servir à** to serve to, to be used for; **servir de** to serve as, to be used for

ses *see* **son**

seul(e) alone, sole, only; **le hasard seul** mere chance

seulement only

sévère severe, harsh, demanding, strict

sexe: le cache-sexe G-string, loin cloth

si if; so; **il fait si beau!** it's such good weather!

sibérien(ne) Siberian

SIDA AIDS

le **siècle** century; **siècle des Missions** century of missionary work

le **siège** headquarters

siéger to have headquarters at

siffler to whistle

le **signal de détresse** distress signal

signaler to point out, to signal

les **signares** *f, pl* elegant ladies

le **signe** sign; **faire signe** to let someone know

signer to sign

la **signification** significance

silencieux (-euse) silent

similaire similar

simplement simply

simultanément simultaneously

sincère sincere

les **singeries** *f, pl* monkeying around, monkey business

singulier (-ière) singular

sinistre sinister

sinon que if not more, except that

situer to situate; **se situer** to be situated, to amount to

ski skiing; **faire du ski de fond** to go cross-country skiing; **ski alpin, ski de pente** downhill skiing; **ski nautique** water skiing

le **smoking** tuxedo, formal evening dress

le **snobisme** snobbishness

social(e, -aux) social

socialiser to socialize

la **société** company; **société de consommation** consumer society

la **sociologie** sociology

sociologue *n, mf* sociologist

la **sœur** sister; **belle-sœur** sister-in-law

soi himself, herself, itself, oneself

soif: avoir soif to be thirsty

soigneux (-euse) careful

le **soin** care, attention; **les soins** care, attention

le **soir** the evening; **bon soir** good evening; **demain soir, ça marche?** tomorrow night, O.K.?

la **soirée** evening, social gathering, social evening, date

le **soldat** soldier

la **solde** pay (of a soldier)

le **soleil** sun, sunshine; **le bain de soleil** sunbath; **le coucher de soleil** sunset

la **solidarité** solidarity

solide solid, robust

la **solvabilité** solvency

sombre dark

la **somme** sum; **somme limitée** maximum sum available

le **sommeil** sleep; **avoir sommeil** to be sleepy

le **sommet** summet

son (sa, ses) his, her, its

le **sondage** poll

songer to dream, to think

sonner to ring

le **sono** P.A. system

le **sorbet** sherbet

le **sort** fate, chance

sortant(e) incumbent

la **sorte** kind; **quelle sorte de** what kind of

la **sortie** exit, excursion

sortir (sor-, sort-) to go out

le **sou** smallest denomination of money; **je n'ai pas le sou** I'm broke

le **soubresaut** movement of fear or panic

le **souci** worry, concern

soucier de to be worried

soucieux (-euse) worried about, careful about

soudain(e) sudden, suddenly

soudainement suddenly

souffler to blow, to whisper words to

la **souffrance** suffering; **Quelle souffrance!** What a bore!

souffrir *irr* to suffer

le **souhait** wish, desire

souhaitable desirable

souhaiter to wish, to want

le **soulier** shoe

souligner to underline

soumettre (soumet-, soumett-) to submit

la **soupe** soup

souper to have supper

souple flexible

souriant(e) smiling

le **sourire** smile

sous under; **sous la pluie** in the rain

le **souteneur** pimp

soutenir (soutien-, souten-, soutienn-) to support, to uphold

soutenu(e) formal; **le style soutenu** formal style

le **soutien** support

souvenir de (souvien-, souven-, souvienn-) to remember

souvent   often
la **souvraineté**   sovereignty
spécial(e, -aux)   special
la **spécialisation**   specialization
la **spécificité**   personal or cultural identity
spécifié(e)   specified
spécifier   to specify
le **spectacle**   performance, spectacle; **spectacle des variétés** music hall show
spectaculaire   spectacular
splendide   splendid
le **sport**   sports
sportif (-ive)   n, m(f)   someone who likes sports, athlete; **je ne suis pas sportif**   I don't care for sports
la **stabilité**   stability
le **stade**   stadium
le **stage**   internship, training period
la **station**   station; **station de métro**   subway station; **station de ski**   ski resort
stationné(e)   parked
stationner   to park
la **statistique**   statistics
le **statut**   status
le **stérótype**   stereotype
stimulant(e)   stimulating
le **studio**   studio apartment
stupide   stupid
le **style**   style
subir (subi-, subiss-)   to experience, to undergo
subitement   suddenly
subsister   to persist, to subsist, to remain
succéder à   to succeed someone in a position
le **succès**   success
successivement   one after the other
succinctement   briefly, succinctly
succomber   to succumb
le **sud**   south
suffire (suffi-, suffis-)   to suffice; **ça me suffit**   that's enough for me
suffisant(e)   sufficient
le **suffrage**   voting; **au suffrage universel**   by general vote
la **suggestion**   suggestion
suisse   Swiss
la **Suisse**   Switzerland
la **Suisse romande**   French-speaking Switzerland
la **suite**   the continuation, result, suite; **à la suite de**   as a consequence of; **de suite**   consecutively, in a row
suivant(e)   following
suivi(e) (<suivre)   followed, popular
suivre (sui-, suiv-)   to follow, to take (a course)
le **sujet**   subject; **au sujet de**   concerning, with regard to; **sujet à**   subject to
la **super-forme**   top condition; **en super-forme**   in top condition
supérieur à   superior to

la **supériorité**   superiority
les **superpuissances**   super powers
supplément: en supplément   supplementary
supporter   to tolerate, to put up with
supposer   to suppose
sur   over; on, concerning, upon; **poser sur**   to land on; **sur le coup**   on the spot; **un jour sur deux**   one day out of two
sûr(e)   sure, certain; **bien sûr**   of course, naturally
surchauffé(e)   overheated
sûrement   surely
surgir (surgi-, surgiss-)   to appear suddenly
surmonter   to overcome
surpeuplé(e)   overpopulated
surprenant(e)   surprising
surprendre (surprend-, surpren-, surprenn-)   to surprise; **surprendre à**   to catch oneself
la **surprise-partie**   surprise party
surréaliste   surrealist
surréel(le)   surreal
surtout   especially
surveillant(e)   n, m(f)   supervisor, monitor
surveiller   to watch over, to take care of
survenir (survien-, surven-, survienn-)   to happen, to take place, to come upon
survenu(e) (<survenir)   which took place
la **survie**   survival
survivant(e)   n, m(f)   survivor
suspect(e)   suspicious
suspendu(e)   suspended
symbolique   symbolic
sympathique   likable, friendly, nice
sympathisant(e)   n, m(f)   sympathizer
la **symphonie**   symphony
le **symptôme**   symptom
le **syndicat**   union; **syndicat initiative**   chamber of commerce
syndiqué(e)   unionized
systématiquement   systematically

- T -

ta   see **ton**
le **tabac**   tobacco; **anti-tabac**   anti-tobacco; **bureau de tabac**   tobacco shop
le **tableau**   painting
la **tâche**   task
tahitien(ne)   Tahitian
la **taille**   size
le **talon**   heel
tant   so much, so many; **en tant que**   in the capacity of, as; **tant bien que mal**   indifferently, with difficulty; **tant mieux**   so much the better!; **tant pis**   so much the worse! **tant que**   so long as

la **tante**   aunt
taper à la machine   to type
le **tapis**   carpet
tapoter   to tap
tard   late; **au plus tard**   at the latest
tarder   to delay, to put off starting
le **tarif réduit**   reduced fare
tas : un tas de   a lot of, a pile of
la **tasse**   cup
le **taureau**   bull, Taurus (horoscope)
le **taux**   rate
la **taxe**   tax
te   (to) you
technique   technical
tel(le)   such; **tel(le) que**   such as
téléphoner   to telephone
la **télévision**   television
tellement   much, very much; **tellement de**   so much, so many
le **témoignage**   witness, testimony
le **témoin**   witness
le **temps**   time; weather; **à temps**   on time; **de mon temps**   in my day; **de temps en temps**   from time to time; **en ce temps-là**   at that time; **en même temps**   at the same time; **il est temps de partir**   it is time to leave; **il fait beau (mauvais) temps**   it's good (bad) weather; **il fait un temps de chien**   it's beastly weather; **le bon vieux temps**   the good old days; **le temps présent**   present tense; **quel temps!**   what weather!; **quel temps fait-it?**   what is the weather like?
tendance: avoir tendance à   to have a tendency to
tenir (tien-, ten-, tienn-)   to hold; **tenir à**   to desire, to be keen on; **tenir bon**   to hold fast; **tenir lieu de**   to take the place of
la **tentation**   temptation
tenter   to attempt
le **terme**   term
la **terminaison**   ending
terminer   to end
le **terrain**   field; **le vélo tout terrain**   mountain bike
la **terrasse**   terrace
la **terre**   earth, ground; **terre américaine**   American soil; **terre d'asile**   place of refuge
la **territoire**   territory; **territoires d'outre-mer**   overseas territories
tes   *see* **ton**
le **test**   quiz
tester   to test
la **tête**   head; **avoir quelque chose en tête**   to have something in mind; **coûter les yeux de la tête**   to cost an arm and a leg; **en tête**   in mind; **en tête à tête**   privately (alone together); **en tête de**   at the head of; **tête à tête**   alone together
le **texte**   passage, text

thailandais(e)   Thai
le **théâtre**   theater
la **théorie**   theory
théoriquement   theoretically
la **thèse**   thesis
tiens!   well!; **tiens, tiens!**   well, well!
le **tiers-monde**   third-world
la **timidité**   timidity
tirer   to pull, to draw, to fire upon; **tirer avantage de**   to turn to one's advantage; **tirer d'affaire**   to get out of difficulty; **tirer sur**   to fire upon, to shoot at
le **tissage**   weaving
le **titre**   title
titulaire   n, mf   owner
toi   you
la **tolérance**   tolerance
les **TOM (Territoires d'Outre-mar)**   overseas territories
la **tombée**   fall; **tombée du jour**   nightfall
tomber   to fall; **...et vous tombez dessus** . . . and you're right there; **tomber amoureux (-euse)**   to fall in love; **tomber en panne**   to break down; **tomber malade**   to get sick; **tomber sur**   to come across
ton (ta, tes)   your
le **ton**   tone
tondre   to mow
tort: avoir tort   to be wrong
tôt   soon
total(e)   total
la **touche**   touch, key
toujours   always, still
la **tour**   highrise building, tower
le **tour**   turn; **chacun son tour**   each one in turn; **faire le tour de monde**   to go around the world; **faire un tour**   to take a walk; **tour de scrutin**   round of balloting
touristique   touristic
la **tournant du siècle**   turn of the century
tourner   to turn
le **tournois**   tournament
la **tournure**   expression
tout (toute, tous, toutes)   all, every, everything, very, any; **à tout jamais**   forever; **en tout cas**   in any case; **en toute circonstance**   in any case; **tous les jours**   every day; **tout à fait**   completely; **tout à l'heure**   a little while ago; **tout au long**   all along; **tout de même**   all the same; **tout de suite**   immediately; **tout droit**   straight ahead; **toute petite rue**   a very small street; **toutes les deux**   both; **tout le monde**   everyone, everybody; **tout le monde va bien**   everybody's fine; **tout le temps**   all the time; **tout près**   very near; **tout puissant**   all powerful
traditionellement   traditionally
traducteur (-trice)   n, m(f)   translator
la **traduction**   translation

traduire (tradui-, traduis-) to translate; **traduire en cours d'assises** to bring into court, to indict
tragique tragic
trahir (trahi-, trahiss-) to betray
le **train** train; **en train de** in the process of; **se tromper de train** to take the wrong train
traiter to treat, to deal with
tranquille quiet, tranquil, not in a hurry
transférer to transfer
se **transformer** to be transformed
transmis(e) transmitted
transpirer to perspire, sweat
le **transport** transportation
transporter to transport
le **travail (-aux)** work, job; **reprendre le travail** to go back to work; **travaux manuels** manual labor
travailler to work; **en travaillant** while working
travailleur (-euse) ambitious, hard-working
la **traversée** crossing
traverser to cross over, to go through
très very
le **triangle d'or** the golden triangle
le **tribunal** court; **tribunal de grande instance** high court
la **tribune** rostrum, platform
tricher to cheat
tricoter to knit
triomphe: l'arc de triomphe triumphal arch
tripartite three-part
triste sad, unhappy
le **triumvirat** three-person committee
tromper to deceive; **se tromper** to make a mistake; **se tromper de train** to take the wrong train
la **trompette** trumpet
trop too much, too many
le **trottoir** sidewalk
le **trou** hole
troubler to trouble
les **troupeaux** flocks
les **troupes** f, pl troups
trouver to find; **se trouver** to be found, to find oneself
tu you (familiar)
tuer to kill
tueur (tueuse) n, m(f) killer
tumultueux (-euse) tumultuous
tunisien(ne) Tunisian; **Tunisien(ne)** Tunisian person
turbulent(e) turbulent
le **type** guy; a kind of

- U -

les **ulcères** m, pl ulcers
ultime final, last
unique only, unique; **fils (fille) unique** only child

uniquement only, solely
s'**unir (uni-, uniss-)** to unite, come together
l'**unité** f unity
l'**université** f university
l'**usage** m use, usage
user to use up, to wear out; **user de** to make use of
l'**usine** f factory
utile useful
utilisé(e) used
utiliser to use, to utilize
l'**utilité** f usefulness, utility

- V -

le **va-et-vient** coming and going
les **vacances** f, pl vacation
le **vaccin** vaccine
la **vache** cow
vachement fam very
le **vague** vagueness
la **vague** wave
vaguement vaguely
vain: en vain in vain
vaincre irr to overcome, to conquer
valable valid, legitimate
le **valeur** value, worth; **mettre en valeur** to emphasize
la **valise** suitcase
valoir to be worth; **ça ne vaut pas la peine** it's not worth the trouble; **ça vaut le coup** it's worth the effort; **il vaut mieux** it is better to; **ça ne vaut pas la peine** it's not worth the trouble; **valoir mieux** to be preferable
varier to vary
la **variété** a variety
vécu(e) (<vivre) lived, experienced
la **vedette** movie star
veiller à watch over, take care that
le **vélo** bicycle; **vélo tout terrain** mountain bike
vendeur (-euse) n, m(f) merchant, seller
le **vendredi** Friday
vénérable venerable
la **vengeance** revenge, retribution
venir (vien-, ven-, vienn-) to come; **ça vient** it's coming; **faire venir** to send for; **je te vois venir** I see you coming, I know what you're going to do; **venir de + inf** to have just done something; **venir en aide à** to come to someone's aid
le **vent** wind; **faire du vent** to be windy; **il faut du vent** it's windy
le **ventre** belly
la **venue** the appearance, the coming
la **véranda** veranda
le **verbe** verb; **verbes modaux** modal verbs (pouvoir, devoir, etc.)

véritable   true, real, veritable
la **vérité**   truth
le **verre**   glass
vers   toward, in the direction of
le **vers**   verse
verse: à verse   pouring down
le **verseau**   Aquarius (horoscope)
la **version**   version, composition
vert(e) *n, m(f)*   green, a member of the Ecologist Party
la **vertu**   virtue; **en vertu de**   by virtue of
vestige: les vestiges *(m, pl)* **romains**   Roman ruins
les **vêtements** *m, pl*   clothing
vétérinaire *n, mf*   veterinary
vêtu(e) (<vêtir)   dressed, clothed
le **veuf**   widower
la **veuve**   widow
la **victime**   victim
la **victoire**   victory
vide   empty
la **vidéo**   video; **la caméra vidéo**   video camera
vidéophobe *n, mf*   video hater
vidéophile *n, mf*   video lover
la **vie**   life; **avoir la belle vie**   to have it good; **la belle vie**   the good life; **la vie à deux**   the life together
la **vieillesse**   old age
vieillir (vieilli-, vieilliss-)   to grow old
vieillissant: en vieillissant   while growing older
la **Vierge**   The Virgin Mary
vieux, vieille   old; **ah, mon pauvre vieux**   old man, my poor fellow; **mon vieux**   old fellow
le **vigneron**   winegrower, vintner
vilain(e)   ugly, nasty
le **village**   town, village
la **ville**   city
le **vin**   wine; **un peu de vin**   a little wine
la **vingtaine**   about 20
violemment   violently
vis-à-vis   compared with, opposite
viser   to aim for
la **visite**   visit
visiter   to visit
vite   quickly, fast; **faire vite**   to act quickly
la **vitesse**   speed; **à toute vitesse**   quickly, in a hurry, at top speed
le **vitrail (-aux)**   stained glass window
la **vitre**   window
la **vitrine**   store window; **faire du lèche-vitrines**   to go window shopping
vivant(e)   living
vivre (vis-, viv-)   to live; **la joie de vivre**   happiness at being alive
voici   here are
la **voie**   the way; **en voie de**   in the process of; **en voie**

de developpement   developing, in the process of development
voilà   there are; **me voilà prête**   here I am ready; **voilà pourquoi!**   that's why!; **voilà tout**   that's it, that's final
la **voile**   sail; **faire de la voile**   to go sailing; **faire de la voile**   to go sailing
voir (voi-, voy-, voi-)   to see; **voir clair**   to see clearly; **faire voir**   to show; **je te vois venir**   I see you coming; **n'a rien à voir**   has nothing to do, has no relation
voisin(e) *n, m(f)*   neighbor
le **voisinage**   neighborhood
la **voiture**   car; **faire une promenade en voiture**   to go for a drive
la **voix**   voice, vote, opinion
le **vol**   flight, theft
la **volant**   the steering wheel
voler à   to steal
voler   to fly
la **volonté**   will, will power; **de la bonne volonté**   good intentions
volontiers   willingly
voter   to vote
votre (vos)   your
vouloir *irr*   to want; **ça veut dire**   that means; **que voulez-vous?**   what do you expect?; **vouloir dire**   to mean
vous   you *(formal or plural)*
le **voyage**   travel, trip; **voyage d'études**   study trip; **l'agence** *(f)* **de voyage**   travel agency
voyager   to travel, to take trips; **il a pas mal voyagé**   he has traveled a lot
voyageur (-euse) de commerce *n, m(f)*   traveling sales representative
la **voyelle**   vowel
vrai   true; **c'est vrai**   that's right; **à vrai dire**   to tell the truth
vraiment   really, truly
vu(e) (<voir)   seen
la **vue**   view; **bien vue**   looked on favorably; **en vue de**   for the purpose of

- W, X, Y, Z -

wallon(ne)   Waloon (from French-speaking Belgium)
y *adv*   there, in that place; *pron*   to, at, it, of, or about it or them; **ça y est!**   there it is! now you've got it! there! I've finished!
les **yeux** *m, pl*   eyes; **coûter les yeux de la tête**   to cost an arm and a leg
le **zéro**   zero; loser, nothing
le **zodiaque**   Zodiac
la **zone**   district, zone

VERSION ANGLAISE
DE TEXTES
DE BASE

PRELIMINARY LESSON Mise en marche

It's exam time. Two cousins, Paul and Jacques, meet Christine. Christine is a friend of Jacques'.

Jacques Well, hi, Christine. How's it going?
Christine Hello, Jacques! All right. And you?
Jacques Fine. Say, I'd like you to meet Paul. He's my cousin.
Christine Hello!
Paul Hi!
Jacques Well, Christine, what's new?
Christine Oh, not much, and you?
Jacques Me neither. Are your exams going all right?
Christine Yes, everything's O.K. Well, excuse me, I'm in a hurry.
Jacques Well, so long, and good luck!
Christine Thanks, you too. Good-bye.
Jacques See you soon.

PRELIMINARY LESSON Un Pas de plus

In the street, a professor and one of his students.

Professor Well, hello, Alain. How are you?
Alain Fine, thank you.
Professor And how are your exams going?
Alain Oh, not too badly.
Professor Well, good-bye. See you around, and good luck.
Alain Good-bye. Thanks.

Two friends meet.

Frédéric Well, hi Isabelle!
Isabelle Hello, Frédéric. Are your exams going all right?
Frédéric Just the opposite, they're going badly, very badly.
Isabelle Well, good luck.
Frédéric Thanks. Excuse me, I'm in a hurry. See you around.
Isabelle See you soon!

At a party. A couple and a single man.

First Man Oh, good evening, Monsieur Dornier. Let me introduce my wife.

Second Man Pleased to meet you, Madame.
Madame Pleased to meet you.

LESSON 1 A. Mise en marche

In a youth hostel near Grenoble, people are getting acquainted.

Bob Hello!
Hans Hello!
Bob Are you French?
Hans No, I'm not French. I'm German.
Bob My name's Bob. And what's your name?
Hans My name's Hans. What nationality are you?
Bob I'm American.
Hans (to Martine and Suzanne) And you, are you American, too?
Martine No, we're not American. We're Canadian.
Hans From Montreal?
Suzanne No, we're from Quebec.
Hans And what are your names?
Suzanne I'm Suzanne, and she's Martine.
Hans And I'm Hans.

LESSON 1 A. Un Pas de plus

Still in the youth hostel. Several young people are waiting at the reception desk.

Sven Do you still have any room?
Receptionist Yes, we do. ["it's not full yet."] What's your nationality?
Sven I'm Swedish.
Receptionist What's your name?
Sven Sven Svensson.
Receptionist How do you spell that, please?
Sven S-v-e-n-s-s-o-n.
Receptionist Will you please fill out this form?
Sven How much is it [for the room]?
Receptionist Twenty-five francs. You pay in advance.
Sven Do you have rooms or dormitories here?
Receptionist Dormitories. Is that all right?
Anne-Marie Yes, that's fine.
Receptionist Are you French?
Sophie Yes, we're from Lyons.

Receptionist Your identification cards, please.
Sophie Here they are.

LESSON 1 **B. Mise en marche**

Jim Martin, a young American, is hitchhiking in Alsace. [Someone in] a French car picks him up. They get acquainted.

M. Meier What nationality are you? Norwegian, perhaps?
Jim No, I'm American. And you?
M. Meier I'm French.
Jim Do you live in Alsace?
M. Meier I live in Strasbourg. Do you know Alsace?
Jim Not very well yet. But it's very beautiful, very picturesque.
M. Meier Picturesque, yes, if you like. There are a lot of vineyards.
Jim What's Strasbourg like?
M. Meier It's a bilingual city, and very cosmopolitan. And the Alsatians are *accueillants* [hospitable].
Jim *Accueillants*? I don't understand.
M. Meier Yes, *accueillants*, hospitable, friendly. They like tourists a lot, the Alsatians! And where do you live in America?
Jim In Kansas.
M. Meier What's it like there? They say it's very big.
Jim It's big, it's flat, it's not France!
M. Meier You speak French very well!
Jim Not really well yet, but it's coming.

LESSON 1 **B. Un Pas de plus**

A young American tourist is talking to a maid in a Parisian hotel.

Tourist Are you Parisian?
Maid Me, Parisian? You're joking! I live in Paris, but I'm Breton [from Brittany].
Tourist Ah, Brittany. What's Brittany like?
Maid Oh, it's really beautiful. And then people aren't in such a rush in Brittany. They're not like the Parisians . . . .
Tourist Why? What are Parisians like?
Maid Parisians are always in a hurry. And in my opinion, they're *froids* [cold].
Tourist Pardon me? I don't understand.
Maid Yes, cold; they're distant. And you, miss, you're not French. You're English maybe?

Tourist No, I'm American.
Maid America's big. Where do you live?
Tourist In Pittsburgh.
Maid And what's it like *là-bas* [over there]?
Tourist *Là-bas?*
Maid Yes, over there, in Pittsburgh.
Tourist Well, I like Pittsburgh a lot. The city isn't very pretty, but the people are nice. It's an industrial city.
Maid You speak French very well.
Tourist Not very well yet, but it's coming.

LESSON 2 **A. Mise en marche**

Two young soldiers are talking about life.

André Your car! Your car! You're always talking about your car! Do you have a picture of this famous car?
Marcel Sure! There's my car.
André (*ironic*) Great, really great! Who's that guy and that girl beside the car?
Marcel That's my brother and sister.
André And those people there behind the car, they're your parents?
Marcel That's right.
André Say, your sister's good-looking [beautiful]. Is she married?
Marcel No, not yet. She's single. She likes to be alone.
André Oh, that's too bad. By the way, how many of you are there in the family?
Marcel There are eight of us.
André Eight? That's not possible.
Marcel Oh, yes it is. There's my father, my mother, my three brothers and my two sisters.
André Oh, so you have another sister?
Marcel Yes, but unfortunately she's already married and has three children.
André Oh, well, that's really too bad!

LESSON 2 **A. Un Pas de plus**

Virginia, a young American student, arrives in France for a study abroad program. She's staying with a French family. They're getting acquainted.

Mme Pons Do you have any brothers and sisters?
Virginia Yes, I have one brother and one sister.
Mme Pons Are they older or younger than you?
Virginia They're both younger than I am.
Mme Pons How old are they?

Virginia	My brother is 16, and my sister is 17.
Mme Pons	Do you have any family in France?
Virginia	Yes, I have a few relatives in Grenoble, an aunt and some cousins, I believe. My mother is French.
Mme Pons	You speak French very well!
Virginia	Not very well yet, but it's coming.

An American student is getting to know a Canadian student during a summer class at a university in Canada.

Gabrielle	Do you have any brothers and sisters?
Michelle	No, I'm an only child. What about you?
Gabrielle	There are ten of us in my family.
Michelle	Ten? That's not possible!
Gabrielle	Oh, yes! There's my father, my mother, my three brothers, and my four sisters.
Michelle	That's a big family!
Gabrielle	No, it's nothing unusual.

LESSON 2 **B. Mise en marche**

Two girls are chatting in a large office.

Isabelle	Do you know that guy in the marketing division—the tall, dark, thin, very chic one?
Christine	Oh, yes, and he has big dark eyes?
Isabelle	Yes, and a wonderful moustache.
Christine	Yes, that's him; and he's always in a good mood, smiling, really friendly?
Isabelle	Yes, that's him. Is he ever cool!
Christine	Oh, I agree. He's my fiancé.
Isabelle	Oh! Well! Well!

LESSON 2 **B. Un Pas de plus**

In front of a movie theater. Two friends are chatting while waiting in line.

Anne	Well, Sylvie, how's your family?
Sylvie	Oh, everybody's fine.
Anne	What's your brother Matthieu doing? Does he have a good job?
Sylvie	Yes, he does; he's doing medical research.
Anne	Oh, really? Where?
Sylvie	He's working in a hospital laboratory.
Anne	Well, that's really great! Is he still as nice as ever?
Sylvie	Yes, still nice, very intelligent, and very hard-working.
Anne	How old is he now?
Sylvie	He's already thirty.

Anne	How time flies! And your brother-in-law Sylvestre?
Sylvie	Oh, him, he's a zero.
Anne	You're very hard on him!
Sylvie	No, I'm being objective. For me, he's a zero.
Anne	And why so?
Sylvie	Because he's lazy, self-centered, and in a word not overly intelligent. That's why!
Anne	Good heavens! What a portrait!

LESSON 3 **A. Mise en marche**

In a small hotel in Paris. A tourist asks the hotel manager for information.

Tourist	Is there a foreign exchange office near here?
Hotel Manager	Yes, you have the Crédit Lyonnais on November 11th Street.
Tourist	What is the Crédit Lyonnais?
Hotel Manager	It's a bank. It's two minutes from here. You go straight, then you take a right, and it's there, next to the movie theater.
Tourist	What metro do I take to go to the Champs-Élysées?
Hotel Manager	You take the Clignancourt-Orléans line in the direction of Orléans, and then you change at Châtelet, in the direction of Neuilly. Get off at l'Étoile.
Tourist	Is there a metro station near here?
Hotel Manager	Yes, as you go out, you go down Casimir Delavigne Street as far as Boulevard St. Germain, and you'll see it there on your right.
Tourist	Thank you very much.
Hotel Manager	You're welcome. Have a good day!

A taxi driver asks a mail carrier for information because he can't find Desgenettes Street on his map.

Driver	Excuse me! I'm looking for Desgenettes Street. Is it in the neighborhood?
Mail Carrier	Oh, it's a very small street. You see the café over there? Well, you go as far as the café, then you turn left. After that, take the second . . . no, the third street to the right, and it's there. But it's very small.
Driver	Well, thank you very much. Goodbye, and have a nice day!

LESSON 3 A. Un Pas de plus

A young tourist is doing errands in town. She asks a passerby for information.

Tourist	Excuse me, ma'am, is there a bookstore in the neighborhood?
Passerby	Yes, indeed, there's the bookstore in the train station not far [two steps] from here. If you go back up Magenta Boulevard, you'll see the station a little on your right, and the bookstore is just opposite. It's very close by.
Tourist	You're very kind. Thank you very much.

She asks a young Frenchman for directions.

Tourist	Hello! I'm looking for a post office. Are you familiar with the neighborhood?
Young Frenchman	Yes, [I know it] very well! First, you go straight as far as the church, over there. Next you take Diderot Street to the left, and the post office is about 200 meters away on the right side of the street, just across from the movie theater.
Tourist	Oh, it's close by, then. Good. Goodbye, and thanks!

On the street.

Tourist	Excuse me, sir. Can you tell me if there's a bus stop near here?
Passerby	Yes, it's very close by. You see the boulevard over there? Well, just follow this street as far as the boulevard, and you'll run right into it.
Tourist	Thank you.

At the bus stop

Tourist	Pardon me, ma'am, what number [bus] goes to the Eiffel Tower?
Madame	I think it's number 93, but ask the driver just to be sure.

LESSON 3 B. Mise en marche

Nicole, a young American student, is studying at a French university. She has a room where she does her own cooking. She does her shopping in the morning.
At the bakery.

Shopkeeper	Good morning, may I help you?
Nicole	Do you have peasant bread?
Shopkeeper	I'm sorry, we don't have any more. Do you want a baguette?
Nicole	Yes, O.K.

At the dairy [small store that sells dairy goods].

Shopkeeper	May I help you?
Nicole	I'd like some milk and butter.
Shopkeeper	How much do you want, please?
Nicole	I need a liter of milk and two hundred grams of butter.
Shopkeeper	Will that be all?
Nicole	I'd also like a little cheese. Do you have any goat cheese?
Shopkeeper	Yes, and it's very good today.
Nicole	Good, give me a hundred grams of goat cheese, please, and a hundred grams of . . . Do you have any Roquefort?
Shopkeeper	Yes, certainly.
Nicole	A hundred grams of Roquefort. How much does all that come to?
Shopkeeper	That comes to seventy francs.
Nicole	Here's a hundred francs.
Shopkeeper	And here's your change.
Nicole	Thank you.
Shopkeeper	You're welcome.

At the grocery store.

Nicole	Your peaches look very good!
Shopkeeper	Yes, they're the first of the season.
Nicole	Give me a pound of peaches, please.
Shopkeeper	Will that be all?
Nicole	And I need a kilo of bananas.

LESSON 3 B. Un Pas de plus

At the pastry shop. Nicole goes to the pastry shop, accompanied by her guardian angel and the devil of gluttony.

Nicole	Good morning. I'd like two butter croissants, please.
Shopkeeper	All right, miss. Will that be all?
Nicole	Hmmm . . . your little pastries look good.
Shopkeeper	Ah yes, they're fresh this morning.
Devil	Nicole, you adore chocolate . . . .
Angel	Nicole, this is ridiculous. Think of your figure.

Devil	Oh, come on, Nicole. Let's not be so serious. There's no harm in just one time.
Nicole	How much are these éclairs?
Shopkeeper	Well, it just happens that they're on sale: four for twelve francs.
Angel	Be careful, Nicole! Two minutes on the lips [in the mouth] and ten years on the hips.
Devil	Don't listen to him, Nicole. He's an imbecile who doesn't know what he's saying. A little chocolate will do you good. It raises your spirits . . .
Nicole	Yes, I'll take four chocolate éclairs, please.
Angel	Nicole, this is a catastrophe!
Devil	And the little strawberry tarts? Go ahead. You deserve it! One time isn't the end of the world. . . .
Nicole	And give me those little strawberry tarts, too, please.

LESSON 4 A. Mise en marche

François is looking for a table in the cafeteria. Unfortunately, all the tables are taken, so he sits down next to another student. There's a book open on the table.

François	Hi.
Philippe	Hi.
François	Oh, I see you're reading Piaget.
Philippe	Yes, are you familiar [with him]?
François	I know about all that rather vaguely. What do you think of him?
Philippe	I don't always find him very clear, but it's worth reading him.
François	Yes, that's right—Piaget is often obscure. Do you know M. Dinard? He teaches second year courses.
Philippe	Yes, I'm taking his course.
François	They say he's very capable.
Philippe	That's right. He knows his subject well. He's my favorite professor.

A little further at another table.

Catherine	What are you studying?
Marie-Claire	I'm doing law. And you?
Catherine	I'm majoring in economics. I'm in the third year.
Marie-Claire	And is it interesting?

Catherine	Yes, but it depends on the courses.
Marie-Claire	How's that?
Catherine	Well, there are interesting professors, and others . . . less interesting.
Marie-Claire	I've heard about Monsieur Vigneaux. Does he teach in the third year?
Catherine	Alas! Yes.
Marie-Claire	You mean his course is boring?
Catherine	It's not thrilling!

LESSON 4 A. Un Pas de plus

A young Frenchman is spending a year at an American university. He's writing to his mother.

Dear Mom,

I'm writing you to give my first impressions of the university. The location is splendid. I'm not living in the university dorms—I have a room in a private home. It's not a luxurious room, but it's all right. I have everything I need—a bed, a desk, some chairs, a closet, a few shelves for my books—and there's a bathroom next to it.

As for my studies, I'm taking four courses: a course in American literature, a course in poli sci, a course on the history of the war in Vietnam, and then, if you can imagine, a course in "speech and communication." That doesn't exist in France. We have to prepare speeches and give them in public. It is a little difficult for me, and the professor is demanding, but it helps me a lot in English. Certain courses, on the other hand, are quite easy for me. I'm exempt from introductory courses because they are too much like my courses in the lycée.

The big difference with France is that here the courses only last for a trimester, and there are often quizzes or tests. I like this system, however. In France, everything depends on the final exam. Here you can fail a quiz from time to time, and it's not a disaster—provided, of course, that you pass the others.

The course on the war in Vietnam is disconcerting. Americans don't appear to be very aware of other wars in Vietnam, and especially the French war. They don't often even recognize the name Dien Bien Phu. My poli sci course isn't bad, sometimes a little boring, but sometimes very good; and my course in American literature is wonderful. Reading Mark Twain is hard for me—he uses dialects they don't teach in our English courses—but he sometimes makes me think of Molière.

Everything is going well, but I have to say that studies here are horribly expensive. My scholarship barely covers my tuition and my room. I'm getting thinner. All I eat is pizza. Dear Mom, help! I need money. Could you please send me five hundred francs? Write to me soon.

Love [big kisses],
Your starving son

LESSON 4 B. Mise en marche

What does the future hold for us? Two students are thinking about their future.

Élise	What are you going to do next year?
Marie	I don't know exactly. I've got several projects in mind.

Élise	Do you plan on teaching?
Marie	Yes, maybe . . . . but I'd like to travel, too. I'm applying for a position in Africa.
Élise	Really? There are openings there?
Marie	Oh, yes. But you're in your last year too. What are you going to do with your law degree?
Élise	My father wants me to work in his business. It's a family tradition, you know . . . But I'd rather be independent. We'll see . . . ["Whoever will live will see."] In any case, there's a condition.
Marie	Oh? What?
Élise	We have to pass our exams in June!

LESSON 4 B. Un Pas de plus

At the corner café, Nicolas and Florence are chatting for a minute. Florence is a serious student. Nicolas is more relaxed and takes life less seriously.

Nicolas	What courses are you taking this year?
Florence	I'm taking a psych course, a sociology course, a course in modern history, and a short course in business English.
Nicolas	That's a heavy schedule!
Florence	And how! I don't do anything except work. I don't even have time to go out with my friends in the evening.
Nicolas	By the way, what are you majoring in?
Florence	I'm doing psychology. I'd like to work with autistic children in the future. There are still a lot of openings in that field. What about you, what are you doing, computer programming?
Nicolas	I'm doing literature. My schedule isn't quite so heavy.
Florence	You can have a little fun, then?
Nicolas	Yes, I play cards with my friends, I walk my dog, I smoke my pipe, and from time to time I think about the great questions of life.
Florence	(ironic) Well, you've got it made! But what do you plan on doing next year with your degree in literature?
Nicolas	I don't know yet. I'd like to write a novel or work for a newspaper. For the time being, I only have a few vague ideas.
Florence	Well, excuse me, I've got to run. I'm in a hurry.

LESSON 5 A. Mise en marche

At the clinic.

Patient	Good morning.
Secretary	Good morning.
Patient	I've got a bad headache. Is the doctor in?
Secretary	Your [last] name, first name, age, profession, and address, please.
Patient	But I have an unbearable headache.
Secretary	Of course, but I need your name.
Patient	Pierre Simplon. Oh God, how it hurts!
Secretary	How old are you?
Patient	Thirty-six. Oh, it hurts!
Secretary	And what is your profession, please?
Patient	I'm a waiter in a café, and I live at 55 Raspail Boulevard.
Secretary	And your telephone number?
Patient	43.48.24.52.
Secretary	Are you married?
Patient	No, I'm single. Now where is the doctor?
Secretary	I'm sorry, sir, it's noon. The doctor isn't seeing any more patients. Come back at two o'clock.
Patient	But this isn't possible!

LESSON 5 A. Un Pas de plus

In the doctor's office.

Doctor	Well, now, Monsieur Henriot, what's the matter?
M. Henriot	Well, doctor, I have a headache all the time, and I'm a little depressed. I think I need something.
Doctor	Do you have the headache constantly or only at work?
M. Henriot	Well! [Let me think.] No, only at work. At home it's better.
Doctor	Do you have any problems at work?
M. Henriot	Oh, yes. The boss and I don't always get along.
Doctor	So you have worries, anxieties?
M. Henriot	Yes, things aren't going very well at work.
Doctor	That must be tiring.
M. Henriot	Yes, from time to time I really feel all done in.
Doctor	My dear Monsieur Henriot, you don't need medication, but you're under a lot of stress. You need rest.

M. Henriot	Do you really think so, doctor?
Doctor	I'm practically sure of it.
M. Henriot	That's excellent advice.
Doctor	That's right. Your work is too tiring. You're exhausted, that's all.
M. Henriot	Yes, I'm sure you're right. I'm going to leave right away for the Côte [d'Azur]. Could you write me a prescription?

LESSON 5 B. Mise en marche

Two friends, Sophie and Alain, run into each other on the street.

Sophie	Hi, Alain. Say, you look really sick, you know. What's wrong?
Alain	Well, I've got a little cold, and I have a headache.
Sophie	But that's serious, isn't it?
Alain	No, no, it's nothing.
Sophie	Oh, yes, it is! Do you have a sore throat, too?
Alain	A little bit.
Sophie	You ought to take care of yourself! Don't you want to go see a doctor?
Alain	No, it's not worth it. I'm going to take a couple of aspirin, and it'll go away.
Sophie	You know, when I catch a cold like that, I go to bed right away, and I don't budge.

LESSON 5 B. Un Pas de plus

Several days later. Alain and Sophie run into each other.

Sophie	Hi, Alain. Say, you look awful! You're still not feeling well?
Alain	No, things aren't going very well. I feel very depressed.
Sophie	Why's that? What's the matter?
Alain	I've really got too much work.
Sophie	But what are you doing?
Alain	I've got exams in June, and I stay up all night [until the morning] to study. I'm going to crack up.
Sophie	It's true, you look worn out. Listen, do you want some advice? You're working too hard. Relax a little bit. Exams aren't the end of the world.
Alain	Maybe you're right. Come on, we can still have a drink together.
Sophie	Yes, it'll lift your spirits.

LESSON 6 A. Mise en marche

The idyll. A young man and a young woman on the terrace of a little café in Paris in the month of May.

Patrick	Tell me, Martine, do you like tennis?
Martine	Oh yes, I play tennis a lot.
Patrick	Oh good! And swimming. Do you like swimming?
Martine	Oh, yes, I love swimming. What about you? Do you like music?
Patrick	Yes, of course. I love music—and besides, I play the guitar.
Martine	You know how to play the guitar! That's wonderful! I love the guitar!
Patrick	But this is incredible! We have exactly the same tastes! By the way, tell me, Martine, which do you prefer, jazz or rock?
Martine	Oh, I like jazz better, but I like rock, too.
Patrick	Well! What a coincidence! I like both of them, too. And what do you like to read? Detective novels? Romances?
Martine	Oh, frankly, I don't like either one.
Patrick	Me neither. Reading really doesn't interest me at all, you know. And movies . . . what kind of movies do you like?
Martine	Oh, it doesn't matter . . . funny films and sad films. At the movies, I like to laugh and I like to cry.
Patrick	Well, that's just great! Those are exactly my ideas. I don't go to the movies in order to think. Don't you see, Martine? It's fate! We're made for each other!

LESSON 6 A. Un Pas de plus

The idyll (continued).

Patrick	Well now, after all, Martine, what do you like to do?
Martine	Well, I really like to travel, to take the plane . . .
Patrick	Oh! I really don't like traveling very much.
Martine	I like to go skiing and skating, too. I love winter.
Patrick	I loathe the cold.
Martine	I like to go to the opera from time to time, too.
Patrick	You're joking, I hope. Opera, what a pain [what suffering]! And politics?
Martine	Yes, one should be interested in politics.

Patrick	Well, frankly, that doesn't interest me at all. And TV?
Martine	Oh, TV isn't often very amusing. I'd rather go for a walk.
Patrick	But Martine, this is all very annoying! We have practically nothing in common!
Martine	Alas, no! I see that everything separates us. Farewell, Patrick!
Patrick	Farewell, Martine! How absurd and tragic life is!

LESSON 6 **Mise en marche**

M. and Mme Leblanc are tourists in Paris. Madame wants to see as many things as possible in the city. Monsieur, a little tired, would like to slow down the pace.

Mme Leblanc	Well, dear, if you want, tomorrow we can go to the Louvre in the morning, to Beaubourg in the afternoon, and as for Versailles, we could visit it in the evening for the "Sound and Light" show.
M. Leblanc	Yes, yes, of course, and at the same time we could also go see the Rodin Museum, take a walk in the Tuileries, climb the Eiffel Tower, and—if we still have time—go to Sacré-Cœur, don't you think?
Mme Leblanc	You're not very funny! You could at least make some effort when we're on vacation. I know you!
M. Leblanc	But still . . . .
Mme Leblanc	Spending hours watching television . . . . You call that a vacation?
M. Leblanc	But no, my pet. It's just that the TV is both interesting and relaxing at the same time . . . .
Mme Leblanc	Listen! Since that's the way it is, I'm going alone, and the next time . . . .
M. Leblanc	But look, let's be reasonable, my dear. You'd really like to see everything? You don't think we could slow down a little bit? You know that I really like to visit Paris with you, but it's our first day here and we still have two weeks ahead of us.
Mme Leblanc	That's not a good reason . . . . When we're on vacation, we have to see everything.
M. Leblanc	I have an idea! Let's go take a walk in the Luxembourg Gardens to relax. And then we'll sit down by the fountain for a little while . . . .

LESSON 6 **B. Un Pas de plus**

Two young colleagues during a coffee break.

Sophie	Say, Bernard. There's a really good jazz concert this Saturday evening. Are you interested?
Bernard	No. I'm sorry, but on weekends I go away.
Sophie	You go away! So where do you go?
Bernard	To the country to my friends' place. They've got an old house, completely away from everything, about a hundred kilometers from here.
Sophie	But what do you do there for two days?
Bernard	Nothing. I sleep, I rest, I go for walks, I breathe, I watch the grass grow, and that's enough for me.
Sophie	You don't find that deadly dull?
Bernard	No, not at all, on the contrary. After five days of Paris, that seems ideal to me. I really need to unwind.
Sophie	Well, as for me, I like the city, the movies, the cafés, the people, the movement. I need that.

RÉCAPITULONS **A. A Missed Appointment**

The secretary and a patient, in the doctor's office.

Patient	Good morning, miss. I've come for my appointment with the doctor.
Secretary	What's your name, sir?
Patient	Desgaches. Étienne Desgaches.
Secretary	I'm sorry, but there's no Desgaches on the list.
Patient	Yes there is. I have a nine o'clock appointment. What time is it, please?
Secretary	It's ten minutes to nine.
Patient	Oh, good! I'm not late.
Secretary	But I'm telling you that there is no . . . Well! Here's your name. No, you're not late. Your appointment is for tomorrow.
Patient	That's strange! What's the date today? What day is it?
Secretary	It's Tuesday, September 20th. Come back tomorrow.

Patient	Oh, how stupid of me! My appointment is actually for Wednesday, the 21st. Well, I'll see you tomorrow. I'm sorry . . . .
Secretary	Well, goodbye, sir, till tomorrow.

RÉCAPITULONS B. Rain and Good Weather

On the radio.

Announcer	Alain Sibert, sunshine today?
Alain Sibert	Yes, but not for everybody. In the Northeast [part of the country], nice warm weather, sunshine, rising temperatures. On the other hand, in the western half of the country, clouds [appearing]; we may even get some light showers—with falling temperatures.
Announcer	Thank you, Alain Sibert—and don't forget your umbrella!

Two ladies, Mme Rémy and Mme Levadoux, about sixty, are talking in front of the house.

Mme Rémy	Good heavens, what weather! It rains; it's nice. It just changes all the time!
Mme Levadoux	Yes, but what do you expect? That's the way it is in April. It's always like that.
Mme Rémy	Yes, but for me, you see, spring is something else: sunshine, little birds, flowers . . . .
Mme Levadoux	That's right, and we still have to heat the house. I'm sure it's going to be very cold tonight.
Mme Rémy	And besides, it's not very good for the garden, is it? Heavens, what weather!

RÉCAPITULONS C. The Perfect Candidate

A well-known company is looking for a representative. François Martin submits his application, and he is received by the personnel director.

Director	Can you tell me, Mr. Martin, what, in your opinion, your strong points are?
François	Well, without false modesty, I believe I can say that people can count on me, that they can have confidence in me. I'm punctual . . . . I'm never late.
Director	That's very good, because in our work, punctuality is of the greatest importance.

François	Good, and then I'm discreet; I know when to talk and when not to talk.
Director	You're very diplomatic, then?
François	That's right. I don't like to talk and not say anything, but I know how to talk when it's necessary.
Director	That's great, because, you see, in business, diplomacy is of the greatest importance.
François	I'm also a very hard worker, I seldom eat lunch, and I never take a coffee break.
Director	Wonderful, because in our company we all work like crazy.
François	I am also very respectful, and in my opinion the director is always right.
Director	Oh, really? Even when he is wrong?
François	Especially when he is wrong.
Director	That is a very favorable point, because, you see, in business, respect for one's superiors is of the greatest importance. I believe you are really the man we need. Do you have any faults as well?
François	To tell the truth, in all frankness, I have only one little fault.
Director	And what is this fault?
François	Well, occasionally, it happens that once in a while, I lie . . . .

LESSON 7 A. Mise en marche

It's Monday morning in a hospital in Paris. Two nurses, Véronique and Giselle, are talking about their weekend.

Véronique	Well, how did the weekend go?
Giselle	Very well—but this morning, you know, I'm worn out.
Véronique	What time did you get back?
Giselle	This morning at seven o'clock. I had time to take a shower, and that's all.
Véronique	What did you do exactly?
Giselle	Twelve hundred kilometers, and six hours of skiing.
Véronique	Well, you've really got a lot of courage! Did you have a good time?
Giselle	Yes, indeed. And what did you do?
Véronique	I didn't budge. I watched a little TV Saturday night, I straightened up my apartment, I wrote a few letters, and I slept a lot. In short, a peaceful and restful weekend.
Giselle	Too peaceful for me!

LESSON 7 **A. Un Pas de plus**

It's Monday morning, and two friends are chatting on the job.

Louis What's the matter? You look awful.

Philippe I'll tell you, old buddy, I had an awful weekend.

Louis Really? How so? What happened?

Philippe I did some dumb things and had an accident.

Louis But what happened exactly?

Philippe You're discreet, aren't you?

Louis Sure, you can trust me.

Philippe Well, here it is. You know that I like to drink a lot.

Louis Oh, I can see it coming! You drank too much.

Philippe Yeah, that's right. And you know that I like to drive fast, right?

Louis There it is. I see it! You drove a little too fast.

Philippe And I ended up in a tree doing 75 miles an hour.

Louis And you're not even hurt! That's a miracle!

Philippe Well, maybe, but the car is dead.

Louis Oh, you poor guy! What are you going to do now?

Philippe Well, I've decided not to drink any more and to take the train.

LESSON 7 **B. Mise en marche**

The first of September. Jean François and Isabelle see each other in the office after a month of vacation.

Isabelle Hi! Say, you don't look so good.

Jean-François Oh, my vacation . . . .

Isabelle What do you mean?

Jean-François This year was a washout.

Isabelle Why? What did you do?

Jean-François You know, for me, a vacation is sunshine and the ocean . . . .

Isabelle And so?

Jean-François I went to Spain to find the sunshine, and it rained every day for a week.

Isabelle That's really unusual for Spain.

Jean-François And afterward, they closed all the beaches in the area.

Isabelle What for?

Jean-François Because of the pollution. They even closed a few restaurants.

Isabelle That's very annoying! But you were able to see a little bit of the area anyway, weren't you?

Jean-François Sure, but for me, you know, that's not a real vacation.

Isabelle I shouldn't tell you this, but in Brittany, we had sunshine every day.

Jean-François You were lucky!

LESSON 7 **B. Un Pas de plus**

An American businessman, Mr. Baxter, is talking about his trip to France with some friends, M. and Mme Delecourt, who have been living in the U.S. for several years.

M. Delecourt Say, it must be expensive to travel in Europe now.

Baxter It costs a fortune. Fortunately, my company is paying for it.

M. Delecourt It's just crazy what you have to pay for airfare [the plane].

Baxter Yes, and prices have just gone up.

M. Delecourt How about hotels?

Baxter Oh, hotels, you know, anything remotely decent, costs an arm and a leg [the eyes of the head].

Mme Delecourt Not to mention food! The prices in restaurants must be exorbitant.

Baxter I actually had to pay 20 francs for a miserable cup of coffee.

Mme Delecourt I have a simple solution: I just never leave the house any more.

Virginia, an American student, runs into her friend Habib, a young Tunisian student who is studying in the U.S. She is telling him about the trip to France that she just took with her friend Betsy.

Habib Well, did you have a good vacation?

Virginia Yes, very nice. We had a great vacation.

Habib Is it expensive to travel in Europe now?

Virginia Not too expensive, but you have to be careful.

Habib For example?

Virginia Well, first we took a charter flight, the one organized by the International Center at the university. They don't serve any meals, but we brought along sandwiches.

Habib You can do that? And did you stay in hotels?

Virginia	Yes, sometimes, but not in luxury hotels. Most of the time we slept in youth hostels.
Habib	What did you do about food?
Virginia	Oh, we got along on bread, cheese, and fruit—but we didn't dine at Maxim's.
Habib	And your day trips—they must have been expensive, right?
Virginia	Not really. There are a lot of things to do that don't cost very much. For example, the Louvre is free on Sundays, and there are reduced prices for students everywhere. You just have to know how to get around, that's all.

LESSON 8 **A. Mise en marche**

Passersby in the street; a reporter gathering information about vacations.

Reporter	The ideal vacation—what is it for you, ma'am?
Passerby 1	I always spend my vacation at the seashore.
Reporter	And you, ma'am. What's your ideal vacation?
Passerby 2	I always follow the sun [go looking for the sun]. I like to sunbathe, get a tan on the beach—in Spain, in the Midi [southern France], in Italy. It depends. We often go to another country.
Reporter	And you, sir, what are you planning to do during your vacation?
Passerby 3	My girlfriend and I like to go hiking [out in nature]. Given [in view of] our budget, we can't spend a lot; so we're going to go camping in the Pyrenees this year.
Reporter	And you, sir. What's your idea of the ideal vacation?
Passerby 4	We prefer to stay quietly at home, not doing what we usually do—getting up late, the easy life. Besides, we don't like to spend a fortune on vacations. We don't like to be extravagant.
Reporter	And you, sir, what do you plan on doing during your vacation?
Passerby 5	I don't know yet. I prefer not to make any definite plans, take my house trailer,

and go anywhere at all, without a definite itinerary.

Reporter	What do you have in mind for this summer, miss? How do you prefer to spend your vacation?
Passerby 6	I'd like to do something useful. I'm thinking of a computer workshop at Chamonix, in the Alps. There are courses in the morning, and I could go for walks in the afternoons.

LESSON 8 **A. Un Pas de plus**

A traffic jam on the freeway near Paris on July 1. A reporter is gathering information about the leisure time of the French. Since traffic isn't moving, the reporter goes from car to car to ask questions.

Reporter	Good morning, sir. I'm a reporter for *France-Soir*. I'm doing a story on leisure time. Where are you going today?
M. Dupont	I'm going to join my wife and children in the country in Normandy. We're going to spend two weeks there.
Reporter	In a hotel [resort]?
M. Dupont	No, this is a vacation on a farm. It's less expensive than Club Med. It's more restful; and after my work, I need it.
Reporter	Good morning, sir, ma'am. Are you coming from Paris?
Mme Doyenne	Yes, we are.
Reporter	Where are you going on vacation this year?
Mme Doyenne	We're going to spend a week at the Club Med at Saint-Raphaël on the Côte d'Azur.
Reporter	Do you go there often?
Mme Doyenne	Well, this year is the first time.
Reporter	Are you going to go in for sports at the Club?
M. Doyenne	Yes, of course. Everything is included in the price: tennis, wind surfing, horseback riding, weightlifting—everything.
Mme Doyenne	And me, I'm going to get a tan on the beach.

M. Doyenne	Yes, she likes to sunbathe. I need more activity.

Reporter	Are you going to the Côte d'Azur, too?
Mme Melun	No, we're going back to Alsace to see relatives.
Reporter	Do you prefer vacations with the family?
Mme Melun	Well, we haven't seen each other for a long time. It'll be restful, not too expensive—and the children like to play with their cousins and breathe the fresh country air. And we parents are going to relax a little bit.

Reporter	And you, miss, you're leaving too?
Mlle Duchesne	No, unfortunately. I'm working. And I ought to be at the office by this time. What traffic, with all these vacationers!
Reporter	What? You don't have any vacation?
Mlle Duchesne	Oh yes, I'll have a week free in August . . . but where to go? Do you have any ideas?

LESSON 8 B. Mise en marche

Two students from an American university are getting some information from a Frenchman before beginning a language program in France.

Jim	Jean-Michel, what do we need to take to France with us?
Jean-Michel	First, you have to get a passport. Then as soon as you get there, you'll need some French money.
Jim	Can you change money at the airport?
Jean-Michel	Yes, but the best rate is in town. Compare the rates offered by several banks, and then choose.
Steve	And what kind of clothing do we need to take along?
Jean-Michel	Young Europeans dress like young Americans—jeans and so forth. But in France, it's often rainy in the springtime. So take a raincoat and an umbrella.
Steve	It gets cold, then?
Jean-Michel	Yes, every once in a while. Take

along a good sweater, too, and some comfortable shoes if you plan on walking a lot.

Jim	Do we need a suit and tie?
Jean-Michel	Yes, they'll come in handy for formal occasions.
Jim	Oh, I don't anticipate any formal occasions.
Jean-Michel	Are you going to the beach?
Steve	We hope to go, if it's not too cold.
Jean-Michel	Take along your bathing suit, then.
Jim	What else can you give us advice about?
Jean-Michel	You shouldn't try to take along too many suitcases, take some pocket money, and especially, review your French grammar before leaving!

LESSON 8 B. Un Pas de plus

Sophie is getting some information from Mme Dambert at the travel agency.

Mme Dambert	May I help you, miss?
Sophie	Yes, we'd like some information about the possibility of tours or stays in Morocco.
Mme Dambert	Well, as it so happens, we're having a special on stays in Morocco. Now here's a three-star hotel in Marrakech for 1,000 francs a week.
Sophie	Oh, that's too expensive! Don't you have anything for students?
Mme Dambert	Yes, we have tours by minibus for 550 francs a week. You sleep in a tent. If you want, we can get you a guide also.
Sophie	No, that won't be necessary, since nearly everyone in Morocco speaks French.

Sophie calls the travel agency again.

Sophie	Hello, could I please speak to Madame Dambert?
Secretary	Yes, who's calling, please?
Sophie	Sophie Guyonnet.
Secretary	OK, hold on, please.
Sophie	Hello, is this Madame Dambert?
Mme Dambert	Yes, it is.
Sophie	We're interested in the trip by

	minibus in Morocco. How much is it exactly?
Mme Dambert	Five hundred fifty francs a week.
Sophie	Is the trip there included?
Mme Dambert	No, air transportation is additional. But you can take advantage of some special student fares.
Sophie	What are the departure dates?
Mme Dambert	There are departures every two weeks in June and September, and three times a week in July and August.
Sophie	How long does the trip take from Paris to Casablanca?
Mme Dambert	About two hours. Do you want to make reservations right away?
Sophie	No, I'd like to talk it over with my friend first. Thank you very much. Good-bye.
Mme Dambert	Good-bye.

LESSON 9 A. Mise en marche

Interview on the radio. Madame Bruhat—85 years old, a reporter.

Reporter	Tell us, Madame Bruhat—when you were young, what was life in the country like?
Mme Bruhat	Oh, it wasn't like it is now . . . . We had three cows, lots of flowers in the garden, a vegetable garden . . . . We did everything at home; we made the bread, we did everything. We killed the pig. And then there were chickens, rabbits, ducks. We washed everything by hand. Oh, there was a lot of work!
Reporter	When would you get up?
Mme Bruhat	Oh, on the farm, we were up early, at five in the morning. But you know, the meals, they weren't like they are now. We used to eat at eleven o'clock and six o'clock. And the breakfasts! You should have seen those breakfasts. They were huge!
Reporter	And the children, what would they do?
Mme Bruhat	We children, we had a wonderful life . . . . In the summertime, we'd swim in the stream; we'd go fishing, fishing

for frogs. We went for walks in the woods. In the evenings, when I was a little older, we used to dance. It'd last until three in the morning . . . . until the candles went out. All that was before 1914 . . . . I [can] see myself as a child—how we danced, how we danced . . . .

LESSON 9 A. Un Pas de plus

Grandfather, what do you think about? Armand Reynaud is ninety-two years old today and is celebrating his birthday with his family. Delighted with the attention that his family is giving him, he tells about his youth:

"You realize, I was born at the same time as the century. Ah, things have changed a lot, haven't they, mama? When we were young, we lived on a farm. Washing machines didn't even exist then, or those microwave oven things . . . . A woman's work was hard. They had to do everything by hand, and then at harvest time, they had to help in the fields. Automobiles were just starting to appear. I saw my first car when I was nine. School wasn't compulsory. As for me, my father thought it was good to have some schooling, and he sent me to the school in the village until I was fifteen.

"I've seen a lot of changes. We went through two wars. In '40, I was a soldier in the French army, and in '43 I was picked up by the Germans and put in a concentration camp. It was terrible. I knew hunger, despair, the horror of deportation. But I escaped with a few buddies, and I was back in France at the time of the American landing in '44. What a joyous moment the Liberation was! We had stopped believing in it . . . and when those big American soldiers paraded down the Champs-Élysées, the French went delirious! My favorite memory? Ah, yes, I remember: They were giving away cigarettes and oranges. We hadn't seen any since before the war. And the French women were fascinated by the Americans . . . . I was even a little jealous of mama here, who couldn't keep her eyes off of a tall, blond guy named Bob . . . .

"How times have changed since I was young. Today, no one ever dies of the flu. There are vaccines. It doesn't take hours and hours to do a wash any more: there are washing machines and dryers. They say that you can go from New York to Paris in three hours! But are people happier for all that? What I miss today is that no one seems to be amazed by anything. In my time, imagine the shock we felt when we saw the first aircraft and the first color television! Young people seem to me to be more blasé, families aren't as close, and there's a lot of divorce . . . .

"What do I like best today? Television and the telephone. I love chatting with friends for hours at a time. And of course, I appreciate the car . . . . Mama here is the one who drives it these days. But after all, that's life!"

LESSON 9 B. Mise en marche

On television: Jacques Lancel has as his guest today Monsieur Yves Nadar, the famous explorer.

Lancel	Monsieur Nadar, at sixty-five, I suppose you had to draw up the balance sheet . . . .
Nadar	The balance sheet? That's very hard, you

know. Still, I believe that I've had a very full life. My first trip out was at nineteen—to Patagonia. What an adventure! I stayed there seven months. Later, when I was doing my studies, they offered me a field trip to New Guinea. At that time, you know, New Guinea was completely unknown. I accepted, and we explored the country for two years. After that, there were stays in New Caledonia and Mayotte. And then, books, lectures, new trips, photos, films; it's never ended . . . even right up to this moment.

Lancel But Monsieur Nadar, with all that, how did you manage your private life?

Nadar Well, I think that that part of it has been less successful! With all those travels, it was difficult to have a normal family life. I got married in . . . 1947. It was marvelous, but it didn't last. You see, my wife thought just going to Brittany for a vacation was our expedition. So, our paths separated three years later. It's too bad . . . . In my opinion, I wasn't made for a regular, structured life . . . . I'm a little sorry about it, but what can you do—that's how it is.

Lancel I understand.

LESSON 9 **B. Un Pas de plus**

The past . . . imperfect. Two young women, Patricia and Hélène, are talking about their families. They have run into each other after a long separation.

Patricia By the way, how's your sister? What's become of her?

Hélène Which one? Élisabeth or Monique?

Patricia The one who used to live in Lyons.

Hélène Oh, you mean Monique. It's complicated. You know she was married. That didn't work out too well. Then about two years ago, she met the man of her life again. So she up and dropped everything and ran off with him. At one time they were living near Lyons. Then they moved and set up housekeeping not far from Marseilles. They've found work, and it looks like things are going all right for the time being.

Patricia Good, and what are they doing?

Hélène He plays the guitar in a nightclub, and

Monique is a chemist in a pharmaceutical laboratory.

Patricia But didn't she have a little girl . . . ?

Hélène Little? Sylvie's already nine. But the father was the one who kept her. It was better for school, and they both agreed. But she sees her mother often. Lyon–Marseilles is easy, you know. Last summer they went to the beach in Italy. I met them there, and we spent a few really nice days together.

LESSON 10 **A. Mise en marche**

Monsieur Grandmont has just arrived at his office. He is late. He is talking with his colleague, Monsieur Darray.

M. Darray Oh, good morning, Grandmont. So, we've been sleeping in a bit?

M. Grandmont No joking this morning, please.

M. Darray Oh, I see. Monsieur is in a bad mood. Did you get up on the wrong side of the bed?

M. Grandmont Well, I'm not looking for excuses, but during the night the power went off for an hour.

M. Darray And so?

M. Grandmont . . . and since my alarm is electric, I woke up an hour late. I got ready as fast as I could, and I fell down the stairs. I didn't even have breakfast, but I still left the house too late, and I missed my train.

Madame Dupré sees her friend, Madame Richard, who is arriving late.

Mme Dupré Oh, there you are! I've been waiting for you for an hour. What happened to you? Did you forget our appointment?

Mme Richard No, not at all. But you can't imagine the night I had. I had horrible nightmares, and this morning when the alarm went off, I didn't hear a thing. I woke up a few minutes ago, and here I am. I'm really sorry to be late.

Monsieur Leblanc and Monsieur Picard: business colleagues.

M. Leblanc Well, old man, you're late! What happened to you this morning?

M. Picard	Don't even talk about it! I got caught in some awful traffic jams.
M. Leblanc	Oh, you didn't take the metro today?
M. Picard	Indeed, not. There was a strike this morning.
M. Leblanc	Oh yes. So there was. You ought to do as I do. Come by bicycle, and you're always on time.

LESSON 10 A. Un Pas de plus

Yvonne has a bone to pick with her friend Pierre.

Yvonne	You stood me up at the restaurant last night! I waited for you for hours!
Pierre	That's because I had a dream.
Yvonne	A dream!
Pierre	Yes, in fact, I was just intending to explain what happened.
Yvonne	Oh, really. So what happened exactly? I'm listening.
Pierre	Well, there was a very good reason. I went to sleep during the afternoon, and I had a dream. I was walking down the street. I was walking along alone. Suddenly, a door opened. I went into a dark place, lit with just a few candles, and everything blew up.
Yvonne	Do you take that seriously?
Pierre	Yes, I was very worried because of this dream. I said to myself that it was a very bad sign, and that's why I didn't come.
Yvonne	Oh, you and your dreams! It's all superstition!
Pierre	Yes, and do you realize that there were only two survivors—you and Bernard, my best friend.
Yvonne	Well, as it happens he's the one I ended up having dinner with last night.

LESSON 10 B. Mise en marche

Philippe slowly and timidly goes up to his professor after class.

Philippe	Excuse me, sir. You perhaps noticed that I didn't hand in my paper with the others.
Professor	It's a detail that did not escape my notice.
Philippe	I just want to tell you that, this time, there was a very good reason.
Professor	Oh, yes, like the last time?
Philippe	No, no, this time it's serious. Well, if you can imagine, my grandmother was taken ill this weekend; and since she is my favorite grandmother, I decided to pay her a visit to cheer her up.
Professor	An admirable gesture!
Philippe	I left on my motorscooter—taking with me, of course, all the papers I needed to write my composition at her place. Unfortunately, while I was on my way to her place, I had an accident. At the corner of Albert Street, a car that was going much too fast, ran into me, and I was knocked out.
Professor	That must have hurt!
Philippe	Yes. And when I came to, I was in the hospital with stitches. As for my papers, they had disappeared.
Professor	And of course you looked for them everywhere . . . .
Philippe	Yes—at the hospital, in the street, at my place . . . not a trace of them.
Professor	And when you got to your grandmother's, she was already dead?
Philippe	How did you know? Yes, I had to spend the night at her bedside [as part of the wake]. That's why I'm so tired today.
Professor	And you want me to give you more time to revise?
Philippe	Yes, that's just what I was getting at [how clearly you have seen]!

LESSON 10 B. Un Pas de plus

Jean-Paul is telling his friend Serge about his first date with Colette.

Serge	Well, Don Juan, how did your first date with Colette go?
Jean-Paul	What a catastrophe!
Serge	What do you mean by that?
Jean-Paul	O.K., you know the classic scenario: romantic stroll along the Seine, cozy dinner for two in a nice little restaurant, a good romantic movie, to create the right atmosphere, you understand . . . .
Serge	Great! And so?
Jean-Paul	Nothing went right. First, my car wouldn't start [didn't want to start], and we had to take the metro.
Serge	Yes, actually, for atmosphere, the metro isn't where it's at.

Jean-Paul	When we got out of the metro, it was raining, but I mean, pouring!
Serge	Oh, no! So what did you do then?
Jean-Paul	We got out of the rain and waited a little while, and then ran in the rain as far as the restaurant. On the door was a small sign: "Closed on Wednesdays."
Serge	Yes, that's a detail that has its importance. And after that?
Jean-Paul	Well, we ended up eating a sandwich in a café.
Serge	Charming evening! And the movie?
Jean-Paul	Well, first, we waited in line for a half an hour, and the only seats left were in the first row.
Serge	Oh, I see, for intimate atmosphere, zilch! And how did all of this end?
Jean-Paul	When we were leaving the theater, I said a lot of things that I don't remember any more—she wasn't talking very much—it was past midnight. All of a sudden, Colette said to me in a very off-hand way, "My dear Jean-Paul, you have organizational talents that I wouldn't want to take advantage of. That's enough for today. Besides, I'm a little tired, and I'm going home. Good evening, and . . . good-night!"
Serge	And what did you answer?
Jean-Paul	Nothing. I didn't have time. She got into a taxi that was passing by and—bingo!—off she went . . . .
Serge	Are you going to call her today?

LESSON 11 A. Mise en marche

From the first day, opinion about Beaubourg (the Pompidou Center) has been divided. Divided? That's an understatement. We can imagine a conversation between French people of traditional tastes and of more modern tastes. Monsieur and Madame Lemercier are Parisians. They have Monsieur Guillemin, a business colleague who lives in the provinces, as a guest. [In France everything that is not Paris is the provinces]. The three of them are visiting Beaubourg in Paris, for after all, Beaubourg has to be seen.

Mme Lemercier	Well, dear friend, what do you think of [how do you find] this famous Pompidou Center?
M. Guillemin	Uh . . . .
Mme Lemercier	I think it's fantastic. It's a marvel of modern architecture.
M. Lemercier	A marvel? Come on now, you're joking. I think it's a horror, an abomination, an irreparable catastrophe.
Mme Lemercier	My poor dear, obviously you don't know anything about architecture.
M. Lemercier	That's architecture? Industrial architecture, maybe. It's a factory. You get the impression that they make locomotives in there.
Mme Lemercier	And you, Monsieur Guillemin, you're not saying anything . . . .
M. Guillemin	I don't know. I'm not sure. On the one hand, I think it's interesting; but on the other hand, it's an architecture that's perhaps a little too modern for my taste. It's . . . uh . . . bolder than our architecture in the provinces. But you know, I'm not a good judge. I don't know modern architecture very well. It's so difficult to have an opinion . . . .

LESSON 11 A. Un Pas de plus

On the other hand, the President of the Republic is not so reticent. In an interview given to the *Nouvel Observateur* a few years ago, François Mitterand did not hesitate to express his ideas on modern architecture firmly and clearly. He had great projects in mind to change the face of Paris.

N.O.	Mr. President, you're going to make considerable changes in the surroundings of Parisians.
F.M.	Not only of Parisians, but also of the inhabitants of provincial towns.
N.O.	If you have no objection, let's talk first about Paris. What were your thoughts about it before moving into the Élysée? What was your vision of the capital?
F.M.	This is a cliché, but like many others I am in love with Paris, so I tend to like everything I see there. Without a doubt, this love magnifies many things in my eyes. But I feel that Paris has had too low a profile in modern architecture. Even the Centre Pompidou, which I have liked from the beginning, represents a type of architecture that has reached its peak in this building. Perhaps several decades too late. Architecture has not

511

received enough attention in France, so it should in the future . . . .

N.O. What is your favorite project?

F.M. Perhaps the Défense project . . . . Why? When it comes down to it, I feel that my tastes are quite classical and that pure geometric forms appeal to me . . . . My tastes have changed with age and experience. And my knowledge has also deepened with time. Regarding religious art, I used to prefer romanesque to gothic, and I didn't like baroque at all. Now I have an affinity for baroque . . . . I am deeply convinced that there is a direct connection between greatness and architecture, the aesthetics of architecture and the greatness of a people. It seems to me that a period poor in architecture corresponds to a period of weakness . . . . For me, the great projects . . . are a way of telling the French people that they should and can believe in themselves.

LESSON 11 **B. Mise en marche**

Two young students, an American, Bill, and an Frenchman, Jean-Pierre, are talking things over. The latter has just spent a two-month vacation in the United States.

Bill So, are you satisfied with your trip?

Jean-Pierre Yes, it was great! What a country!

Bill Was that the first time you've been to the United States?

Jean-Pierre Yes, the first time.

Bill Well, what are your impressions?

Jean-Pierre Oh, I have a lot of them. First, people don't eat really well there. The steaks, O.K., the ice cream is all right, but the rest . . . .

Bill Maybe food is less important for Americans than it is for you.

Jean-Pierre And all you see is fast-food places everywhere. I have the impression that people don't dine there anymore—they just eat.

Bill That's because they're in a hurry . . . .

Jean-Pierre I was also struck by the size of everything.

Bill The size? What do you mean by that?

Jean-Pierre Well, for someone French, everything over there is big: the steaks, the birds, the ice cream, the highrise buildings, the freeways—even the cats are bigger than here.

Bill Well, that's strange. I hadn't thought of that . . . but you just may be right.

Jean-Pierre Yes, and the people, too—bigger and fatter.

Bill Oh, no, there you're exaggerating. You shouldn't generalize like that.

Jean-Pierre Another thing—I finally understood the meaning of the expression "the New World." It really is a modern country with a recent past. No old houses, no old cathedrals, no charming little streets. It's new, it's straight, it's functional. We're just not used to it, are we?

LESSON 11 **B. Un Pas de plus**

Mlle Christine Desmoulins, a Parisian visiting the United States, grants us an interview to talk about French cuisine.

—*What do you expect in an elegant French restaurant?*

—When I go to an elegant restaurant, I expect everything to be impeccable. The reception, the decor, the table preparation, the service, the food, everything has its own importance.

I expect to be led to a well-set table, to be handed a menu by the waiter, and to make my selection while taking my time. I look for an atmosphere which will permit me to enjoy the people that I'm with.

—*And what goes into the orchestration of an elegant dinner?*

—Well, one can start with an apéritif to stimulate conversation and whet the appetite.

As for the meal itself, first come the appetizers, or one can choose a soup followed by a meat course or fish with vegetables. Then, there's a salad, which is refreshing after a rather heavy entree, then a cheese plate, and with the cheeses a red wine to better savor the cheese, and finally there's dessert. After dessert comes coffee, perhaps also a liqueur, and—why not?—a fine chocolate! Shellfish make very good appetizers, but for me, the finest of the fine is salmon. As for meat, I personally prefer leg of lamb laced with garlic accompanied by green vegetables. And cheese? I melt at the thought of Roquefort and soft Camembert. At the end of a large meal, I choose a simple lemon sorbet.

—*What can disappoint you in a meal?*

—I find a meal in a restaurant disappointing when the service is bad or when the food doesn't meet my expectations.

If the waiter shows impatience when he's taking my order, or if he's not entirely obliging in explaining the way a dish is prepared, I am disappointed. The same applies if the waiter brings me a course lukewarm that I was expecting hot, if the meat is overcooked, if the sauce is bland, or if the Brie is hard as plaster, or if the wine is not *chambré* . . . .

—Chambré?

—Yes, served at room temperature.

—What do you think of fast-food restaurants in America and in France?

—The number of fast-food places in France is increasing steadily. It's practical when you're in a hurry, and it's much less

512
Version anglaise de textes de base

expensive than a traditional restaurant. I occasionally go to one when I'm in a hurry. For me, it's a way to eat fast and cheap during the day.

What I have against fast food is the lighting and the loud music. I feel that it's all done to get you to leave fast and make room for somebody else.

Fast food, you know, is the exact opposite of French dining, where you take your time, you stay at the table for two or three hours, you're not rushed by the waiters, who nevertheless are concerned about your enjoyment, you talk, you think. Dining is the food and the presentation, but it's also the conversation.

LESSON 12 **A. Mise en marche**

Frédéric is trying to give advice to his friend Jean-Paul.

Frédéric	What's the matter?
Jean-Paul	Oh, I'm miserable! I've got a lot of problems!
Frédéric	What kind of problems? Money? Family? School?
Jean-Paul	No, no, old buddy—serious problems, personal problems, a great big love problem.
Frédéric	Are you going to tell me about it?
Jean-Paul	Chantal is leaving me. Oh, God, I'm miserable! What's going to become of me? What should I do?
Frédéric	Oh, I see, problems of the heart. Well, then, in that case, you've got to forget that woman.
Jean-Paul	Forget her? That's easy to say! But you can't forget a woman like Chantal as easily as that!
Frédéric	Of course, you can! For starters, you go see a very funny movie.
Jean-Paul	(silence) That really doesn't appeal to me [say anything to me].
Frédéric	Then you've got to meet some new people.
Jean-Paul	(silence) Sure, there are other women— but I really don't feel like meeting them. Oh, I'm so unhappy!
Frédéric	Listen, do you want some advice? Buy two good bottles, and all of this will pass.
Jean-Paul	You know I don't drink.
Frédéric	Really now, are you sure that you love her, this Chantal?
Jean-Paul	Very sure. I know that it's true love because without her my life has no more meaning.
Frédéric	(silence) Yes, you're right. I believe you really do have problems.

LESSON 12 **A. Un Pas de plus**

In many French newspapers and magazines there is an "advice column"—that is, questions from readers, male and female, on personal problems, and answers given by an "expert" (almost always a woman). Compare the following letters with the letters you could find in an American newspaper. Are the topics the same? And the answers? And the cultural aspects? Prepare your answers in advance with a view to participating in a class discussion.

I'm twenty-one years old, and he's twenty-four. He's proposed marriage to me, but his parents have opposed the idea. He seems discouraged but tells me that we have to wait and that someday he'll succeed in convincing his parents. Meanwhile, I'm noticing that he's turning into a Don Juan. He chases all the girls. Do you think that if he loved me he'd do that? Is such a man capable of establishing a home someday? How do you explain his behavior?

G.K.

By that of his parents. Without a doubt, they have convinced him that there are other girls, and that it would be good if he met them before making his choice. Apparently, this choice hasn't been made, since he keeps on running from one girl to another. So, you do still have a chance of seeing him come back to you. Can he establish a home someday? Of course. Whenever he stops depending on mommy and daddy, both materially and spiritually.

Twenty years of marriage, a very intelligent but almost equally selfish husband, three beautiful children, now grown. Soon they won't need me anymore, so I would like to ask you what my goal should be in life, or rather, to tell me openly what your goal in life is now.

Really missed the boat

Live. See, hear, breathe, come, go, drink, eat, sleep, love, serve someone if I can. Is this commonplace? Maybe, but those who have seen death, disease, and disability close up will understand me. Without a doubt, others will not have a high opinion of my views, but my goal in life is not to be decorated with the Legion of Honor.

I've gone out twice with a boy that I love with all my heart, but, unfortunately, I have now found out that he is married. Should I wait?

Sad enough to die

Wait for what? For the flood (of tears, your own). If this boy is married, his heart is occupied elsewhere, and even if he finds it entertaining to court you—because for him this is nothing more than entertainment—you can definitely not expect anything serious from him—indeed, quite the contrary. He is dishonest and is taking advantage of your young age to make a fool of you. Break it off fast! Go out with other men, but before falling in love, find out about their family situation.

He's three years older than I am, but he thinks he's too young for marriage.

Desperately in love

Maturity has never been a matter of age but a matter of character and state of mind. If this man is not ready for marriage, he'll make a poor spouse. So, either you'll wait or you'll turn your eyes in other directions.

I'm a girl of fourteen and a half, and I fall in love every week. Is this normal?

Worried

Absolutely normal and entirely typical! It takes years for the ability to love to develop (and even then, not in all women). So you still have time to get excited about Paul's eyes, to melt when Jean-Luc smiles, to admire Marc's hair, and to dream of dancing with François.

LESSON 12 **B. Mise en marche**

Usage of the terms "right" and "left" goes back to the French Revolution when, at the Constituent Assembly in 1792, the supporters of monarchical power were seated to the right of the president and the antimonarchists to the left. Since then, the "right" traditionally includes the parties with conservative tendencies, and the "left" refers to those who are in favor of change. For nearly two centuries, the opposition of right and left has dominated French political history, and the usage of these two terms has passed into the political vocabulary of all countries in the modern world. For whom to vote?

On the first round, on April 24, 1988, when the French had to choose two principal candidates from among a whole group of diverse candidates, several widely differing opinions were represented. Thus, Jean-Marie Le Pen of the far right recommended deporting France's immigrants as a solution for unemployment and proposed reinstitution of the death penalty to cope with the problem of drug dealers and murderers. Raymond Barre, another candidate on the right, spoke of a France where "unemployment continues to knock at the door" and of an economy "which doesn't create any more jobs." He proposed to make "France into a solvent country . . . with hard currency." His goal was "a strong France in a powerful Europe" in 1992.

For Jacques Chirac, the situation was difficult. The years 1986 to 1988 were ones of "living together," that is to say, years when the administration was run by a president of the left (François Mitterrand, a socialist) and an assembly and prime minister (Jacques Chirac) from the right. When Chirac announces his candidacy, does he see any problems or accomplishments? And how can one get oneself elected if there's nothing to change? What are the problems that he sees and the solutions that he proposes?

Women and men of France,

For two years now we have worked well together. The government which has been in my charge has taken measures which the state of France has required. You have agreed to the necessary measures. Together we have begun to right the situation of our country.

Today, the safety of individuals and property is better assured than at the beginning of 1986; unemployment is stabilized, that of young people is declining, France is no longer losing jobs; responsibility for the welfare of families, the aged, and the handicapped is greater than before; industry and the French economy are stronger than two years ago.

To be sure, we still have much to do. Next April 24th and May 8th, it is up to you to decide if we will go further together. I am counting on you being able to choose with a totally clear view of the issues.

My greatest ambition is that we will be able to make of France the most dynamic nation of Europe. In order to achieve this, here is what I suggest:

We must rejuvenate our economy. We must encourage the creation of new industries and reduce the burdens which inhibit their growth.

It is indispensable that we assure that each citizen have greater freedom in his daily life, and that we have ambitious policies for the welfare of families.

We must unite to combat loneliness in all its forms: that of the aged, that of the long-term unemployed, that of young people in search of their first job.

We must reform our educational system to achieve these ends.
Women and men of France,
I have confidence in your common sense.
If you so decide, I know that we will go even further together.

Jacques Chirac

LESSON 12 **B. Un Pas de plus**

Now the floor goes to the left—to François Mitterrand, a socialist and president of the Republic since 1981. In a political pamphlet, he addresses the French people.

In seven years we have learned to know each other and how to work together. I don't need to make any more promises. You can judge me by my acts. At the head of the state, I have been concerned with insuring the regular functioning of our institutions, with watching over the unity and security of France, for which I am primarily responsible, and with determining our economic, social, and cultural direction.

During this time, the National Assembly has seen two majorities. In March, 1986, I respected, as I should, the choice of the voters, and believe that I avoided a useless and perhaps dangerous crisis for the entire country.

As a socialist, I remain faithful to the values of the Republic, for there is no freedom without justice nor democracy without tolerance. I have thus committed myself to overcoming the conflicts which could tear the Nation apart.

As you know, nothing can be gained without effort, but this effort must still be shared equitably. By giving too much to those who already have much, one discourages the vast number of those who must receive a fairer share of our common wealth. Without social cohesion, there is no national solidarity.

Nothing will remain possible if we permit the few to take over the state and establish their power at every strategic point in industry, in finance, or in the media.

I hope to build with you a Europe of prosperity and of peace. Together with our partners in the Community, we must arrive in good shape at the appointed time for the great European market; otherwise, the major powers of the United States, the Soviet Union, Japan will dictate to us how to live.

All the while maintaining France's deterrent capabilities, which guarantee our security, let us encourage disarmament to preserve peace.

I appeal to the women and men of France to join together. We must give priority to an unprecedented research and education effort, we must modernize our economy, both industrial and agricultural, and open the doors to all the abilities of our people.

Let us mobilize our energies, the work force, youth, and creativity; no one will be superfluous.

The only thing that is important to me is the future of our country. I feel that I am able to serve it, and I ask that you help me in this endeavor.

LESSON 13 A. Mise en Marche

Two children are talking about their future.

Pierre   What are you going to be when you grow up?

Jeanne   I want to be a firefighter or a police officer. And you, what do you want to be?

Pierre   I'm going to be an explorer, or maybe president.

Jeanne   Say, that's really neat! Well, then, I want to be an explorer, too.

Pierre   O.K. But you can't be president—because the president, that's me, right?

Two teenagers are talking about their future.

Jacques   What are you going to do in life?

Richard   I want to live life to the fullest. I'll do big things. And you?

Jacques   Oh, me too, really. Money isn't important. I want to fulfill my dream and become a writer.

Richard   I'll go into filmmaking, but real films.

Jacques   By the way, how about going to the movies tonight?

Richard   I won't be able to, I've got some work to do.

Jacques   Too bad. They say it's a very good horror movie.

Richard   Well, I ought to work, but I can do all that tomorrow morning. What time is the movie, by the way?

Two middle-aged men are talking about their future.

Léon   Well then, what are you going to do when you retire?

Émile   I'm going to go fishing every day.

Léon   Me too, I'm going to take it easy. I'll have a little house in the country where I'll take care of my garden. Of course, I'll go fishing from time to time.

Émile   You can play *boules* [a bowling game] and feed the pigeons in the park.

Léon   Ah, yes, a nice, quiet little life after all these years of botheration. The good life, right?

LESSON 13 A. Un Pas de plus

—Say! What are you reading there?

—I'm consulting my horoscope.

—Do you really believe in horoscopes?

—No, not at all. But I read them like everyone else.

Aries   March 21–April 20

Social Life: You will work a lot to obtain results that are mediocre and not very satisfying. The situation is not right for undertaking new projects. Be cautious. **Love:** Do not toy with the hearts of others; vengeance will be cruel. Do not neglect old friendships. **Health:** Follow a good diet. Eat your meals regularly and calmly. You will need rest.

Taurus   April 21–May 21

Social Life: Some uncertainties at work. Avoid any excessive or prolonged exertion. **Love:** You are starting to tire of the attentions of your significant other. Prepare for a break. Accept your unhappiness with patience. Be passive rather than active. **Health:** Don't kill yourself at work. Eat sensibly.

Gemini   May 22–June 21

Social Life: You will have good ideas and good will, but you will also experience adversities—you must not take them seriously. You will be brilliant and convincing. Therefore, you will be able to undertake difficult projects. **Love:** This is a lucky week for love, but keep your feet on the ground. **Health:** Don't get excited unnecessarily.

Cancer   June 22–July 22

Social Life: Strokes of luck and fortunate circumstances will allow you to have a successful day. **Love:** After several pleasant and quiet days, there's a chance that a storm might break out in your life. Speak in all sincerity. **Health:** You have nothing to worry about. Try to enjoy yourself without getting tired.

Leo   July 23–August 23

Social Life: All is going well; you need only to organize your work well. Insist on clearly defined terms if you are going to sign a contract. **Love:** The day will be propitious for starting and renewing emotional relationships. You should not fall into pessimism. Show your feelings with enthusiasm. **Health:** Organize your life so that you don't have to have heavy meals several days in a row. Too much excitement could be bad for your circulatory system.

Virgo   August 24–September 22

Social Life: If you are sensitive to lunar influences, you risk becoming unstable. Therefore, place your confidence in intermediaries if you are engaged in important business. **Love:** Be cautious, but do not forego enriching experiences. **Health:** Do not be worried about your health.

Libra   September 23–October 23

Social Life: An unexpected incident will pose serious problems for you, but you will be forceful enough to overcome all obstacles. Act discreetly in your professional life. **Love:** Charm, success. An unforeseen encounter will have important consequences. During the weekend you will lead an intense social life. Be discreet. **Health:** All is well.

Scorpio   October 24–November 22

Social Life: This is the time to improve your situation. You will be swimming in good humor and in perfect happiness. Approach your work with determination. **Love:** There is reason to look forward to satisfaction in romance—or even passion. In this regard, you will spend a magnificent month. Nevertheless, you risk becoming unusually high-strung. **Health:** Calm down. Above all, no wine.

Sagittarius   November 23—December 21

Social Life: Some nice surprises or a letter will bring you pleasure. You will solve some money problems, and as a result you will be free to look forward to a trip or to an especially pleasant diversion. **Love:** Do not disturb the serenity of your love life with your usual foolish acts. **Health:** Keep a better eye on your health. If your throat or feet are sensitive, be careful. Do not lead too active a life.

Capricorn   December 22–January 20

Social Life: Your professional and social life will pose problems for you. You will need the advice of a good friend or maybe of an attorney. **Love:** Beware of negative or self-destructive temptations. In family matters, conduct yourself with your usual tact. You deserve success. It will soon loom on the horizon. **Health:** You are exhausted. Seek quiet and restful diversions.

Aquarius   January 21–February 18

Social Life: Pay heed to your intuition. It will not mislead you. With its help you will get out of a difficult personal situation. **Love:** Worry dominates your romantic life, but be patient; you will soon leave this situation behind you. Act with confidence and optimism. **Health:** You will benefit greatly from sports, walking, or gymnastics.

Pisces   February 19–March 20

Social Life: Be generous with your friends. Accept invitations. **Love:** Your romantic life will be dominated by a certain confusion, so be understanding of your loved one. You will benefit from dreams rich in symbols. **Health:** Beware of rheumatic disorders. Your life should not be too sedentary.

LESSON 13 B. Mise en marche

1992 As everyone knows, Europe is a group of countries separated not only by geographic boundaries, but also by linguistic, cultural and economic ones. Even in a small country like Belgium, whose surface area is no larger than that of the state of Delaware, three languages are spoken: French, Flemish [Dutch], and German. Diplomas and degrees earned in the French-speaking part of the country are not automatically recognized in the Flemish areas and vice-versa . . . . To say nothing of crossing a border and trying to obtain a work permit in France or in Switzerland. For centuries, these countries have been separated by traditions and ancestral laws.

Now, for about fifteen years these countries have been striving for ever greater unification, and people are talking about a United Europe. To be sure, there have been mounting economic pressures. It is important to face up to the superpowers, and it's not surprising that the first steps toward European unification were accomplished at the economic level. At present, twelve countries take part in the E.E.C. (European Economic Community), which has its headquarters in Brussels.

Since reforms do not come about without problems, it is not a rare sight to see Italian farmers coming to the Grand-Place of Brussels to protest new taxes, or the following week to see French vintners complaining about the fact that Portuguese and Spanish wine are permitted to be sold for less than French wine in France and in the other countries of the Community.

But little by little, the idea of community is becoming established. The European Parliament is seated in Strasbourg in France and the Court of Justice is located in The Hague [Den Haag] in the Netherlands. Today there is talk of the greatest campaign for political unity in Europe since Napoleon Bonaparte . . . .

After 1992, political boundaries will no longer exist. From then on, it will no longer be necessary to show identity papers between Spain and France, for example. Furthermore, there won't be any more border posts or customs guards. Diplomas and courses of study will be recognized from one country to the other, and it will then be possible for Greeks to study astrophysics in Paris, or for French people to study English literature in the land of Shakespeare. Everyone will know that their diplomas will be valid when they go back home.

The most important changes will certainly be in the area of economics. These changes will create the largest consumer market in the world which, with 320 million people, will surpass the American market by one third. More than five million jobs are expected to be created in 1992.

Most Europeans are enthusiastic. Of course, it remains to be seen whether centuries of traditions and values can be changed so quickly. Even the biggest sceptics say that this will happen, but that we will probably have to wait until the turn of the century to see the arrival of a United Europe. But take note. Europe will be ready at the appointed time, as the slogans say . . . . Of this, almost all Europeans are sure and confident.

LESSON 13 B. Un Pas de plus

T.G.V. [Train à grande vitesse = high speed train]: The European subway

Paris to Amsterdam in three and a half hours, London in just three hours, Germany in 180 minutes. That's official. Beginning in 1993, the T.G.V.-North, started on October 26, 1988, by five governments—those of France, Germany, Great Britain, Belgium, and the Netherlands—will link the principal metropolitan areas of Northern Europe at speeds of 300 km/h.

It will have taken twenty years to get that far. The adventure started in 1974: The Paris–Lyon line was running at capacity. The French government, impressed by the performance of the Tokaido in Japan, decided to build a railroad expressway for a high-speed train running in a nearly straight line linking the Paris area with that of Lyons. The project has chalked up an enormous success. It doesn't cost much more to take T.G.V. than a "regular" train, and passengers can take advantage of all the reduced fares offered by the S.N.C.F. [Société nationale de chemins de fer française = French National Railway Company], such as special tickets for large families and other reductions. Moreover, the air-conditioned and quiet orange cars of the T.G.V. are much more comfortable than those on other trains.

Who will build these new trains? For the time being, only the French are equipped to build them within the set time limits. Indeed, the French engineers must be ready, in particular to deliver the goods that, in 1993, will link France and Great Britain, once the tunnel under the English Channel (the Eurotunnel) is completed. For the first time in history, England will have lost its status as an island.

Will this project be profitable? Here too, the French are showing a lot of enthusiasm. The T.G.V.-North will be paid off in 2005 and will move forty million passengers, half of whom will pass through France in the golden triangle of London-Paris-Brussels.

Will there be a European network some day? Since we now talk about Paris–London in three hours, will it be possible between now and the year 2000 to imagine Paris–Rome in nine hours? Here too, optimism prevails among French scientists. It's a gamble, and it's not certain that France will get all the contracts, as in the case of the T.G.V.-North. The Swiss, Italians, and Germans are likewise in the process of building high-speed railroad lines like the Diretissima (300 km/h) between Florence and Rome, anticipated for 1990, and the German Transrapid (400 km/h) expected in 1991. But increasingly, there is reason to talk of a European metropolitan railway.

LESSON 14 A. Mise en marche

M. and Mme Pradel are getting ready to go out for the evening to the theater.

M. Pradel	Are you ready, dear? I would really like us to be on time.
Mme Pradel	Yes, almost. I still have to take my shower.
M. Pradel	*(after a few minutes)* But we really ought to hurry a little, you know. We've only got twenty minutes.
Mme Pradel	Wait [a minute], I still have to brush my teeth.
M. Pradel	*(several moments later)* Couldn't you hurry up a little? It's almost eight o'clock.
Mme Pradel	You ought to calm down a little, dear,

things would go better. I just have to brush my hair.

M. Pradel *(after another minute)* Are you sure you don't want to hurry? It's going to start in ten minutes.

Mme Pradel You mustn't get upset, sweetheart.

M. Pradel Come on, come on, just hurry up.

Mme Pradel Oh, just a minute. I can't go faster than the music. One little touch of the comb, and there we are!

M. Pradel *(after several moments)* But get a move on, damn it!

Mme Pradel Oh, it's always a race with you. Well, there we are. I'm ready. Do you have the tickets?

M. Pradel Oh, yes, of course, the tickets, where would they be?

Mme Pradel You don't have the tickets?

M. Pradel Wait just a minute, I've got to look for them . . . .

LESSON 14 A. Un Pas de plus

Marie-Noëlle: 24 years old, a school teacher at Lanneau—223 inhabitants.
Josianne: 25 years old, her friend, a beautician in Paris, who is visiting her.

Josianne So, do you like it here in this hole?

Marie-Noëlle Oh! Not much, but . . . . If I could, I'd go to a bigger city.

Josianne In that case, why do you stay here?

Marie-Noëlle Well, when you work for the state, that's the way it is. This is where I'm appointed. Period.

Two friends, Paul and François, are talking in a café just outside the factory.

Paul Where are you going to go on vacation this year?

François We'd really like to go, but I don't think we'll go anywhere; I have to repaint the house. Now if I had two months of paid vacation, there wouldn't be any problem!

Paul You're dreaming! Two months of vacation—that's not going to happen tomorrow!

Two friends, Jeanne and Véronique, run into each other. Véronique has some surprising news.

Véronique Jeanne, do you know what I've just learned?

Jeanne Obviously not. Hurry up and tell me . . . .

Véronique Well, you know my old aunt who died last month. She left me 300,000 francs.

Jeanne 300,000 francs! You don't say!

Véronique Yeah, but I'm in a bit of a quandary . . . . I don't know quite what to do with it.

Jeanne If I were you, I'd put 50,000 francs in a savings account, I'd buy a car, I'd take a three-month cruise—and then, if there was anything left, I'd think about it.

Véronique No, I think that's idiotic. One ought to do something serious with 300,000 francs.

Jeanne In that case, you should buy an apartment. Think of it—then you wouldn't have to pay rent. It's the only solution.

LESSON 14 B. Mise en marche

"The more things change, the more they're the same." This is an old French saying. But what if it were necessary to bring about profound changes in life? The most radical voice in France is perhaps that of the Ecological Party, also called "The Greens." First, let's take a look at the issues raised in their campaign as they appear in a campaign flyer.

The Ecological Challenge

We shouldn't look at the future in a rear-view mirror!

The remedies of the past, which the major parties are still proposing, are leading us to bankruptcy. You don't get out of a crisis by using the same methods that caused it. An end to playing around with the planet! An end to playing around with our lives, our health, our time. That kind of stuff is all over.

It's an illusion to believe that growth in industrial production can solve the problems of modern society: unemployment, the threat of war, destruction of the environment, chronic famine in the Third World, civilisation in crisis, social inequalities, isolation of the individual.

Thanks to the development of science and technology, we are at the crossroads.

• Rather than irrevocably impoverishing our earth and destroying nature, it is possible today to use our natural resources more knowingly.

• Instead of constructing monstrosities like nuclear power plants, it is possible today to live better by consuming less energy and fewer raw materials.

• Rather than having both exhausted workers *and* discouraged, unemployed people, it is possible today to share the work and reduce the length of the work.

• Rather than submitting citizens to a centralized technocratic system, it is possible today to decentralize our country and to emphasize the participation of everyone in decision-making.

Let's not use progress to go backward. Let's learn to direct progress toward building a society founded on respect for human beings and nature, on time for living, on personal relationships, on safeguarding health and lifestyles.

This is what we call the power to live. Such is the import of the Ecologist candidates in this election.

It's time for a change. It's time to vote Ecologist. The Ecologist Party will not make any endorsement in the second round. It is up to each citizen to decide freely.

The time to make a choice has come.

LESSON 14 B. Un Pas de plus

Here is an article from the weekly magazine *L'Express.*

Every incident in civilian nuclear energy leads to the same question: At what point do the risks become intolerable? One year after the catastrophe at Chernobyl, the accidents at Pierrelatte and Creys-Malville yield the same answer to this question: the risks become intolerable once it is no longer necessary to take them.

The decision to commit France to total mastery of the energy problem and to developing atomic power plants was originally of a basically political nature: it was necessary to ensure that the country would be autonomous in energy. Not to protect it from a rise in petroleum prices, but rather to ensure that under any conditions the nation would continue to have access to enough of that vital commodity of war called energy.

Today, nuclear energy supplies about 70% of our electricity . . . . France is able to enrich uranium, manufacture and operate reactors and breeder reactors, handle nuclear wastes. Our energy autonomy is adequately assured. Because, on the one hand, nuclear energy provides us relative protection from shortages in other resources; and because on the other, if uranium supplies are ever interrupted, we are familiar with the workings of breeder reactors that produce more plutonium than they consume.

Once energy-autonomy has been achieved, there could perhaps be another justification for continuing the nuclear effort. But . . . that could in no case warrant placing our population in the slightest danger. And those who maintain that, *in France,* nuclear energy doesn't involve any risks should know that nobody can confuse radioactivity with sugar water . . . .

Making our national pool of nuclear plants more reliable while realizing that the present pool is by and large adequate, this should be henceforth the goal of our policies . . . . One conclusion seems clear: Our money would be better spent in guaranteeing production rather than in the useless increase of this very same production. And this clearly for reasons of public health. But also so as not to call into question, by stoppages or perhaps lengthy technical interruptions, the original objectives of national [energy] autonomy. And let the point be clearly understood this time.

LESSON 15 A. Mise en marche

The world is smaller, and people are moving around more easily. Millions of people are leaving their village, their town, their region, and even their country.

And yet the great migrations which populated the United States, Canada, Australia, are over. Nowadays the migrants are of a different sort: political refugees fleeing a regime that is persecuting them, workers seeking to earn their living in an industrialized country where they often arrive alone, without their family, to whom they send money every month.

France has traditionally been a country of asylum, and refugees from all shores are numerous there. Furthermore, economic development, starting in the fifties, has made the availability of immigrant workers increasingly more important.

But all this is not without its problems. Concentrations of foreigners in certain areas, in certain towns, give rise to "ghetto" situations. Racism is not totally unknown among the French, especially when the economy is in decline, which has been the case since 1974. At certain times, Paris presents a strange sight, which utterly departs from its traditional image.

But can one really measure the culture shock that all these immigrants undergo—their terrible loneliness, the upheaval of leaving their traditions, their families, their country? A journalist recounts the real-life story of an emigrant worker.

Six months ago Fernando arrived in Paris. The train, coming from Lisbon via Bordeaux, had deposited him that morning in the French capital, his final destination. The sky was gray, and it was raining. Fernando, carrying an old suitcase bound with string, had left the Lyons station with difficulty. He had started out by falling in with the crowd, and ended up dumped on the station's subway platform. It was eight A.M. on a Monday—and [as he was] caught in the middle of a line of rushing people, turning around was impossible. Next, he had bought a subway ticket like the others. Up to this point, everything had proceeded without any real problem.

The trouble started when he timidly tapped the shoulder of a Parisian in order to ask for information about the address that he had been given in Lisbon. A few words scribbled on a dirty scrap of paper indicated a vague address in a remote suburb—a job as a mason at a construction site that Fernando had found through an international employment agency. Like a good number of his fellow citizens, the Parisian had gotten up on the wrong side of the bed, was in a big hurry, and in any case he "did not understand Arabic." Going from one passerby to the next, Fernando had finally gathered some information about the area—after one hour of asking that almost seemed like begging. But he had gotten through it. The subway, and then the commuter train, had finally gotten him to the right spot, and it wasn't until after sunset that he found what would be his home for at least one year: a tiny studio apartment to be shared with other compatriots and an Algerian.

The next day Fernando was to start his job on the construction site. No time to lose: the sooner work started, the sooner the pay would be sent to his family. Indeed, it didn't take long for Fernando to understand what a "trap" all this was. Pressure, then depression, had gradually overtaken him. He now dreamed of returning to his country. Leave home broke? Yes, that was normal, but to come back broke? No! That wasn't possible. The contract wasn't fulfilled; in addition to monthly payments, his family was hoping for a small family home. No! He couldn't selfishly let everything drop.

This is not a cheap melodrama. This is the truth about the tragedy of emigrants who work in poverty and bitterness in our country. Some day their country will be prosperous enough to assure them of employment. But until then . . . .

LESSON 15 A. Un Pas de plus

Those who come to live in France keep their old culture while acquiring the French culture. The moment of culture shock is when the two cultures collide.

Here are two poems by Léopold Senghor ("Joal") and by Léon Damas ("Solde"), both of which deal with the difficulties that these two authors—one Senegalese, the other Guinean—have in living according to the norms and customs imposed by a culture that is not their own.

Léopold Sédar Senghor (1906–   ) was born in Joal, in Senegal. He received his elementary education in colonial Africa and then came to France as a scholarship recipient. After finishing his studies at the Sorbonne, he became a professor of Latin, Greek, and French. During the war, he fought in the ranks of the French Army and was a prisoner in the concentration camps in Germany for two years. Then began his long political career, which would reach its highest point when he became president of Senegal in 1960. He occupied this position until 1981.

Senghor is not merely a politician, he is also and above all a poet and a writer. Among his works are numerous collections of poems such as *Chants d'ombre* [*Songs of Shadow*], *Éthiopiques* [*Ethiopian Poems*], and *Nocturnes*. He sings of the beauty of Africa and of black culture. With a group of black intellectuals, he founded around 1935 the movement for black culture which, according to the definition given it by Senghor, is intended to reestablish the cultural heritage, the values, and above all the spirit of the civilization of black Africa.

Léon Gontran Damas (1912–   ) was born in Cayenne in French Guiana. Like Senghor, following his studies in the Antilles, he was sent to Paris where he studied law, Oriental languages, and ethnology. A politician, he was elected to the National Assembly as a deputy from Guiana. He has written several collections of poems in which he describes the difficulties of living under a dominant culture, condemns racism, and proclaims the dignity of the black race.

LESSON 15 **B. Mise en marche**

If the nineteenth century was the century of colonization of many African and Oriental countries by European nations, the twentieth century and above all the postwar period, following 1945, has been and remains a period of decolonization.

Decolonization. It hasn't always been easy. The war in Algeria, for example, continued to rage until 1960 and was especially bloody. But upon taking its leave, France gave the right of immigration to the citizens of former colonies, and many have taken advantage of this right to move to France. Also, France continues to maintain preferential relations with its former colonies.

What remains of French colonial times? An article in the newspaper *France-Amérique* describes the francophone world as follows:

The nineteenth century geographer Onéisme Relus was the first to use the term "francophone countries."

The expression was forgotten but came back to life in the sixties when, following the convulsions and fevers of decolonization, all the countries that had gained sovereignty discovered that they had something in common: the French language.

At the same time, in the midst of the Canadian federation, Quebec showed its own personality—i.e., its francophone personality.

The expansion of the French language is owed to two kinds of penetration—evangelism and colonization. The nineteenth century was regarded in France as the century of missions and witnessed the establishment or reawakening of many institutions.

Today in all the francophone countries, teaching is done in French, because the languages of these countries have been too great in number, and most, although spoken, are not written. The written languages of Africa are still uncommon. Except for Arabic. This is why, for the majority of countries in western or equatorial Africa, French is the language of culture, the official language, the language of administration and education. It is the cement of national unity.

For convenience of classification, the francophone world is divided as follows:

• *The countries or populations where French is the native language* such as France and its extraterritorial islands [insular extensions] in the Caribbean (Guadeloupe, Martinique, Guiana), in the Indian Ocean (La Réunion) or in the Pacific Ocean (New Caledonia, Wallis, and Futuna); Belgium in its Walloon area and in Brussels; French-speaking Switzerland [Suisse Romande], particularly the Canton of Jura; the Valle d'Aosta in northwest Italy; bilingual Canada and Quebec, where French is the official language; the Acadians in the maritime provinces of Canada; the French-speaking communities in the northeastern United States and in Louisiana.
• *Countries where French is the official language* such as Benin, Burkina Faso, Mali, Senegal, Togo, the Central African Republic, Zaire, and Cameroon (which has a second official language).
• *Countries where French is widely used as a language of instruction,* of culture—such as Vietnam, Laos, and Cambodia, as well as Lebanon. These are but some examples, and the list is by no means exhaustive. For instance, Arabic is the national language of Tunisia, Algeria, and Morocco, but in these countries French still plays a large role as a language of instruction.

LESSON 15 **B. Un Pas de plus**

Quebec and the francophone world. Quebec is taking its place everywhere in the world. To better defend its interests, the only francophone province of Canada has set up a network of twenty-five "delegations" spread over the five continents. Whether it's in New York, in Paris, Mexico, Rome, or Bangkok, Quebec diplomacy is at work patiently creating links abroad in order to better promote its economic and cultural interests, and to foster the development of new markets.

In the following interview, the Delegate General of Quebec in New York, Mr. Léo Paré, agrees to explain the situation of Quebec.

—*Mr. Delegate General, what is the role of the Delegation of Quebec in New York?*
—To promote the interests of Quebec. The phrase may seem a bit trite, but behind it is a very concrete reality for us. Because, as you perhaps know, the region we serve—the mid-Atlantic and the District of Columbia—is extremely important for our economy.
—*Is Quebec satisfied, then, with having just economic relations with New York?*
—On the contrary. No less than five ministries are represented at the Délégation Générale. The economics department is certainly the most substantial. But we likewise have the tourism department, which every year brings several billion dollars in economic benefits to Quebec. Other officers have more specialized duties with individual States and institutions. The Immigration Ministry likewise has its offices here. Not to mention the Ministry of Culture, probably one of our best selling points. Surely you know as well as I do that French-speaking culture is very well received in the United States.

—*Listening to you, one might be led to believe that, in America, Quebec is interested only in economic ties . . . .*
—You're not entirely wrong, but there are two reasons why the question should be asked somewhat differently. In the first place, our activities are not just in the area of economics—far from it. But what we are doing, with few exceptions, involves an economic dimension. In the second place, the expansion of a state should be based on a dynamic economy. Our relations with our neighbors to the south, as we call the Americans, involve all these dimensions—social, cultural, political, economic. These ties go back to the beginning of New France (in the sixteenth century), when our woodsmen were opening up this vast continent.

—*Would you say that in foreign relations Quebec gives preference first and foremost to its ties with the United States of America?*
—For geopolitical reasons which are obvious to anyone who knows Quebec, our international relations are founded on two great permanent priorities: the United States, on the one hand, and France—with its anterior extensions, Europe and the francophone world—on the other. And we are present on all continents. Our existence as a French-speaking people on the North American continent is what determines these choices and, to the surprise of many, makes us so receptive to free trade.

—You keep coming back to the idea of being a survivor. Is this important for Quebec?

—It's at the very heart of our entire history. It's an inherent challenge stemming from our situation. We are French-speaking. We must remain so. Since settling in this part of North America, we have fought to preserve our language and our culture. From the beginning, we have learned to resist the conqueror. Nothing is ever given. But we now know that we will not survive unless we expand. This is why we are no longer working so much to "preserve" our language and our culture as to assert them, to develop them. We no longer ask so much to be protected from the forces of economics as to have access to them, to control them, and to compete with others.

INDEX

Permissions

The authors are indebted to the following persons and companies for permission to reprint material appearing in this text.

Le français dans le monde

1. l'Algérie
2. les Antilles (la Guadeloupe, la Martinique, St-Martin, St-Barthélemy)
3. la Belgique
4. le Bénin
5. le Burkina
6. le Burundi
7. le Cameroun
8. le Congo
9. la Corse
10. la Côte-d'Ivoire
11. Djibouti
12. la France
13. le Gabon
14. la Guinée
15. la Guyane française
16. Haïti
17. le Kampuchéa (le Cambodge)
18. la Louisiane
19. le Luxembourg
20. Madagascar
21. le Mali
22. le Maroc
23. la Mauritanie
24. la Mayotte
25. le Monaco
26. le Niger
27. la Nouvelle-Angleterre
28. la Nouvelle-Calédonie
29. la Polynésie française
30. le Québec
31. la République Centrafricaine
32. la Réunion
33. le Ruanda
34. St-Pierre-et-Miquelon
35. le Sénégal
36. les Seychelles
37. la Suisse
38. le Tchad
39. le Togo
40. la Tunisie
41. Vanuatu
42. le Viêt-nam
43. Wallis-et-Futuna
44. le Zaïre

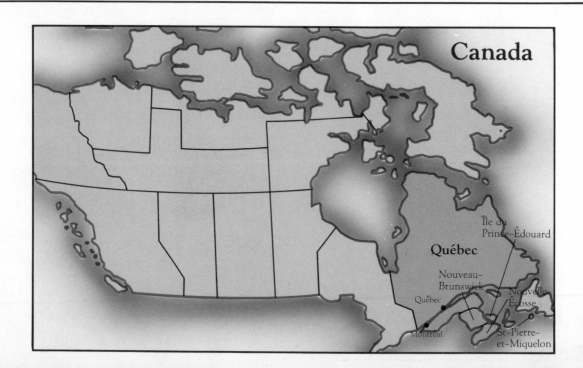

Canada

Québec

Île du Prince-Édouard

Nouveau-Brunswick

Québec

Nouvelle-Écosse

Montréal

St-Pierre-et-Miquelon